高职交通运输与土建类专业规划教材

道路与铁道工程试验检测技术

DAO LU YU TIE DAO GONG CHENG SHI YAN JIAN CE JI SHU

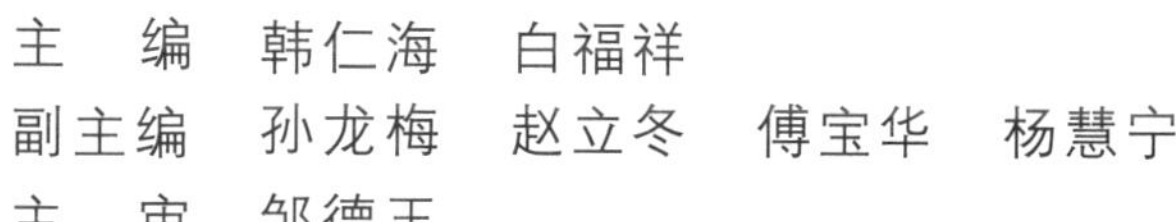

主　编　韩仁海　白福祥
副主编　孙龙梅　赵立冬　傅宝华　杨慧宁
主　审　邹德玉

人民交通出版社
China Communications Press

内 容 提 要

本书以施工全过程为主线，按照建设程序的要求进行系统编写、全书分公路工程试验检测技术、铁道工程试验检测技术二篇，共十章。系统介绍试验检测理论知识、实际操作技能和案例。

本书可供高职交通运输与土建类专业相关课程作为教材使用，亦可作为培训用书。

图书在版编目（CIP）数据

道路与铁道工程试验检测技术/韩仁海等主编 .--北京：人民交通出版社，2008.9

ISBN 978-7-114-07356-4

Ⅰ.道… Ⅱ.韩… Ⅲ.①道路试验（道路结构）－检测－高等学校：技术学校－教材②轨道（铁路）－检测－高等学校：技术学校－教材 Ⅳ.U416.03 U216.3

中国版本图书馆 CIP 数据核字（2008）第 134552 号

书　　名：道路与铁道工程试验检测技术
主　　编：韩仁海　白福祥
责任编辑：陈志敏　杜　琛
出版发行：人民交通出版社股份有限公司
地　　址：（100011）北京市朝阳区安定门外外馆斜街 3 号
网　　址：http://www.ccpress.com.cn
销售电话：（010）59757973
总 经 销：人民交通出版社股份有限公司发行部
经　　销：各地新华书店
印　　刷：北京市密东印刷有限公司
开　　本：787×1092　1/16
印　　张：19.75
字　　数：470 千
版　　次：2008 年 9 月　第 1 版
印　　次：2015 年 7 月　第 10 次印刷
书　　号：ISBN 978-7-114- 07356- 4
定　　价：39.00 元

高职交通运输与土建类专业规划教材编审委员会

前言 Preface

大量的工程实践证明，工程质量控制最有效的手段是运用工程试验检测技术。工程试验检测融试验、检测理论知识和实际操作技能及相关基础知识于一体，涉及知识面较广，包含的项目内容较多。通过试验、检测，能用定量的方法评价各种原材料和现场工程实体的质量，从而充分地利用当地原材料，亦能迅速推广应用新材料、新技术和新工艺，能合理地进行施工质量控制和科学地评定工程质量。这一工作目前已是道路与铁道工程施工质量管理中的一个重要组成部分，也是施工现场的一个独立工作岗位。

为进一步适应高职课程改革的总体思路，使学生能把所学知识同工程现场实际紧密的结合起来，达到毕业即能上岗的目的，在高职交通运输与土建类专业规划教材编审委员会的指导下，编者结合道路与铁路工程施工特点，以施工全过程为主线，按照建设程序的要求系统地编写了这本《道路与铁道工程试验检测技术》教材，即按着施工准备阶段—施工过程中—竣工验收阶段全过程试验检测人员应做哪些试验检测工作的顺序来编写。另在各章还加入了相应的技术标准和合格判断公式以及工地现场的具体试验检测案例，便于学生对试验检测知识的融会贯通，不仅使学生会做每一项试验，而且能按照建设程序，把所学的知识同现场实际相结合，根据现场施工情况合理安排试验检测工作。最终目的是使学生能运用所学试验检测知识，不仅能有效地控制工程质量，还能合理的安排试验检测工作。对控制工程质量，保证工程进度，都能起到非常关键的作用。

本书由哈尔滨铁道职业技术学院韩仁海、白福祥任主编；中铁三局运输工程公司孙龙梅、中铁十九局第二工程有限公司傅宝华、哈尔滨铁道职业技术学院赵立冬、杨慧宁任副主编；全书由中铁十九局第二工程有限公司邹德玉主审。全书共分十章，具体编写分工如下：赵立冬编写第一章和第四章；杨慧宁编写第二章；韩仁海编写第三章；傅宝华编写第五章和第十章；孙龙梅编写第六章和第九章；白福祥编写第七章和第八章。

限于编写人员水平，谬误和不足之处在所难免，恳请广大读者给予批评指正。

编　者

2007 年 6 月

目录 Content

第一部分　公路工程试验检测技术

第一部分
公路工程试验检测技术

第一章
概　　论

工程项目能否保质保量地完成，并且要满足业主的要求按照计划工期动用，合理进行建设投资，是建设工程项目管理工作的重要内容。建设工程项目管理工作就是努力促使建设工程安全、质量、工期、投资这四大目标的统一而进行不断协调，进行全过程全方位的控制，圆满的完成建设工程项目，这不仅符合业主的利益，也符合参建各方单位的利益，并且对今后施工单位承揽大型工程打下良好的基础，建设工程试验检测工作，是建设工程项目管理的重要组成部分，是工程质量科学管理的重要手段。要满足建设工程这四大目标，工程试验检测工作起到了关键的作用。

第一节　试验检测的目的和意义

工程试验检测工作，是建设工程项目管理中的一个重要组成部分，同时也是建设工程施工质量控制和竣工验收评定工作中不可缺少的一个重要环节。建设工程试验检测的目的和意义是：

（1）**工程施工准备阶段**——要求试验检测人员及时配合项目经理、总工程师及材料部门进行现场调查分析工程所在料源的实际情况，根据施工图纸、规范、标准，能用定量的方法科学地评定建设工程所用各种原材料、成品和半成品、构件的质量，合理地选择料源，一般建设工程施工的材料费用要占总投资的60％～70％，通过试验室科学合理的配合比设计不仅为企业创造良好的经济效益打下坚实的基础，而且既能节约投资，又能保证工程质量，这是项目成本管理的重要组成部分，一个大型工程项目如果配合比设计合理，可能就要节约几百万，反之如果试验人员业务水平不高，或工作不认真、设计不合理，不仅不能节约成本，更严重的是可能导致工程质量事故。保证用于工程的原材料质量满足要求而且价格合理，是控制建设工程质量的首要环节，也是建设工程按期开工的首要条件。

（2）**施工阶段**——要求试验检测人员严格按照建设程序对建设工程施工质量进行全过程全方位的控制，保证施工过程中的每个部位、每道工序特别是隐蔽工程等关键过程、关键工序的工程质量，上道工序未经过检查或检查不合格，严禁下道工序的施工。对施工过程中出现的质量问题、工程质量事故，试验检测人员应提供准确的检测数据，以便准确判定其性质、范围和程度，合理评价事故损失，明确参建各方责任，保证工程质量。

（3）**竣工验收阶段**——要求试验检测人员运用有效的试验检测手段，通过对工程实体质量的检测，提供科学准确的数据和记录报告，来判定工程实体质量是否符合要求，保证交付业主使用的工程质量满足规范和图纸的要求,保证人民生命和财产的安全。

试验检测工作的总体目的和意义是:工程试验检测工作对于提高工程质量、加快工程进度、降低工程造价、推广新材料、新技术和新工艺、保证人民生命财产和安全,推动工程施工技术进步,将起到极为重要的作用。建设工程试验检测技术,融试验检测基本理论和测试操作技能及建设工程相关学科基础知识于一体,是工程设计参数、施工质量控制、施工验收评定、养护管理决策的主要依据。作为工程试验检测人员,应严格做好路用材料质量、施工控制参数、施工现场过程质量和分部分项工程验收这四个关键环节的把关工作。

随着高速公路、铁路客运专线技术等级的提高,各级建设主管部门及铁道、交通行业主管部门和施工单位已对加强质量检测与施工质量控制和验收工作予以高度重视,工程实践经验证明,不重视施工检测和施工现场质量控制管理工作,而仅靠经验评估是造成工程早期破坏的重要原因之一。因此,要想切实提高建设工程施工质量、缩短施工工期、降低工程造价,在建立健全工程质量控制检查制度的同时,必须配备一定数量的试验检测设备和相应的专职试验检测技术人员。

第二节　项目试验室的组建

按照工程建设程序的要求,施工准备阶段,作为施工单位应做好各项开工前的各项准备工作,包括:施工料厂的选择、线路中线的测量、工程试验室的组建。其中最主要的工作是前期提交开工报告所需要附的试验资料,必须满足设计文件和规范标准的要求,否则业主和监理工程师不会批准施工单位进行施工的,不仅会影响工期,而且会造成人员窝工,设备停用,如果影响业主按期投入使用,还会受到业主的索赔和罚款,给企业带来很大损失。要选择具备合格进场材料,首先第一步要成立试验室,这是试验检测工作的基础。成立工程项目试验室要严格按照规定程序进行,保证试验室的各个方面符合试验检测机构临时资质条件的要求,取得质监站、业主及监理单位的认可,并获得质监站颁发的临时资质证书,才能在资质等级许可的范围内承担试验检测任务。

一、项目试验室类型

建设工程项目试验室一般可以分为监理中心试验室、高级驻地试验室、项目经理部工地试验室三级。

监理中心试验室规模较大,负责建设项目全线工程质量的监督和抽检工作,并指导、安排高级驻地试验室对所辖工程的质量检测工作;

高级驻地试验室负责对本辖区合同标段的工程质量进行监督和抽检工作,并按时向监理中心试验室上报试验报表、资料;

项目经理部工地试验室负责所承揽的合同段工程试验检测任务,按时向高级驻地试验室上报试验资料,对重大工程试验项目还必须上报监理中心试验室审批。

二、申请工程项目试验室临时试验资质的主要程序

(1)试验检测机构临时资质申请报告;

(2)工地试验检测机构临时资质申请表；

(3)上级行政主管部门授权成立工地试验室及人员配备情况的批复文件；

(4)公司试验中心计量认证合格证书；

(5)试验室的组织机构；

(6)试验室资质、人员配备及职业资格要求；

(7)工地试验室主要仪器、设备配置；

(8)项目试验室的合理布置；

(9)试验室计量器具标定合格证书；

(10)试验室岗位职责；

(11)试验室各项管理制度。

三、项目试验室资质、人员资格及配备

(1)根据工程规模和类别，工地试验室的主管单位必须具备行政主管部门批准的工程试验检测机构相应资质。

(2)应有初级职称以上、3年以上试验检测工作经验的各项专业技术人员2～5人。

(3)试验检测人员均应通过行业的培训，取得经行政主管部门批准的相应资格证书。

(4)试验检测负责人应具有中级以上技术任职资格和试验检测工程师资格，必须熟悉并能指导试验检测工作，并具有5年以上试验检测工作经历。

四、项目试验室主要仪器、设备配置

项目试验室的主要仪器、设备配置要根据工程实际情况，合理安排，应能满足工程所需各类试验检测项目，保证建设工程质量。

五、项目试验室布置

1.基本要求

(1)试验室应有良好的通风、采光条件，保证检测人员的身体健康，并考虑隔热、保暖的要求，保证试验数据的准确度。

(2)试验室的用电量应根据试验设备用电量计算，采用集中配电室控制。电路必须有安全接地，养生室的电路及灯具必须有防潮装置，大型设备、精密设备和大功率设备尽量设专用线路，保证仪器设备的正常运转，使试验检测工作顺利开展。

(3)砂石、水泥、混凝土等室的上下水应顺畅，都必须设沉淀池，防止堵塞。化学室要定期处理，减少对环境的污染及对人员的伤害。

(4)仪器设备的安排要考虑检测人员工作方便。

(5)试验室要有完善的消防安全设施。

2.平面布置

平面布置应根据试验室的规模、工程任务量的大小确定。

第三节　试验室管理规章制度

试验室工作制度是否健全，制度能否坚持贯彻执行，反映了一个单位的管理水平。试验检测工作规范化、制度化是保证建设工程质量的重要因素，对试验检测机构来说，为了保证试验室质量管理水平，应对影响检测结果的各种因素（包括人的因素和物的因素）进行控制，因此必须建立以下几方面的工作制度。

一、岗位责任制

（一）试验室岗位职责和权限

（1）执行国家、部、局、公司有关计量认证工作的最新有效的标准、规范、规程、方法、地方标准及规章制度。

（2）根据施工组织设计和质量计划编制项目试验工作计划。

（3）参加工地砂石料厂及取土场的选择，及时按规定对原材料进行取样并试验，把好质量关。

（4）了解有关部门工程数量、施工进度及已完工数量，根据工程进度及时安排有关试验工作，保证工程建设的顺利进行。

（5）负责试验的原始记录及试验报告的整理、保管、发送、归档，并按规定保存期保存。

（6）参加各级组织的定期或不定期的质量检查，参予质量事故的原因分析和处理工作。

（7）参与“四新”技术的研究和推广运用。

（二）试验室主任岗位职责

（1）认真履行公司工程试验中心授于项目中心试验室有关工程试验的职责和权限，向项目经理和项目总工程师及公司工程试验中心负责并报告工作。

（2）负责项目中心试验室的全面工作，抓好中心人员的思想工作，调动全中心人员的积极性，对项目工程的试验工作做统筹安排，保证施工的正常进行。

（3）及时制定项目的各项管理规章制度，并认真贯彻执行，督促检查试验人员的岗位责任制执行情况。

（4）提出试验仪器设备的购置、更新、改造、修理和报废计划，上报公司试验中心，组织仪器设备送检和校验。

（5）参与料源选择与质量试验，确保工程质量达标。

（6）深入现场检查试验工作，保证现场试验检测任务的按时完成。

（7）审核及签发各种检测报告，报表及资料。

（8）加强与监理工程师的联系，对工程进行全面控制，搞好质量检测工作，保证工程质量。

（9）参加工程质量检查及事故分析会议，协助质量事故的原因分析和处理工作，提供相应的试验资料。

(三)试验技术负责人岗位职责

(1)在试验室主任领导下,全面负责试验室的技术工作,随时解决检测过程中出现的技术问题。

(2)熟悉国家、部门、地方关于质量检测方面的政策、法令、规定,以及工程技术标准。

(3)运用试验检测理论知识,编制试验检测细则,对试验室的所有检测项目进行全过程、全方位的控制,发现问题及时采取有效措施,防止出现重大技术问题,避免出现质量事故。

(4)制定试验仪器的维修保养等管理制度及操作规程,做到严格管理,规范操作。

(5)指导试验检测人员,不断提高业务人员的技术水平,督促试验检测人员保质保量地完成试验室的每一项试验检测。

(四)试验员岗位职责

(1)认真执行各项试验管理制度,熟悉有关技术标准、测试方法、测试设备,严格执行产品标准规定等检测条例,在测试设备和仪器正常工作条件下进行检验测试工作。

(2)试验设备使用前,认真检查设备运转是否正常,量值是否准确,使用后及时维护、保养,保证试验数据准确性,建立试验仪器设备台账并妥善保管。

(3)认真及时准确地填写原始记录,决不允许擅自涂改原始数据,保证试验数据的真实准确。

(4)及时完成领导分配的任务,自觉爱护各种试验仪器,保持办公室、工作间环境卫生。

(5)每项试验完成后,要及时检查水、电是否关闭,防止发生事故。

(6)不断加强对试验检测技术的学习和培训,努力提高业务技术水平。

(7)每次使用大型主要仪器设备后,均应填写仪器运转记录。

二、样品收发、保管制度

(1)凡属委托试验的试样,收样人员应及时按委托书编号在试样包装上编号后存放于指定地点,并标识“待检”字样。

(2)执行委托试验任务的专业试验人员,在接到收样人员交给的委托书时,应在“试样接收”栏中签名以示接受检验任务。

(3)对已检合格试样尚需留用时,专业试验人员在检验完毕后,应对样品标识“已检合格”字样。

(4)对已检不合格试样确有必要留样时,应标识“已检不合格”字样。

(5)对已检不合格试样,试验中心应立即通知委托方,以便采取相应纠正和预防措施。

三、试验仪器设备管理制度

(1)固定资产设立台账,并填写固定资产履历书,在用计量仪器做到履历书、使用说明书、检定证书三证齐全。

(2)仪器使用时,必须严格按照操作规程进行。仪器使用时,如有异常现象、失灵等情况,应及时查明原因,未经维修核准,不得继续使用。

(3)主要大型仪器设备,应设专人负责保管按时填写仪器运转记录。仪器无论使用与否,每周要清洁一次，每月保养一次，含上油、紧螺丝、皮带内油污清理。

(4)计量管理人员对所用的仪器设备，按实际情况制定出周期检定计划和建立计量器具台账，并按期进行送检或自校，并粘贴“合格证”、“准用证”或“停用证”等明显标志，并填写使用期限及检定单位。

(5)仪器设备的检定周期按该仪器设备的检定规程规定的检定周期执行，无检定规程的可按仪器说明书等文件提供的检定方法和周期进行，一般不超过一年。

(6)仪器设备在检定周期内出现失准或可疑情况时，应会同有关人员共同商讨处理。

(7)检定后仪器设备交有关部门使用，检定证书统一存档。

(8)自校仪器按照工程试验专用仪器校验方法进行。

四、检测工作质量保证制度

(1)检测工作人员必须具有上级主管部门签发的试验检测人员证，无证人员不得从事试验检测工作，并不得出具试验报告。

(2)试验仪器、仪表必须定期检定，精度要符合试验标准要求，使用前应调试准确，并严格执行有关操作规程。

(3)因外界干扰(如停电、停水等)而中断检测工作并影响检测质量，检测工作必须重新开始，并记录情况备案。

(4)若发生事故，要保护现场，按规定上报，并组织有关人员认真分析事故原因，采取有效措施，恢复仪器设备正常使用。

(5)试验报告应使用统一格式，全面执行法定计量单位，实事求是地认真填写试验数据，要求数据准确，字迹清晰。

(6)原始记录和试验报告的审核工作，严格按检验报告审查制度执行。

(7)接受省、市质量监督站及公司工程试验中心的监督，严格执行对比试验制度，以促进检测人员检测技术水平的提高，保证检测工作质量。

五、试验资料保管制度

(1)各种规程、规范、标准、方法、仪器设备档案以及试验记录、试验报告、委托书等均为试验资料，应设专柜分类，由专人保管。

(2)检验所用标准、规范、试验方法等，应设专人负责保管，及时补进新版本，清除作废版本，确保掌握的版本始终有效。

(3)试验记录、试验报告不得外借，其他规程、规范、标准外借时，必须履行借阅手续，并注意及时收回。

(4)按时编制有关工程试验现行国家及行业标准目录，以便动态掌握有效和失效文件，确保检测工作质量。

六、标养室管理制度

(1)项目试验室均应建立标准养护室。根据最新国家标准《普通混凝土力学性能试验方法标准》(GB/T 50081—2002)的规定，标养室温度应控制在 20℃±2℃，相对湿度大于 95%，标养室面积的大小以满足工程施工需要为准。

(2)混凝土、砂浆试件允许在温度为20℃±2℃的不流动的$Ca(OH)_2$饱和溶液中养护，即净水中养护，但养生池必须安装加热器和继电器，以控制水温，夏天采用循环地下水降温，养生池内的水每月应更换1次，每次只能换一半水。

(3)养生池放置混凝土试件，一般应1组3块上下叠放，间距不得少于3cm。

(4)标养室应安装空调及控温、控湿装置，以保证温度、湿度在规定的范围内，试块放在试件架上，彼此间距为1～2cm。

(5)标养室内应安装加湿装置，但必须保证喷出的水是雾化状态，不能将凉水直接浇在试件上。

(6)最好能在标养室内另砌一长方形水池，高约20～30cm，便于存放CBR和基层、底基层抗压强度试件。

(7)应建立标养室温、湿度专项记录本，指定专人负责记录，每日记3次，时间为7点、14点、21点，发现温度、湿度超过控制范围时，应及时调整。

(8)标养室最好安装双层门，两门不要直对，应错开1m以上，两层门距离应大于1m。进出标养室应随手关门和帘，搬运试件最好在标养室内进行，以避免因长期开门而引起标养室内的温差变化太大。

(9)应保持标养室内整洁，不得堆放杂物。

第四节　试验台账

试验台账是试验管理的一种有效手段，它对整个施工过程中项目经理部试验方面的质量控制、试验资料的管理有着重要作用，许多建设工程指挥部也都要求项目试验室建立相应的台账。

一、试验台账的作用

(1)试验仪器、设备台账是其购置、调配、报废的依据，是仪器、设备管理的重要一环。每项工程结束或新工程开工前，都必须认真清点项目的所有试验仪器、设备，并建立、健全试验仪器、设备台账，便于新工程开工前根据工程需要添置适当仪器、设备，满足施工质量检测和控制的需要。

(2)计量仪器、设备台账是确保试验仪器、设备的计量量值准确性的重要一环，也是国家计量法规规定必须建立的台账。

(3)在施工过程中，项目试验室经常要给监理工程师、指挥部、中心试验室等单位报送有关试验资料。实践中经常发生试验资料丢失、短缺的现象，有时会影响工程进度和计量支付，为明确责任，防止资料丢失，必须建立试验资料报送台账，也可保证上报资料的连续性。

(4)通过各种原材料的试验台账不但可以简捷、直观地掌握、了解原材料的质量变动情况，而且可以随时检查各种原材料试验是否满足有关规定所要求的检测频率。另外，上级主管部门(包括单位的上级主管部门、监理工程师、业主、指挥部等)会经常检查项目试验室的资料，有了试验台账，便于他们随时查阅和索取资料。

(5)施工过程中质量检测的试验项目，如路基、路面压实度检查和弯沉检测，水泥混凝土、砂浆、无机结合料的抗压强度检测以及石灰(水泥)剂量测定等，建立了试验台账可保证试验检测的连续性和试验资料的完整性。从台账上可以很简捷地看到试验段落桩号的衔接、结构物编号的衔接，避免漏检某一层次。

二、常用试验台账及台账表样

常用试验台账(见表 1-1)

常用试验台账　　表 1-1

序号	台账名称	序号	台账名称
1	试验仪器、设备台账	14	水泥混凝土配合比试验台账
2	试验计量仪器、设备台账	15	混凝土(砂浆)抗压强度试验台账
3	委托试验台账	16	混凝土抗折强度试验台账
4	试验资料报送台账	17	砂浆配合比试验台账(水泥砂浆)
5	液塑限试验台账	18	石灰钙镁含量试验台账
6	标准击实试验台账	19	石灰标准曲线试验台账
7	路基(路面)压实度检验台账	20	石灰(水泥)剂量测定试验台账
8	路基(路面)弯沉检测试验台账	21	无机结合料击实试验台账
9	细集料试验台账	22	基层(底基层)配合比试验台账
10	粗集料试验台账	23	无机结合料抗压强度试验台账
11	水泥物理、力学性能试验台账	24	沥青试验台账
12	钢筋试验台账	25	沥青混凝土配合比试验台账
13	地基承载力检验台账(轻型触探仪)	26	沥青混合料试验台账

第五节　试验数据的统计分析和处理方法

在建设工程施工过程中，不论是原材料试验还是施工中的质量控制检验，都会取得大量的数据。对这些数据进行科学地分析，可以更好地评价原材料和工程质量。在建设工程质量检验评定标准中，也分别提出了许多数理统计的特征值。因此，项目试验人员应具备数理统计方面的基本知识。在进行试验成果的分析整理时，必须坚持理论与实际统一的原则。以现场和工程的具体条件为依据，以测试所得的实际数据为基础，以数理统计分析为手段，区别不同条件，针对不同要求，采取不同方法。下面简要介绍几种常用的数理统计方法和数据处理方法。

一、总体与样本

在工程质量检测中，对无限总体中的个体，逐一考察其某一个质量特性显然是不可能的；对有限总体，若所含个体数量虽不大，但考察方法往往是破坏性的，同样不能采用全数考察。

所以，通过抽取总体中的一小部分个体加以检测，以了解和分析总体质量状况，这是工程质量检验的主要方法，因此，除特殊项目外，大多采用抽样检验，这就涉及到总体与样本的概念。

总体又称母体，是统计分析中所要研究对象的全体，而组成总体的每个单元称为个体。例如，在沥青混合料拌和工地上需要确定某公司运来的一批沥青质量是否合格，则这批沥青就是总体。

总体分有有限总体与无限总体，如果是一批产品，由于其数量有限，所以称其为有限总体；如果是一道工序，由于工序总在源源不断地生产出产品，有时是一个连续的整体，所以这样的总体称为无限总体。

从总体中抽取一部分个体就是样本(又称子样)。例如，从每一桶沥青中取两个试样，一批沥青有 100 桶，抽查了 200 个试样做试验，则这 200 个试样就是样本。而组成样本的每一个个体，即为样品。例如，上述 200 个试样中的某一个，就是该样本中的一个样品。

样本容量是样本中所含样品的数量，通常用 n 来表示。上例中样本容量为 200。样本容量的大小，直接关系到判断结果的可靠性。一般来说，样本容量越大，可靠性越好，但检测所耗费的工作量亦较大，成本也就越高。样本容量与总体中所含个体的数量相等时，是一种极限情况，因此，全数检验是抽样检验的极限。

二、数据的统计特征量

用来表示统计数据分布及其某些特性的特征量分为两类：一类表示数据的集中位置，例如算术平均值、中位数等；一类表示数据的离散程度，主要有极差、标准离差、变异系数。

(一)平均值

1. 算术平均值

算术平均值是表示一组数据集中位置最有用的统计特征量，经常用样本的算术平均值来代表总体的平均水平。总体的算术平均值用 μ 表示，样本的算术平均值则用 $\bar{x}$ 表示。如果 n 个样本数据为 x_1、x_2、$\cdots x_n$，那么样本的算术平均值为：

$$\bar{x}=\frac{(x_1+x_2+x_3+\cdots+x_n)}{n}=\frac{\sum x}{n} \tag{1-1}$$

式中：$\bar{x}$——算术平均值；

x_1、x_2、x_3、$\cdots$、x_n——各试验数据值；

$\sum x$——各试验数据值的总和；

n——试验数据个数。

【例 1】 新建高速公路路基施工中，压实度检测结果分别为 96.57%、95.39%、93.85%、97.32%、96.28%、95.86%、95.93%、96.87%、95.34%、95.93%，求其平均压实度。

解： $\bar{x}$ =(96.57%+95.39%+93.85%+97.32%+96.28%+95.86%+95.93%+96.87%+95.34%+95.93%)/10

=959.34%/10=95.93%

这组砂浆试件的平均抗压强度为 95.93%。

2. 中位数

在一组数据 x_1、x_2、$\cdots x_n$ 中，按其大小次序排序，以排在正中间的一个数表示总体的平均水平，称之为中位数，或称中值，用 x 表示。n 为奇数时，正中间的数只有一个；n 为偶数时，正中间的数有两个，则取这两个数的平均值作为中位数，即：

$$\bar{x}=\begin{cases}x_{\frac{n+1}{2}}(n\text{ 为奇数})\\ \frac{1}{2}(x_{\frac{n}{2}}+x_{\frac{n}{2}+1})(n\text{ 为偶数})\end{cases} \tag{1-2}$$

【例 2】 检测值同例 1，求中位数。

解：检测值按大小次序排列为：97.32%、96.87%、96.57%、96.28%、95.93%、95.93%、95.86%、95.39%、95.34%、93.85%，，则中位数为：

$$x=\frac{95.93\%+95.93\%}{2}=95.93\%$$

3. 极差

在一组数据中最大值与最小值之差，称为极差，记作 R：

$$R=x_{\max}-x_{\min} \tag{1-3}$$

【例 3】 例 1 中的检测数据的极差为：

$$R=x_{\max}-x_{\min}=97.32\%-93.85\%=3.47\%$$

极差没有充分利用数据的信息，但计算十分简单，仅适用于样本容量较小($n<10$)的情况。

4. 标准偏差

标准偏差有时也称标准离差、标准差或称均方差，它是衡量样本数据波动性(离散程度)的指标。在质量检验中，总体的标准偏差 σ 一般不易求得。样本的标准偏差 S 按下式计算：

$$S=\sqrt{\frac{(x_1-\bar{x})^2+(x_2-\bar{x})^2+\cdots+(x_n-\bar{x})^2}{n-1}}=\sqrt{\frac{\sum_{i=1}^{n}(x_i-\bar{x})^2}{n-1}}$$

$$=\sqrt{\frac{1}{n-1}(\sum_{i=1}^{n}x_i^2-n\bar{x}^2)} \tag{1-4}$$

式中：S——标准差(均方根差、均方差)；

x_1、x_2、…x_n——各试验数据值；

$\bar{x}$——试验数据值的算术平均值；

n——试验数据个数。

【例 4】 仍用例 1 的数据，求样本标准偏差 S。

解：由式可知，样本标准偏差为：

$$S=\left\{\frac{1}{10-1}[(96.57\%-95.93\%)^2+(95.39\%-95.93\%)^2+(93.85\%-95.93\%)^2\right.$$
$$+(97.32\%-95.93\%)^2+(96.28\%-95.93\%)^2+(95.86\%-95.93\%)^2$$
$$+(95.93\%-95.93\%)^2+(96.87\%-95.93\%)^2+(95.34\%-95.93\%)^2$$
$$\left.+(95.93\%-95.93\%)^2]\right\}^{1/2}=0.961\%$$

5. 变异系数

标准差是表示绝对波动大小的指标，当测量较大的量值时，绝对误差一般较大；测量较小量值时，绝对误差一般较小。因此要考虑相对波动的大小(相对离散的程度)，就用标准差比上平均值的百分率来表示，即变异系数 C_v 越小，表示测定值离散程度越小；C_v 越大，表示测定值离散程度越大，其计算式为：

$$C_v = (S/\bar{x}) \times 100\% \tag{1-5}$$

式中：C_v——变异系数，%；

S——标准差；

$\bar{x}$——试验数据的算术平均值。

由变异系数可以看出标准偏差所表示不出来的数据波动情况。

以上例计算：

$$C_v = (0.961\%/95.93\%) \times 100\% = 1.00\%$$

变异系数越小，说明施工管理和质量控制水平越好。

三、可疑数据的取舍

在一组条件完全相同的重复试验中，当发现有某个过大或过小的可疑数据时，应按数理统计的方法给以鉴别，并决定取舍。常用的方法有三倍标准差法、格拉布斯法和肖维纳法。这三种方法中，三倍标准差法最简单，但要求较宽，几乎绝大部分数据都不舍弃；格拉布斯法适用于标准差不掌握的情况；肖维纳法比较古老，已逐渐被格拉布斯法所代替。后两种方法计算比较复杂，因此，试验数据的取舍大都采用三倍标准差法。

三倍标准差法是美国混凝土标准（ACT 214—65 的修改建议）中所采用的方法，它规定了数据保留准则，但需存疑，如发现试验数据在获取过程中，有可能因制作、养护、仪器失灵、环境条件、试验过程等因素存在可疑的变异，该试验数据应予以舍弃。在对试验数据进行数理统计时，对超过三倍标准差的数据应予以舍弃（在《公路工程质量检验评定标准》中，对路基、路面弯沉测定计算，有此明确要求），对其他数据，不得随意取舍。

四、数字修约规则

根据中华人民共和国国家标准《数值修约规则》(GB 8170—87)，试验数据需要修约时，应按下列规则进行：

(1)在拟舍弃的数字中，保留数后面(右边)第一个数小于 5(不包括 5)时则舍去，保留数的末位数字不变。

例如，将 13.148 62 修约到保留一位小数，修约后为 13.1。

(2)在拟舍弃的数字中，保留数后面(右边)第一个数大于 5(不包括 5)时则进一，保留数的末位数字加一。

例如，将 13.168 62 修约到保留一位小数，修约后为 13.2。

(3)在拟舍弃的数字中，保留数后面(右边)第一个数字等于 5，5 后面的数字并非全部为零时，则进一，保留数末位数字加一。

例如，将 13.150 62 修约到保留一位小数，修约后为 13.2。

(4)在拟舍弃的数字中，保留数后面(右边)第一个数字等于 5，5 后面无数字或全部为零时，保留数的末位数字为奇数(1、3、5、7、9)则进一，为偶数(2、4、6、8、0)则舍弃。

例如，将下列数字修约到保留一位小数：

修约前 13.15　　　　　　　　　修约后为 13.2

修约前 13.25　　　　　　　　　修约后为 13.2

(5)所拟舍弃的数字若为两位以上的数字,不得连续进行多次(包括二次)修约,应根据保留数后面(右边)第一个数字的大小,按上述规定,一次修约出结果。

例如:将 13.446 8 修约成整数:

正确的修约是,修约前为 13.446 8,修约后为 13。

不正确的修约见表 1-2。

不正确的修约　　表 1-2

修约前	一次修约	二次修约	三次修约	四次修约(结果)
13.446 8	13.447	13.45	13.5	14

(6)单位修约

试验数据中,有的规范或规程要求小数点后保留 0 或 5,不要其他数值,则修约规则为:将拟修约数值乘以 2,在指定数位依上述规则修约,所得数值再除以 2。

例如,将下列数字修约到个数位的 0.5 单位,修约结果见表 1-3

0.5 单位修约　　表 1-3

拟修约数	乘以 2	修约为整数	再除以 2
60.25	120.50	120	60.0
60.38	120.76	121	60.5
60.75	121.50	122	61.0

五、数据的表达方法

通过试验检测获得一系列数据,如何对这些数据进行深入的分析,以便得到各参数间的关系,甚至用数学解析的方法,导出各参数间的函数关系,这是数据处理的任务之一。

测量数据的表达方法通常有表格法、图示法和经验公式法三种。

(一)表格法

用表格来表示函数的方法,在自然科学和工程技术上用得特别多。在科学试验中一系列测量数据都是首先列成表格,然后再进行其他的处理。表格法简单方便,但要进行深入的分析,就不能胜任了。首先,尽管测量次数相当多,但它不能给出所有的函数关系;其次,从表格中不易看出自变量变化时函数的变化规律,而只能大致估计出函数是递增的、递减的或是周期性变化的,等等。列成表格是为了表示出测量结果,或是为了以后的计算方便,同时也是图示法和经验公式法的基础。

表格有两种:一种是试验检测数据记录表,另一种是试验检测结果表。

试验检测数据记录表是该项试验检测的原始记录表,它包括的内容应有试验检测目的、内容摘要、试验日期、环境条件、测量数据、结果分析以及参加人员和负责人等。

试验检测结果表只反映试验检测结果的最后结论,一般只有几个变量间的对应关系。试验检测结果表应力求简明扼要，能说明问题。

(二)图示法

在自然科学和工程技术中用图形来表示测量数据是最普遍的一种方法。图示法的最大优点是一目了然，即从图形中可以非常直观地看出函数的变化规律，如递增性或递减性，最大值或最小值，是否具有周期性变化规律等。但是，从图形上只能得到函数变化关系而不能进行数学分析。

图示法的基本要点是：

(1)在直角坐标系中绘制测量数据的图形时，应以横坐标为自变量，纵坐标为对应的函数量。

(2)坐标纸的大小与分度的选择应与测量数据的精度相适应。分度过粗时，影响原始数据的有效数字，绘图精度将低于试验中参数测量的精度；分度过细时会高于原始数据的精度。

坐标分度值不一定自零起，可用低于试验数据的某一数值作起点和高于试验数据的某一数值作终点，曲线以基本占满全幅坐标纸为宜。

(3)坐标轴应注明分度值的有效数字和名称、单位，必要时还应标明试验条件，坐标的文字书写方向应与该坐标轴平行，在同一图上表示不同数据时应该用不同的符号加以区别。

(4)曲线平滑方法。测量数据往往是分散的，如果用短线连接各点得到的就不是光滑的曲线，而是折线。由于每一个测点总存在误差，按带有误差的各数据所描的点不一定是真实值的正确位置。根据足够多的测量数据，完全有可能作出一光滑曲线，决定曲线的走向应考虑曲线尽可能通过或接近所有的点，但曲线不必强求通过所有的点，尤其是两端的点。当不可能时，则应移动曲线尺，顾及到所绘制的曲线与实测值之间的误差的平方和最小，此时曲线两边的点数接近于相等。

(三)经验公式法

测量数据不仅可用图形表示出函数之间的关系，而且可用与图形对应的一个公式来表示所有的测量数据，当然这个公式不可能完全准确地表达全部数据。因此，常把与曲线对应的公式称为经验公式，在回归分析中则称之为回归方程。

把全部测量数据用一个公式来代替，不仅有紧凑扼要的优点，而且可以对公式进行必要的数学运算，以研究各自变量与函数的关系。

根据一系列测量数据，如何建立公式，建立什么形式的公式，这是首先需要解决的问题。所建立的公式能够正确表达测量数据的函数关系，往往不是一件容易的事情，在很大程度上取决于试验人员的经验和判断能力，而且建立公式的过程比较繁琐，有时还要多次反复才能得到与测量数据更接近的公式。

建立公式的步骤大致可归纳如下：

(1)描绘曲线。以自变量为横坐标，函数量为纵坐标，将测量数据描绘在坐标纸上，并把数据点描绘成测量曲线(详见图示法)。

(2)对所描绘的曲线进行分析，确定公式的基本形式。

如果数据点描绘的是曲线，则要根据曲线的特点判断曲线属于何种类型。判断时可参考现成的数学曲线形状加以选择，对选择的曲线则按一元非线性回归方法处理。

如果测量曲线很难判断属何种类型，则可按多项式回归处理。

(3)曲线化直。如果测量数据描绘的曲线被确定为某种类型的曲线，则可先将该曲线方程变换为直线方程，然后按一元线性回归方法处理。

(4)确定公式中的常量。代表测量数据的直线方程或经曲线化直后的直线方程表达式为 $y=a+bx$，可根据一组测量数据确定方程中的常量 a 和 b，其方法一般有图解法、端值法、平均法和最小二乘法等。

(5)检验所确定的公式的准确性。即用测量数据中自变量值代入公式计算出函数值，看它与实际测量值是否一致，如果差别很大，说明所确定的公式基本形式可能有错误，则应建立另外形式的公式。

(四)数据处理分析方法

若两个变量 x 和 y 之间存在一定的关系，并通过试验获得 x 和 y 的一组数据，用数学处理的方法得出这两个变量间的关系式，这就是回归分析，也就是工程上所说的拟合问题，所得关系式称为经验公式，或称回归方程、拟合方程。

在处理试验数据时，经常遇到两个变量因素的试验值，如抗压强度和抗折强度，快速试验强度和标准试验强度，混凝土强度与水泥强度及承载比试验等，可利用试验数据，找出它们之间的关系，建立两个变量因果经验相关公式。

如果两变量 x 和 y 间的关系是线性关系，就称为一元线性回归或称直线拟合。如果两变量间的关系是非线性关系，则称为一元非线性回归或称曲线拟合。

设两变量间的关系为 $y=F(x)$，通过试验可得到若干组对应数$(x_1,y_1)(x_2,y_2)\cdots(x_n,y_n)$。根据这些数据在平面坐标系中绘出相应的数据点，当点大致分布在一条直线附近时，说明两变量 x 和 y 间存在线性关系，即可以用一条适当的直线来表示这两个变量的关系，此直线方程为：

$$y=a+bx \tag{1-6}$$

式中：a,b——回归系数。

平面上的直线很多，而 a,b 值构成的最优直线必须使 $y=a+bx$ 方程的函数值 y_i 与实际测量值 y_i 之间的偏差最小。理论分析和工程实践均表明，最小二乘法确定的回归方程偏差最小，平均法次之，端值法最大。为此，下面仅讨论最小二乘法。

最小二乘法的基本原理为：当所有测量数据的偏差平方和最小时，所拟合的曲线最优。

最小二乘法是一种最常用的统计方法。经过数学推导，得到二元一次直线方程式的截距 b、斜率 a、相关系数 r、标准偏差 S 和变异系数 C_v 的计算公式为：

截距：
$$a=\frac{\sum xy\cdot\sum x-\sum y\cdot\sum x^2}{(\sum x)^2-n\sum x^2} \tag{1-7}$$

斜率：
$$b=\frac{\sum x\sum y-n\sum xy}{(\sum x)^2-n\sum x^2} \tag{1-8}$$

相关系数：
$$r=\frac{n\sum xy-\sum x\cdot\sum y}{\sqrt{[n\sum x^2-(\sum x)^2]\cdot[n\sum y^2-(\sum y)^2]}} \tag{1-9}$$

标准偏差：
$$S=\sqrt{1-r^2}\cdot\sqrt{\frac{n\sum y^2-(\sum y)^2}{n\cdot(n-2)}} \tag{1-10}$$

变异系数：$$C_v=(S/\bar{x})\times 100\%\tag{1-11}$$

该处讲述的标准偏差及变异系数与前述的标准 S(或 σ)和变异系数 C_v 不同，前述的 S 及 C_v 是单因素(一个变量)的标准偏差和变异系数，而此处的 S 和 C_v 是双因素(含 x、y 两个变量)的标准偏差和变异系数。两者涵义、计算公式不能混淆和借用。

【工程示例】 现有一台 30kN 测力仪，其测力环负荷 y 值及进程 x 值见下表，请根据 x、y 对应关系，计算其一元线性回归方程。

解题过程见表 1-4。

表 1-4

	y 负荷(kN)	x 进程(mm)	xy	x^2
0	0	1	0	1
1	3	1.18	3.54	1.392 4
2	5	1.3	6.5	1.69
3	8	1.482	11.856	2.196 324
4	10	1.609	16.09	2.588 881
5	15	1.922	28.83	3.694 084
6	20	2.235	44.7	4.995 225
7	25	2.55	63.75	6.502 5
8	30	2.866	85.98	8.213 956
Σ	116	16.144	261.246	32.273 37
	$\Sigma y=116$	$\Sigma x=16.144$	$\Sigma xy=261.246$	$\Sigma x^2=32.273\ 37$
$(\Sigma x)^2=260.628\ 736$				
$a=-15.884$			$b=16.04$	
$y=-15.884+16.04x$				

思考题

1. 加强试验检测工作对工程质量控制有何意义？
2. 简述组建项目试验室的主要内容。
3. 如何对项目试验室平面布置进行设计？
4 你认为项目试验检测人员如何配置最合理？
5 试述建立试验台账的重要性。
6. 何谓总体、样本？

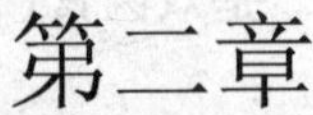

第二章

路基土石方工程试验与检测方法

第一节　土的概念及基本物理性质指标

在建设工程施工过程中，土是路基工程填筑最基本的建筑材料，常作为路堤的填料，也可作为隧道、涵洞及地下建筑物的介质或环境。因此，对土的试验和检测是设计、施工和科研必不可少的工作，从某种意义上讲是设计、施工和科研的基础。

工程中土是由固体颗粒、水和气体三部分组成的三相体系。这三种组成部分本身的性质及其比例关系和相互作用决定土的物理力学性质及状态，土的基本物理性质指标，主要包括以下几项：

(1)土的密度 ρ：是指土体单位体积的质量，一般土的密度在 1.60～2.20g/cm^3 之间。

$$\rho=\frac{m}{V} \tag{2-1}$$

(2)土粒密度 ρ_s：是指土的固体颗粒单位体积的质量，一般土粒密度变化幅度不大，大都在 2.67～2.724g/cm^3 之间。

$$\rho_s=\frac{m_s}{V_s} \tag{2-2}$$

(3)土的天然含水率 w：是指土中水与固体颗粒质量之比，通常用百分率表示。

$$w=\frac{m_w}{m_s}\times 100\% \tag{2-3}$$

(4)干密度 ρ_d：是指土的固体颗粒质量与土的总体积之比，土的干密度越大，土越密实，所以干密度常用做填土夯实的控制指标。

$$\rho_d=\frac{m_s}{V} \tag{2-4}$$

(5)饱和密度 ρ_{sat}：是指土孔隙全部被水充满时的密度。

$$\rho_{sat}=\frac{m_s+V_v\cdot\rho_w}{V} \tag{2-5}$$

(6)浮密度 ρ'：是指土浸没在水中受到浮力作用时的密度。

$$\rho'=\rho_{sat}-\rho_w \tag{2-6}$$

(7)孔隙比 e：是指土中孔隙的体积与固体颗粒的体积之比。

$$e=\frac{V_v}{V_s} \tag{2-7}$$

孔隙比是一个应用十分广泛的指标，土的孔隙比越大，土质越疏松。反之，土的孔隙比越小，其孔隙的体积随之缩小，变得紧密。土的压缩性、透水性等物理性质都与土的孔隙性有密切关系，因此，土的孔隙比可用来评价土的紧密程度。

(8)孔隙率 n：是指土中孔隙体积与总体积之比。

$$n=\frac{V_v}{V}\times 100\% \tag{2-8}$$

(9)饱和度 S_r：是指孔隙中水的体积与孔隙体积之比。

$$S_r=\frac{V_w}{V_v}\times 100\% \tag{2-9}$$

饱和度用来描述土中水充满孔隙的程度。当土处于完全干燥状态时，饱和度为 0；当土中孔隙全部被水充满时，饱和度为 1。根据饱和度可把砂土划分为三种状态：$0<S_r\leqslant 0.5$ 为稍湿，$0.5<S_r\leqslant 0.8$ 为潮湿，$0.8<S_r\leqslant 1.0$ 为饱和。

(10)相对密实度。相对密实度为同一土样的最大孔隙比与天然孔隙比之差，除以最大孔隙比与最小孔隙比之差，相对密实度可用来判断天然砂性土的密实状态，及其是否有压密的可能性。若天然孔隙比接近最小孔隙比，其相对密实度接近 1，说明天然土已经很密实，再压密的可能性很小。若天然孔隙比接近最大孔隙比，其相对密实度接近 0，说明天然土很疏松，在外力作用下，它的压缩性很大。

以上这些指标中，土的密度、土粒密度、天然含水率是由试验测定的，称为试验指标，其余指标均可从这三个试验指标计算得到，三相指标的换算关系见表 2-1。

三相指标的换算关系 表 2-1

指　标	符　号	物理表达式	换算关系式
孔隙比	e	$e=V_v/V_s$	$e=\frac{\rho_s(1+w)}{\rho}-1$
孔隙率	n	$n=V_v/V\times 100\%$	$n=1-\frac{\rho}{\rho_s(1+w)}$
干密度	ρ_d	$\rho_d=\frac{m_s}{V}$	$\rho_d=\frac{\rho}{1+w}$
饱和密度	ρ_{sat}	$\rho_{sat}=\frac{m_s+V_v\rho_w}{V}$	$\rho_{sat}=\frac{\rho(\rho_s-\rho_w)}{\rho_s(1+w)}+\rho_w$
浮密度	ρ'	$\rho'=\frac{m_s-V_s\rho_w}{V}$	$\rho'=\rho(\rho_s-\rho_w)/\rho_s(1+w)$
饱和度	S_r	$S_r=\frac{V_w}{V_v}$	$S_r=\frac{\rho\rho_s w}{\rho_w[\rho_s(1+w)-\rho]}$

第二节　土的工程分类

一、土的工程分类依据

自然界中的各种土，从直观上显然可以分成两大类：

一类是由肉眼可见的松散颗粒所组成，也称为无黏性土；

另一类是由肉眼难以辨别的微细颗粒所组成。由于微细颗粒特别是黏土颗粒之间存在着重力以外的分子引力和静电力的作用，使颗粒之间相互联结，这就是土的粘性由来。颗粒之间常常不再是直接接触而是通过结合水膜相联结，使这类土具有可塑性。另外，黏土矿物具有吸水膨胀、失水收缩的能力，使这类土具有胀缩性。这种具有粘性、可塑性、胀缩性的土就是细粒土，或称黏性土。

粗粒土的工程性质，如透水性、压缩性和强度等，在很大程度上取决于土的粒径级配。因此粗粒土按其粒径级配累计曲线再细分为若干类。

细粒土的工程性质不仅取决于粒径级配，比表面积和矿物成分在很大程度上决定了土的性质。直接量测和鉴定土的比表面积和矿物成分比较困难，但是它们直接综合表现为土的吸附结合水的能力。因此，目前国内外多用吸附结合水的能力作为细粒土的分类标准。反映土吸附结合水能力的特性指标有液限 w_L、塑限 w_P 和塑性指数 I_P。原则上有机质含量高的土是不能作为工程建筑材料的，因此分类时还应考虑有机质含量。

二、土的工程分类

目前土的工程分类法还不统一，这里仅简单介绍交通部颁布的《公路土工试验规程》(JTJ 051—93)所列的分类标准。

(1)土的工程分类目的：通过对土的鉴别、定名和描述，以便对土作定性评价，为工程设计和施工提供依据。

(2)土的分类依据为：

①土颗粒组成特征；

②土的塑性指标：液限 w_L、塑限 w_P 和塑性指数 I_P；

③土中有机质存在情况。

(3)本分类法应按颗粒分析试验方法(筛分法)确定各粒组的含量。

按液限塑限联合测定法确定液限、塑限和塑性指数 I_P。

(4)土的颗粒应按表 2-2 所列粒组范围划分。

表 2-2

巨粒组(mm)		粗粒组(mm)						细粒组(mm)	
≥200	200～60	60～20	20～5	5～2	2～0.5	0.5～0.25	0.25～0.074	0.074～0.002	≤0.002
漂石(块石)	卵石(小块石)	砾(角砾)			砂			粉粒	黏粒
		粗	中	细	粗	中	细		

(5)本分类将土分为巨粒土、粗粒土、细粒土和特殊土，分类总体系见图 2-1。

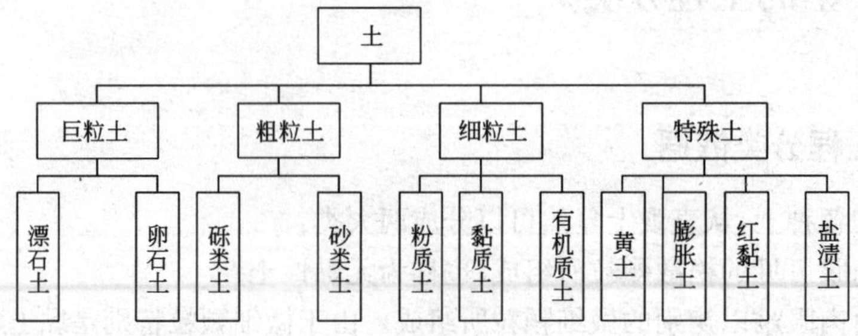

图 2-1

(6)土颗粒组成特征应以土的级配指标的不均匀系数(C_u)和曲率系数(C_c)表示:不均匀系数 C_u 反映粒径分布曲线上的土粒分布范围,按下式计算:

$$C_u = \frac{d_{60}}{d_{10}} \tag{2-10}$$

曲率系数 C_c 反映粒径分布曲线上的土粒分布形状,按下式计算:

$$C_c = \frac{(d_{30})^2}{d_{10} \times d_{60}} \tag{2-11}$$

式中:d_{10},d_{30},d_{60}——分别为土的粒径分布曲线上对应通过率10%、30%、60%的粒径,mm。

(7)细粒土应根据塑性图分类。土的塑性图是以液限(w_L)为横坐标、塑性指数(I_p)为纵坐标构成的。

(8)土的成分代号详见《公路工程土工试验规程》,本章从略。

(一)巨粒土的分类

巨粒组质量多于总质量50%的土称巨粒土。根据巨粒组的具体含量,可细分为漂(卵)石、漂(卵)石夹土及漂(卵)石质土,见表2-3。

巨粒土分类表 表2-3

巨粒土	漂(卵)石 (其中巨粒组质量≥75%)	漂石(漂石粒组>50%)	B
		卵石(漂石粒组2≤50%)	Cb
	漂(卵)石质土 (其中巨粒组质量占75%～50%)	漂石质土(漂石粒组>50%)	BSI
		卵石质土(漂石粒组≤50%)	CbSI
漂(卵)石质土 (其中巨粒组质量仅含50%～15%)		漂石质土(漂石>卵石)	SIB
		卵石质土(漂石≤卵石)	SICb

(二)粗粒土的分类

试样中粗粒组质量多于总质量50%的土称粗粒土。而粗粒土中砾粒组质量多于总质量50%的土称砾类土;粗粒土中砾粒组质量少于或等于总质量50%的土称砂类土。砾类土应根据其中细粒含量和类别,以及粗粒组的级配进行分类,分类体系见表2-4。

粗粒土分类表 表2-4

土类	分类			符号
粗粒土类	砾类土其中砾粒组质量>50%	砾细粒组质量>50%	当 C_u>5,C_c=1～3时,级配良好砾	GW
			不同时满足当 C_u>5,C_c=1～3时,称为级配不良好砾	GP
	细粒土砾	细粒土质量占总质量的5%～15%		GF
	细粒土质砾 50%≥F>15%	当细粒土位于塑性图A线以下时称为粉土质砾		GM
		当细粒土位于塑性图A线以上时称为黏土质砾		GC

续上表

土类	分　类			符号
粗粒土类	砾类土砾粒组质量≤50%,根据粒径分组由大到小以首先符合者命名	砂 $F<50\%$	当 $C_u>5$,$C_c=1\sim3$ 时,称级配良好砂	SW
			不同时满足当 $C_u>5$,$C_c=1\sim3$ 时,称为级配不良好砂	SP
		细粒土砂 $15\%<F<50\%$	当细粒土位于塑性图 A 线以下时称为粉土质砂	SẆ
			当细粒土位于塑性图 A 线以上时称为黏土质砂	SC

(三)细粒土的分类

细粒组质量多于总质量50%的土称为细粒土,细粒土应按规定划分为细粒土、含粗粒的细粒土和有机质土。

1)细粒土中粗粒组质量少于总质量25%的土称细粒土。细粒土应按塑性图(图2-2)分类。

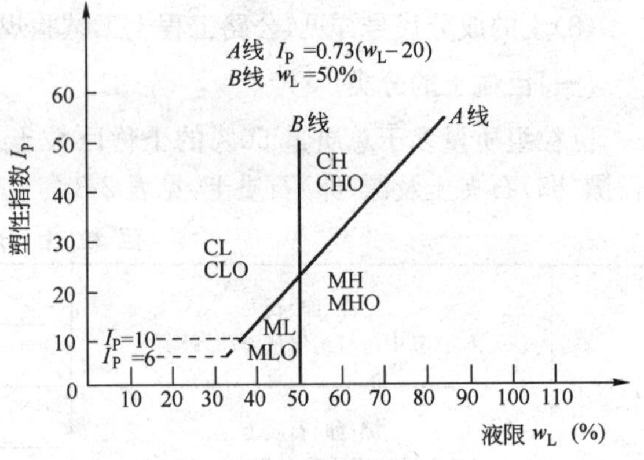

图 2-2　塑性图

(1)当细粒土位于塑性图 A 线以上时:

①在 B 线以右,称高液限黏土,记为CH;

②在 B 线以左,$I_P=10$ 线以上,称低液限黏土,记为CL。

(2)当细粒土位于塑性图 A 线以下时:

①在 B 线以右,称高液限粉土,记为MH;

②在 B 线以左,$I_P=10$ 线以下,称低液限粉土,记为ml。

2)细粒土中粗粒组质量为总质量25%～50%的土称含粗粒的细粒土。含粗粒的细粒土应先确定细粒土部分的名称,再按以下规定最终定名:

①当粗粒组中砾粒组占优势时,称含砾细粒土,应在细粒土代号后缀以代号“G”;

②当粗粒组中砂粒组占优势时,称含砂细粒土,应在细粒土代号后缀以代号“S”。

3)含有机质的细粒土称有机质土。

土中有机质包括未完全分解的动植物残骸和完全分解的无定形物质。后者多呈黑色、青黑色或暗色;有臭味;有弹性和海绵感。借目测、手摸及嗅感判别。

当不能判定时,可采用下列方法:将试样在105℃～110℃的烘箱中烘烤。若烘烤24h后试样的液限小于烘烤前的3/4,该试样为有机质土。当需要测有机质含量时,按有机质含量试验(T0 151—93)进行。

有机质土应根据塑性图(图2-2)规定定名:

(1)位于塑性图 A 线以上:

①在 B 线以右,称有机质高液限黏土,记为CHO;

②在 B 线以左,$I_P=10$ 线以上,称有机质低液限黏土,记为CLO。

(2)位于塑性图 A 线以下:

①在 B 线以右,称有机质高液限粉土,记为MHO;

②在 B 线以左，$I_P=10$ 线以下，称有机质低液限粉土，记为 MLO。

第三节　施工准备阶段路基工程试验检测内容

路基工程开工前，施工单位试验室的首要任务是将路基工程边桩内的原地面取土做土工试验。

试验取样安排：为了保证工程进度的正常进行，与相关人员联系，按照进度计划，协调统一安排，原则是前期先开工地段，先做试验，后开工地段后做，使工程施工顺利进行。路基工程开工前试验检测工作分两方面，一是路基原地面试验检测项目，二是取土场试验检测项目，这两方面试验内容必须全部完成，并符合规范和图纸要求，报请监理工程师批准，才能开工。

1. 路基原地面的试验检测

路基原地面试验检测频率要求：取样之前，必须请监理工程师在场见证，一般每公里至少取 2 个试坑，每个试坑做一次全套土工试验，即每公里至少做 2 套全项土工试验；遇到特殊路段，为了保证试验数据的准确性，土质变化较大时，应多取几个有代表性的点。

路基原地面试验检测项目包括：

(1)土的天然含水率、天然干密度；

(2)土的颗粒分析试验；

(3)液塑限试验；

(4)土的膨胀率试验；

(5)标准击实试验。

2. 取土场填料的试验检测

试验检测频率要求：取样之前，必须请监理工程师在场见证，施工规范取土场要求一般每 $5000m^3$ 取土样，做一次全套常规土工试验。

取土场试验项目包括：

(1)土的天然含水率、天然干密度；

(2)土的颗粒分析试验；

(3)土的液塑限试验；

(4)土的膨胀率试验；

(5)土的标准击实试验；

(6)土的承载比试验(即 CBR 试验)；

(7)土的相对密度试验；

(8)特殊土的试验检测项目。

南方地区过湿土、淤泥较多，如果直接将土填筑路基，南方雨水天气多，这种土遇水膨胀，会导致路基的破坏，一般的处理方式是掺入一定比例的石灰以改良土的特性，这就需要增加相应的试验项目，包括：①石灰钙镁含量的测定；②石灰剂量的测定；③石灰土击实试验。这部分内容会在第五章路面基层、底基层中介绍。

3.取土场选取的一般原则

凡具有规定强度且能被压实到规定密度和能形成稳定填方的材料均为适用填料。通常情况下,下列材料为非适用材料:

(1)沼泽土、淤泥、泥炭、冻土、生活垃圾、建筑垃圾;

(2)含有树根和易腐朽物质的土;

(3)有机质含量大于5%的土;

(4)液限大于50%、塑性指数大于26的土;

(5)对于盐渍土、膨胀土及含水率超过规定的土,不得直接作为路堤填料,在采取图纸要求的技术措施并经监理工程师批准后,方可使用。

一、路基工程试验检测项目一——含水率试验方法

定义:土的含水率是在105℃～110℃下烘干至恒量时所失去的水分质量和达恒量后干土质量的比值,以百分数表示。

含水率试验主要有烘干法、酒精燃烧法、比重法、碳化钙气压法四种试验方法。

本节主要介绍工程施工现场常用含水率试验检测方法:烘干法、酒精燃烧法。

(一)烘干法

1.目的和适用范围

本法是测定含水率的标准方法。

适用范围:黏质土、粉质土、砂类土和有机质土类。

2.仪器设备

(1)烘箱:可采用电热烘箱或温度能保持(105～110)℃的其他能源烘箱,也可用红外线烘箱。

(2)天平:感量0.01g。

(3)其他:干燥器、称量盒,为简化计算手续,可将盒质量定期(3～6个月)调整为恒质量值。

3.试验步骤

(1)取具有代表性试样,细粒土15～30g,砂类土、有机土为50g,放入称量盒内,立即盖好盒盖,称质量。称量时,可在天平一端放上与该称量盒等质量的砝码,移动天平游码,平衡后称量结果即为湿土质量。

(2)揭开盒盖,将试样和盒放入烘箱内,在温度(105～110)℃恒温下烘干。烘干时间对细粒土不得少于8h,对砂类土不得少于6h,对含有机质超过5%的土,应将温度控制在(65～70)℃的恒温下烘干。

(3)将烘干后的试样盒取出,放入干燥器内冷却(一般0.5～1h即可)。冷却后盖好盒盖,称质量,准确至0.01g。

4.结果整理

按下式计算含水率:

$$w=\frac{m-m_s}{m_s} \tag{2-12}$$

式中：w——含水率，%；

m——湿土质量，g；

m_s——干土质量，g。

计算至0.1%。

5.精密度和允许差

本试验须进行二次平行测定，取其算术平均值，允许平行差值应符合表2-5规定。

含水率测定的允许平行差值　表2-5

含水率(%)	允许平行差值(%)	含水率(%)	允许平行差值(%)
5以下	0.3	40以上	≤2
40以下	≤1		

(二)酒精燃烧法

1.目的和适用范围

本试验方法适用于快速简易测定细粒土(含有机质的除外)的含水率。

2.仪器设备

(1)称量盒(定期调整为恒质量)。

(2)天平：感量0.01g。

(3)酒精：纯度95%。

(4)滴管、火柴、调土刀等。

3.试验步骤

(1)取代表性试样(黏质土5～10g，砂类土20～30g)，放入称量盒内，称湿土质量。

(2)用滴管将酒精注入放有试样的称量盒中，直至盒中出现自由液面为止。为使酒精在试样中充分混合均匀，可将盒底在桌面上轻轻敲击。

(3)点燃盒中酒精，燃至火焰熄灭。

(4)将试样冷却数分钟，按本试验(2)至(3)方法重新燃烧两次。

(5)等第三次火焰熄灭后，盖好盒盖，立即称干土质量，准确至0.01g。

其余同烘干法

注：用燃烧法测定含水率不适宜测定有机质含量过高的土样，否则将影响试验数据的准确性，另外用燃烧法测含水率时一定要使酒精充分燃烧。

(三)其他工地常用快速测定方法

1.比重法

将土样放入一定容积的玻璃瓶中称量，算出土粒在水中的浮重，进一步求出土的含水率。适用于砂类土。

2.微波加热法

微波是一种超高频的电磁波，微波加热就是通过微波发生器产生微波能，再把这个微波能用波导输送到微波加热器中，加热器中物体受到微波作用后就自身发热。

微波加热器可用商业产品中的家用微波炉，一批土样一般几分钟即可烘干。经试验对比多数土的测试结果与标准烘干法相对误差小于1.5%。但对一些含金属矿物质的土不适用，因为一些金属物质本身在微波作用下发热，其温度会超过100℃，从而损坏微波炉。

3.碳化钙气压法

碳化钙为吸水剂。将一定量的湿土样和碳化钙置于体积一定的密封容器中，吸水剂与土中的水发生化学反应，产生乙炔气体，乙炔气体在密封容器中产生的压强与土中水分子质量成正比。通过测气体压强就可换算出相应的含水率。

4.炒干法

用锅将试样炒干，适用于砂土及含砾较多的土。

(四)特殊土的含水率测试方法

1.含石膏土和有机质土的含水率测试法

含石膏土和有机质土的烘干温度在110℃时，含石膏土会失去结晶水，含有机质土其有机成分会燃烧，导致测试结果数据不准确。这种试样的干燥宜用真空干燥箱在近乎1个大气压力的作用下将土干燥，或将烘箱温度控制在(60～70)℃，干燥8h以上为好。

2.无机结合料稳定土的含水率测试法

无机结合料在国外常称为水硬性结合料，它主要指水泥、石灰、粉煤灰和石灰或水泥粉煤灰，所用术语水泥稳定土、石灰稳定土、石灰粉煤灰稳定土等，总称为无机结合料稳定土。

水泥与水拌和就要发生水化作用，在较高温度下水化作用发生较快。因此，如将水泥混合料放在原为室温的烘箱内，再启动烘箱升温，则在升温过程中水泥与水的水化作用发生放热反应，使得出的含水率往往偏小，所以应提前将烘箱升温到110℃，使放入的水泥混合料一开始就能在(105～110)℃的环境下烘干。另外，烘干后冷却时应用硅胶作干燥剂。

(五)工程示例

湖北省襄荆高速公路项目

含水率试验

编号：C-1-□□□-□□□

试验单位	襄荆高速公路中铁三局试验室	合同号	第04合同段
样品名称	褐色黏土	试验规程	JTJ 051—93
样品来源	4-2号取土场	试验日期	2000.12.1
试验人		审核人	

盒号	25	28	8	29				
盒+湿土质量(g)	30.56	32.36	31.32	31.68				
盒+干土质量(g)	27.53	29.13	28.12	28.74				
盒质量(g)	15.80	16.62	16.48	18.09				
水份质量(g)	3.03	3.23	3.2	2.94				
干土质量(g)	11.73	12.51	11.64	10.65				
含水率(%)	25.83	25.82	27.49	27.61				
平均含水率(%)	25.8		27.6					
结论	监理工程师：			日期：				

二、路基工程试验检测项目二——颗粒分析试验(筛分法)

1. 目的与适用范围

目的:土的颗粒分析试验就是测定土的粒径大小和级配状况,为土的分类、定名和工程应用提供依据。

适用范围:本试验法适用于分析粒径大于 0.074mm 的土。

2. 主要仪器设备

(1)标准筛:粗筛(圆孔❶)孔径为 60mm、40mm、20mm、10mm、5mm、2mm;细筛孔径为 2mm、0.5mm、0.25mm、0.074mm。

(2)天平:称量 5 000g,感量 5g;称量 1 000g,感量 1g;称量 200g,感量 0.2g。

3. 取样数量

从风干、松散的土样中,用四分法按照下列规定取出具有代表性的试样:

(1)小于 2mm 颗粒的土 100~300g。

(2)最大粒径小于 10mm 的土 300~900g。

(3)最大粒径小于 20mm 的土 1 000~2 000g。

(4)最大粒径小于 40mm 的土 2 000~4 000g。

(5)最大控径大于 40mm 的土 4 000g 以上。

4. 试验步骤

(1)对于无凝聚性的土

①按规定称取试样,将试样分批过 2mm 筛。

②将大于 2mm 的试样按从大到小的次序,通过大于 2mm 的各级粗筛,将留在筛上的土分别称量。

③小于 2mm 的各级细筛。可用摇筛机进行振摇,振摇时间一般为 10~15min。

④筛后各级筛上和筛底土总质量与筛前试样质量之差,不应大于 1%。

⑤如 2mm 筛下的土不超过试样总质量的 10%,可省略细筛分析;如 2mm 筛上的土不超过试样总质量的 10%,可省略粗筛分析。

(2)对于含有黏土粒的砂砾土

①将土样放在橡皮板上,用木碾将黏结的土团充分碾散,拌匀、烘干、称量。如土样过多时,用四分法称取代表性土样 100~4 000g。

②将试样置于盛有清水的瓷盆中,浸泡并搅拌,使粗细颗粒分散。

③将浸润后的混合液过 2mm 筛,边冲边洗过筛,直至筛上仅留大于 2mm 以上的土粒为止,然后,将筛上洗净的砂砾风干称量,按以上方法进行粗筛分析。

④通过 2mm 筛下的混合液存放在盆中,待稍沉淀,将上部悬液过 0.074mm 细筛,用带橡皮头的玻璃棒研磨盆内浆液,再加清水,搅拌、研磨、静置、过筛,反复进行,直至盆内悬液澄清。最后,将全部土粒倒控倒在 0.074mm 筛上,用水冲洗,直到筛上仅留大于 0.074mm 净砂为止。

⑤将大于 0.074mm 的净砂烘干称量,并进行细筛分析。

---

❶ 现行规范均采用方孔筛。

⑥将大于 2mm 颗粒及 2～0.074mm 的颗粒质量从原称量的总质量中减去，即为小于 0.074mm颗粒质量。

⑦如果小于 0.074mm 颗粒质量超过总土质量的 10%，有必要时，将这部分土烘干、取样，另做比重计或移液管分析。

5. 结果整理

(1)按下式计算小于某粒径颗粒质量百分数：

$$X = \frac{A}{B} \times 100\% \tag{2-13}$$

式中：X——小于某粒径颗粒的质量百分数，%；

A——小于某粒径的颗粒质量，g；

B——试样的总质量，g。

(2)在半对数坐标纸上，以小于某粒径的颗粒质量百分数为纵坐标，以粒径(mm)为横坐标，绘制颗粒大小级配曲线，求出各粒组的质量百分数，以整数(%)表示。

(3)必要时按下式计算不均匀系数：

$$C_u = \frac{d_{60}}{d_{10}} \tag{2-14}$$

(4)必要时按下式计算曲率系数

$$C_c = \frac{(d_{30})^2}{d_{10} \times d_{60}} \tag{2-15}$$

式中：d_{10}, d_{30}, d_{60} ——分别为土的粒径分布曲线上对应通过率 10%，30%，60%的粒径，mm。

6. 工程示例

湖北省襄荆高速公路项目

土的颗粒分析试验

编号：C-3-D04-0010

试验单位	襄荆高速公路中铁三局试验室	合同号	04
样品名称	褐色黏土	试验规程	JTJ 051—93
样品来源	4-2 号取土场右 5 号点	试验日期	2001.2.27
试验人		审核人	

筛前总土质量=300g				小于 2mm 取试样质量=296.21g				
小于 2mm 土质量=296.21g				小于 2mm 土占总土质量百分比=98.7%				
粗筛分析				细筛分析				
孔径(mm)	累计留筛土质量(g)	小于该孔径土质量(g)	小于该孔径土质量百分比(%)	孔径(mm)	累计留筛土质量(g)	小于该孔径土质量(g)	小于该孔径土质量百分比(%)	占总土质量百分比(%)
				2	3.79	296.21	100.0	98.7
60	—	—	—	1	9.32	290.68	98.1	96.9
40	—	—	—	0.5	29.50	270.50	91.3	90.2
20	—	—	—	0.25	37.35	262.65	88.7	87.6
10	—	—	—	0.074	37.87	262.13	88.5	87.4
5								
2								
结论	根据 JTJ 051—93 规程进行检验，结果该土场的土为细粒土 监理工程师：　　　　　　　　　日期：							

三、路基工程试验检测项目三——液塑限试验方法

(一)概述

含水率对黏性土的工程性质(如强度、压缩性等)有极大的影响。当土从很湿逐渐变干时,会表现几种不同的物理状态,土也就有不同的工程性质。黏性土的重要物理性质指标如下:

(1)液限(w_L)

黏性土由流动状态转向塑性状态时的界限含水率,即黏性土保持塑性状态的最高含水率,简称液限。

(2)塑限(w_P)

黏性土由塑性状态转向半固体状态时的界限含水率,即黏性土保持塑性状态的最低含水率,简称塑限。

(3)塑性指数(I_P)

黏性土的塑性大小,可用土处于塑性状态的含水率变化范围来衡量。这个范围即液限与塑限之差,即 $I_P=w_L-w_P$。塑性指数一般在习惯上用不带百分数符号的数值表示。塑性指数越大,表示土越具有较高的塑性。

(4)液性指数(I_L)

土的天然含水率 w 在一定程度上反映土中水量的多少。但仅仅天然含水率并不能说明土处于什么物理状态,因此还需要一个能够表示天然含水率与界限含水率关系的值,这就是液性指数 I_L。

$$I_L=\frac{w-w_P}{w_L-w_P} \tag{2-16}$$

故按 I_L 可区分土的各种状态:

$I_L<0$	坚硬、半坚硬状态
$0\leqslant I_L<0.5$	硬塑状态(为可塑状态)
$0.5\leqslant I_L<1.0$	软塑状态(为可塑状态)
$I_L\geqslant 1.0$	流塑状态

(5)缩限(Ω_L)

当土达到塑限后继续变干,土的体积随含水率的减少而收缩,但达到某一含水率后,土体积不再收缩,这个界限含水率称为缩限,用 Ω_L 表示。

土的物理状态将决定土的力学性能及土在工程中的应用。

(二)液限塑限联合测定法

1. 目的和适用范围

本试验的目的是联合测定土的液限和塑限,为划分土类、计算天然稠度、塑性指数,供工程设计和施工使用。

2. 主要仪器设备

(1)LP-100 型液限塑限联合测定仪:锥质量为 100g,锥角为 30°,读数形式宜采用光电式、

游标式、百分表式，如图 2-3。

(2)天平：称量 200g，感量 0.01g。

3. 试验步骤

(1)取有代表性的天然含水率或风干土样，过 0.5mm的筛，取筛下的土 200g 进行试验。

(2)将土样分开放入三个盛土皿中，加水使配制土样的含水率分别控制在液限(a 点)，略大于塑限(c 点)和二者的中间状态(b 点)，用调土刀调匀，盖上湿布，放置 18h 以上。测定 a 点的锥入深度应为 20mm±0.2mm，测定 c 点的锥入深应控制在 5mm 以下。对于砂类土测定 c 点的锥入深度可大于 5mm。

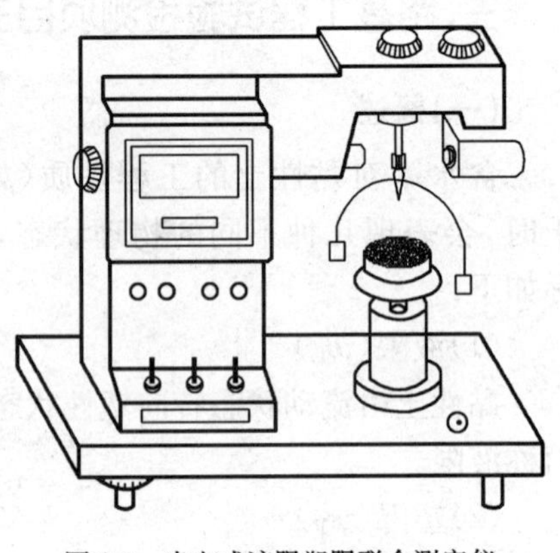

图 2-3　光电式液限塑限联合测定仪

(3)将制备的土样充分搅拌均匀，分层装入盛土杯，用力压密，使空气逸出。对于较干的土样，应先充分搓揉，用调土刀反复压实。试杯装满后，刮成与杯边齐平。

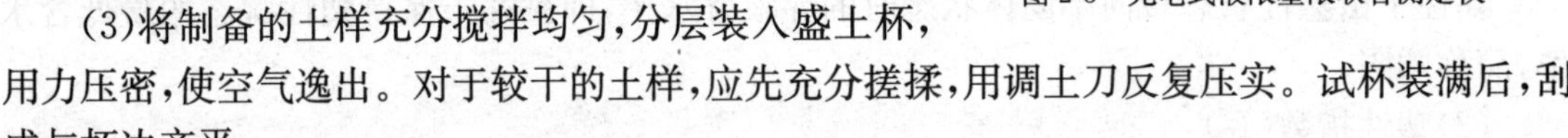

(4)用光电式或数码式液限塑限联合测定仪测定时，接通电源，调平机身，打开开关，提上锥体(此时刻度或数码显示应为 0)。将装好土样的试杯放在升降座上，转动升降旋钮，试杯徐徐上升，土样表面和锥尖刚好接触，指示灯亮，停止转动旋钮。锥体自行下沉 5s 时，自动停止下落，读数窗上或数码管上显示锥入深度 h_1。重复上述步骤，改变锥尖与土接触位置得锥入深度 h_2。两次结果允许误差为 0.5mm，否则应重做。试验完毕，按动复位按钮，锥体复位，读数显示为 0。取 10g 以上的土样两个，分别装入称量盒内，称质量(准确至 0.01g)，测定其含水率 w_1、w_2(计算到 0.1%)，计算含水率平均值 w。

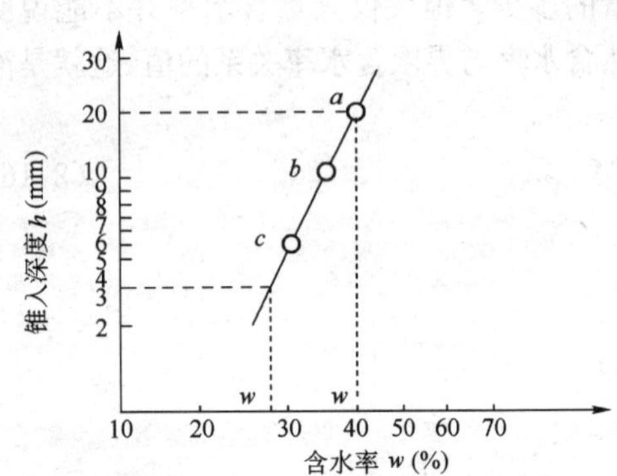

图 2-4　锥入深度与含水率(h-w)关系图

4. 结果整理

(1)在二级双对数坐标纸上，以含水率 w 为横坐标，锥入深度 h 为纵坐标，点绘 a、b、c 三点含水率的 h-w 图，连此三点，应呈一条直线，如图 2-4。如三点不在同一直线上，要通过 a 点与 b、c 两点连成两条直线，根据液限(a 点含水率)在 h_P-w_L 图上查得 h_P，以此 h_P 再在 h-w 图上的 ab 及 ac 两直线上求出相应的两个含水率。当两个含水率的差值小于 2%时，以该两点含水率的平均值与 a 点连成一直线；当两个含水率的差值大于 2%时，应重做试验。

(2)在 h-w 图上，查得纵坐标入土深度 h=20mm 所对应的横坐标的含水率 w，即为该土样的液限 w_L。

(3)对于细粒土，用双曲线确定锥入深度 h_P 值公式；对于砂类土，则用多项式曲线确定锥入深度 h_P 值。

$$h_P = \frac{w_L}{0.524w_L - 7.606} \tag{2-17}$$

对于砂类土，则用下式计算塑限入土深度 h_p：

$$h_P = 29.6 - 1.22w_L + 0.017w_L^2 - 0.000\,074\,4w_L^2 \tag{2-18}$$

注：也可不用计算 h_P，而在《公路土工试验规程》(JTJ 051—93)规程上用相应的图查取 h_P。

(4)根据 h_P 值，在 $h\text{-}w$ 图上查得纵坐标锥入深度为 h_P 时所对应的含水率，即为该土样的塑限 w_P。

(5)塑性指数(I_P)：液限与塑限之差，即 $I_P = w_L - w_P$。

5. 工程示例

湖北省襄荆高速公路项目

土的界限含水率试验(液塑限联合测定)　编号：C-4-□□□-□□□□

<table>
<tr><td colspan="2">试验单位</td><td colspan="4">襄荆高速公路中铁三局试验室</td><td colspan="2">合同号</td><td>第 04 合同段</td></tr>
<tr><td colspan="2">样品名称</td><td colspan="4">褐色黏土</td><td colspan="2">试验规程</td><td>JTJ 051—93</td></tr>
<tr><td colspan="2">样品来源</td><td colspan="4">4-2 号取土场 9</td><td colspan="2">试验日期</td><td>2000.12.20</td></tr>
<tr><td colspan="2">试验人</td><td colspan="4"></td><td colspan="2">审核人</td><td></td></tr>
<tr><td colspan="2">试验次 / 试验项目</td><td colspan="2">1</td><td colspan="2">2</td><td colspan="2">3</td><td rowspan="11">锥入深度与含水率(h-w)关系图
$y = 0.000\,5x^{2.343\,9}$
$R^2 = 1$
锥入深度(mm): 100.0, 10.0, 1.0
含水率(%): 1, 10, 100</td></tr>
<tr><td rowspan="3">入土深度(mm)</td><td>h_1</td><td colspan="2">5.00</td><td colspan="2">9.87</td><td colspan="2">20.00</td></tr>
<tr><td>h_2</td><td colspan="2">4.99</td><td colspan="2">9.89</td><td colspan="2">20.00</td></tr>
<tr><td>$(h_1+h_2)/2$</td><td colspan="2">5.00</td><td colspan="2">9.88</td><td colspan="2">20.00</td></tr>
<tr><td rowspan="9">含水率(%)</td><td>盒号</td><td>32</td><td>25</td><td>15</td><td>27</td><td>41</td><td>22</td></tr>
<tr><td>盒重(g)</td><td>16.49</td><td>15.80</td><td>18.60</td><td>17.49</td><td>16.24</td><td>17.48</td></tr>
<tr><td>盒+湿土重(g)</td><td>29.67</td><td>29.83</td><td>29.32</td><td>29.68</td><td>29.56</td><td>29.65</td></tr>
<tr><td>盒+干土重(g)</td><td>26.75</td><td>26.71</td><td>26.46</td><td>26.42</td><td>25.29</td><td>25.75</td></tr>
<tr><td>水重(g)</td><td>2.92</td><td>3.12</td><td>2.86</td><td>3.26</td><td>4.27</td><td>3.90</td></tr>
<tr><td>干土重(g)</td><td>10.26</td><td>10.91</td><td>7.86</td><td>8.93</td><td>9.05</td><td>8.27</td></tr>
<tr><td>含水率(%)</td><td>28.46</td><td>28.60</td><td>36.39</td><td>36.51</td><td>47.18</td><td>47.16</td></tr>
<tr><td>平均含水率(%)</td><td colspan="2">28.5</td><td colspan="2">36.5</td><td colspan="2">47.2</td><td>液限 $w_L = 47.2$
塑限 $w_P = 23.0$
塑性指数 $I_P = 24.2$</td></tr>
<tr><td colspan="2">结论</td><td colspan="7">监理工程师：　　　　日期：</td></tr>
</table>

四、路基工程试验检测项目四——自由膨胀率试验方法

1. 定义及目的

自由膨胀率为松散的烘干土粒在水中和空气中分别自由堆积的体积之差与在空气中自由堆积的体积之比，以百分数表示。

本试验法适宜用于膨胀土，用以判定松散土粒在水中的膨胀特性，判定该土质对工程的影响，并采取相应措施。

2. 仪器设备

(1)玻璃量筒：容积 50ml，最小刻度 1ml。

(2)量土杯：容积 10ml，内径 20mm，高度 31.8mm。

(3)无颈漏斗：上口直径 50～60mm，下口直径 4～5mm。

(4)搅拌器：由直杆和带孔圆盘构成(图 2-5)。

(5)天平：称量 200g，感量 0.01g。

3. 试验步骤

(1)取代表性风干土样碾碎，使其全部通过 0.5mm 筛。取约 50g 放入盛土盒内，移入烘箱，在 105～110℃温度下烘至恒量，取出放在干燥器内冷却至室温。

(2)将无颈漏斗装在支架上，漏斗下口对正量土杯中心，并保持距杯口 10mm 距离。

(3)从干燥器内取出土样，用匙将土样倒入量土杯中，盛满后沿杯口刮平土面，再将量土杯中土样倒入匙中，量土杯按(图 2-6)所示仍放在漏斗下口正中处。将匙中土样一次倒入漏斗，用细玻璃棒或铁丝轻轻搅动漏斗中土样，使其全部漏下，然后移开漏斗，用平口刀垂直于杯口轻轻刮去多余土样(严防振动)，称记杯中土质量。进行平行测定，两次质量差值不得大于 0.1g。

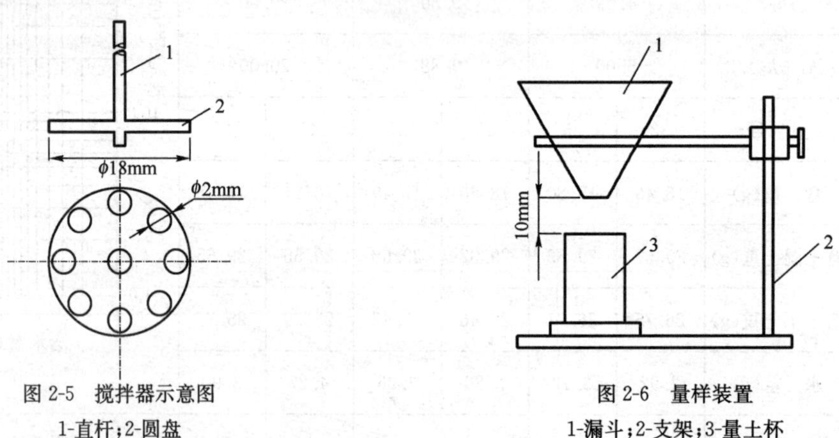

图 2-5 搅拌器示意图

1-直杆；2-圆盘

图 2-6 量样装置

1-漏斗；2-支架；3-量土杯

(4)将量筒置于试验台上，注入蒸馏水 30ml，并加入 5ml 5%的分析纯氯化纳溶液，然后将量土杯中的土样倒入量筒内。

(5)用搅拌器搅拌量筒内悬液，搅拌器应上至液面下至底，搅拌 10 次(时间约 10s)。取出搅拌器，将搅拌器上附着的土粒冲洗入量筒，并冲洗量筒内壁，使量筒内液面约至 50ml 刻度。

(6)量筒中土样沉积后约每隔 5h，记录一次试样体积，体积估读至 0.1ml。读数时要求视线与土面在同一平面上，如土面倾斜，取高低面读数的平均值。当两次读数差值不大于 0.2ml

时,即认为膨胀稳定。用此稳定读数计算自由膨胀率。

4. 结果整理

按下式计算土样的自由膨胀率

$$F_s=\frac{V-V_0}{V_0}\times 100\% \tag{2-19}$$

式中:F_s——自由膨胀率(%),计算至1%;

V——土样在量筒中膨胀稳定后的体积,ml;

V_0——量土杯容积(ml),即干土自由堆积体积。

5. 精密度和允许差

本试验土的自由膨胀率应作两次平行测定,取其算术平均值,其平行差值应为:$F_s\geq 60\%$时,不大于8%;$F_s<60\%$时,不大于5%。

6. 工程示例

湖北襄荆高速公路工程项目

土自由膨胀率试验

编号:C-4-□□□-□□□□

试验单位	襄荆高速公路中铁三局试验室	合 同 号	襄荆第04合同段
样品名称	褐色黏土	试验规程	JTJ 051—93
样品来源	4-2取土场(3)	试验日期	2000.12.2
土样说明		试 验	
量筒型号	50ml	计 算	
量杯容积	10cm³	试验负责	

土样编号	土样质量(g)	量筒编号	不同时间体积读数(cm³)					土自由膨胀率(%)	
			2h	4h	6h	8h	10h	F_s	平均值
1	9.70	1	14.2	14.4	14.4	14.5	14.6	46	46
	9.70	2	14.3	14.4	14.5	14.5	14.6	46	
结 论	监理工程师:			日期:					

五、路基工程试验检测项目五——击实试验方法

1. 概述

在工程施工中,经常遇到填土和软土地基。为了改善这些土的工程性质,常采用压实的方法使土变得密实。为确保试验检测人员对每一层路基进行压实度控制,就必需研究土的压实性能,在室内进行击实试验,击实试验就是利用标准化的击实仪具,模拟现场实际压实情况,获

取土最大干密度和最佳含水量。为了适应不同的道路等级、各种压实机具等的要求，试验规程规定轻型和重型两个试验标准。采用哪种方法，应根据有关规定或工程特殊需要选定。

击实法适用于细粒土，不适用于无粘性自由排水粗粒土和巨粒土。

2. 试验方法的类型

击实试验分轻型和重型两类，其击实试验方法类型见表 2-6。

击实试验方法类型　表 2-6

试验方法	类别	锤底直径(cm)	锤质量(kg)	落高(cm)	试筒尺寸			层数	每层击数	击实功(kJ/m^2)	最大粒径(mm)	备注
					内径(cm)	高(cm)	容积(cm^3)					
轻型 I 法	I.1	5	2.5	30	10	12.7	997	3	27	598.2	25	适用于过湿土或低等级公路
	I.2	5	2.5	30	15.2	12	2 177	3	59	598.2	38	
重型 II 法	II.1	5	4.5	45	10	12.7	997	5	27	2 687.0	25	适用于细粒土，粗粒土或高等级公路
	II.2	5	4.5	45	15.2	12	2 177	3	98	2 687.2	38	

3. 试验仪器设备

标准击实仪构造包括击实筒和击锤、导杆等。其构造见图 2-7 和图 2-8。

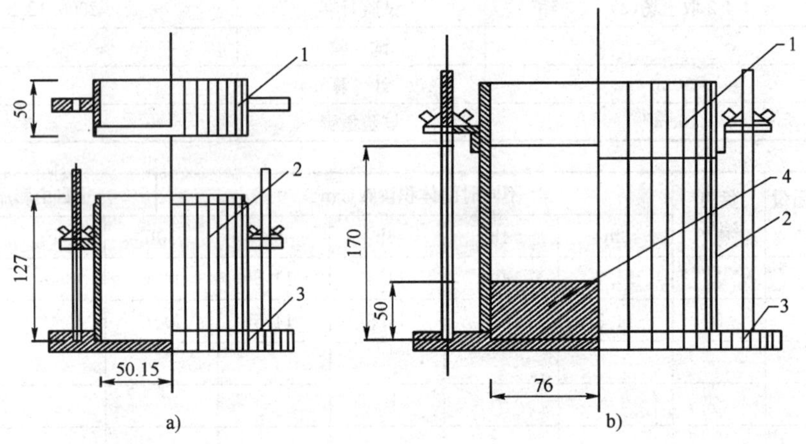

图 2-7　击实筒(尺寸单位:mm)

a)小击实筒;b)大击实筒

1-套筒;2-击实筒;3-底板;4-垫块

4. 试样

本试验可采用干土法和湿土法两种方法准备试验。

(1)干土法

将具有代表性的风干或在 50℃温度下烘干的土样放在橡皮板上，用圆木棍碾散，然后过不同孔径的筛(视粒径大小而定)。对于小试筒，按四分法取筛下的土约 3kg；对于大试筒，同样按四分法取样约 6.5kg。至少准备 5 个试样。估计土样风干或天然含水量，如风干含水量低于初始含水量太多时，可将土样铺于一不吸水的盘上，用喷水设备均匀地喷洒适当用量的水

(按 2%～3%含水率递增),拌匀后闷料一夜备用。其中有两个大于和两个小于最佳含水率,所需加水量按下式计算:

$$m_w = \frac{m_1}{1+0.01w} \times 0.01(w - w_1) \quad (2\text{-}20)$$

式中:m_w——所需的加水量,g;

m_1——含水率为 w_1 时土样的质量,g;

w_1——土样原有含水率,g;

w——要求达到的含水率,g。

(2)湿土法

对天然含水率的土样过筛,并分别风干到所需的几组不同含水率(按 2%～3%递增)备用。

5. 试验步骤

(1)根据工程要求,按表 2-6 规定选择轻型或重型试验方法,根据土的性质按规定选用干土法或湿土法。

图 2-8 击锤和导杆(尺寸单位:mm)

a)2.5kg 击锤(落高 30cm);b)2.5kg 击锤(落高 45cm)

1-提手;2-导筒;3-硬橡皮垫;4-击锤

(2)将击实筒放在坚硬的地面上,取制备好的土样分 3～5 次倒入筒内。小筒按三层法时,每次约 800～900g(其量应使击实后的试样等于或略高于筒高的 1/3)。按五层法时,每次约 400～500g(其量应使击实后的试样等于或略高于筒高的 1/5)。对于大试筒,先将垫块放入筒内底板上,按五层法时,每层需试样约 900g(细粒土)～1100g(粗粒土)。按三层法时,每层需要试样约 1700 g 左右。整平表面,并稍加压紧,然后按规定的击数进行第一层上的击实,击实时击锤应自由垂直落下。锤迹必须均匀分布于土样面。第一层击实完后,将试样层面"拉毛",然后再装入套筒,重复上述方法进行其余各层土的击实。小试筒击实后,试样不应高出筒顶面 5mm;大试筒击实后,试样不应高出筒顶面 6mm。

(3)用修土刀沿套筒内壁削刮,使试样与套筒脱离后,扭动并取下套筒,用修土刀齐筒顶细心削平试样,拆除底板,擦净筒外壁,称量筒加试样的质量,准确至 1g。

(4)用推土器推出筒内试样,从试样中心处取样测其含水率,计算至 0.1%。测定含水率用试样的数量按表 2-7 规定取样(取出有代表性的土样)。两个试样含水率的精度应符合表 2-8规定。

测定含水率用试样的数量 表 2-7

最大粒径(mm)	试样质量(g)	个数	最大粒径(mm)	试样质量(g)	个数
<5	15～20	2	约 19	约 250	1
约 5	约 50	1	约 38	约 500	1

含水率测定的允许平行误差 表 2-8

含水率(%)	<5	<40	≥40
允许平行误差(%)	0.3	≤1	≤2

6. 结果整理

(1)按下式计算击实后各点的干密度

$$\rho_w = \frac{m_1 - m_2}{V} \tag{2-21}$$

$$\rho_d = \frac{\rho_w}{1 + 0.01w}$$

式中：ρ_d——干密度，g/cm³；

ρ_w——湿密度，g/cm³；

w——含水率，%；

m_1——试筒和水的合质量，g；

m_2——试筒质量，g；

V——试筒体积，cm³。

(2)以干密度为纵坐标，含水率为横坐标，绘制干密度与含水率的关系曲线(图 2-9)。曲线上峰值点的纵、横坐标分别为最大干密度和最佳含水率，如曲线不能绘出明显的峰值点，应进行补点或重做。

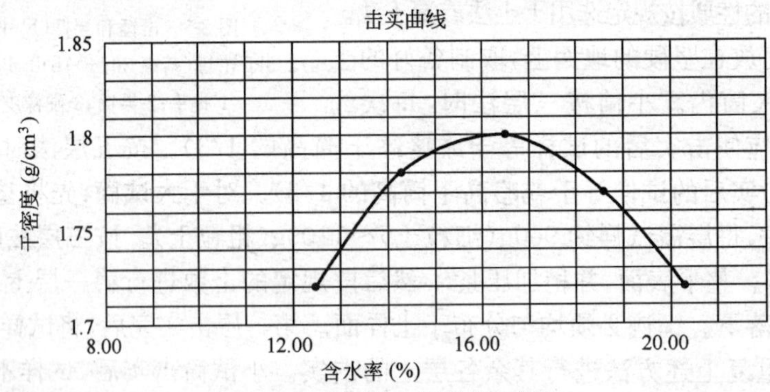

图 2-9　含水率与干密度关系曲线

(3)当试样中有粒径大于 38mm 的颗粒时，应先取出粒径大于 38mm 的颗粒，并求得其百分率 p，把小于 38mm 部分作击实试验，按下面公式分别对试验所得的最大干密度和最佳含水率进行校正(适用于粒径大于 38mm 的颗粒含量小于 30%时)。最大干密度按下式校正：

$$\rho'_{dm} = \frac{1}{\dfrac{(1-0.01p)}{\rho_{dm}} + \dfrac{0.01p}{G'_s}} \tag{2-22}$$

式中：ρ'_{dm}——校正后的最大干密度，g/cm³；

ρ_{dm}——用粒径小于 38mm 的土样试验所得的最大干密度，g/cm³；

p——试料中粒径大于 38mm 颗粒的百分数，%；

G'_s——粒径大于 38mm 颗粒的毛体积相对密度，计算至 0.01。

最佳含水率按下式校正：

$$\omega'_0 = \omega_0(1-0.01p) + 0.01pw_2 \tag{2-23}$$

式中：ω_0'——校正后的最佳含水率，%；

ω_0——用粒径小于 38mm 的土样试验所得的最佳含水率，%；

w_2——粒径大于 38mm 颗粒的吸水率，%；

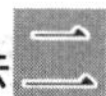

其余符号意义同前。

7. 工程示例

湖北省襄荆高速公路项目

土 的 击 实 试 验

编号：C-6-□□□-□□□□

试验单位	襄荆高速公路中铁三局试验室	合 同 号	第04合同段
样品名称	褐色黏土	试验规程	JTJ 051—93
样品来源	新4-3号取土场	试验日期	2001.2.28
试 验 人		审 核 人	

<table>
<tr><td colspan="2">击实方法：重型</td><td colspan="2">每层击数：27次</td><td colspan="2">筒容积：997ml</td><td colspan="2">击锤质量：4.5kg</td><td colspan="4">超尺寸颗粒含量：0%</td></tr>
<tr><td rowspan="8">干密度</td><td>试验次数</td><td colspan="2">1</td><td colspan="2">2</td><td colspan="2">3</td><td colspan="2">4</td><td colspan="2">5</td></tr>
<tr><td>预加含水率(%)</td><td colspan="2">12</td><td colspan="2">14</td><td colspan="2">16</td><td colspan="2">18</td><td colspan="2">20</td></tr>
<tr><td>筒号</td><td colspan="2">1</td><td colspan="2">1</td><td colspan="2">1</td><td colspan="2">1</td><td colspan="2">1</td></tr>
<tr><td>筒+湿土质量(g)</td><td colspan="2">4 000</td><td colspan="2">4 100</td><td colspan="2">4 170</td><td colspan="2">4 165</td><td colspan="2">4 135</td></tr>
<tr><td>筒质量(g)</td><td colspan="2">2 075</td><td colspan="2">2 075</td><td colspan="2">2 075</td><td colspan="2">2 075</td><td colspan="2">2 075</td></tr>
<tr><td>湿土质量(g)</td><td colspan="2">1 925</td><td colspan="2">2 025</td><td colspan="2">2 095</td><td colspan="2">2 090</td><td colspan="2">2 060</td></tr>
<tr><td>湿密度(g/cm³)</td><td colspan="2">1.93</td><td colspan="2">2.03</td><td colspan="2">2.1</td><td colspan="2">2.10</td><td colspan="2">2.07</td></tr>
<tr><td>干密度(g/cm³)</td><td colspan="2">1.72</td><td colspan="2">1.78</td><td colspan="2">1.80</td><td colspan="2">1.77</td><td colspan="2">1.72</td></tr>
<tr><td rowspan="8">含水率</td><td>盒号</td><td>8</td><td>9</td><td>30</td><td>27</td><td>23</td><td>36</td><td>18</td><td>38</td><td>13</td><td>26</td></tr>
<tr><td>盒+湿土质量(g)</td><td>33.68</td><td>33.39</td><td>33.48</td><td>33.56</td><td>33.61</td><td>33.83</td><td>33.57</td><td>33.49</td><td>33.87</td><td>33.72</td></tr>
<tr><td>盒+干土质量(g)</td><td>31.76</td><td>31.53</td><td>31.35</td><td>31.56</td><td>31.31</td><td>31.48</td><td>30.87</td><td>30.93</td><td>31.01</td><td>30.77</td></tr>
<tr><td>盒质量(g)</td><td>16.48</td><td>16.52</td><td>16.55</td><td>17.49</td><td>17.43</td><td>17.17</td><td>16.28</td><td>17.27</td><td>16.84</td><td>16.29</td></tr>
<tr><td>水质量(g)</td><td>1.92</td><td>1.86</td><td>2.13</td><td>2.00</td><td>2.30</td><td>2.35</td><td>2.70</td><td>2.56</td><td>2.86</td><td>2.95</td></tr>
<tr><td>干土质量(g)</td><td>15.28</td><td>15.01</td><td>14.8</td><td>14.07</td><td>13.88</td><td>14.31</td><td>14.59</td><td>13.66</td><td>14.17</td><td>14.48</td></tr>
<tr><td>含水率(%)</td><td>12.57</td><td>12.39</td><td>14.39</td><td>14.21</td><td>16.57</td><td>16.42</td><td>18.51</td><td>18.74</td><td>20.18</td><td>20.37</td></tr>
<tr><td>平均含水率(%)</td><td colspan="2">12.5</td><td colspan="2">14.3</td><td colspan="2">16.5</td><td colspan="2">18.6</td><td colspan="2">20.3</td></tr>
<tr><td colspan="2">最佳含水率(%)</td><td colspan="4">16.3</td><td colspan="3">最大干密度(g/cm³)</td><td colspan="3">1.80</td></tr>
<tr><td colspan="2">结　　论</td><td colspan="4">监理工程师：</td><td colspan="6">日期：</td></tr>
</table>

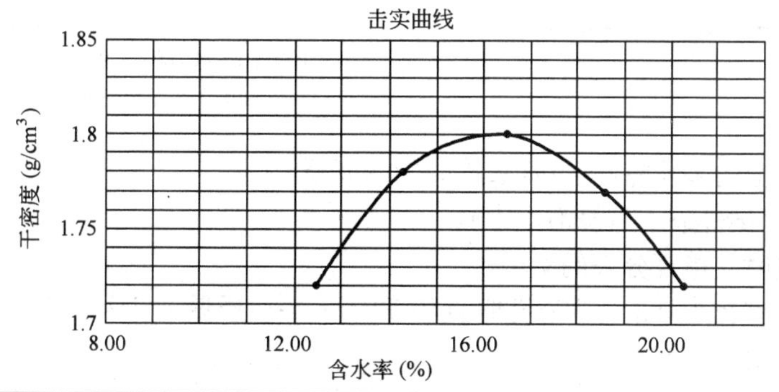

六、路基工程试验检测项目六——承载比(CBR)试验方法

CBR 又称加州承载比，是 Califomia Beating Ratio 的缩写，由美国加利福尼亚州公路局首先提出来，用于评定路基土和路面材料的强度指标。在国外大多采用 CBR 作为路面材料和路基土的设计参数。

近年来，随着我国高速公路、高速铁路的快速建设，为了提高路基工程质量，将 CBR 指标列入《公路路基施工技术规范》(JTJ 033—95)，作为控制路基工程质量的强度指标，并且作为路基填料选择的依据。

1. 目的

本试验方法是为了测定路基填料的强度，评定该材料能否用于路基工程施工。

2. 主要仪器设备

(1)圆孔筛[1]：孔径 38mm、25mm、20mm 及 5mm 筛各 1 个。

(2)试筒：金属圆筒的内径 152mm，高 170mm；套环高 50mm；筒内垫块直径 151mm，高 50mm；夯击底板，同击实仪。试筒的形状和主要尺寸如图 2-10 所示。

(3)击锤和导管：夯锤的底面直径 50mm，总质量 4.5kg。夯锤在导管内的总行程为 450mm，夯锤的形式和尺寸与重型击实试验法所用的相同。

(4)贯入杆：端面直径 50mm、长约 100mm 的金属柱。

(5)路面材料强度仪或其他荷载装置：能量不大于 50kN，能调节贯入速度至 1mm/min，可采用测力计式，如图 2-11 所示。

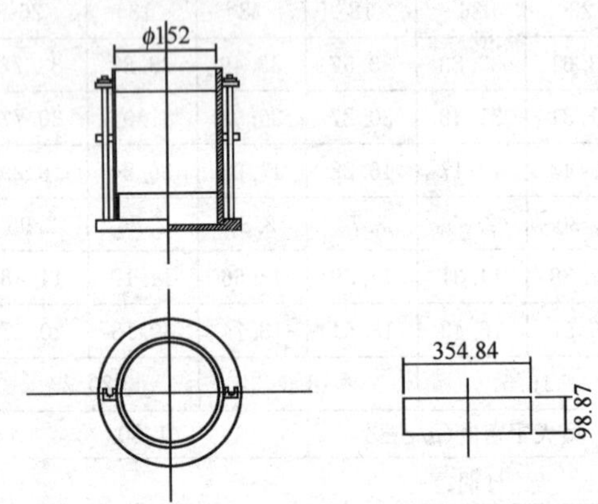

图 2-10 承载比试筒(尺寸单位：mm)

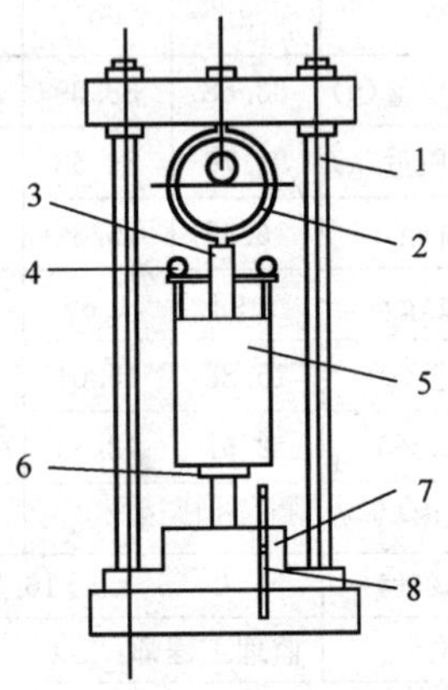

图 2-11 手摇测力计式荷载装置示意图

1-框架；2-量力环；3-贯入杆；4-百分表；5-试件；6-升降台；7-蜗轮蜗杆箱；8-摇把

(6)百分表：3 个。

(7)试件顶面上的多孔板(测试件吸水时的膨胀量)。

(8)穿孔底板(试件放上后浸泡水中)。

(9)测膨胀量时支撑百分表的架子。

(10)荷载板：直径 150mm，中心孔眼直径 52mm，每块质量 1.25kg，共 4 块，并沿直径分为

[1] 现行规范均采用方孔筛。

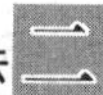

两个半圆块。

(11)水槽：浸泡试件用，槽内水面应高出试件顶面 25mm。

(12)其它：台秤，感量为试件质量的 0.1%；拌和盘；直尺；滤纸；脱模器等与击实试验相同。

3. 试验步骤

(1)按照击实试验求得最大干密度和最佳含水率后，在按此最佳含水率制备所需试件。

(2)击实试验共制备 9 个试件，采用大试筒，每个试件均按 3 层法击实成型，每层击数分别按 30 次、50 次、98 次，使试件的干密度从低于 95%到等于 100%的最大干密度。三种击数试件各制 3 个。

(3)泡水测膨胀量的步骤

①在试件制成后，取下试件顶面的破残滤纸，放一张好滤纸并在上安装附有调节杆的多孔板(图 2-12)，在多孔板上加 4 块荷载板，如图 2-13 所示。

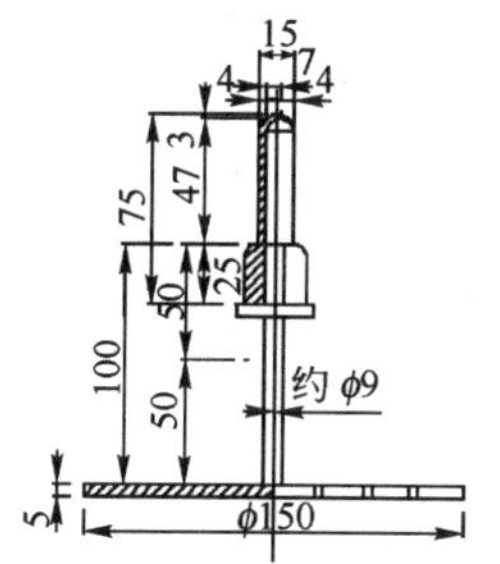

图 2-12 带调节杆的多孔板(尺寸单位：mm)

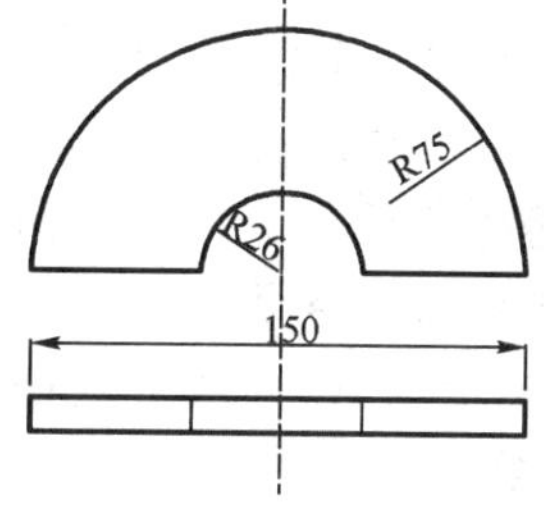

图 2-13 荷载板(尺寸单位：mm)

②将试筒与多孔板一起放入槽内(先不放水)，并用拉杆将模具拉紧，安装百分表，并读取初读数(图 2-14)。

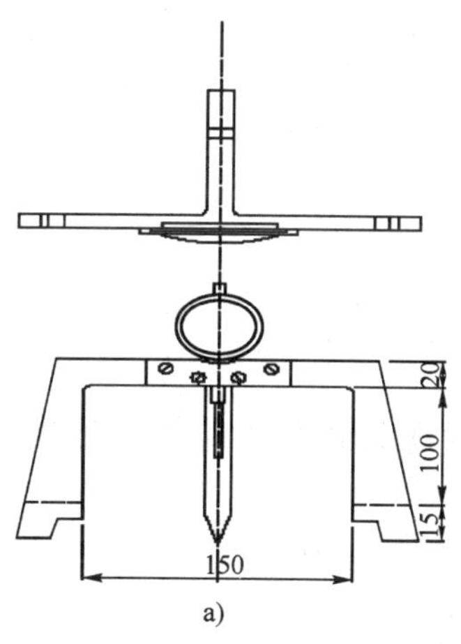

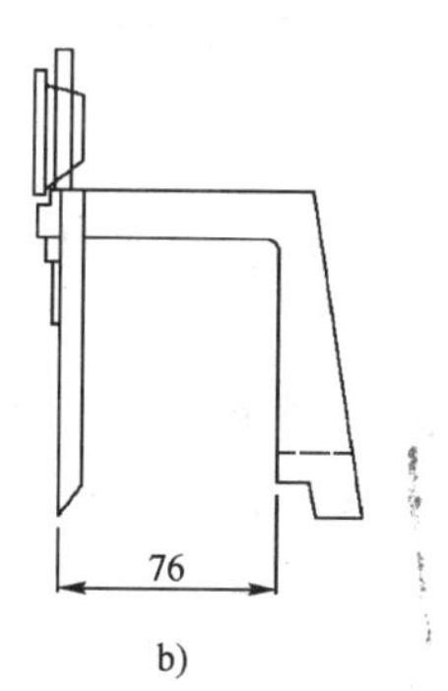

图 2-14 膨胀量测定装置(尺寸单位：mm)

③向水槽内放水，使水自由进到试件的顶部和底部。在泡水期间，槽内水面应保持在试件顶面以上大约 25mm，通常试件要泡水 4 昼夜。

④泡水终了时，读取试件上百分表的终读数，并用下式计算膨胀量：

$$\text{膨胀量}=\frac{\text{百分表初读数}-\text{百分表终读数}}{\text{原试件高度(120mm)}}\times 100\% \tag{2-24}$$

⑤从水槽中取出试件，倒出试件顶面的水，静置15min，让其排水，然后卸去附加荷载和多孔板以及底板和滤纸，并称其质量m，以计算试件的湿度和密度的变化。

(4)贯入试验

①将泡水试验终了的试件放到路面材料强度试验仪的升降台上，调整偏球座，使贯入杆与试件顶面全面接触，在贯入杆周围放置4块荷载板。

②先在贯入杆上施加45N的预压荷载，然后将测力和测变形的百分表的指针都调至零点。

③加荷使贯入杆以1～1.25mm/min的速度压入试件，记录测力计内百分表某些整读数(如20、40、60)时的贯入量，并注意使贯入量为2.5mm时，能有5个以上的读数。因此，测力计内的第一个读数应是贯入量0.3mm左右。当贯入量大于7mm时，试验可终止。

4.结果整理

(1)以单位压力(p)为横坐标，贯入量(L)为纵坐标，绘制$p-L$关系曲线，如图2-15所示。

图2-15上曲线1是合适的，曲线2开始段是凹曲线，需要进行修正。修正时，在变曲率点引一切线，与纵坐标交于O′，O′即为修正后的原点。

说明：绘图前应将量力环百分表读数通过量力环系数转换为荷载，并由贯入杆面积计算某级贯入量下的单位压力。

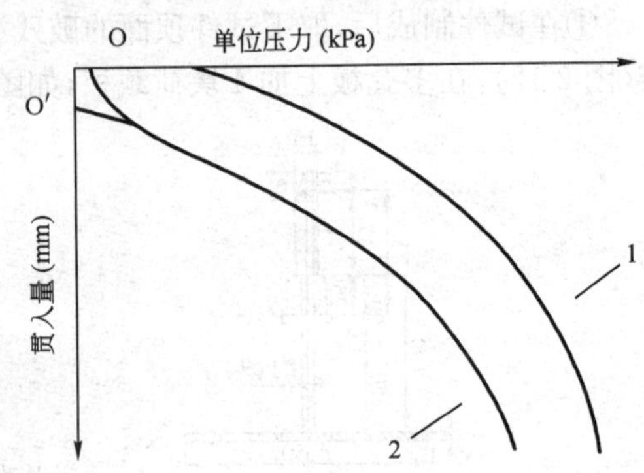

图2-15 单位压力与贯入量的关系曲线

(2)一般采用贯入量为2.5mm时的压力与标准压力之比作为材料的承载比(CBR)，即

$$CBR = \frac{p}{7\,000} \times 100\% \tag{2-25}$$

式中：p——贯入量为2.5mm时的单位压力，kPa；

CBR——承载比，%。

同时计算贯入量为5mm时的承载比，即

$$CBR = \frac{p}{10\,500} \times 100\% \tag{2-26}$$

式中：p——贯入量为5mm时的单位压力，kPa；

CBR——承载比，%。

若贯入量为5mm时的承载比大于2.5mm时的承载比，则试验要重做，如结果仍然如此，则采用5mm时承载比。

(3)试样的湿密度用下式计算：

$$\rho_w = \frac{m_2 - m_1}{2\,177} \tag{2-27}$$

式中：ρ_w——试件的湿密度，g/cm^3；

m_2——试筒和试件的合质量，g；

m_1——试筒的质量，g；

2 177——试筒的容积，cm^3。

(4)试件的干密度用下式计算：

$$\rho_d = \frac{\rho_w}{1+0.01w} \tag{2-28}$$

式中：ρ_d——试件的干密度，g/cm³；

w——试件的含水率。

(5)泡水后试件的吸水量按下式计算：

$$w_a = m_3 - m_2 \tag{2-29}$$

式中：w_a——泡水后试件的吸水量，g；

m_3——泡水后试筒和试件的合质量，g；

m_2——试筒和试件的合质量，g。

5. 精度要求

如根据3个平行试验结果计算得到的承载比变异系数 C_v 大于12%，则去掉一个偏离大的值，取其余2个结果的平均值。如 C_v 小于12%，且3个平行试验结果计算的干密度偏差小于0.03g/cm³，则取3个结果的平均值。如3个试验结果计算的干密度偏差超过0.03g/cm³，则去掉一个偏离大的值，取其余2个结果的平均值。试件干密度要求同试件CBR。

6. CBR 值的确定

根据上述试验即可求得试件不同击实次数(每层30次、50次、98次)下的CBR值和干密度，以干密度为纵坐标，CBR值为横坐标，绘制不同击实次数下的干密度-CBR关系曲线，如图2-16所示。

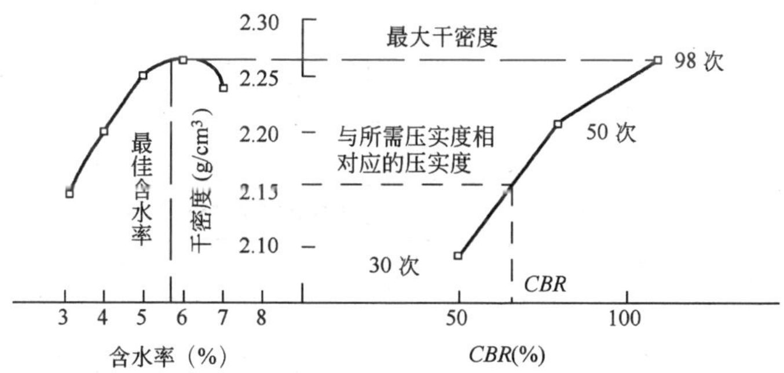

图2-16 干密度-CBR关系曲线

7. 合格判定标准(表2-9)

路基填方材料最小强度和最大粒径 表2-9

项目分类 (路面底面以下深度)		填料最小强度(CBR)(%)		填料最大粒径 (cm)
		高速公路及一级公路	二级及二级以下公路	
路堤	上路床(0～30cm)	8.0	6.0	10
	下路床(30～80cm)	5.0	4.0	10
	上路堤(80～150cm)	4.0	3.0	15
	下路堤(>150cm)	3.0	2.0	15
零填及路堑路床(0～30cm)		8.0	6.0	10

8. 工程示例

湖北省襄荆高速公路项目

土的承载比试验(CBR 密度记录)

编号：C-8-1-D04-

试验单位	襄荆高速公路中铁三局试验室	合 同 号	第 04 合同段
样品名称	褐色黏土	试验规程	JTJ 051—93
样品来源	4-4 新取土场 8	试验日期	2001. 2. 30
试 验 人		审 核 人	

密 度 试 验				含水率试验			
试验次数	1	2	3	试验次数	1	2	3
试筒号	4	5	6	试筒号	4	5	6
试筒＋试件质量(g)	9 210	9 275	9 240	盒号	28	20	21
试筒质量(g)	4 620	4 695	4 660	盒＋干土质量(g)	31. 47	31. 34	31. 43
试件质量(g)	4 590	4 580	4 580	盒＋湿土质量(g)	33. 89	33. 76	33. 85
试筒体积(cm^3)	2 177	2 177	2 177	盒质量(g)	16. 62	16. 42	16. 61
湿密度(g/cm^3)	2. 108	2. 104	2. 104	水质量(g)	2. 42	2. 42	2. 42
含水率(%)	16. 30	16. 22	16. 33	干土质量(g)	14. 85	14. 92	14. 82
干密度(g/cm^3)	1. 813	1. 810	1. 809	含水率(%)	16. 30	16. 22	16. 33
干密度平均值(g/cm^3)	1. 81			平均含水率(%)	16. 3		
膨胀量记录				吸水量记录			
试验次数	1	2	3	试验次数	1	2	3
试筒号	4	5	6	试筒号	4	5	6
泡水前试件高度(mm)	120	120	120	泡水后试筒＋试件质量(g)	9 335	9 400	9 360
泡水后试件高度(mm)	123. 76	123. 81	123. 69	泡水前试筒＋试件质量(g)	9 210	9 275	9 240
膨胀高度(mm)	3. 76	3. 81	3. 69	吸水量(g)	125	125	120
膨胀量(%)	3. 133	3. 175	3. 075	吸水量平均值(g)	123		
膨胀量平均值(%)	3. 13						
结 论	监理工程师：			日期：			

湖北省襄荆高速公路项目

土的承载比试验(CBR 贯入记录)

编号:C-8-2-□□□-□□□□

试验单位	襄荆高速公路中铁三局试验室	合 同 号	第 04 合同段
样品名称	褐色黏土	试验规程	JTJ 051—93
样品来源	4-4 号取土场 8	试验日期	2001.3.4
试 验 人		审 核 人	

量力环校正系数 C=20.879N/0.01mm　　　贯入杆面积 A=19.635cm^2

击实次数:98			击实次数:98			击实次数:98		
试筒号:4			试筒号:5			试筒号:6		
贯入深度 (mm)	测力计读数 (mm)	单位压力 (kPa)	贯入深度 (mm)	测力计读数 (mm)	单位压力 (kPa)	贯入深度 (mm)	测力计读数 (mm)	单位压力 (kPa)
0.25	0.042	45	0.25	0.039	41	0.25	0.041	44
0.50	0.097	103	0.50	0.094	100	0.50	0.095	101
1.00	0.175	186	1.00	0.173	184	1.00	0.173	184
1.50	0.229	244	1.50	0.228	242	1.50	0.228	242
2.00	0.273	290	2.00	0.269	286	2.00	0.269	286
2.50	0.309	329	2.50	0.303	322	2.50	0.300	319
3.00	0.338	359	3.00	0.336	357	3.00	0.336	357
4.00	0.397	422	4.00	0.392	417	4.00	0.393	418
5.00	0.443	471	5.00	0.437	465	5.00	0.436	464
L=2.5mm CBR=$\frac{329}{7\,000}\times100\%$=4.70% L=5.0mm CBR=$\frac{471}{10\,500}\times100\%$=4.49%			L=2.5mm CBR=$\frac{322}{7\,000}\times100\%$=4.60% L=5.0mm CBR=$\frac{465}{10\,500}\times100\%$=4.43%			L=2.5mm CBR=$\frac{319}{7\,000}\times100\%$=4.56% L=5.0mm CBR=$\frac{464}{10\,500}\times100\%$=4.42%		
L=2.5mm　CBR 平均值=4.6%				L=5.0mm　CBR 平均值=4.4%				
结　　论			监理工程师:　　　日期:					

土的承载比试验

编号：C-8-3-D04-0042

试验单位	襄荆高速公路中铁三局试验室	合 同 号	第 04 合同段
样品名称	褐色黏土	试验规程	JTJ 051—93
样品来源	4-4 取土场 8	试验日期	2001. 3. 4
试 验 人		审 核 人	

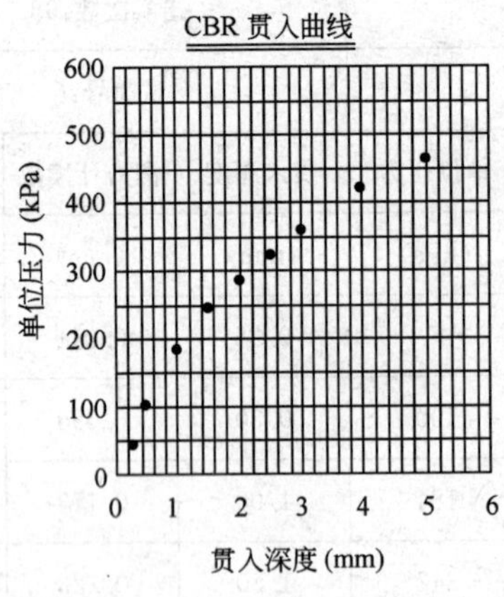

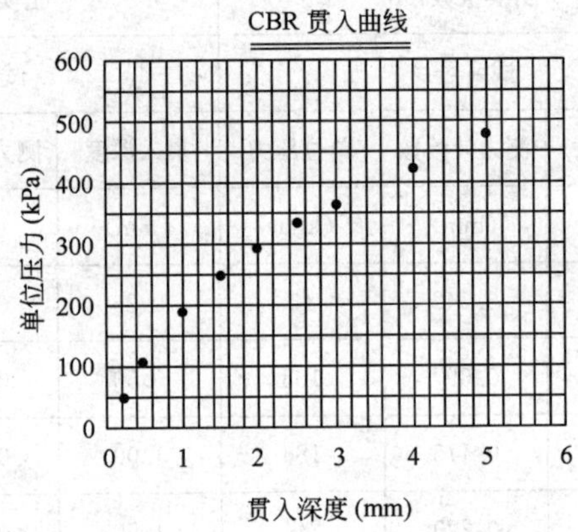

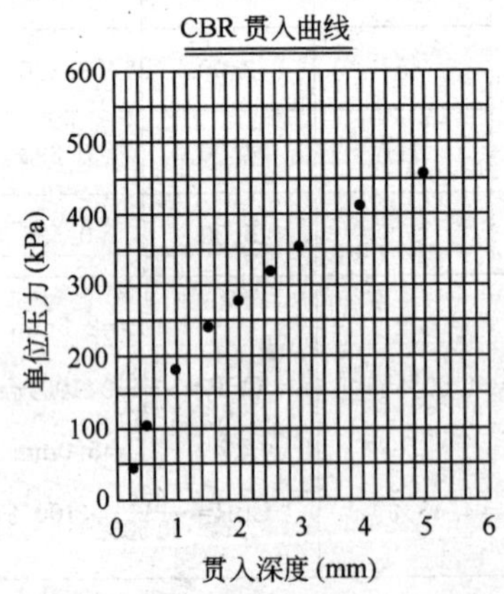

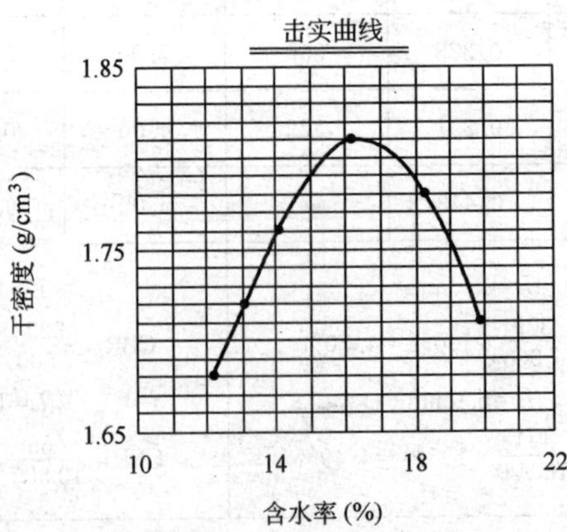

压实度检验报告

检测范围： K72+325～K72+600					检测日期： 2001.5.30		编号：C-2-4-D04-0000		
层次：3	结构类型：路基			距设计顶面高程(m)：3.25			质量标准：≥90%		
桩号	距中线距离(m)			检测深度(cm)	含水率(%)	湿土密度(g/cm^3)	干土密度(g/cm^3)	最佳含水率(%)	标准干密度(g/cm^3)	压实度(%)
	左	中	右							
K63+500	9			0.25	16.4	1.96	1.68	16.2	1.81	92.8
				0.25	16.9	1.98	1.69	16.2	1.81	93.4
			12	0.25	17.3	1.95	1.66	16.2	1.81	91.7
+4	6			0.25	16.8	1.94	1.66	16.2	1.81	91.7
				0.25	17.0	1.93	1.65	16.2	1.81	91.2
			7	0.25	17.8	1.97	1.67	16.2	1.81	92.3
+7	7			0.25	17.4	1.94	1.65	16.2	1.81	91.2
				0.25	17.2	1.93	1.65	16.2	1.81	91.2
			9	0.25	16.3	1.95	1.68	16.2	1.81	92.8
+7	12			0.25	15.8	1.84	1.59	16.2	1.81	87.8
				0.25	15.7	1.85	1.60	16.2	1.81	88.4
			6	0.25	15.7	1.84	1.59	16.2	1.81	87.8
+7	12			0.25	14.8	1.83	1.59	16.2	1.81	87.8
				0.25	15.2	1.84	1.60	16.2	1.81	88.4
			8	0.25	15.3	1.86	1.61	16.2	1.81	89.0
+7	10			0.25	15.8	1.88	1.62	16.2	1.81	89.5
				0.25	14.8	1.90	1.66	16.2	1.81	91.7
			10	0.25	15.7	1.92	1.66	16.2	1.81	91.7
备注										

制表：　　审核：　　监理工程师：　　日期：

七、路基工程试验检测项目七——土的相对密度试验方法

1. 目的和适用范围

(1)相对密实度是砂紧密程度的指标，等于其最大孔隙比与天然孔隙比之差和最大孔隙比与最小孔隙比之差的比值。

(2)本试验的目的是求无凝聚性土的最大与最小孔隙比，用于计算相对密实度，借此了解该土在自然状态或经压实后的松紧情况和土粒结构的稳定性。

(3)本规程适用于颗粒直径小于5mm的土，且粒径为2～5mm的试样质量不大于试样总质量的15%。

2. 仪器设备

(1)量筒：容积为500cm^3 及1 000cm^3 两种。

(2)长颈漏斗：颈管内径约1.2cm，颈口磨平。

(3)锥形塞：直径约1.5cm的圆锥体镶于铁杆上。

(4)砂面拂平器。

(5)电动最小孔隙比仪，如无此种仪器，可用下列设备。

(6)金属容器，有以下两种：

①容积250cm^3 时，内径5cm，高度12.7cm。

②容积100cm^3 时，内径10cm，高度12.7cm。

(7)振动仪。

(8)击锤：锤重1.25kg，高度150mm，锤座直径50mm。

(9)台秤：感量1g。

3. 试验步骤

(1)最大孔隙比的测定

①取代表性试样约1.5kg，充分风干(或烘干)，用手搓揉或用圆木棍在橡皮板上碾散，并拌和均匀。

②将锥形塞杆自漏斗下口穿入，并向上提起，使锥体堵住漏斗管口，一并放入体积为1 000cm^{3}的量筒中，使其下端与量筒底相接。

③称取试样700g，准确至1g，均匀倒入漏斗中，将漏斗与塞杆同时提高，移动塞杆使锥体略离开管口。管口应经常保持高出砂面约1～2cm，使试样缓缓且分布均匀地落入量筒中。

④试样全部落入量筒后取出漏斗与锥形塞，用砂面拂平器将砂面拂平，勿使量筒振动，然后测读砂样体积，估读至5cm^3。

⑤以手掌或橡皮塞堵住量筒口，将量筒倒转，缓慢地转动量筒内的试样，并回到原来位置，如此重复几次，记下体积的最大值，估读至5cm^3。

⑥取上述两种方法测得的体积较大值，计算最大孔隙比。

(2)最小孔隙比的测定

①取代表性试样约4kg，分三次倒入容器并进行振击，先取上述试样600～800g(其数量应使振击后的体积略大于容器容积的1/3)倒入1 000cm^3 容器内，用振动仪各以150～200次/min的

速度敲打容器两侧，并在同一时间内，用击锤于试样表面锤击 30～60 次/min，直至砂样体积不变为止(一般约 5～10min)。在敲打时要用足够的力量使试样处于振动状态；振击时，粗砂可用较少击数，细砂应用较多击数。

②如用电动最小孔隙比试验仪时，当试样同上法装入容器后，开动电机，进行振击试验。

③进行上述步骤后两次加土进行振动和锤击，第三次加土时应先在容器口上安装套环。

④最后一次振毕，取下套环，用修土刀齐容器顶面削去多余试样并称量，准确至 1g，计算其最小孔隙比。

(3)结果整理

①按下列式子计算最小与最大干密度，计算至 0.01g/cm³。

$$\rho_{dmin} = \frac{m}{V_{max}} \tag{2-30}$$

$$\rho_{dmax} = \frac{m}{V_{min}} \tag{2-31}$$

式中：ρ_{dmin}——最小干密度，g/cm³；

ρ_{dmax}——最大干密度，g/cm³；

m——试样质量，g；

V_{max}——试样最大体积，cm³；

V_{min}——试样最小体积，cm³。

②按下列公式计算最大与最小孔隙比，计算至 0.01。

$$e_{max} = \frac{\rho_w G_s}{\rho_{dmin}} - 1 \tag{2-32}$$

$$e_{min} = \frac{\rho_w G_s}{\rho_{dmax}} - 1 \tag{2-33}$$

式中 e_{max}——最大孔隙比；

e_{min}——最小孔隙比；

G_s——土粒比重。

③按下列公式计算相对密实度，计算至 0.01。

$$D_r = \frac{e_{max} - e_0}{e_{max} - e_{min}} \tag{2-34}$$

或

$$D_r = \frac{(\rho_d - \rho_{min})\rho_{dmax}}{(\rho_{dmax} - \rho_{dmin})\rho_d} \tag{2-35}$$

式中：D_r——相对密实度；

e_0——天然孔隙比或填土的相应孔隙比；

ρ_d——天然干密度或填土的相应干密度，g/cm³。

(4)本试验记录格式如表 2-10。

(5)精密度和允许差

最小与最大干密度，均须进行两次平行测定，取其算术平均值，其平行差值不得超过 0.03g/cm³。

相对密实度试验记录 表 2-10

工程名称 试验者
土样编号 计算者
试验日期 校核者

试验项目			最大孔隙比		最小孔隙比		备注
试验方法			漏斗法		振击法		
试样+容器质量(g)	(1)				2 162	2 165	
容器质量(g)	(2)				1 750		
试样质量(g)	(3)	(1)−(2)	400	420	412	415	
试样体积(cm³)	(4)		335	350	250		
干密度(g/cm³)	(5)	(3)÷(4)	1.20	1.20	1.65	1.66	
平均干密度(g/cm³)	(6)		1.20		1.66		
比重 G_s	(7)		2.65				
孔隙比(e)	(8)		1.21		0.59		
天然干密度(g/cm³)	(9)		1.30				
天然孔隙比 e_0	(10)		1.04				
相对密实度 D_r	(11)		0.27				

第四节 施工过程中的试验检测内容

路基工程现场检测是施工过程控制的关键程序，主要有以下两方面的作用。

一是通过认真细致的现场试验检测工作，保证施工过程的关键工序、关键工程符合图纸和规范及业主的要求，体现了对建设工程全过程、全方位的控制，使工程实体质量真正做到内实外美，将工程顺利移交给业主。

二是通过认真细致的现场试验检测工作，能够及时发现施工过程中存在的质量问题，采取返修、加固、返工等有效整改措施，虽然造成了部分投资的损失和进度的拖延，但是保证了工程的最终质量，避免了最后发现问题再进行返工处理，造成重大的投资损失和工期拖延。

路基工程现场施工之前，承包人应在开工前 28d，用路堤填料铺筑长度不小于 100m(全幅路基)的试验路段，并将试验结果报监理工程师审批。现场试验应进行到能有效地使该种填料达到规定的压实度为止。试验时应记录：压实设备的类型、最佳组合方式；碾压遍数及碾压速度、工序；每层材料的松铺厚度、材料的含水率等。试验结果报经监理工程师批准后，即可作为该种填料施工控制的依据。试验结束时，试验段若达到规范规定的质量检验标准，则可作为路基的一部分，否则，应予挖除，重新进行试验。试验段所用的填料和机具应与施工所用材料和机具相同。

施工过程中的试验检测项目主要包括两方面：一是由于施工过程中路基填筑了大量土石

方，取土场的土质有可能发生变化，为了保证数据的准确性及路基工程质量，根据规范要求，施工过程中每填筑 5 000m^3，取土场应做一次全套常规检测。项目包括：

(1)土的天然含水率、天然干密度。

(2)土的颗粒分析试验。

(3)土的液塑限试验。

(4)土的膨胀率试验。

(5)土的标准击实试验。

(6)土的承载比试验(即 CBR 试验)。

(7)土的相对密实度试验。

二是施工过程中，为了保证路基工程实体质量，按照一定的频率对路基工程现场试验检测。内容包括：

(1)路基压实度试验检测。

(2)路基顶面弯沉值的检测。

一、路基工程试验检测项目八——现场密度试验检测方法

现场密度的测试方法主要有灌砂法、环刀法、核子密度仪法三种方法。如果双方对各方法检测结果发生异议时，灌沙法可以起到仲裁作用。

各种方法的适用范围见表 2-11，对路基压实度的规定见表 2-12。

现场密度检测方法及适用范围比较 表 2-11

试验方法	适用范围
灌砂法	适用于在现场测定路基土的压实层的密度和压实度，但不适用于填石路堤等有大孔洞或大孔隙材料的压实度检测
环刀法	适用于细粒土及无机结合料稳定细粒土的密度测试，但对无机结合料稳定细粒土，其龄期不宜超过 2 天，且宜用于施工过程中的压实度检验
核子法	适用于现场用核子密度仪以散射法或直接透射法测定路基的密度和含水率，并计算施工压实度，适用于施工质量的现场快速评定，不宜用作仲裁试验或评定验收试验

路基压实度 表 2-12

填挖类型	路床顶面以下深度(m)	路基压实度(96)		
		高速公路、一级公路	二级公路	三、四级公路
零填及挖方	0～0.30	—	—	≥94
	0～0.80	≥96	≥95	—
填方	0～0.80	≥96	≥95	≥94
	0.80～1.50	≥94	≥94	≥93
	>1.50	≥93	≥92	≥90

注：1. 表列数值以重型击实试验法为准。

2. 特别干旱或特别潮湿地区的路基压实度，表列数值可适当降低。

3. 三级公路修筑沥青混凝土或水泥混凝土路面时，其路基压实度应采用二级公路标准。

(一)灌砂法

灌砂法测试原理:利用均匀颗粒的砂去置换试洞的体积。

该法是当前最通用的方法,很多工程都把灌砂法列为现场测定密度的主要方法,该方法可用于测试各种土的密度。

采用此法时,应符合下列规定:

(1)当集料的最大粒径小于 15mm,测定层的厚度不超过 150mm 时,宜采用 ϕ100mm 的小型灌砂筒测试。

(2)当集料的最大粒径等于或大于 15mm,但不大于 40mm;测定层的厚度超过 150mm,但不超过 200mm 时,应用 ϕ150mm 的大型灌砂筒测试。

1. 仪具与材料

(1)灌砂筒:形式和主要尺寸见图 2-17 及表 2-13。储砂筒筒底中心有一圆孔,下部装一倒置的圆锥体漏斗,漏斗上端开口,直径与储砂筒的圆孔相同。漏斗焊接在一块铁板上,铁板中心有一圆孔与漏斗上开口相接,在储砂筒筒底与漏斗顶端铁板间设有开关,开关铁板上也有一个相同直径的圆孔。

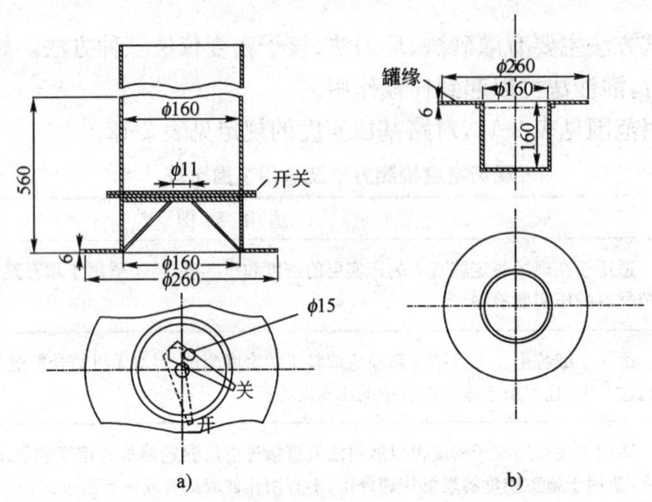

图 2-17 灌砂筒和标定罐(尺寸单位:mm)

灌砂仪的主要尺寸 表 2-13

结构		小型灌砂筒	大型灌砂筒
储砂筒	直径(mm) 容积(cm^3)	100 2 120	150 4 600
流砂孔	直径(mm)	10	15
金属标定罐	内径(mm) 外径(cm^3)	100 150	150 200
金属方盘基板	边长(mm) 深(mm) 中孔直径(mm)	350 40 100	400 50 150

(2)天平或台秤：称量 10～15kg，感量不大于 1g，用于含水率测定的天平精度，对细粒土、中粒土、粗粒土宜分别为 0.01g、0.1g、1.0g。

(3)量砂：粒径 0.30～0.60mm 或 0.25～0.50mm 清洁干燥的均匀砂，约 20～40kg，使用前须洗净、烘干，并放置足够的时间，使其与空气的湿度达到平衡。

2. 试验前的准备工作

1)标定筒下部圆锥体内砂的质量

(1)向灌砂筒内装砂至距筒顶 15mm 左右为止，称取装入筒内砂的质量 m_1，准确至 1g。

(2)将开关打开，让砂自由流出，并使流出砂的体积与工地所挖坑内的体积相当(或等于标定罐的容积)，然后关上开关，称灌砂筒内剩余砂的质量 m_2，准确至 1g。

(3)不晃动储砂筒的砂，轻轻地将罐砂筒移至玻璃板上，将开关打开，让砂流出，直到筒内砂不再下流时，将开关关上，并细心地取走灌砂筒。

(4)收集并称量留在玻璃板上的砂或称量筒内的砂，准确至 1g。玻璃板上的砂就是填满筒下部圆锥体的砂 m_2。

(5)重复上述测量三次，取其平均值。

2)按下列步骤标定量砂的密度 ρ_s(g/cm^3)

(1)用水确定标定罐的容积 V，准确至 1ml。

(2)在储砂筒中装入质量为 m_1 的砂，并将灌砂筒放在标定罐上，将开关打开，让砂流出，在整个流砂过程中，不要碰到灌砂筒，直到储砂筒内的砂不再下流时，将开关关闭。取下灌砂筒，称取筒内剩余砂的质量 m_3，准确至 1g。

(3)按下式计算填满标定罐所需砂的质量 m_a：

$$m_a = m_1 - m_2 - m_3 \tag{2-36}$$

式中：m_1——装入灌砂筒内的砂的总质量，g；

m_2——灌砂筒内下部圆锥体内砂的质量，g；

m_3——灌砂入标定罐后，筒内剩余砂的质量，g。

(4)重复上述测量三次，取其平均值。

(5)按下式计算量砂的单位质量：

$$\rho_s = \frac{m_a}{V} \tag{2-37}$$

3)试验步骤

(1)将基板放在平坦表面上(注意当表面的粗糙度较大时，一定要测定粗糙表面的锥体砂重，将盛有量砂 m_5 的灌砂筒放在基板中间的圆孔上。打开灌砂筒开关，让量砂流入基板的中孔内，直到灌砂筒内的砂不再下流时关闭开关。取下灌砂筒，并称筒内砂的质量 m_6，准确至 1g，否则会影响数据的准确性)。

(2)取走基板，将留在试验地点的量砂收回，重新将表面清扫干净。将基板在清扫干净的表面上，沿基板中孔凿洞，在凿筒过程中，应注意不使凿出的材料丢失，并随时将凿松的材料取出装入塑料袋中。试洞的深度应等于测定层厚度，全部取出材料的总质量为 m_w，准确至 1g。

(3)从挖出的全部材料中取出有代表性的样品，放在铝盒或洁净的搪瓷盘中，测定其含水率(w，以%计)。样品的数量如下：用小灌砂筒测定时，对于细粒土，不少于 100g；对于各种中粒土,不少于500g。用大灌砂筒测定时,对于细粒土,不少于200g;对于各种中粗粒土,不少于1 000g;对于粗粒土或水泥、石灰、粉煤灰等无机结合料稳定材料,宜将取出的全部材料烘干,且不少于2 000g,称其质量 m_d,准确至1g。

(4)将基板安放在试坑上,将灌砂筒安放在基板中间(储砂筒内放满砂到要求质量 m_1),使灌砂筒的下口对准基板的中孔及试洞,打开灌砂筒的开关,让砂流入试坑内。在此期间,应注意勿碰动灌砂筒。直到储砂筒内的砂不再下流时,关闭开关,仔细取走灌砂筒,并称量筒内剩余砂的质量 m_4,准确至1g。

(5)如清扫干净的平坦表面上粗糙度不大,则不需放基板,将灌砂筒直接放在已挖好的试洞上。打开灌砂筒开关,让量砂流入试洞内,关闭开关。仔细取走灌砂筒,称灌砂筒内剩余砂的质量 m_4,准确至1g。

(6)取出试洞内的量砂、以备下次再用。

3.计算

(1)灌砂时试洞上放有基板的情况,按下面各式分别计算填满试坑所用的砂的质量 m_b:

灌砂时试洞上不放基板的情况:

$$m_b = m_1 - m_4 - (m_5 - m_6) \tag{2-38}$$

$$m_b = m_1 - m_4 - m_2 \tag{2-39}$$

式中: m_1——灌砂入试洞内砂的质量,g;

m_4——灌砂入试洞后,筒内剩余砂的质量,g;

$(m_5 - m_6)$——灌砂筒下部圆锥体内及基板和粗糙表面间砂的总质量,g。

(2)按下式计算试验地点土的湿密度 ρ(g/cm³):

$$\rho = \frac{m_w}{m_b} \times \rho_s \tag{2-40}$$

式中:m_w——试洞中取出的全部土样的质量,g;

m_b——填满试洞所需砂的质量,g;

ρ_s——量砂的密度,g/cm³。

(3)按下式计算土的干密度 ρ_d(g/cm³):

$$\rho_d = \frac{\rho}{1 + 0.01w} \tag{2-41}$$

4.试验中应注意的问题

灌砂法是施工过程中路基工程密实度检测最常用的试验方法之一。为使试验做得准确,应注意以下几个环节。

(1)量砂要规则。量砂如果重复使用,一定要注意晾干,处理一致,否则影响量砂的松方密度。

(2)每换一次量砂,都必须测定松方密度。

(3)地表面处理要平整,只要表面凸出一点(即使1mm),使整个表面高出一薄层,其体积也算到试坑中去了,会影响试验结果。因此本方法一般宜采用放上基板先测定一次粗糙表面消耗的量砂。

(4)在挖坑时试坑周壁应竖直,否则会使检测的密度数据不准确。

(5)灌砂时检测厚度应为整个碾压层厚,不能只取上部或者取到下一个碾压层中。

5. 工程示例

湖北省襄荆高速公路项目

压实度检测记录表(灌砂法)

试验单位　湖北省公路监理中心高驻办　检验日期　2002-2-15

天气　晴　标准土密度(重型)　1.78(g/cm³)

气温　20℃　最佳含水率　16.6%

距设计顶面高程(m)　7.00　编号:C-2-2-D04-0001

桩　　号	K67+425		K67+437		K67+449	
项目位置	右 8		左 22		右 23	
填土层次	8		8		8	
试坑中湿土样质量(g)	5 170		5 200		5 200	
原砂总质量(g)	7 000		7 000		7 000	
剩余砂质量(g)	2 445		2 440		2 460	
锥体砂质量(g)	780		780		780	
试坑耗砂(g)	3775		3780		3760	
砂密度(g/cm³)	1.44		1.44		1.44	
试坑体积(cm³)	2 622		2 625		2 611	
湿密度(g/cm³)	1.97		1.98		1.99	
盒号	140	92	106	79	146	84
盒+湿土质量(g)	159.6	169.0	157.5	169.6	153.3	151.0
盒+干土质量(g)	139.0	147.6	136.7	147.5	134.4	132.0
水质量(g)	20.6	21.4	20.8	22.1	18.9	19.0
盒质量(g)	25.4	25.4	25.4	25.7	25.7	25.3
干土质量(g)	113.6	122.2	111.3	121.8	108.7	106.7
含水率(%)	18.13	17.51	18.69	18.14	17.39	17.81
平均含水率(%)	17.8		18.4		17.6	
干密度(g/cm³)	1.67		1.67		1.69	
压实度(%)	93.8		93.8		94.9	
结　　论	根据 JTJ 059—95 规程进行检验,结果符合 033—95 规范要求。					

(二)环刀法

环刀法是测量现场密度的传统方法。国内习惯采用的环刀容积通常为 200cm^3,环刀高度通常约 5cm。用环刀法测得的密度是环刀内土样所在深度范围内的平均密度,它不能代表整个碾压层的平均密度。由于碾压土层的密度一般是从上到下减小的,因此,只有使环刀所取的土恰好是碾压层中间的土,环刀法所得的结果才可能与灌砂法的结果大致相同。

1.仪具与材料

(1)环刀盖、环刀内径 6~8cm,高 2~3cm,壁厚 1.5~2mm。

(2)天平:感量 0.01g 或 1.0g(用于取芯头内径 100mm 样品的)。

(3)其他:镐、小铁锹、修土刀、毛刷、凡士林。

2.试验方法与步骤

(1)用人工取土器测定黏性土及无机结合料稳定细粒土密度。

①擦净环刀,称取环刀质量 m^2,准确至 0.1g。

②在试验地点,将面积约 30cm×30cm 的地面清扫干净,并将压实层铲去表面浮动及不平整的部分,达到一定深度,使环刀打下后,能达到要求的取土深度,但不得扰动下层,用镐将环刀及试样挖出。

③轻轻取下环盖,用修土刀自边至中削去环刀两端余土,用直尺检测直至修平为止。

④擦净环刀外壁,称环刀与土合质量 m_1,准确至 0.1g。

⑤自环刀中取出试样,取具有代表性的试样,测定其含水率。

3.计算

按下列公式计算湿密度及干密度:

$$\rho = \frac{m_1 - m_2}{V} \tag{2-42}$$

$$\rho_d = \frac{\rho}{1 + 0.01w} \tag{2-43}$$

式中:ρ——湿密度,g/cm^3;

m_1——环刀与土合质量,g;

m_2——环刀质量,g;

V——环刀体积,cm^3;

ρ_d——干密度,g/cm^3;

w——含水率,%。

4.工程示例

湖北省襄荆高速公路项目

压实度检验记录(环刀法)

地表土天然含水率、天然密度

单位:铁三局五处工程试验中心　　最佳含水率 ________

日期:2000.12.5　　标准干密度 ________

距设计顶面高程(m)________　　编号:C-2-1-□□□□□□□□

项目 \ 位置 \ 桩号	K71+000		K71+500		—	
	左 3m		右 5m		—	
填土层次	0		0		—	
环刀号	2		7		—	
环刀容积(cm^3)	198.98		199.55		—	
环刀质量(g)	173.1		169.4		—	
土+环刀质量(g)	571.2		558.8		—	
土样质量(g)	398.1		389.4		—	
湿密度(g/cm^3)	2.00		1.95		—	
盒　　号	25	28	8	29	—	1
盒质量(g)	15.80	16.62	16.48	18.09	—	—
盒+湿土质量(g)	30.56	32.36	31.32	31.68	—	—
盒+干土质量(g)	27.53	29.13	28.12	28.74	—	—
水质量(g)	3.03	3.23	3.20	2.94	—	—
干土质量(g)	11.73	12.51	11.64	10.65	—	—
含水率(%)	25.83	25.82	27.49	27.61	—	—
平均含水率(%)	25.8		27.6		—	
干密度(g/cm^3)	1.59		1.53		—	
压实度(%)	—		—		—	
结　　论						

试验：　　　　记录(计算)：　　　　复核：　　　　监理工程师：　　　　日期：

(三)核子密度湿度仪法

该法是利用放射性元素(通常是γ射线和中子射线)测量土或路面材料的密度和含水率。

这类仪器的优点是测量速度快，需要人员少。该类方法适用于测量各种土或路面材料的密度和含水率，有些进口仪器可储存打印测试结果。

它的缺点是：放射性物质对人体有伤害，检测人员应正确操作。对于核子密度湿度仪法，可作施工控制使用，但需与常规方法进行对比试验，找出相关系数，以验证其可靠性。

1.仪具与材料

(1)核子密度湿度仪：符合国家规定的关于健康保护和安全使用标准，密度的测定范围为 $1.12\sim2.73g/cm^3$，测定误差不大于 $0.03g/cm^3$。含水率测量范围为 $0\sim0.64g/cm^3$，测定误差不大于 $\pm0.01g/cm^3$。它主要包括下列部件：

①γ射线源：双层密封的同位素放射源，如铯-137、钴-60 或镭-226 等。

②中子源：如镅(241)-铍等。

③控测器：γ射线探测器，如 G-M 计数管、氦-3 管、闪烁晶体或热中子探测器。

④读数显示设备：如液晶显示器、脉冲计数器、数率表或直接读数表。

⑤标准板：提供检验仪器操作和散射计数参考标准用。

⑥安全防护设备:符合国家规定要求的设备。

⑦刮平板:钻杆、接线等。

(2)细砂:0.15~0.30mm。

(3)天平或台秤。

(4)其他:毛刷。

2.方法与步骤

本方法用于测定沥青混合料面层的压实密度时,在表面用散射法测定,所测定沥青面层的层厚不大于根据仪器性能决定的最大厚度。用于测定土基或基层材料的压实密度及含水率时,打洞后用直接透射法测定,测定层的厚度不宜大于20cm。

1)准备工作

(1)每天使用前按下列步骤用标准板测定仪器的标准值。

第一步:接通电源,按照仪器使用说明书建议的预热时间,预热测定仪。

第二步:在测定前,应检查仪器性能是否正常。在标准板上取3~4个读数的平均值建立原始标准值,并与使用说明书提供的标准值核对,如标准读数超过仪器使用说明书规定的限界时,应重复此项标准的测量;若第二次标准计数仍超过规定的限界时,需视作故障并进行仪器检查。

(2)在进行沥青混合料压实层密度测定前,应用核子仪对钻孔取样的试件进行标定:测定其他材料密度时,宜与挖坑灌砂法的结果进行标定。标定的步骤如下:

第一,选择压实的路表面,按要求的测定步骤用核子仪测定密度,读数。

第二,在测定的同一位置用钻孔法或挖坑灌砂法取样,量测厚度,按规定的标准方法测定材料的密度。

第三,对同一种路面厚度及材料类型,在使用前至少测定15处,求取两种不同方法测定的密度的相关关系,其相关系数不小于0.9。

(3)测试位置的选择

①按照随机取样的方法确定测试位置,但与距路面边缘或其他物体的最小距离不得小于30cm。核子仪距其他的射线源不得小于10cm。

②当用散射法测定时,用细砂填平测试位置路表结构凹凸不平的空隙,使路表面平整,能与仪器紧密接触。

③当使用直接透射法测定时,在表面上用钻杆打孔,孔深略深于要求测定的深度,孔应竖直圆滑并稍大于射线源探头。

(4)按照规定的时间,预热仪器。

2)测定步骤

(1)如果散射法测定时,应按图2-18的方法将核子仪平稳地置于测试位置上。

(2)如用直接透射法测定时,应按图2-19的方法将放射源竖放下插入已预先打好的孔内。

(3)打开仪器,测试员退出仪器2m以外,按照选定的测定时间进行测量,到达测定时间后,读取显示的各项数值,并迅速关机。

3.使用安全注意事项

(1)仪器工作时,所有人员均应退至距离仪器2m以外的地方。

(2)仪器不使用时,应将手柄置于安全位置,仪器应装入专用的仪器箱内,放置在符合核辐射安全规定的地方。

(3)仪器应由经有关部门审查合格的专人保管,专人使用,对从事仪器保管及使用的人员,应遵照有关核辐射检测的规定。

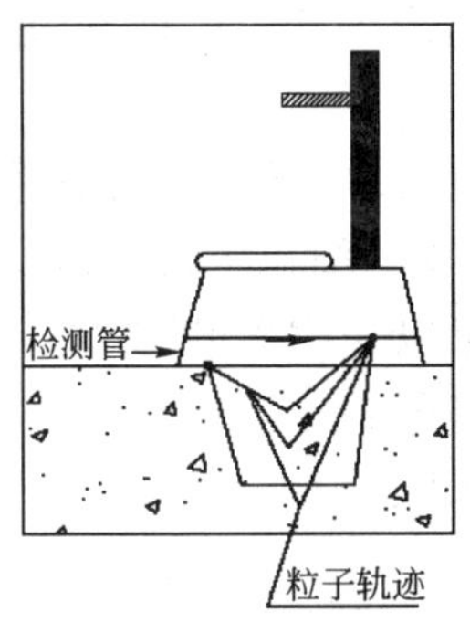

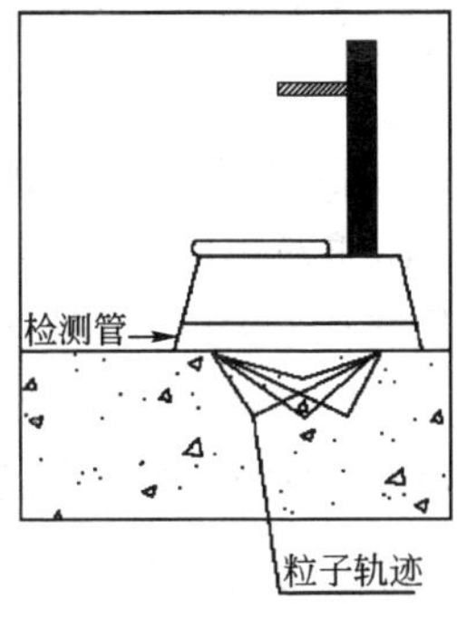

图 20-18 用散射法测定的方法

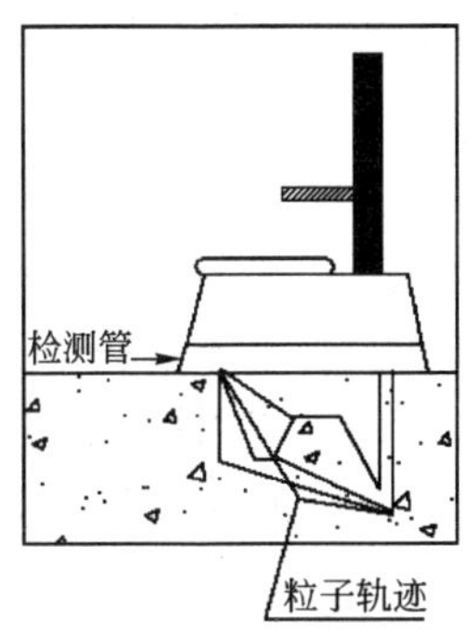

图 20-19 用透射法测定的方法

4. 工程示例

湖北省襄荆高速公路项目

压实度检查记录

(核子仪法)

试验单位:襄荆高速公路中铁三局试验室　　检查日期: 2000.12.28

检查桩号:K71+230～K71+460　　土场位置:

最大干密度:(g/cm³)1.76　　最佳含水率: 16.6(%)

距设计顶面高程(m)4.5　　编号:C-2-3-D04-0001

项目 \ 桩号 / 位置	K71+280	K71+280	K71+280	K71+280	K71+280	
	左 20.0m	左 10.0m	左 0.06m	右 10.0m	右 20.0m	
填土层次	地表土	地表土	地表土	地表土	地表土	
密度修正系数	—	—	—	—	—	
含水率修正系数	—	—	—	—	—	
湿密度(g/cm³)	1.909	1.945	1.969	1.935	1.923	
含水率(%)	17.8	17.6	16.6	16.9	17.3	
干密度(g/cm³)	1.621	1.654	1.689	1.655	1.639	
最大干密度(g/cm³)	1.76	1.76	1.76	1.76	1.76	
压实度(%)	92.1	94.0	96.0	94.0	93.1	
压实度平均值(%)	—		—		—	
结　论						

记录:　　复核:　　监理工程师:

(四)路基、路面压实度评定

(1)路基和路面基层、底基层的压实度以重型击实标准为准。对于特殊干旱、潮湿地区或过湿土,以路基设计施工规范规定的压实度标准进行评定。

(2)标准密度应作平行试验,求其平均值作为现场检验的标准值。对于均匀性差的路基土质和路面结构层材料,应根据实际情况增补标准密度试验,求得相应的标准值,以控制和检验施工质量。

(3)路基、路面压实度以1～3km长的路段为检验评定单元,按本标准各有关章节要求的检测频率进行现场压实度抽样检查,求算每一测点的压实度 k_i。细粒土现场压实度检查可以采用灌砂法或环刀法;粗粒土及路面结构层压实度检查可以采用灌砂法、水袋法或钻孔取样蜡封法。应用核子密度仪时,须经对比试验检验,确认其可靠性。

检验评定段的压实度代表值 k(算术平均值的下置信界限)为:

$$k=\overline{k}-\frac{t_a S}{\sqrt{n}}\geqslant k_0 \tag{2-44}$$

式中:$\overline{k}$——检验评定段内各测点压实度的平均值;

t_a——分布表中随测点数和保证率(或置信度 α)而变的系数 t_a 见表2-14采用的保证率:高速公路、一级公路:基层、底基层为99%;路基、路面面层为95%;其他公路:基层、底基层为95%;路基、路面面层为90%;

S——检测值的标准差;

n——检测点数;

k_0——压实度标准值。

路基、基层和底基层:$k\geqslant k_0$ 且单点压实度 k_i 全部大于等于规定值减2%时,评定路段的压实度合格率为100%;当 $k\geqslant k_0$ 且单点压实度全部大于等于规定极值时,按测定值不低于规定值减2%的测点数计算合格率。

$k<k_0$ 或某一单点压实度 k_i 小于规定极值时,该评定路段压实度为不合格,相应分项工程评为不合格。

路堤施工段较短时,分层压实度应点点符合要求,且样本数不少于6个。

沥青面层:当 $k\geqslant k_0$ 且全部测点大于等于规定值减1%时,评定路段的压实度合格率为100%;当 $k\geqslant k_0$ 时,按测定值不低于规定值减1%的测点数计算合格率。

$k<k_0$ 时,评定路段的压实度为不合格,相应分项工程评为不合格。

$t_a/\sqrt{n}$ 值　　表2-14

n \ 保证率	99%	95%	90%	n \ 保证率	99%	95%	90%
2	22.501	4.465	2.176	7	1.188	0.734	0.544
3	4.021	1.686	1.089	8	1.060	0.670	0.500
4	2.270	1.177	0.819	9	0.966	0.620	0.466
5	1.676	0.953	0.686	10	0.892	0.580	0.437
6	1.374	0.823	0.603	11	0.833	0.546	0.414

续上表

保证率 / n	99%	95%	90%	保证率 / n	99%	95%	90%
12	0.785	0.518	0.393	26	0.487	0.335	0.258
13	0.744	0.494	0.376	27	0.477	0.328	0.253
14	0.708	0.473	0.361	28	0.467	0.322	0.248
15	0.678	0.455	0.347	29	0.458	0.316	0.244
16	0.651	0.438	0.335	30	0.449	0.310	0.239
17	0.626	0.423	0.324	40	0.383	0.266	0.206
18	0.605	0.410	0.314	50	0.340	0.237	0.184
19	0.586	0.398	0.305	60	0.308	0.216	0.167
20	0.568	0.387	0.297	70	0.285	0.199	0.155
21	0.552	0.376	0.289	80	0.266	0.186	0.145
22	0.537	0.367	0.282	90	0.249	0.175	0.136
23	0.523	0.358	0.275	100	0.236	0.166	0.129
24	0.510	0.350	0.269	>100	$\frac{2.3265}{\sqrt{n}}$	$\frac{1.6449}{\sqrt{n}}$	$\frac{1.2815}{\sqrt{n}}$
25	0.498	0.342	0.264				

(五)压实度合格判断标准

路基压实度合格判断标准　表 2-15

填挖类型	路床顶面以下深度(m)	路基压实度(96)		
		高速公路、一级公路	二级公路	三、四级公路
零填及挖方	0～0.30	—	—	≥94
	0～0.80	≥96	≥95	—
填方	0～0.80	≥96	≥95	≥94
	0.80～1.50	≥94	≥94	≥93
	>1.50	≥93	≥92	≥90

二、路基工程试验检测项目九——路基顶面弯沉值的检测

(一)概述

国内外普遍采用回弹弯沉值来表示路基路面的承载能力,回弹弯沉值越大,承载能力越小,反之越大。通常所说的回弹弯沉值是指标准后轴载双轮组轮隙中心处的最大回弹弯沉值。在路表测试的回弹弯沉值可以反映路基、路面的综合承载能力。回弹弯沉值在我国已广泛使用且有很多的经验及研究成果,它不仅用于路面结构的设计(设计回弹弯沉)、施工控制及施工验收中(竣工验收弯沉值);同时还用在旧路补强设计中,是公路工程的一个基本参数。

弯沉是指在规定的标准轴载作用下,路基或路面表面轮隙位置产生的总垂直变形(总弯沉)或垂直回弹变形值(回弹弯沉),以 0.01mm 为单位。

竣工验收弯沉值是检验路面是否达到设计要求的指标之一。

弯沉值的测定方法较多,主要由以下三种:贝克曼梁法、自动弯沉仪法、落锤式弯沉仪法,目前用的最多的是贝克曼梁法,现将几种方法各自的特点作简单的比较,见表 2-16。

几种弯沉测试方法比较　　表 2-16

方　法	特　点
贝克曼梁法	传统方法,速度慢,静态测试,比较成熟,目前属于标准方法
自动弯沉仪法	利用贝克曼梁原理快速连续,属于静态测试范畴,但测定的是总弯沉,因此使用时应用贝克曼梁进行标定换算
落锤式弯沉仪法	利用重锤自由落下的瞬间产生的冲击荷载测定弯沉,属于动态弯沉,并能反算路面的回弹模量,快速连续,使用时应用贝克曼梁法进行标定换算

(二)贝克曼梁法

1. 试验目的和适用范围

(1)本方法适用于测定各类路基、路面的回弹弯沉,用以评定其整体承载能力,可供路面结构设计使用。

(2)本方法测定的路基、柔性路面的回弹弯沉值可供交工和竣工验收使用。

(3)本方法测定的路面回弹弯沉可为公路养护管理部门制定养路修路计划提供依据。

(4)沥青路面的弯沉以标准温度 20℃为准,在其他温度(超过 20℃±2℃范围)测试时,对厚度大于 5cm 的沥青路面,弯沉值应予以温度修正。

2. 仪具与材料

(1)测试车:双轴、后轴双侧 4 轮的载重车,其标准轴荷载、轮胎尺寸、轮胎间隙及轮胎气压等主要参数应符合表 2-17 的要求。测试车可根据需要按公路等级选择,高速公

路、一级及二级公路应采用后轴100kN的BZZ-100；其他等级公路也可采用后轴60kN的BZZ-60。

测定弯沉用的标准轴参数　　表2-17

标准轴载等级	BZZ-100	BZZ-60
后轴标准轴载 P(kN)	100±1	60±1
一侧双轮荷载(kN)	50±0.5	30±0.5
轮胎充气压力(MPa)	0.70±0.05	0.50±0.05
单轮传压面当量圆直径(cm)	21.30±0.5	19.50±0.5
轮隙宽度	应满足能自由插入弯沉仪测头的测试要求	

(2)路面弯沉仪：由贝克曼梁、百分表及表架组成，贝克曼梁由铝合金制成，上有水准泡，其前臂(接触路面)与后臂(装百分表)长度比为2∶1。弯沉仪长度有两种：一种长3.6m，前后臂分别为2.4m和1.2m；另一种加长的弯沉仪长5.4m，前后臂分别为3.6m和1.8m。当在半刚性基层沥青路面或水泥混凝土路面上测定时，宜采用长度为5.4m的贝克曼梁弯沉仪，并采用BZZ-100标准车。弯沉值采用百分表量得，也可用自动记录装置进行测量。

(3)接触式路面温度计：端部为平头，分度不大于1℃。

(4)其他：皮尺、口哨、白油漆或粉笔、指挥旗等。

3. 试验方法与步骤

1)试验前准备工作

(1)检查并保持测定用标准车的车况及刹车性能良好，轮胎内胎符合规定充气压力。

(2)向汽车车槽中装载(铁块或集料)，并用地中衡称量后轴总质量，符合要求的轴重规定，汽车行驶及测定过程中，轴重不得变化。

(3)测定轮胎接地面积：在平整光滑的硬质路面上用千斤顶将汽车后轴顶起，在轮胎下方铺一张新的复写纸，轻轻落下千斤顶，即在方格纸上印上轮胎印痕，用求积仪或数方格的方法测算轮胎接地面积，精确至0.1cm^2。

(4)检查弯沉仪百分表测量灵敏情况。

(5)当在沥青路面上测定时，用路表温度计测定试验时气温及路表温度(一天中气温不断变化，应随时测定)，并通过气象台了解前5天的平均气温(日最高气温与最低气温的平均值)。

(6)记录沥青路面修建或改建时材料、结构、厚度、施工及养护等情况。

2)测试步骤

(1)在测试路段布置测点，其距离随测试需要而定。测点应在路面行车车道的轮迹带上，并用白油漆或粉笔划上标记。

(2)将试验车后轮轮隙对准测点后约3～5cm处的位置上。

(3)将弯沉仪插入汽车后轮间的缝隙处，与汽车方向一致，梁臂不得碰到轮胎，弯沉仪测头置于测点上(轮隙中心前方3～5cm处)，并安装百分表于弯沉仪的测定杆上，百分表调零，用手指轻轻叩打弯沉仪，检查百分表是否稳定回零。

弯沉仪可以是单侧测定，也可双侧同时测定。

(4)测定者吹哨发令指挥汽车缓缓前进，百分表随路面变形的增加而持续向前转动。当表针转动到最大值时，迅速读取初读数 L_1。汽车仍在继续前进，表针反向回转，待汽车驶出弯沉影响半径(3m以上)后，吹口哨或挥动红旗指挥停车。待表针回转稳定后读取终读数 L_2。汽车前进的速度宜为5km/h左右。

4. 弯沉仪的支点变形修正

当采用长度为3.6m的弯沉仪对半刚性基层沥青路面、水泥混凝土路面等进行弯沉测定时，有可能引起弯沉仪支座处变形，因此测定时应检验支点有无变形。此时应用另一台检验用的弯沉仪安装在测定用的弯沉仪的后方，其测点架于测定用弯沉仪的支点旁。当汽车开出时，同时测定两台弯沉仪的弯沉读数，如检验用弯沉仪百分表有读数，即应该记录并进行支点变形修正。当在同一结构层上测定时，可在不同的位置测定5次，求平均值，以后每次测定时以此作为修正值。

5. 结果计算及温度修正

1)测点的回弹弯沉值按下式计算：

$$L_T = (L_1 - L_2) \times 2 \tag{2-45}$$

式中：L_T——在路面温度为 T 时的回弹值，0.01mm；

L_1——汽车中心临近弯沉仪测头时百分表的最大读数即初读数，0.01mm；

L_2——汽车驶出弯沉影响半径后百分表的最大读数即终读数，0.01mm。

2)进行弯沉仪支点变形修正时，路面测点的回弹弯沉值按下式计算：

$$L_T = (L_1 - L_2) \times 2 + (L_3 - L_4) \times 6 \tag{2-46}$$

式中：L_1——汽车中心临近弯沉仪测头时测定用弯沉仪的最大读数，0.01mm；

L_2——汽车驶出弯沉影响半径后测定用弯沉仪的终读数，0.01mm；

L_3——汽车中心临近弯沉仪测头时检验用弯沉仪的最大读数，0.01mm；

L_4——汽车驶出弯沉影响半径后检验用弯沉仪的终读数，0.01mm。

此式适用于测定用弯沉仪支座处有变形，但百分表架处路面无变形的情况。

3)沥青面层厚度大于5cm且路面温度超过20℃±2℃范围时，回弹弯沉值应进行温度修正，温度修正有两种方法。

(1)计算平均值和标准差时，应将超出 $\overline{L}\pm(2\sim3)S$ 的弯沉特异值舍弃。对舍弃的弯沉值过大的点，应找出其周围界限，进行局部处理。用两台弯沉仪同时进行左右轮弯沉值测定时，应按两个独立测点计，不能采用左右两点的平均值。

(2)弯沉代表值不大于设计要求的弯沉值时得满分，大于时得零分。

若在非不利季节测定时，应考虑季节影响系数。

6. 工程示例

路表回弹弯沉测定记录表

编号：C-45- -

施工单位	襄荆高速公路铁三局项目部		合 同 号	第04合同段
分项名称	上路床石灰碎石稳定土		测试规程	JTJ 059—95
代表地段	K69+750～K69+900		天 气	晴
设计弯沉	≪140(0.01mm)		气 温	26℃
修正系数	支点 L_2		测试日期	2002.10.15
	温度 K		路 幅	26m

桩 号	平面位置	百(千)分表读数		回弹弯沉值(0.01mm) $L=K[2(T_1-T_2)+L_2]$	路况及测定描述
		初读数 T_1	终读数 T_2		
K69+800	左6.50m	515	445	140	碾压8遍
K69+800	左8.50m	510	437	146	
K69+810	左6.50m	516	444	144	
K69+810	左8.50m	517	448	138	
K69+820	左6.50m	519	454	130	
K69+820	左8.50m	520	456	128	
K69+830	左6.50m	516	451	130	
K69+830	左8.50m	513	450	126	
K69+840	左6.50m	506	435	142	
K69+840	左8.50m	515	447	136	
K69+850	左6.50m	517	443	148	
K69+850	左8.50m	516	441	150	
K69+860	左6.50m	510	438	144	
K69+860	左8.50m	509	439	140	
K69+870	左6.50m	518	449	138	
K69+870	左8.50m	516	448	136	
K69+880	左6.50m	520	455	130	
K69+880	左8.50m	523	460	126	
K69+890	左6.50m	519	445	148	
K69+890	左8.50m	524	454	140	
保证率系数 Z_a	2.0	测量弯沉平均值 L_p			142
标准差 S	6.283	评定路段的代表弯沉 $L_r=L_p+Z_aS$			155
结 论	监理工程师： 日期：				

测量： 记录：

计算： 承包单位参加人员：

7.合格判定

路基、柔性基层、沥青路面弯沉值评定

(1)弯沉值用贝克曼梁或自动弯沉仪测量。每一双车道评定路段(不超过1km)检查80～100个点,多车道公路必须按车道数与双车道之比,相应增加测点。

(2)弯沉代表值为弯沉测量值的上波动界限,用下式计算:

$$L_r = \overline{L} + Z_a S \tag{2-47}$$

式中:L_r——弯沉代表值,0.01mm;

$\overline{L}$——实测弯沉的平均值,0.01mm;

S——标准差;

Z_a——与要求保证率有关的系数,见表2-18。

Z_a 值 表2-18

层　位	Z_a	
	高速公路、一级公路	二、三级公路
沥青面层	1.645	1.5
路基、柔性基层	2.0	1.645

(3)当路基和柔性基层底基层的弯沉代表值不符合要求时,可将超出$\overline{L}\pm(2\sim3)S$的弯沉特异值舍弃,重新计算平均值和标准差。对舍弃的弯沉值大于$\overline{L}+(2\sim3)S$的点,应找出其周围界限,进行局部处理。

用两台弯沉仪同时进行左右轮弯沉值测定时,应按两个独立测点计,不能采用左右两点的平均值。

(4)弯沉代表值大于设计要求的弯沉值时相应分项工程为不合格。

(5)测定时的路表温度对沥青面层的弯沉值有明显影响,应进行温度修正。当沥青层厚度小于或等于50mm时,或路表温度在20℃±2℃范围内,可不进行温度修正。若在非不利季节测定时,应考虑季节影响系数。

第五节　竣工验收阶段试验检测内容

路基工程竣工验收阶段试验检测工作如下。

(1)按照1～3km为一个单元对路基工程压实度进行整体评定。

(2)按照1km为一个单元对路基工程弯沉值进行整体评定。

(3)按照竣工资料编制办法要求及时准确完成试验资料的整理归档工作,包括以下内容。

①路基原地面各项常规试验记录及汇总表的收集、整理及归档。

②路基取土场各项常规试验记录及汇总表的收集、整理及归档。

③现场检测压实度记录及评定表的收集、整理及归档。

④现场检测弯沉值记录及评定表的收集、整理及归档。

思考题

1. 土中有机质和石膏较多时，含水率的测试容易出现误差，误差主要由什么原因引起？

2. 无机结合料稳定土测含水率时，应注意什么问题？

3. 测试界限含水率的意义是什么？

4. 为什么要对土进行颗粒分析，颗粒分析结果对工程应用有何意义？

5. 击实试验资料整理中含水率用的是预配含水率还是击实后土样的含水率？

6. 什么是加州承载比？论述其测定的意义是什么？

7. 简述灌砂法测现场压实度的要点？

8. 哪些土适合用环刀法测密度？哪些土适合用灌砂法测密度？

9. 密度测试中的难题是什么？

10. 在测试回弹弯沉值时，应将测头放置在测试轴的什么位置？

11. 某路段路基施工质量检查中，用标准轴载测得10点的弯沉值(单位:0.01mm)分别为100、101、102、110、95、98、93、96、103、104，试计算该路段的代表性弯沉值(保证率系数 $Z_a=2.0$)。

12. 某新建高速公路路基施工中，对其中某一路段压实质量进行检查，压实度检测结果分别为96.57%、95.39%、93.85%、97.32%、96.28%、95.86%、95.93%、96.87%、95.34%、95.93%，请按保证率95%计算该路段的代表性压实度，并判断该路段的压实质量是否符合要求。

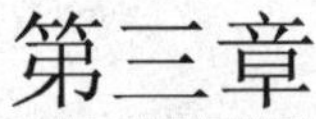

第三章
桥涵工程试验检测方法

在建设工程施工过程中，特别是近年我国全面掀起高速公路、高速铁路的建设，相继出现了许多大型的桥梁和涵洞，美观大方，形成了一道道亮丽的风景线。随着现代社会的飞速发展，政府机关、业主对工程质量的要求也在不断的提高，工程实体必须要做到内实外美，这就需要参建各方共同努力对桥涵工程进行质量控制，特别是设计过程中采用的新材料、新工艺要进行重点控制，而试验检测工作是施工控制的重要手段。

首先介绍桥涵工程主要试验检测项目及试验频率。

一、粗集料试验

(1)粗集料常规检测项目包括：①筛分试验；②表观密度及堆积密度试验；③针片状颗粒含量试验；④压碎值试验；⑤含泥量及泥块含量试验共五项试验检测内容。

(2)粗集料试验检测频率：按照同一产地、同一规格、同一进厂时间，每 400m^3 或 600t 为一验收批，不足 400m^3 或 600t 时，亦按一验收批计算。用小型工具运输时，以 200m^3 或 300t 为一验收批，不足者亦按一批计，每一验收批取样一组。

二、细集料试验

(1)细集料常规检测项目包括：①筛分试验；②表观密度及堆积密度试验；③含泥量及泥块含量试验共三项试验检测内容。

(2)细集料试验检测频率：按照按照同一产地、同一规格、同一进厂时间，每 400m^3 或 600t 为一验收批，不足 400m^3 或 600t 时，亦按一验收批计算。用小型工具运输时，以 200m^3 或 300t 为一验收批，不足者亦按一批计，每一验收批取样一组。

三、水泥试验

(1)水泥常规试验检测项目包括：①细度试验；②标准稠度用水量、凝结时间、安定性试验；③抗压及抗折试验。

(2)水泥试验检测频率：①散装水泥：对同一水泥厂生产的同期出厂的同品种、同标号的水泥，以一次进厂(场)的同一出厂编号的水泥为一批，且一批的总量不得超过 500t。随机地从不少于 3 个罐中采取等量水泥，经混拌均匀后，再从中称取不少于 12kg 水泥试样。②袋装水泥：对同一水泥厂生产的同期出厂的同品种、同标号的水泥，以一次进厂(场)的同一出厂编号的水泥为一批，且一批的总量不得超过 100t。随机的从不少于 20 个袋中各取等量水泥，经混拌均匀后，再从中称取不少于 12kg 水泥作为检验试样。

四、钢筋试验

钢筋常规试验检测项目包括:检测钢筋原材料的屈服点、抗拉强度和伸长率及冷弯试验。

钢筋试验检测频率:钢筋应按同厂别、同炉号、同级别、同规格、同一进厂时间,每 60t 为一验收批,不足 60t 时,亦按一验收批。

第一节　施工准备阶段桥涵工程的试验检测内容

桥涵工程项目开工前,试验室主任应同项目经理、总工程师及材料部门去工程所在地水泥、砂石料场进行现场考察,并取样检测,通过试验确定最终既能符合规范要求又价格合理的材料,通知材料部门,便于及时订货。在原材料合格的基础上,应尽快进行混凝土配合比设计,混凝土配合比试验一般要在开工使用前最少一个月就开始着手进行,这是因为一方面混凝土标准强度需要 28d 才能确定,另一方面配合比设计资料上报监理工程师后,还要作对比试验,确定配合比设计的真实合理性。

桥涵工程施工准备阶段的试验检测项目包括:

(1)水泥常规试验检测。

(2)细集料常规试验检测。

(3)粗集料常规试验检测。

(4)钢筋常规试验检测。

(5)混凝土配合比试验检测。

一、桥涵工程试验检测项目一——粗集料常规试验检测方法(GB/T 14685—2001)

试样的缩分(四分法):是将试样置于平板上,在自然状态下拌和均匀,大致摊平,然后沿互相垂直的两个方向,把试样分成大致相等的四份,取其对角的两份,再重新拌匀,重复上述过程,直至缩分后的材料数量略多于进行试验所必需的量。

定义:粗集料是粒径大于 4.75mm 的岩石颗粒的总称,分为碎石和砾石。

(一)粗集料常规试验——筛分试验

1. 试验目的

本试验主要测定结构混凝土所用粗集料的颗粒级配,目的是为选用具有良好级配的粗集料,使颗粒空间隙小,节约水泥,提高密实度,并且有良好的工作性。

2. 主要仪器设备

(1)试验套筛:孔径 90mm、75mm、63mm、53mm、37.5mm、31.5mm、26.5mm、19mm、16mm、9.5mm、4.75mm、2.36mm 的方孔筛,以及筛的底盘和盖各一只。试验所需筛的规格可根据需要选用。

(2)天平或台秤:感量不大于试样质量的 0.1%。

3. 试验步骤

(1)四分法缩分至表 3-1 要求的试样所需量。取一份试样置 105℃±5℃烘箱中烘干至恒重。

筛分用的试样质量　　表 3-1

公称最大粒径(mm)	75	63	37.5	31.5	26.5	19	16	9.5	4.75
试样质量不少于(kg)	10	8	5	4	2.5	2	14	1	0.5

(2)按筛孔大小排序逐个将集料过筛，直至 1min 内通过筛孔的质量小于筛上残余量的 1%为止。如采用摇筛机筛分，则筛后应逐个由人工补筛。

(3)称每个筛上的筛余量，准确至总质量的 0.1%。各筛余量和筛底存量总和与筛分前试样总质量相比，相差不得超过 0.5%。

(4)计算各号筛分计筛余百分率(各号筛上的筛余量与试样总质量之比)，准确至 0.1%。

(5)各号筛累计筛余百分率(该号筛及大于该号筛的各号筛分计筛余百分率之和)，准确率至 0.1%。

(6)各号筛通过百分率(100 减去该号筛累计筛余百分率)，准确至 0.1%。

(7)根据需要，绘制集料筛分曲线。

4. 工程示例(见 P69)

(二)粗集料常规试验二——粗集料密度试验

试验一：表观密度试验

1. 概述

(1)试验目的：本试验方法通过测定粗集料的表观密度、表干密度、毛体积密度，为计算空隙率和混合料配合比设计提供依据。

(2)定义

①表观密度(视密度)：材料单位体积(包含材料实体及不吸水的闭口孔隙，但不包含能吸水的开口孔隙)的烘干质量。

②表干密度：材料单位体积(包含材料实体、开口及闭口孔隙)的表干质量(即饱和面干状态，包括实体质量和吸入开口孔隙中的水质量)。

③毛体积密度：材料单位体积(包含材料实体、开口及闭口孔隙)的烘干质量。

④吸水率：吸入集料开口孔隙中的水质量与集料实体质量之比。

测定方法有网篮法和容量瓶法，下面介绍网篮法。

2. 主要仪器设备

(1)天平或浸水天平：可悬挂吊篮，称量应满足试样数最要求，感量不大于最大称量的 0.05%。

(2)吊篮：耐锈蚀材料制成，直径和高度约为 150mm。四周及底部用 1～2mm 筛网编制或具有密集的孔眼。

(3)溢流水槽、烘箱、4.75mm 方孔筛等。

3. 试验步骤

(1)将取来的试样用 4.75mm 方孔筛过筛，用四分法缩至要求的质量(表 3-2)，取两份，并将每份试样放在水中浸泡，洗净备用。

测定密度所需要的试样质量　　表 3-2

公称最大粒径(mm)	4.75	9.5	16	19	26.5	31.5	37.5	63	75
每一份试样最小质量(kg)	0.8	1	1	1	1.5	1.5	2	3	3

粗集料筛析记录表

编号：C-20-1-D04-0001

试验单位	襄荆高速公路中铁三局试验室			合同	第4合同段	试验日期	2001.5.28
样品名称	襄南黏土矿碎石(5～31.5mm)			样品重	10 000g	试验	
样品来源	K64+180　1～13.0m小桥			试验规程	JTJ 058—2000	审核	
筛孔尺寸(mm)	筛余重量(g)				筛余(%)	累计(%)	通过(%)
	1	2	3	平均			
40	—	—	—	—	—	—	—
31.5	191	187		189	1.9	1.9	98.1
25							
20	2631	2637		2634	26.3	28.2	71.8
16							
10	5261	5257		5259	52.6	80.8	19.2
5	1393	1397		1395	14.0	94.8	5.2
2.5	369	375		372	3.7	98.5	1.5
筛底	155	147		151	1.5	100.0	0
结论	监理工程师：				日期：		

筛板图示

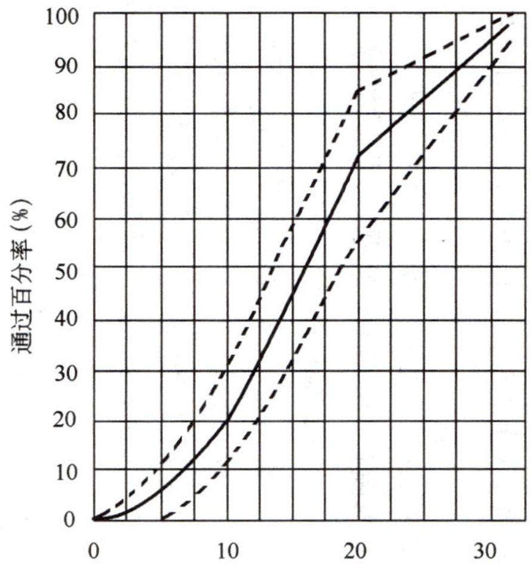

通过百分率（%）

筛孔尺寸（mm）

(2)取一份试样装入搪瓷盘中，并注水使水面至少高出试样 2cm，轻轻搅拌颗粒，使附着颗粒上的气泡逸出，浸水 24h。

(3)将吊篮挂在天平的吊钩上，浸入溢流水槽中，向溢流水槽中注水，水面高度至水槽的溢流孔为止，将天平调零。调节水温在 15～25℃范围内，将试样移入吊篮中。溢流水槽中的水面高度由溢流孔控制，维持不变。称取集料的水中质量(m_u)。

(4)提起吊篮，将试样倒入浅搪瓷盘中，或直接将试样倒在拧干的湿毛巾上。稍倾斜搪瓷盘，用毛巾吸走漏出的自由水，用拧干的湿毛巾轻轻擦干颗粒的表面水，至表面看不到发亮的水迹，即为饱和面干状态。当颗粒尺寸较大时，可逐颗擦干。注意拧湿毛巾时不要拧得太干，擦颗粒的表面水时，既要将表面水擦掉，又要防止将颗粒内部的水吸出，整个过程中不得有颗粒丢失。

(5)称取在饱和面干状态下试样的表干质量(m_f)。

(6)将试样置于浅盘中，放入 105℃±5℃的烘箱中烘干至恒重。称取室温下试样的烘干质量(m_a)。

(7)计算($\rho_a \cdot \rho_s . \cdot \rho_b$)准确至小数点后 3 位，$W_x$ 准确至 0.01%。

$$\rho = \frac{m_a}{m_a - m_u} \times \rho_T \quad 或 \quad \rho_a = \left(\frac{m_a}{m_d - m_u} - a_T\right) \times \rho_w \tag{3-1}$$

$$\rho_s = \frac{m_f}{m_f - m_w} \times \rho_T \quad 或 \quad \rho_s = \left(\frac{m_f}{m_f - m_w} - a_T\right) \times \rho_w \tag{3-2}$$

$$\rho_b = \frac{m_a}{m_f - m_w} \times \rho_T \quad 或 \quad \rho_b = \left(\frac{m_a}{m_f - m_w} - a_T\right) \times \rho_w \tag{3-3}$$

$$W_x = \frac{m_f - m_a}{m_a} \times 100\% \tag{3-4}$$

式中：ρ_a——粗集料的表现密度，g/cm^3；

ρ_s——粗集料的表干密度，g/cm^3；

ρ_b——粗集料的毛体积密度，g/cm^3；

W_x——粗集料的吸水率，%；

m_a——粗集料的烘干质量，g；

m_f——粗集料的表干质量，g；

m_w——粗集料的水中质量，g；

ρ_T——试验温度 T 时水的密度；

a_T——试验温度 T 时水温修正系数；

ρ_w——水在 4℃时的密度，取 1g/cm^3。

不同水温时水的密度 ρ_T 及水温修正系数 a_T 表 3-3

水温(℃)	15	16	17	18	19	20	21	22	23	24	25
ρ_T (g/cm^3)	0.999 13	0.998 97	0.998 80	0.998 62	0.998 43	0.998 22	0.998 02	0.997 79	0.997 56	0.997 33	0.997 02
a_T	0.002	0.003	0.003	0.004	0.004	0.005	0.005	0.006	0.006	0.007	0.007

(8)对同一规格集料平行试验两次，取平均值作为试验结果。对表观密度、表干密度、毛体积密度，两次结果之差不得大于 0.02g/cm³；对吸水率不得大于 0.2%，否则重新取样试验。

试验二：粗集料堆积密度及空隙率试验

1. 试验目的

通过测定粗集料不同堆积状态下的密度，包括堆积密度、振实密度和捣实密度，以确定粗集料的空隙率。

2. 仪器设备

(1)天平或台秤：感量不大于称量的 0.1%。

(2)容量筒：筒的容积选择应随集料公称最大粒径的增加而增加，适用于水泥混凝土集料测定的容量筒表要求(表 3-4)。

水泥混凝土集料容量筒的规格要求 表 3-4

粗集料公称最大粒径(mm)	容量筒容积(L)	容量筒规格		筒壁厚度(mm)
		内径(mm)	净高(mm)	
9.5,16.0,19.0,26.5	10	208	294	2
31.5,37.5	20	294	294	3
53.0,63.0,75.0	30	360	294	4

(3)烘箱：能控温在 105℃±5℃。

(4)振动台：频率为(3 000±200)次/min，负荷下的振幅为 0.05mm，空载时振幅为 0.5mm。

(5)捣棒：直径 16mm，长 600mm，一端为圆头的钢棒。

(6)铁锹。

3. 试验方法和步骤

(1)自然堆积密度试验

取一份待测试样，在平整的水泥混凝土地上(或铁板上)用铁锹拌和均匀后，利用铁锹铲起试样，以自由落入的方式装入适宜的容量筒中，要求铁锹下沿离容量筒上口的距离在 50mm 左右。容量筒装满后，除去超出筒口的颗粒，并以合适的颗粒填入凹隙，保证顶面凸出部分和凹陷部分的体积大致相同，称取试样和容量筒的总质量(m_2)。

(2)振实密度试验

人工振实操作：将试样分三层装入容量筒，每装完一层，在筒底垫一根直径 25mm 的圆钢筋，按住筒左右颠击地面各 25 下。注意各层颠击时，要将钢筋放置的方向掉转 90°，最后一层装填完成后，将多余超出筒口的颗粒用钢筋在筒口边沿以滚动的方式除去，并用合适的颗粒填入凹隙，保证顶面凸出部分和凹陷部分的体积大致相同，称取试样和容量筒的总质量(m_3)。

机械振实操作：将试样一次装满容量筒，然后将容量筒固定在振动台上，启动电源，振动 2～3min后将容量筒取下。补加试样超出筒口，再用钢筋沿筒口边沿以滚动的方式刮去高出筒口的颗粒，并用合适的颗粒填入凹隙，保证顶面凸出部分和凹陷部分的体积大致相同，称取试样和容量筒的总质量(m_3)。

(3)捣实密度试验

将试样分三次装入容积适宜的容量筒,每层高度约占筒高的1/3,并在每层用金属捣棒由边沿至中心均匀插捣25次,插捣深度约达到下层表面。最后一层捣实刮平后与筒口齐平,目测估计表面凸出部分和凹陷部分的体积大致相同,称取试样和容量筒的总质量(m_4)。

(4)容量筒容积标定

称出空容量筒的质量(m_1),将水装满容量筒,擦干筒外壁水分,再称量水与容量筒的总质量(m_w)。测定水温,按照不同水温条件下温度修正系数对容量筒的容积做校正。

4. 试验结果计算

(1)容量筒容积按下式计算:

$$V=\frac{m_w-m_1}{\rho_w} \tag{3-5}$$

式中:V——容量筒容积,L;

m_w——容量筒与水的总质量,kg;

m_1——容量筒质量,kg;

ρ_w——试验温度为T时水的密度,按照粗集料密度试验内容中,不同水温时水的密度表来选用,g/cm³。

(2)堆积密度、振实密度、捣实密度计算公式:

$$\rho_i=\frac{m_i-m_1}{V} \tag{3-6}$$

式中:ρ_i——分别代表堆积密度、振实密度、捣实密度,kg/L或g/cm³;

m_i——分别代表松散堆积状态下、振实状态下和捣实状态下所装集料和容量筒的总质量m_2、m_3和m_4,kg;

m_1——容量筒质量,kg;

V——容量筒容积,L。

(3)粗集料的空隙率计算公式:

$$V_v=\left(1-\frac{\rho}{\rho_a}\right)\times 100\% \tag{3-7}$$

式中:V_v——粗集料的空隙率,%;

ρ_a——粗集料的表观密度,g/cm³;

ρ——振实密度,g/cm³。

(4)捣实状态下粗集料骨架(通常指4.75mm粒径以上的部分)的间隙率计算公式:

$$VCA_{DRC}=\left(1-\frac{\rho}{\rho_b}\right)\times 100\% \tag{3-8}$$

式中:VCA_{DRC}——捣实状态下,粗集料骨架间隙率,%;

ρ_b——粗集料毛体积密度,g/cm³;

ρ——捣实密度,g/cm³。

5. 工程示例

湖北省襄荆高速公路项目

粗集料密度及空隙率试验

编号：C-14A-D04-0001

试验单位	铁三局五处工程试验中心	合同号	第 04 合同段
样品名称	碎石(粒级 5～31.5mm)	试验规程	JTJ 058—2000
样品来源	襄南黏土矿	试验日期	2001.5.28
试验人		审核人	

<table>
<tr><td>检测项目</td><td colspan="2">筒＋试样质量 m_2(kg)</td><td>筒质量 m_1(kg)</td><td>筒容积 V(L)</td><td>$\rho_1\rho_c$(kg/m³)</td><td colspan="2">平均(kg/m³)</td></tr>
<tr><td rowspan="2">堆积密度 ρ_1</td><td colspan="2">1 565</td><td>17.75</td><td>1.925</td><td>10.110</td><td colspan="2" rowspan="2"></td></tr>
<tr><td colspan="2">1 560</td><td>17.70</td><td>1.925</td><td>10.110</td></tr>
<tr><td rowspan="2">紧密密度 ρ_c</td><td colspan="2"></td><td></td><td></td><td></td><td colspan="2" rowspan="2"></td></tr>
<tr><td colspan="2"></td><td></td><td></td><td></td></tr>
<tr><td rowspan="3">表观密度 ρ</td><td>水温(℃)</td><td>样品干质量 m_0(g)</td><td>瓶＋水＋玻璃质量 m_2(g)</td><td>瓶＋水＋试样＋玻璃质量 m_1(g)</td><td>水温修正系数 α_t</td><td>表观密度 ρ(kg/m³)</td><td>平均(kg/m³)</td></tr>
<tr><td>20</td><td>8 000</td><td>12 140</td><td>18 200</td><td>0.005</td><td>2 716</td><td rowspan="2">2 720</td></tr>
<tr><td>20</td><td>8 000</td><td>12 140</td><td>18 200</td><td>0.005</td><td>2 716</td></tr>
<tr><td>空隙率</td><td colspan="7">42.6%</td></tr>
<tr><td>结论</td><td colspan="7">监理工程师：　　　　日期：</td></tr>
</table>

(三)粗集料常规试验三——粗集料针片状颗粒含量试验(规准仪法)

1. 概述

(1)试验目的：本试验是测定水泥混凝土用的粒径大于 4.75mm 的粗集料的针状及片状颗粒总含量，用来评价集料的形状和抗压碎能力，以评定其在工程中的适用性。如果含量超标会使集料空隙增大，密实度降低，影响混合料的工作性和降低混凝土强度及耐久性等。

(2)定义：颗粒长度大于该粒级上限与下限粒径平均值的 2.4 倍者，为针状颗粒；颗粒厚度小于该粒级上限与下限粒径平均值的 0.4 倍者，为片状颗粒。

2. 主要仪器设备

(1)水泥混凝土集料针片状规准仪(图 3-1)。

(2)天平：感量不大于称量值的 0.1%。

(3)台秤：称量 10kg，称量 10g。

3. 试验步骤

(1)四分法将干燥的试样缩至规定的质量(表 3-5),称量(m_0)。然后过 4.75mm、9.5mm、16mm、19mm、26.5mm、31.5mm 和 37.5mm 的方孔筛,将试样分成不同粒级。

针片状颗粒含量试验取样材料用量　　表 3-5

公称最大粒径(mm)	9.5	16	19	26.5	31.5	37.5	63	75
试样最小质量(kg)	0.3	1	2	3	5	10	—	—

(2)按规定的粒级用规准仪逐粒进行鉴定,凡颗粒长度大于针状规准仪(图 3-2)上相应间距者为针状颗粒;厚度小于片状规准仪上相应孔宽者为片状颗粒。称量各粒级针片状颗粒总量(m_1)。

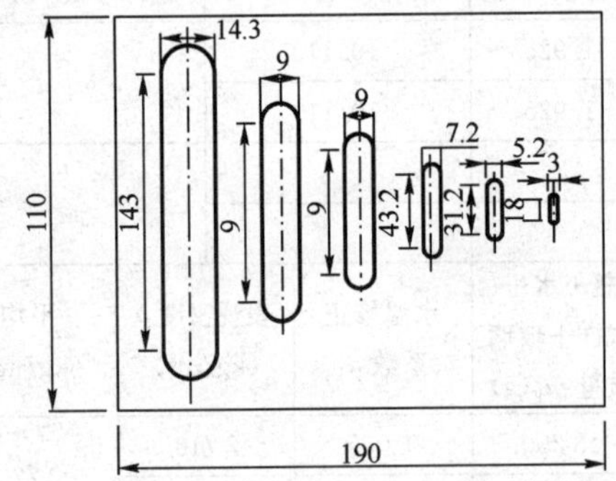

图 3-1　水泥混凝土集料片状规准仪(单位尺寸:mm)

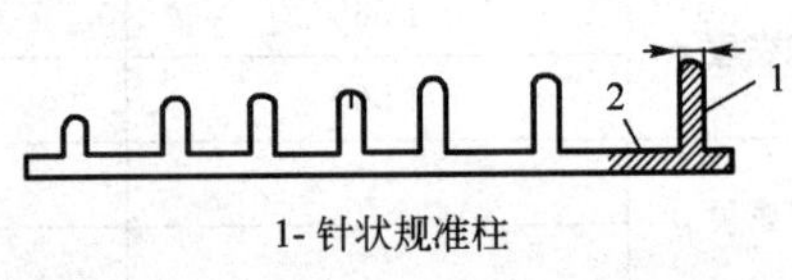

图 3-2　水泥混凝土集料针状规准仪(单位尺寸:mm)

(3)针片状含量按公式(3-9)计算,准确至 0.1%。

$$Q_e = \frac{m_1}{m_0} \times 100\% \tag{3-9}$$

式中:Q_e——试样的针片状颗粒含量,%;

m_1——试样中所含针片状颗粒的总质量,g;

m_0——试样总质量,g。

4. 工程示例

湖北省襄荆高速公路项目

粗集料针片状颗粒含量试验(规准仪法)

编号:C-16-D04-0001

试验单位	襄荆高速公路中铁三局试验室	合同号	第 04 合同段
样品名称	襄南黏土矿(5~31.5mm)	试验规程	JTJ 058—2000
样品来源	K64+180　1~13.0m 小桥	试验日期	2001.5.28
试验人		审核人	

试件编号	试样来源	试样最大粒径(mm)	风干试样质量(g)	针片状颗粒质量(g)	针片状颗粒含量(%)
1	砂石料厂	40	10 000	983	9.8
2	砂石料厂	40	10 000	976	9.8

续上表

试件编号	试样来源	试样最大粒径 (mm)	风干试样质量 (g)	针片状颗粒质量 (g)	针片状颗粒含量 (%)
结论	根据 JTJ 058—2000 规程进行检验，结果符合 JTJ 041—2000 规范要求。 监理工程师：　　　日期：				

(四)粗集料常规试验四——粗集料压碎值试验

1. 试验目的

本试验测定碎石或砾石抵抗压碎的能力，间接评价其强度。为于保证混凝土强度，粗集料必须具备足够的强度。碎石或砾石的强度可用岩块强度(边长 50mm 立方体或高和直径为 50mm 圆柱体试件)和压碎指标两种方法检验。

2. 试验要点

(1)将风干的试样筛去 9.5mm 以下及 19mm 以上的颗粒，用针片状规准仪剔除试样(粒级为 9.5～16mm、16～19mm)中的针片状颗粒，备 3 份，每份约 3kg。

(2)取 1 份试样，分两层装入压碎筒内，每装完一层，在筒底放一根圆钢筋，左右颠击地面各 25 下，第二层颠击后，试样高约 100mm。

(3)将试样放在试验机(图 3-3)上，在 3～5min 内加荷到 200kN，稳定 5s，再卸荷，倒出筒中试样并称其质量 m_0。用 2.36mm 方孔筛筛除被压碎的细粒，称筛余试样质量(m_1)。

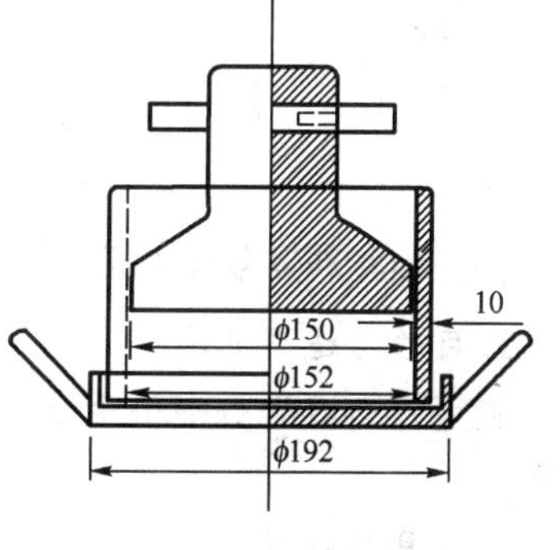

图 3-3　压碎值试验仪

压碎值按式(3-10)计算，准确至 0.1%。

$$Q_a = \frac{m_0 - m_1}{m_0} \times 100\% \tag{3-10}$$

式中：Q_a——压碎值，%；

m_1——试样的质量,g;

m_0——试验后筛余的试样质量,g。

以三次平均试验结果的算术平均值作为测定值。

3. 工程示例

湖北省襄荆高速公路项目

水泥混凝土粗集料压碎指标值试验

编号:C-17-D04-0001

试验单位	襄荆高速公路中铁三局试验室	合同号	第04合同段
样品名称	襄南黏土矿(5~31.5mm)	试验规程	JTJ 058—2000
样品来源	K64+180　1~13.0m小桥	试验日期	2001.5.28
试验人		审核人	

试件编号	10~20mm筛风干试样质量(g)	2.5mm筛筛余质量(g)	压碎值(%)	平均值(%)	20mm筛以下颗粒含量百分率(%)	20mm筛以下颗粒分计压碎值百分率(%)	20mm筛以上颗粒含量百分率(%)	20mm筛以上颗粒分计压碎值百分率(%)	总压碎值(%)
1	3 000	2 735	8.8	8.9	—	—	—	—	—
	3 000	2 735	9.0						
	3 000	2 735	9.0						
结论	根据JTJ 058—2000规程进行检验,结果符合JTJ 041—2000规范要求 监理工程师:　　　日期:								

(五)粗集料常规试验五——粗集料含泥量及泥块含量试验

1. 目的与适用范围

测定碎石或砾石中小于0.075mm的尘屑、淤泥和黏土的总含量及5mm以上泥块颗粒含量。

2. 仪具与材料

台秤:感量不大于称量的0.1%。

烘箱：能控温 105℃±5℃。

标准筛：孔径为 1.25mm、0.075mm(用于水泥混凝土集料)或 1.18mm、0.075mm(用于沥青路面集料)的方孔筛各 1 只；测泥块含量时，则用 2.5mm 及 5mm 的圆孔筛各 1 只。

容器：容积约 10L 的桶或搪瓷盘。

浅盘、毛刷等。

3. 试验准备

将试样用四分法缩分规定的数量(表 3-6)，置于温度为 105℃±5℃的烘箱内烘干至恒重，冷却至室温后分成两份备用。

含泥量及泥块含量试验所需试样最小质量 表 3-6

最大粒径										
最大粒径	圆孔筛	5	10	16	20	25	31.5	40	63	80
	方孔筛	4.75	9.5	16	19	26.5	31.5	37.5	63	75
试样最小质量(kg)		1.5	2	2	6	6	10	10	20	20

4. 试验步骤

(1)含泥量试验步骤

①称取试样 1 份(m_0)装入容器内，加水，浸泡 24h，用手在水中淘洗颗粒(或用毛刷洗刷)，使尘屑、黏土与较粗颗粒分开，并使之悬浮于水中。缓缓地将浑浊液倒入 1.25mm(或 1.18mm)及 0.075mm 的套筛上，滤去小于 0.075mm 的颗粒。验前筛子的两面应先用水湿润，在整个试验过程中，应注意避免大于 0.075mm 的颗粒丢失。

②再次加水于容器中，重复上述步骤，直到洗出的水清澈为止。

③用水冲洗余留在筛上的细粒，并将 0.075mm 筛放在水中(使水面略高于筛内颗粒)来回摇动，以充分洗除小于 0.075mm 的颗粒，而后将两只筛上余留的颗粒和容器中已经洗净的试样一并装入浅盘，置于温度为 105℃±5℃的烘箱中烘干至恒重，取出冷却至室温后，称取试样的质量(m_1)。

(2)泥块含量试验步骤

①取试样 1 份。

②用 5mm 圆孔筛将试样过筛，称出筛去 5mm 以下颗粒后的试样质量(m_2)。

③将试样在容器中摊平，加水使水面高出试样表面，24h 后将水放掉，用手捻压泥块，然后将试样放在 2.5mm 筛上用水冲洗，直至洗出的水清澈为止。

④小心地取出 2.5mm 筛上试样，置于温度为 105℃±5℃的烘箱中烘干至恒重，取出冷却至室温后称量(m_3)。

5. 计算

(1)碎石或砾石的含泥量按下式计算，准确至 0.1%。

$$Q_n = \frac{m_0 - m_1}{m_0} \times 100\% \tag{3-11}$$

式中：Q_n——碎石或砾石的含泥量，%；

m_0——试验前烘干试样质量，g；

m_1——试验后烘干试样质量，g。

以两次试验的算术平均值作为测定值，两次结果的差值超过 0.2%时，应重新取样进行试验。对沥青路面用集料，此含泥量记为小于 0.075mm 颗粒含量。

(2)碎石或砾石中黏土泥块含量按下式计算，准确至 0.1%。

$$Q_k = \frac{m_2 - m_3}{m_2} \times 100\% \tag{3-12}$$

式中：Q_k——碎石或砾石中黏土泥块含量，%；

m_2——5mm 筛筛余量，g；

m_3——试验后烘干试样质量，g。

以两个试样两次试验结果的算术平均值为测定值，两次结果的差值超过 0.1%时，应重新取样进行试验。

6. 工程示例

粗集料含泥量及泥块含量试验

编号：C-15-D04-0001

试验单位	襄荆高速公路中铁三局试验室	合同号	第 04 合同段
样品名称	襄南黏土矿（5～31.5mm）	试验规程	JTJ 058—2000
样品来源	K64+180　1～13m 小桥	试验日期	2001.5.28
试验人		审核人	

含 泥 量 记 录

试件编号	水洗前烘干试样质量 m_0(g)	水洗后留 1.25mm 及 0.075mm 筛烘干颗粒质量 m_1(g)	含泥量$(m_0-m_1)/m_0$ (%)	平均值 (%)
1	5 000	4 975	0.50	0.60
	5 000	4 975	0.60	
—	—	—	—	—
	—	—	—	

泥 块 含 量 记 录

试件编号	5mm 圆孔筛筛余质量 m_2 (g)	水洗后留 2.5mm 筛烘干颗粒质量 m_3(g)	泥块含量$(m_2-m_3)/m_2$ (%)	平均值 (%)
1	5 000	4 984	0.32	0.3
	5 000	4 984	0.32	
—	—	—	—	—
	—	—	—	
结论	根据 JTJ 058—2000 规程进行检验，结果符合 JTJ 041—2000 规范要求。 监理工程师：　　　　日期：			

(六)粗集料(卵石、碎石)的技术要求

1. 颗粒级配

卵石、碎石的颗粒级配应符合表 3-7 的规定。

卵石、碎石的颗粒级配　　表 3-7

公称粒径(mm)		方孔筛(mm) / 累计筛余(%) 2.36	4.75	9.5	16.0	19.0	26.5	31.5	37.5	53.0	63.0	75.0	90.0
连续粒级	5～10	95～100	80～100	0～5	0								
	5～16	95～100	85～100	30～60	0～10	0							
	5～20	95～100	90～100	40～80	—	0～10	0						
	5～25	95～100	90～100	—	30～70	—	0～5	0					
	5～31.5	95～100	90～100	70～90	—	15～45	—	0～5	0				
	5～40		95～100	70～90	—	30～65	—	—	0～5	0			
单粒粒级	10～20		95～100	85～100	—	0～15	0						
	16～31.5		95～100	—	85～100	—	—	0～10	0				0
	20～40			95～100	—	80～100	—	—	0～10	0			—
	31.5～63				95～100	—	—	75～100	45～75	—	0～10	0	—
	40～80					95～100	—	—	70～100	—	30～60	0～10	0

2. 含泥量和泥块含量

卵石、碎石的含泥量和泥块含量应符合表 3-8 的规定。

含泥量和泥块含量　　表 3-8

项　目	指　标		
	Ⅰ类	Ⅱ类	Ⅲ类
含泥量(按质量计)(%)	<0.5	<1.0	<1.5
泥块含量(按质量计)(%)	<0	<0.5	<0.7

3. 针片状颗粒含量

卵石、碎石的针片状颗粒含量应符合表 3-9 的规定。

针片状颗粒含量　　表 3-9

项　目	指　标		
	Ⅰ类	Ⅱ类	Ⅲ类
针片状颗粒(按质量计)(%)	5	15	25

4. 有害物质

卵石、碎石中不应混有草根、树叶、树枝、塑料、煤块和炉渣等杂物，其有害物质含量应符合表 3-10 的规定。

有害物质含量 表3-10

项　目	指　标		
	Ⅰ类	Ⅱ类	Ⅲ类
有机物	合格	合格	合格
硫化物及硫酸盐(按 SO_3 质量计)(%)<	0.5	1.0	1.0

5.坚固性

采用硫酸钠溶液法进行试验，卵石、碎石经5次循环后，其质量损失应符合表3-11的规定。

坚固性试验 表3-11

项　目	指　标		
	Ⅰ类	Ⅱ类	Ⅲ类
质量损失(%)<	5	8	12

6.强度

(1)岩石抗压强度

在水饱和状态，火成岩的抗压强度应不小于80MPa，变质岩应不小于60MPa，水成岩应不小于30MPa。

(2)压碎值指标

压碎值指标应小于表3-12的规定。

压碎值指标 表3-12

项　目	指　标		
	Ⅰ类	Ⅱ类	Ⅲ类
碎石压碎指标<	10	20	30
卵石压碎指标<	12	16	16

7.表观密度、堆积密度、空隙率

表观密度、堆积密度、空隙率应符合如下规定：表观密度大于2 500kg/m^3，松散堆积密度大于1 350kg/m^3，空隙率小于47%。

8.碱—集料反应

经碱—集料反应试验后，由卵石、碎石制备的试件无裂缝、酥裂、胶体外溢等现象，规定试验龄期的膨胀率应小于0.10%。

二、桥涵工程试验检测项目二——细集料常规试验检测方法(GB/T 14684—2001)

定义：细集料是由自然或人工条件作用而形成的粒径小于4.75mm的岩石颗粒，分自然砂和机制砂。

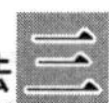

(一)细集料(砂)的技术要求

1. 颗粒级配

砂的颗粒级配应符合表 3-13 的规定。

砂 的 颗 粒 级 配 表 3-13

方孔筛(mm)	级 配 区		
	I	II	III
	累计筛余(%)		
9.50	0	0	0
4.75	10~0	10~0	10~0
2.36	35~5	25~0	15~0
1.18	65~35	50~10	25~0
0.60	85~71	70~41	40~16
0.30	95~80	92~70	85~55
0.15	100~90	100~90	100~90

注:1. 砂的实际颗粒级配与表中所列数字相比,除 4.75mm 和 0.60mm 筛档外,可以略有超出,但超出总量应小于 5%。

2. I 区人工砂中 0.15mm 筛孔的累计筛余可放宽到 100~85;II 区人工砂中 0.15mm 筛孔的累计筛余,可放宽到 100~80;III 区人工砂中 0.15mm 筛孔的累计筛余可放宽到 100~75。

2. 技术标准

(1)天然砂含泥量和泥块含量位符号表 3-14 的规定。

含泥量和泥块含量 表 3-14

项 目	指 标		
	I 类	II 类	III 类
含泥量(按质量计)(%)	<1.0	<2.0	<5.0
泥块含量(按质量计)(%)	0	<1.0	<2.0

(2)人工砂的石粉(砂中粒径小于 0.075mm 的颗粒)含量和泥块含量应符合表 3-15 的规定。

石粉和泥块含量 表 3-15

项 目				指 标		
				I 类	II 类	III 类
1	亚甲蓝试验	MB 值<1.40 或合格	石粉含量(按质量计)(%)	<3.0	<5.0	<7.0
2			泥块含量(按质量计)(%)	<2.0	<1.0	<2.0
3		MB 值≥1.40 或不合格	石粉含量(按质量计)(%)	<3.0	<3.0	<5.0
4			泥块含量(按质量计)(%)	<0	<1.0	<2.0

注:根据使用地区和用途,在试验验证的基础上,可由供需双方协商确定。

3. 有害物质

砂不应混有草根、树叶、树枝、塑料、煤块、炉渣等杂物。砂中如含有云母、轻物质、有机物、硫化物及硫酸盐、氯盐等,其含量应符合表 3-16 的规定。

表 3-16

项　目	指　标		
	Ⅰ类	Ⅱ类	Ⅲ类
云母(按质量计)(%)＜	1.0	2.0	2.0
轻物质(按质量计)(%)＜	1.0	1.0	1.0
有机物(比色法)	合格	合格	合格
硫化物及硫酸盐(按 SO_3 质量计)(%)＜	0.5	0.5	0.5
氯化物(以氯离子质量计)(%)＜	0.01	0.02	0.06

4. 坚固性

(1)天然砂采用硫酸钠溶液法进行试验，砂样经 5 次循环后，其质量损失应符合表 3-17 的规定。

坚固性指标 表 3-17

项　目	指　标		
	Ⅰ类	Ⅱ类	Ⅲ类
质量损失(%)＜	8	8	10

(2)人工砂采用压碎指标法进行试验，压碎指标值应小于表 3-18 的规定。

压碎指标 表 3-18

项　目	指　标		
	Ⅰ类	Ⅱ类	Ⅲ类
单级最大压碎指标(%)＜	20	25	30

5. 表观密度、堆积密度、孔隙率

砂的表观密度大于 2 500kg/m³，松散堆积密度大于 1 350kg/m³。

6. 碱—集料反应

经碱—集料反应试验后，有砂制备的试件无裂缝、酥裂、胶体外溢等现象，在规定试验龄期的膨胀率应小于 0.10%。

(二)石料的技术要求

石料的技术要求首先是根据构成石料的矿物组成、成分含量和组织结构对石料进行分类，共分为岩浆岩类、石灰岩类、砂岩和片岩类、砾石类等四种。然后按其物理—力学性质(饱水抗压强度和洛杉矶磨耗率)再划分为四个等级，其中 1 级为最强的岩石，2 级为坚强的岩石，3 级为中等强度的岩石，4 级为较软的岩石。

(三)细集料常规试验一 ——细集料筛分试验

1. 试验目的

本试验测定细集料的颗粒级配及粗细程度。按细度模数 M_x 的大小，把细集料分为粗、中、细砂，它反映全部颗粒的粗细程度，但不完全反映颗粒级配情况。结构混凝土配制应同时考虑 M_x 和级配情况，砂的级配分 Ⅰ、Ⅱ、Ⅲ 区。

2. 主要仪器设备

(1)标准筛。

(2)天平:称量 1 000g,感量不大于 0.5g。

(3)烘箱、摇筛机等。

3. 试验步骤

(1)将试样过 9.5mm 圆孔筛[1],算出筛余百分率,然后将试样在潮湿状态下充分拌匀,用四分法缩至每份不少于 550g 试样两份,在 105℃±5℃的烘箱中烘干至恒重,冷却至室温。

(2)称烘干试样约 500g(m_1),准确至 0.5g,放入套筛的最上一只 4.75mm 筛里、用摇筛机将套筛摇约 10min 后,再按筛孔大小顺序逐个进行手筛,每只筛每分钟的筛出量不超过该只筛剩余量的 1%时停止筛分,将筛出的颗粒并入下一号筛再筛分,直至各号筛全部筛完为止。

(3)称各筛筛余试样的质量,精确至 0.5g。各号筛的筛余量和底盘中的剩余量总和与筛分前试样总量相差不得超过 1%。

(4)计算分计筛余百分率、累计筛余百分率、通过百分率,计算细度模数 M_x,并绘制级配曲线。

$$M_x=\frac{(A_{0.15}+A_{0.30}+A_{0.60}+A_{1.18}+A_{2.36})-5A_{4.75}}{100-A_{4.75}} \tag{3-13}$$

式中: M_x——砂的细度模数,准确至 0.01;

$A_{0.15},A_{0.30},\cdots,A_{4.75}$——分别为 0.15mm,0.30mm,…,4.75mm 筛上的累积筛余百分率,%。

(5)筛分应进行两次平行试验,以试验结果的算术平均值为测定值。如果两次试验所得的 M_x 之差大于 0.2,应重新进行试验。

4. 工程示例(见 P_{84})

(四)细集料常规试验二——细集料密度试验

试验一:细集料表观密度试验(容量瓶法)

1. 试验目的

通过测定细集料的表观密度,为计算细集料空隙比和混合料配合比设计提供依据。

2. 试验步骤

(1)将试样缩分至 650g 左右,放在温度 105℃±5℃的烘箱中烘干至恒重,冷却至室温,分成两份。准确称取烘干试样 300g(m_0),装入盛有半瓶蒸馏水的容量瓶中。

(2)摇转容量瓶,充分排除气泡,静置 24h 后,用滴管加水,使水与瓶颈刻度线齐平,塞紧瓶塞,称总质量(m_1)。

(3)再称出容量瓶和只注入与瓶颈刻度线平齐的的蒸馏水的总质量(m_2)。

(4)细集料表观密度计算公式为

$$\rho'_s=\left(\frac{m_0}{m_0+m_2-m_1}\right)\times\rho_w \tag{3-14}$$

式中:ρ'_s——细集料的表观密度,g/cm³;

m_0——砂样烘干质量,g;

[1] 现行规范采用方孔筛。

细集料筛析记录表

编号：C-20-2-D04-0001

试验单位	襄荆高速公路中铁三局试验室			合同号	第 4 合同段		试验日期	2001.5.30
样品名称	唐白河黄砂（中砂）			试验人			审核人	
样品来源	K71+460　1～6.0m 暗通			试验规程	JTJ 058—2000			
筛孔尺寸（mm）	第一次样品重：500g				第二次样品重：500g			
	筛余重量（g）	筛余（%）	累计（%）	通过（%）	筛余重量（g）	筛余（%）	累计（%）	累计（%）
10								
5	12.6	2.5	2.5	97.5	11.9	2.4	2.4	97.6
2.5	43.6	8.7	11.2	88.8	43.4	8.7	11.1	88.9
1.25	64.1	12.8	24.0	76.0	63.7	12.7	23.8	76.2
0.63	101.8	20.4	44.4	55.6	102.4	20.5	44.3	55.7
0.315	215.1	43.0	87.4	12.6	214.6	42.9	87.2	12.8
0.16	55.8	11.2	98.6	1.4	57.5	11.5	98.7	1.3
筛底	7.0	1.4	100.0	0.0	6.5	1.3	100.0	0.0
细度模数	$M_x=2.60$				$M_x=2.59$			
平均值	$M_x=2.60$							
结论	根据 JTJ 058—2000 规程进行检验，结果属于中砂，符合 II 区级配要求。 监理工程师：　　日期：							

筛析图示

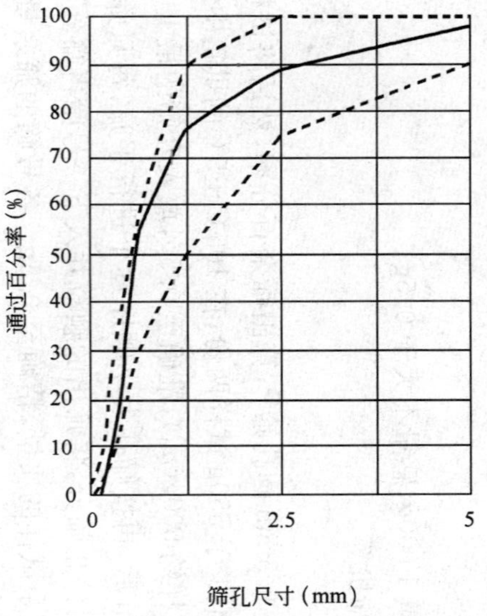

m_1——试样、水及容量瓶总质量，g；

m_2——水及容重瓶总质量，g；

ρ_w——水在4℃时的密度取1g/cm³。

计算准确至小数点后3位。

(5)以两次平行试验结果的算术平均值作为测定值，如两次结果之差值大于0.01g/cm³时，重新取样试验。

3. 工程示例

湖北省襄荆高速公路项目

细集料表观密度试验

编号：C-21-D04-0001

试验单位	襄荆高速公路中铁三局试验室	合同号	第04合同段
样品名称	唐白河黄砂(中砂)	试验规程	JTJ 058—2000
样品来源	K71+460 1～6.0m暗通	试验日期	2001.5.30
试验人		审核人	

试件编号	试件来源	烘干细集料试样质量(g)	试样+水+容量瓶总质量(g)	水+容量瓶总质量(g)	水温修正系数	表观密度(g/cm³)	通过平均值(g/cm³)
1	砂石料厂	300	944.2	758.0	0.002	2.634	2.636
		300	944.3	758.0	0.002	2.634	
结论	根据JTJ 058—2000规程进行检验，结果符合规范要求。 监理工程师： 日期：						

试验二：细集料的堆积密度及空隙率试验

1. 试验目的

测定砂在自然状态下的堆积密度和紧装密度，并以此计算出砂的空隙率。

2. 试验仪器

(1)金属制圆形容量筒：内径108mm，净高109mm，容积为1L。

(2)漏斗及漏斗架：其漏斗口可开、合，且漏斗口高度可调整。

(3)烘箱：控温要求在105℃±5℃。

(4)其他：小勺、直尺、浅盘等。

3. 试验内容

(1)取有代表性的砂样5kg，在105℃±5℃的烘箱中烘至恒重，取出冷却，大致分成两份备用。

(2)容量筒容积校正：将温度为25℃±5℃的洁净水装满容量筒，用一块大小适宜的玻璃板沿筒口滑移，紧贴水面盖在筒上，确保玻璃板与水面之间无气泡。擦干筒外壁水分，在台秤上称出质量(m_3)，用下式计算容量筒体积(ml或cm^3)。

$$V = m' - m'_0 \tag{3-15}$$

式中：V——容量筒体积，ml或cm^3；

m'——容量筒、玻璃板和水的总质量，g；

m'_0——容量筒加玻璃板的质量，g。

(3)将砂样装入漏斗中，打开底部活动门，使砂流入容量筒中；也可采用小勺向容量筒中直接加砂样，但两种填砂方式都要求离容量筒口距离为50mm左右。砂样装满之后，用直尺将多余的部分沿筒口中心线向两个相反方向刮平，随后称取筒和砂样的总质量(m_1)。

(4)另取砂样一份，分两层装入容量筒。每装完一层，在筒底垫一根10mm直径的钢筋，左右交替颠击地面各25下。注意，两次钢筋的摆放应呈相互垂直方向。装填完成并颠实后，适当填加砂样超出筒口，然后用直尺将多余的部分沿筒口中心线向两个相反方向刮平，称出筒和砂样的总质量(m_2)。

(5)每次试验内容平行两次。

4. 试验结果计算

堆积密度通过下式计算：

$$\rho = \frac{m_1 - m_0}{V} \tag{3-16}$$

式中：ρ——砂的堆积密度，g/cm^3；

m_1——容量筒和砂在堆积状态时的总质量，g；

m_0——容量筒的质量，g；

V——容量筒容积，cm^3。

紧装密度通过下式计算：

$$\rho' = \frac{m_2 - m}{V} \tag{3-17}$$

式中：m_2——容量筒和砂在紧装状态时的总质量，g；

ρ'——砂的紧装密度，g/cm^3；

其他符号意义同上。

砂的空隙率通过下式计算：

$$V_v = \left(1 - \frac{\rho}{\rho'_s}\right) \times 100\% \tag{3-18}$$

式中：V_v——砂的空隙率，%；

ρ——砂的堆积或紧装密度，g/cm^3；

ρ'_s——砂的表观密度，g/cm^3。

5. 说明与注意问题

(1)堆积密度试验进行装填时，要控制好填砂高度，并且试验过程中避免碰撞容量筒，以免影响砂的实际装填效果。

(2)容量筒体积校正时要测量水温,并进行水温对密度的修正。

6. 工程示例

细集料堆积密度及紧密密度试验　　编号:C-21A-D04-0001

试验单位	铁三局五处工程试验中心	合　同　号	第04合同段
样品名称	唐白河黄砂(中砂)	试验规程	JTJ 058—2000
样品来源	K71+460　　1～6.0m暗通	试验日期	2001.5.30
试验人		审核人	

检测项目	筒+试样质量 m_2(g)	筒质量 m_1(g)	筒容积 V(L)	ρ_1、ρ_0(kg/m^3)	平均(kg/m^3)
堆积密度 ρ_1	1 679	2 185	467	1.023	1 677
	1 674	2 180	467	1.023	
紧密密度 ρ_0	1 743	2 250	467	1.023	1 742
	1 741	2 248	467	1.023	
表观密度 ρ	ρ=2 636kg/m^3				
空隙率 V_V 结论	36.4%				
	监理工程师:　　　　日期:				

(五)细集料常规试验三——细集料含泥量及泥块含量试验

试验一:细集料含泥量试验(筛洗法)

1. 试验目的

本试验测定细集料中粒径小于0.075mm的尘屑、淤泥和黏土的含量。筛洗法不适用于含矿物成为较多的机制砂、石屑等细集料。

2. 试验要点

(1)将试样四分法缩至约1 000g,放入烘箱(温度105℃±5℃)中烘至恒温。称约400g(m_0)的试样两份。

(2)取一份试样置于筒中,注入饮用水,使水面高出砂面约200mm,拌匀后浸泡24h。然后用手在水中淘洗试样,使尘屑、淤泥和黏土与砂粒分离,并使之悬浮水中,将混浊液倒入1.25mm至0.075mm的套筛上,滤去小于0.075mm的颗粒。整个试验中应避免砂粒丢失。试验中不得直接将试样放在0.075mm筛上用水冲洗或者将试样放在0.075mm筛上在水中淘洗,以免将小于0.075mm的砂颗粒当作"泥"冲走。

(3)再次加水于筒中,重复上述步骤,直至筒内砂样洗出的水清澈为止。

(4)用水冲洗剩留在1.18mm和0.075mm筛上的细粒,并将0.075mm筛放在水中来回摇动,充分清除小于0.075mm的颗粒。将两筛上筛余颗粒和筒中已洗净的试样一样放入烘箱

(温度 105℃±5℃)中烘至恒温,称取试样干质量(m_1)。

(5)砂含泥量按下式计算,准确至 0.1%。

$$Q_N = \frac{m_0 - m_1}{m_0} \times 100\% \tag{3-19}$$

式中:Q_N——砂的含泥量,%;

m_0——试验前试样烘干质量,g;

m_1——试验后的试样烘干质量,g。

(6)以上两个试样试验结果的算术平均值作为测定值。两次结果的差值超过 0.5%时,重新取样试验。

试验二:细集料泥块含量试验

1. 试验目的

本试验测定水泥混凝土用砂中粒径大于 1.18mm 的泥块含量。集料中含黏土颗粒超标,会影响集料与水泥石的黏附,松散的泥土颗粒增大了集料的表面积,会增加混凝土需水量,特别是黏土颗粒体积不稳定,干燥时收缩,潮湿时膨胀,对混凝土有很大破坏性。

2. 试验要点

(1)将试样四分法缩至 2 500g,放入烘箱(温度 105℃±5℃)中烘干至恒重。过 1.18mm 筛,取筛上砂约 400g 分成两份。取一份约 200g(m_1)置于容器中,注入洁净水,使水面至少超出砂面约 200mm,充分拌匀后浸泡 24h,用手在水中捻碎泥块,再把试样放在 0.6mm 筛上用水淘洗至水清澈为止。

(2)从筛中取出筛余下来的试样,放入烘箱(温度 105℃±5℃)中烘干至恒重,冷却并称量(m_2)。

(3)泥块含量按下式计算,准确至 0.1%。

$$Q_k = \frac{m_1 - m_2}{m_1} \times 100\% \tag{3-20}$$

式中:Q_k——砂中大于 1.25mm 的泥块含泥量,%;

m_1——试验前存留在 1.25mm 筛上试样的烘干质量,g;

m_2——试验后的试样烘干质量,g。

(4)以两次平行试验结果的算术平均值作为测定值,两次结果差值超过 0.4%,重新取样试验。

3. 工程示例

细集料含泥量、泥块含量试验(筛洗法)

编号:C-22-D04-0001

试验单位	襄荆高速公路中铁三局试验室	合 同 号	第 04 合同段
样品名称	唐白河黄砂(中砂)	试验规程	JTJ 058—2000
样品来源	K71+460　　1~6.0m 暗通	试验日期	2001.5.30
试验人		审核人	

含 泥 量 记 录

水洗前烘干试样质量 m_0 (g)	水洗后留 1.25mm 及 0.075mm 筛上烘干颗粒质量 m_1(g)	含泥量 $(m_0-m_1)/m_0$ (%)	平均值 (%)
400	397.8	0.55	0.6
400	397.8	0.63	

泥 块 含 量 记 录

水洗前留 1.25mm 筛上烘干试样质量 m_2(g)	水洗后留 0.63mm 筛上烘干试样质量 m_3(g)	泥块含量 $(m_2-m_3)/m_2$ (%)	平均值 (%)
200	199.1	0.45	0.4
200	199.4	0.30	
结论	根据 JTJ 058—2000 规程进行检验，结果符合 JTJ 041—2000 规范要求。 监理工程师：　　　　日期：		

三、桥涵工程试验检测项目三——水泥常规检验方法

水泥是一种水硬性胶凝材料，是建筑工程中大量使用的材料。

水泥是由石灰质原料、黏土质原料与少量校正原料破碎后按比例配合、磨细并调配成为合适的生料，经高温煅烧(1 450℃)至部分熔融制成熟料，再加入适量石膏共同磨细而成为既能在空气中硬化，又能在水中硬化，并保持发展其强度的无机水硬性胶凝材料。

表 3-19～表 3-21 为建设工程五大常用硅酸盐水泥的定义、代号、强度及技术标准。

五大常用硅酸盐水泥定义、代号　　　　表 3 10

名称	定　　义	代号
硅酸盐水泥	凡由硅酸盐水泥熟料、0～5%石灰石或粒化高炉矿渣、适量石膏磨细制成的水硬性胶凝性材料，称为硅酸盐水泥。不掺加混合材料的称Ⅰ型硅酸盐水泥；在硅酸盐水泥粉磨时，掺加不超过水泥质量 5%石灰石或高炉矿渣混合材料的称Ⅱ型硅酸盐水泥	P.Ⅰ P.Ⅱ
普通硅酸盐水泥	凡由硅酸盐水泥熟料、6%～15%混合料、适量石膏磨细制成的水硬性胶凝材料，称为普通硅酸盐水泥。掺活性混合材料时，最大掺量不得超过 15%，其中，允许用不超过水泥质量 5%的窑灰或不超过水泥质量 10%的非活性混合材料来代替。掺非活性混合材料的，最大掺量不得超过水泥质量的 10%	P.O
矿渣硅酸盐水泥	凡由硅酸盐水泥熟料和粒化高炉矿渣、适量石膏磨细制成的水硬性胶凝材料，称为矿渣硅酸盐水泥。水泥中粒化高炉矿渣掺量按质量百分比计为 20%～70%。允许用石灰石、窑灰、粉煤灰和火山灰质混合料中的一种代替矿渣，代替数量不得超过水泥质量的 8%，代替后水泥中粒化高炉矿渣不得少于 20%	P.S
火山灰硅酸盐水泥	凡由硅酸盐水泥熟料和火山灰质混合料、适量石膏磨细制成的水硬性胶凝材料，称为火山灰质硅酸盐水泥。水泥中火山灰质混合材料掺量按质量百分比计为 20%～50%	P.P
粉煤灰质硅酸盐水泥	凡由硅酸盐水泥熟料和粉煤灰、适量石膏磨细制成的水硬性胶凝材料，称为粉煤灰硅酸盐水泥。水泥中粉煤灰掺量按质量百分比计为 20%～40%	P.F

五大常用硅酸盐水泥的强度(单位:MPa)　　表 3-20

水泥品种	强度等级	抗压强度		抗折强度	
		3d	28d	3d	28d
硅酸盐水泥	42.5	17	42.5	3.5	6.5
	42.5R	22	42.5	4.0	6.5
	52.5	23	52.5	4.0	7.0
	52.5R	27	52.5	5.0	7.0
	62.5	28	62.5	5.0	8.0
	62.5R	32	62.5	5.5	8.0
普通水泥	32.5	11	32.5	2.5	5.5
	32.5R	16	32.5	3.5	5.5
	42.5	16	42.5	3.5	6.5
	42.5R	21	42.5	4.0	6.5
	52.5	22	52.5	4.0	7.0
	52.5R	26	52.5	5.0	7.0
矿渣水泥 火山灰水泥 粉煤灰水泥	32.5	10	32.5	2.5	5.5
	32.5R	15	32.5	3.5	5.5
	42.5	15	42.5	3.5	6.5
	42.5R	19	42.5	4.0	6.5
	52.5	21	52.5	4.0	7.0
	52.5R	23	52.5	4.5	7.0

五大常用硅酸盐水泥的技术标准　　表 3-21

技术指标＼水泥品种		硅酸盐水泥		普通水泥	矿渣水泥	火山灰水泥	粉煤灰水泥
		Ⅰ型	Ⅱ型				
不溶物		<0.75%	<1.5%				
烧失量		<3%	<3.5%	<5%			
氧化镁		<5%		<5%	<5%	<5%	<5%
三氧化硫		<3.5%		<3.5%	<4%	<3.5%	<3.5%
细度		比表面积>300m²/kg		80μm 筛 筛余<10%	80μm 筛 筛余<10%	80μm 筛 筛余<10%	80μm 筛 筛余<10%
凝结时间	初凝	>45min		>45min	>45min	>45min	>45min
	终凝	<6.5h		<10h	<10h	<10h	<10h
安全性		用沸煮法检验必须合格					

水泥常规试验检测项目包括水泥细度检验、标准稠度用水量、凝结时间、安定性和胶砂强度检验。

(一)水泥常规试验一 ——水泥的细度检验方法

细度是指水泥颗粒粗细的程度。细度对水泥的凝结硬化速度、强度、需水量及和易性有影响。

同样矿物组成的水泥,颗粒越细,水化时与水的接触面积越大,水化速度越快并较完全,早期强度较高,和易性也较好。但水泥太细,标准稠度需水量较大,在空气中硬化收缩变形也较大,使水泥发生裂缝的可能性增加。细度的检验方法常用 80μm 筛筛析法。

筛析法有负压筛法和水筛法,对测定的结果有争议时,以负压筛法为准。

1. 试验方法一:负压筛法

(1)筛析试验前,应把负压筛放在筛座上,盖上筛盖,接通电源,检查控制系统,调节负压至 4 000～6 000Pa 范围内。当工作负压小于 4 000Pa 时,应清理吸器内水泥,使负压恢复正常。

(2)称取试样 25g 记作 m_0,置于洁净的负压筛中,盖上筛盖,放在筛座上,开动筛析仪连续筛析 2min,在此期间如有试样附着在筛上,可轻轻地敲击,使试样落下。筛毕,用天平称量筛余物,记作 m_1。

水泥试样筛余百分率按下式计算,准确至 0.1%。

$$F=\frac{m_1}{m_0}\times 100\% \tag{3-21}$$

式中:F——水泥试样筛百分率,%;

m_1——水泥筛余物的质量,g;

m_0——水泥试样质量,g。

2. 试验方法二:水筛法

(1)筛析试验前,调整好水压及水筛架的位置,使其能正常运转。喷头底面和筛网之间距离为 35～75cm。

(2)称取试样 50g 记作 m_0,置于洁净的水筛中,立即用清水冲洗至大部分细粉通过后,放在水筛架上,用水压为(0.05±0.02)MPa 的喷头连续冲洗 3min。筛毕,用少量水把筛余物冲至蒸发皿中,等水泥颗粒全部沉淀后,小心倒出清水,烘干并用天平称取筛余物,记作 m_1。

水泥试样筛余百分率按下式计算,准确至 0.1%。

$$F=\frac{m_1}{m_0}\times 100\% \tag{3-22}$$

式中:F——水泥试样筛百分率,%;

m_1——水泥试样质量,g;

m_0——水泥筛余物的质量,g。

3. 工程示例

湖北省襄荆高速公路项目

水泥细度试验

编号:C-27-1-D04-0001

试验单位	襄荆高速公路中铁三局试验室	合同号	第04合同段
样品名称	三峡牌普硅4.25级水泥	试验规程	JTJ 053—94
样品来源	K71+460　1~6.0m暗通	试验日期	2001.5.20
试验人		审核人	

试件编号	水泥强度等级	试样质量(g)	筛余物质量(g)	水泥筛余百分率(%)	修正系数	修正后水泥筛余百分率(%)
1	—	50	1.84	3.7	—	—
结论	根据JTJ 053—94规程进行检验,结果符合GB 175—1999标准要求。 监理工程师:　　日期:					

(二)水泥常规试验二——标准稠度用水量、凝结时间、安定性检验方法

1. 概述

(1)标准稠度用水量定义:为使水泥凝结时间和安定性的测定结果具有可比性,必须采用标准稠度的水泥净浆,制成标准稠度的净浆,所需拌和水量称为标准稠度用水量,用%表示。

(2)凝结时间定义:是指水泥从加水拌和起至水泥浆失去可塑性的时间。凝结时间分初凝时间和终凝时间。

从水泥加水拌和起至水泥浆开始失去塑性所需时间为初凝时间;从水泥加水拌和起至水泥浆完全失去塑性并开始产生强度的时间为终凝时间。

(3)水泥凝结时间对水泥混凝土施工有重要意义,初凝时间不宜过短,否则影响混凝土混合料的拌和、运输、浇筑、振捣等施工操作;终凝时间不宜太长,以便混凝土尽早完成凝结硬化

并具有强度，以利于下一步工序的进行，加快施工速度。

(4)水泥硬化后体积变化的均匀性称为水泥体积安定性。水泥中如含有过量的游离氧化钙、氧化镁或硫酸盐时，这些成分水化速度较慢，在水泥硬化后仍在继续水化，体积膨胀，引起已硬化的水泥石内部产生张拉应力，轻者降低强度，重者导致开裂。

2. 新标准水泥标准稠度用水量及凝结时间试验检测方法

主要试验仪器设备如下。

(1)ISO标准法维卡仪：仪器的主体为支架和底座连接而成，主要构造见图3-4。标准稠度测定用试杆有效长度为(50±1)mm，直径为(10±0.05)mm；测定凝结时间用试针其有效长度初凝针为(50±1)mm，终凝针为(30±1)mm，试针直径为(1.13±0.05)mm；盛装水泥用的圆锥体试模深(40±0.2)mm，顶内径为(65±0.3)mm，底内径为(75±0.5)mm。

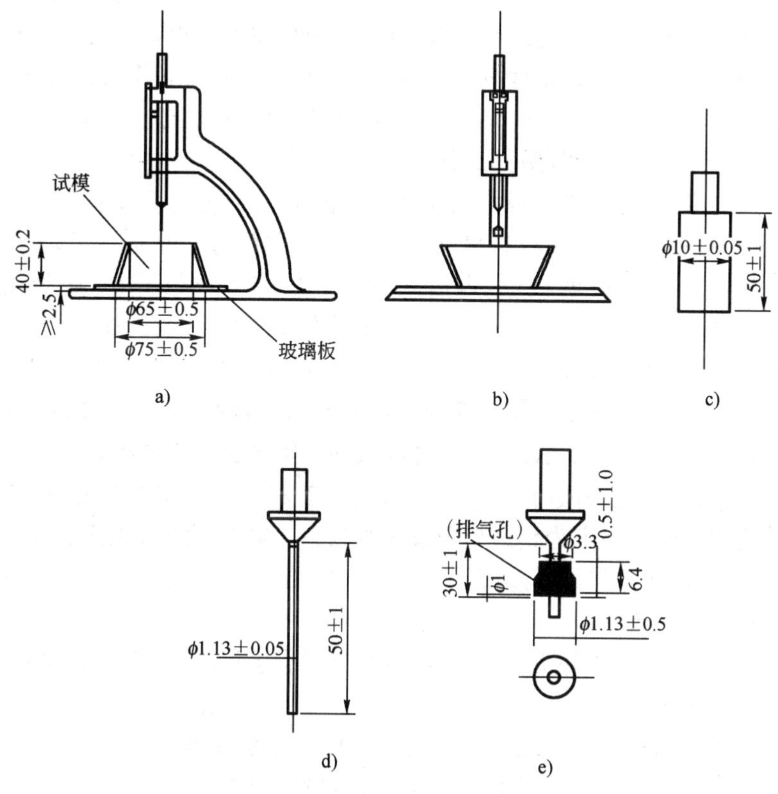

图3-4 标准维卡仪(尺寸单位：mm)

(2)净浆搅拌机。

(3)天平：精度准确至1g。

(4)标准养护箱：控温(20±1)℃，相对湿度大于90%。

试验一：标准稠度用水量的测定

试验目的：确定水泥净浆达到标准稠度时所需的用水量，是作为衡量水泥凝结时间和安定性的基础和依据。

(1)水泥净浆的制备：先将搅拌锅和搅拌叶用湿布湿润，倒入拌和水；然后称取500g水泥，在规定的 5～10s 时间内将其加入到锅中；将搅拌机安置在设备上，启动搅拌机，按照标准规定设定程序（搅拌方式是低速搅拌 120s，停 15s，再高速 120s）。

(2)将拌制好的水泥净浆装入已置于玻璃板上的试模中，用小刀插捣，轻轻振动数次，刮去多余的净浆，抹平后迅速将试模和底板移到维卡仪上，并将其中心定在试杆下，降低试杆直至与水泥净浆表面接触，拧紧螺丝后，突然放松，使试杆垂直自由地沉入水泥净浆中。在试杆停止沉入或释放试杆 30s 时记录试杆距底板的距离，升起试杆后，立即擦净，整个操作应在搅拌后 1.5min 内完成。以试杆沉入净浆并距离底板(6±1)mm 的水泥净浆为标准稠度净浆。其拌和水量为该水泥的标准稠度用水量，按水泥质量的百分比计。

试验二：凝结时间的测定

(1)以确定的标准稠度用水量时的水泥净浆作为测定凝结时间的试样。

(2)初凝时间的测定：试件在湿气养护箱中养护至加水后 30min 时进行第一次测定。

测定时，从湿气养护箱中取出圆模放到试针下，降低试针使之与水泥净浆表面接触，拧紧螺丝后，突然放松，使试杆垂直自由地沉入水泥净浆。观察试针停止下沉或释放试针 30s 时指针的读数，当试针沉至距离底板(4±1)mm 时，为水泥达到初凝状态。由水泥加水拌和起至初凝状态的时间为水泥的初凝时间，用 min 作单位。

(3)终凝时间的测定：为了准确观测试针沉入的状况，在终凝针上安装一个环形附件。

在完成初凝时间测定后，立即将试模连同浆体以平移的方法从玻璃板取下翻转 180°，直径大端向上、小端向下放在玻璃板上，再放入湿气养护箱中继续养护，临近终凝时间每隔 15min 测定一次，当试针沉入试体 0.5mm 时，即环形附件开始不能在试体上留下痕迹时，为水泥达到终凝状态。由水泥加水拌和起至终凝状态的时间为水泥的终凝时间，用 min 作单位。

(4)测定应注意：在最初测定操作时应轻轻扶持金属柱，使其徐徐下降，以防试针撞弯，但结果以自由下落为准，在整个测试过程中试针沉入的位置至少要距试模内壁 10mm，临近初凝时每隔 5min 测定一次，临近终凝时间每隔 15min 测定一次，到达初凝或终凝时应立即重复测一次，当两次结论相同时才能定为到达初凝或终凝状态。每次测定不能让试针落入原针孔，每次测试完毕须将试针擦净并将试模放回湿气养护箱内，整个测试过程要防止试模受振。

试验三：安定性的测定

安定性的测定方法有饼法和雷氏法，对测定的结果有争议时，以雷氏法为准。

试验方法一：试饼法

(1)按标准稠度用水量确定的方法制成水泥净浆，分别在两块 100mm×100mm 玻璃块上，用小刀制成直径 70～80mm、中心厚约 10mm 的试饼，放入湿气养护箱内养护(24±2)h。

(2)脱去玻璃板，如试饼出现开裂、翘曲，确定不是外因引起，则试饼不合格，不必沸煮。在试饼无缺陷的情况下，调整好沸煮箱内的水位，并将试饼放入沸煮箱中在(30±5)min 内加热至沸，然后恒沸 3h。放掉箱中热水，取出试件进行自测，未发现裂缝且用直尺检查也没有弯曲的试饼为安定性合格，反之不合格。当两个试饼判别结果有矛盾时，则安定性为不合格。

试验方法二：雷氏法

(1)将雷氏夹(图 3-5)放在玻璃板上，并将已制好的标准稠度净浆装满环形试模，用小刀插捣 15 次左右后抹平，盖上玻璃板，放入湿气养护箱内养护(24±2)h。

(2)调整好沸煮箱内的水位，测量雷氏夹指针尖端间距 A 精确到 0.5mm，然后将试件放入

沸煮箱内在(30±5)min 内加热至沸，并恒沸 3h±5min。

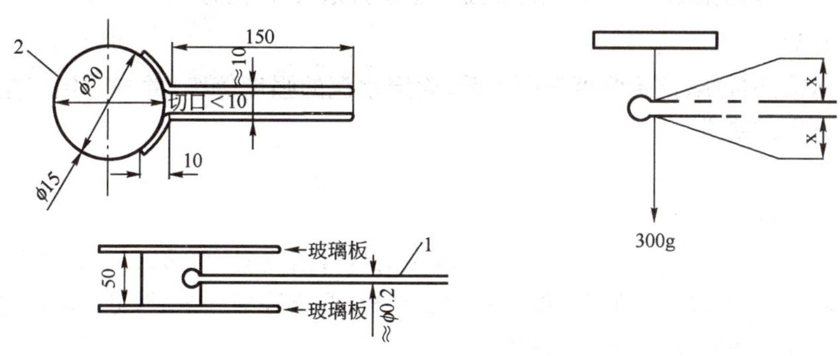

图 3-5　雷氏夹(尺寸单位:mm)

1-指针;2-环模

(3)放掉箱内的热水，取出试件测量指针尖端间距 C。当两个试件煮后增加的距离($C-A$)的平均值不大于 5.0mm 时，即认为安定性合格;当两个试件的($C-A$)值相差超过 4mm 时，应取同一样品重做试验。

3. 工程示例

湖北省襄荆高速公路项目

水泥标准稠度用水量、凝结时间、安定性试验

编号:C-27-2-D04-0001

试验单位	襄荆高速公路中铁三局试验室	合同号	第 04 合同段
样品名称	三峡牌普硅 42.5 级水泥	试验规程	JTJ 053—94
样品来源	K71+460　　1～6.0m 暗通	试验日期	2001.5.20
试验人		审核人	

检测内容＼试验结果		国家规定标准	试验结果		
			1	2	平均埴
凝结时间	初凝时间(时、分)	≥45min	3∶40	3∶40	3∶40
	终凝时间(时、分)	≤10h	5∶25	5∶25	5∶25
安定性	沸煮法	安定	合格	合格	合格
	雷氏法(mm)	≤5.0mm	—	—	—
标准稠度用水量	不变水量法(%)	—	28.2	28.2	28.2
	调整水量法(%)	—	—	—	—
结论	根据 JTJ 053—94 规程进行检验，结果符合 GB 175—1999 标准要求。 监理工程师:　　　　日期:				

(三)水泥常规试验三 ——水泥胶砂强度检验方法(ISO法)

1. 试验目的

通过对水泥的抗压、抗折强度进行检验,确定水泥的强度等级,并判定用于工程的水泥是否符合强度等级的要求。

2. 主要仪器设备

(1)行星式胶砂搅拌机。

(2)振实台:振动频率为60次/(60±2)s,振实台可用频率为2 800~3 000次/s。

(3)试模:试模为可装卸的三联模,由隔板、端板、底座等部分组成,可同时成型3条截面为400mm×40mm×160mm的棱拄形试体。

(4)电动抗折试验机。

(5)抗压试验机和抗压夹具:抗压试验机的最大荷载以200~300kN为宜,一级精度。

(6)大小播料器和刮平尺等。

3. 试验的温度与相对湿度

(1)试体成型试验室的温度应保持在(20±2)℃,相对温度应不低于50%。水泥试样、标准砂、拌和水及试模等的温度应与室温相同。

(2)试体带模养护的养护箱或雾室的温度应保持在(20±1)℃,相对湿度不低于90%。试体养护池水温度应在(20±1)℃的范围内。

4. 试验步骤

(1)每成型3条试件需称水泥(450±2)g、标准砂(1 350±5)g、水取(225±1)ml。

(2)将胶砂搅拌机运行一次,检查正常后方可正式搅拌。将1 350g标准砂倒入加砂罐,用湿布擦净搅拌锅和搅拌叶,然后将拌和水倒入搅拌锅内,再加入称好的水泥,并将搅拌锅放在固定架上,上升到拌和位置开机拌和,先低速拌30s,再高速拌30s,同时搅拌机自动加砂于搅拌锅,并在30s内加完,然后高速拌30s、停拌90s,在第1个15s内将锅壁和叶片上的水泥胶砂快速刮入锅底,再高速拌60s,搅拌结束。各搅拌阶段时间误差在±1s内。

(3)将三联试模和模套固定在振实台上,模套壁与试模内壁应重叠。开动振实台,检查运行正常后,将搅拌锅内胶砂人工搅拌几下,分两层装入试模中。第一层装约试模高的2/3(每个槽内约放300g胶砂),用大播料器垂直架在模套顶部沿每个模槽来回一次将胶砂面拔平,多余胶砂从一端铲出,如不足应添加胶砂,保证各模槽中砂浆基本相同,启动振实台振实60次;再装入第二层胶砂,即把剩余胶砂均分3份装入试模,用小播料器拔平,再振实60次。

(4)从振实台上取下试模,先用刮平尺以近似90°的角度架在试模模顶的一端并沿试模的长度方向以横向锯割动作,慢慢向另一端移动,一次把超出模顶多余的胶砂刮去,较稠的刮两次,较稀的一次刮平,然后用刮平尺以近乎水平的角度将试体表面抹平,次数尽量少。给试件作标记或加字条标明编号、注明日期。

(5)试体养护

①脱模前养护。将成型的试件连同试模移入养护箱或雾室内养护,试模呈水平状态,养护时间20~24h。若经24h养护脱模有困难,则可继续养护,但须记录脱模时间。

②水中养护。将试件水平放入养护池中养护，试件间隔或试件上表面的的水深不小于5mm，刮平面朝上。每个养护池内只养护同类型水泥试件，养护期间不换水。

(6)强度试验

①抗折试验。将抗折试验机的杠杆调成平衡状态，试体放入后调整夹具，使杠杆在试体折断时尽可能地接近平衡位置。以(50±10)N/s 的加荷速度均匀地将荷载垂直加在试件上直至折断，记下抗折强度值，准确到 0.1MPa。抗折强度也可按下式计算，精确至 0.1MPa。

$$R_f = \frac{1.5F_f L}{b^3} \tag{3-23}$$

式中：R_f——抗折强度，MPa；

F_f——折断时施加于试件中部的荷载，N；

L——支承圆柱之间距离，即 100mm；

b——试件正方形截面的边长，即 40mm。

以一组 3 条试件抗折强度的平均值作为试验结果。当 3 个强度值中有超出平均值±10%时，应剔除后再取平均值作为抗折强度试验结果。

②抗压试验。抗折试验后的两个断块应立即进行抗压试验。抗压试验须用抗压夹具，受压面积(40×40)mm^2。试验前将压力机预热 20min，并调整零点和加荷速度。以试件的侧面(刮平面朝外)作为受压面，并使夹具对准压力机压板中心，试件露在夹具压板外两侧约10mm。以(2 400±200)N/s 的加荷速度均匀地加载至试件破坏，记下最大破坏荷载。

抗压强度按下式计算，精确至 0.1MPa。

$$R = \frac{F}{A} \tag{3-24}$$

式中：R——抗压强度，MPa。

F——破坏时的最大荷载，N；

A——受压面积，mm^2。

以一组 3 条试件得到的 6 个抗压强度值的算术平均值作为试验结果。如 6 个测定值中有一个超出 6 个平均值的±10%时，应剔除此值，再对剩下的 5 个取平均值作为结果；如果剩下 5 个测定值中仍有超过它们平均值的±10%，则该组试验结果作废，应重新试验。

5. 工程示例

水泥胶砂强度试验　　编号：C-27-3-D04-0001

试验单位	襄荆高速公路中铁三局试验室	合同号	第 04 合同段
样品名称	三峡牌普硅 42.5 级水泥	试验规程	JTJ 053—94
样品来源	K71+460　1～6.0m 暗通	试验日期	2001.6.17
试验人		审核人	

试件编号	水泥强度等级	养护温度(℃)	养生龄期 / 试验内容	强度	破坏荷载(kN)			强度结果(MPa)		
					3d	7d	28d	3d	7d	28d
			抗折	1	1.45	—	3.11	3.4	—	7.3
				2	1.39	—	3.13	3.3	—	7.3
				3	1.43	—	3.12	3.4	—	7.3
			平均值					3.4	—	7.3
			抗压	1	23.2	—	67.6	14.5	—	42.3
				2	22.8	—	67.9	14.3	—	42.4
				3	23.1	—	67.8	14.4	—	42.4
				4	23.0	—	67.6	14.4	—	42.3
				5	21.6	—	67.7	13.5	—	42.3
				6	21.9	—	67.8	13.7	—	42.4
			平均值					14.1	—	42.4
结论	根据 GB/T 17671—1999 标准进行检验，结果符合 GB 175—1999 强度标准要求。 监理工程师：　　　　日期：									

湖北省襄荆高速公路项目

水 泥 试 验 报 告

送件单位：湖北省襄荆高速公路第 04 施工合同段铁三局项目部

厂牌种类：三峡牌普硅 42.5 级水泥　　　　编号：C-27-4-D04-0001

试验项目			国家规定	试验结果	备注
细度(%)			≤10%	3.7	试验结果均满足 GB 175—1999 标准
标准稠度(%)			—	28.2	
凝结时间	初凝(时、分)		≥45min	3∶40	
	终凝(时、分)		≤10h	5∶25	
安定性	煮沸法		安定	合格	
	雷氏法		≤5.0mm	—	
软练 1∶2.5 胶砂强度(MPa)	用水量(ml)		—	142.5	
	抗折	3d	2.5	3.4	
		7d	—	—	
		28d	5.5	7.3	
	抗压	3d	11	14.1	
		7d	—	—	
		28d	—	42.4	
强度等级			—	—	

主任：　　　　复核：　　　　监理工程师：　　　　日期：

四、桥涵工程试验检测项目四——桥涵用钢筋常规试验检测方法

(一)钢筋的力学与工艺性能

桥涵用钢筋的基本技术性能包括强度(屈服强度、抗拉强度)、伸长率、冷弯性能、焊接性能等。

钢筋混凝土结构用的力学与工艺性能见表 3-22。

钢筋的力学与工艺性能 表 3-22

品种		强度等级代号	公称直径(mm)	屈服点 σ_s (MPa)	抗拉强度 σ_b (MPa)	伸长率 δ_s (%)	冷弯		备注
外形	钢筋级别			不小于			弯心直径 d	弯曲角度	
光圆钢筋	I	R235	8～20	235	370	25	a	180°	摘自《钢筋混凝土用热轧光圆钢筋》(GB 13013—1991)
热轧带肋钢筋	II	HRB335	6～25 28～50	335	490	16	$3a$ $4a$	180°	摘自《钢筋混凝土用热轧带肋钢筋》(GB 1499—1998)
	III	HRB400	6～25 28～50	400	570	14	$4a$ $5a$	180°	
	IV	HRB500	6～25 28～50	500	630	12	$6a$ $7a$	180°	
低碳钢热轧圆盘条	Q215			215	375	27	a	180°	摘自《低碳钢热轧圆盘条》(GB 701—1997)
	Q235			235	410	23	$0.5a$	180°	

(二)钢筋常规试验检测

1. 试验目的

检测钢筋原材料的屈服点、抗拉强度和伸长率,以评定钢筋的力学性能指标是否满足标准要求。

2. 试验取样及结果评定

(1)取样方法及取样数量

钢筋进货应具有出厂质量证明书和试验报告单,每捆(盘)均应有标示牌,进场钢筋应按批进行检查,每批由同一厂别、同一炉罐号、同一规格、同一交货状态、同一进场时间为一验收批量。光圆钢筋、热轧带肋钢筋、低碳钢热轧圆盘条,每批数量不大于 60t 取一组试样;冷轧带肋钢筋每批数量不大于 50t,取一组试样。各类钢筋每组试件数量见表 3-23。

钢筋每组试件数量表　　表 3-23

钢筋种类	每组试件数量	
	拉伸试验	弯曲试验
热轧光圆钢筋	2 根	2 根
热轧带肋钢筋	2 根	2 根
低碳钢热轧圆盘条	逐盘 1 个	每批 2 个

注：1. 表中规定取两个试件的(低碳钢热轧圆盘条冷弯试件除外)，均应从任意的两根(两盘)中分别切取，每根钢筋上切取一个拉力、一个冷弯试件。
2. 低碳钢热轧圆盘条的冷弯试件应取同盘两端。
3. 试件切取时，应在钢筋或盘条的任意一端截去 500mm 后再切取。

试件截取长度(L)规定如下：

①拉力(伸)试件：$L \geqslant 5d+200$mm(d 为钢筋直径)；对直径 $d \leqslant 10$mm 的光圆钢筋，$L \geqslant 10d+200$mm。

②冷弯试件：$L \geqslant 5d+150$mm。

(2)试验结果评定

①拉伸试验评定

屈服强度、抗拉强度、伸长率均应符合相应标准规定。

做拉伸试验的两根试件中，如一根试件的屈服强度、抗拉强度、伸长率 3 个指标中有一个指标不符合标准，即为拉伸试验不合格，应取双倍试件重新测定；在第二次拉伸试验中，如仍有一个不符合规定，不论这个指标在第一次试验中是否合格，均判定该拉伸试验项目为不合格，则该批钢筋为不合格品。

试验出现下列情况之一者，试验结果无效：

a. 评定试件断在标距之外(伸长率无效)；

b. 操作不当，影响试验结果；

c. 试验记录有误或设备发生故障。

②弯曲试验评定

冷弯试验后，弯曲外侧表面如无裂纹、断裂或起层，即判为合格。做冷弯试验的两根试件中，如有一根试件不合格，可取双倍数量试件重新做冷弯试验；第二次冷弯试验中，如仍有一根不合格，即判该批钢筋为不合格品。

3. 钢筋常规试验一——钢筋拉伸试验

(1)主要试验仪器

万能材料试验机：试验机应由计量部门定期进行检定。

(2)试验条件

①试验速度

a. 屈服前，应力增加速度为 10MPa/s；

b. 屈服后，应力增加速度为 10～30MPa/s。

②试验温度

试验应在室温10～35℃下进行。

(3)主要性能测定

①屈服强度和抗拉强度

钢筋拉伸试验在试验机上进行时，当测力度盘的指针停止转动时的恒定负载或第一次回转的最小负荷，即为所求屈服点的荷载(图3-6)。

屈服强度(σ_s)以MPa表达，并按式(3-25)计算。

$$\sigma_s = \frac{F_s}{A_0} \tag{3-25}$$

式中：F_s——相当于所求屈服点的荷载，N；

A_0——试件原横截面面积，mm^2。

抗拉力强度是对试件连续加荷直至拉断，由测力度盘或拉伸曲线上读出最大负荷F_b，即为所求拉断点的荷载。抗拉力强度(σ_b)以MPa表示，按式(3-26)计算。

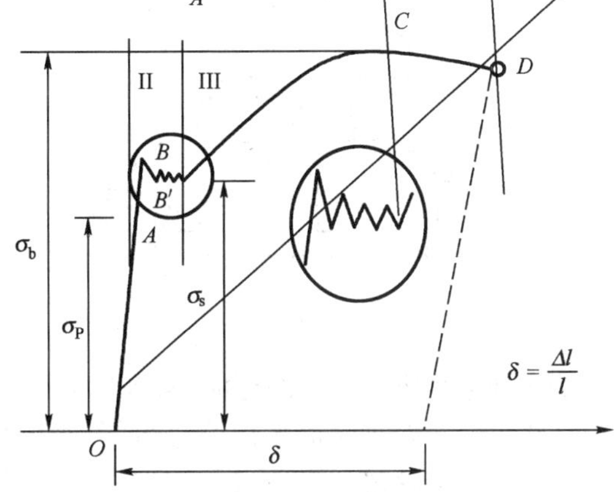

图3-6 低碳钢的应力-应变图

$$\sigma_b = \frac{F_b}{A_0} \tag{3-26}$$

式中：F_b——试件拉断前的最大荷载，N；

A_0——试件原横截面面积，mm^2。

②塑性

工程中钢材塑性指标通常用伸长率指标表示。试件拉断后标距长度的增量与原标距长度之比的百分率，即为伸长率。伸长率(δ)以%表达，并按下式计算。

$$\delta = \frac{L_1 - L_0}{L_0} \tag{3-27}$$

式中：L_1——试件拉断后的标距长度，mm；

L_0——试件原标距长度，mm。

4. 钢筋常规试验二——钢筋弯曲试验

本试验方法用来检验钢筋承受规定弯曲程度的弯曲变形性能，是评定钢筋塑性和工艺性能的重要依据。

(1)试验设备

弯曲试验可在压力机或万能试验机上进行。试验机应具备下列装置：

①应有足够硬度的支撑辊，其长度应大于试样的宽度或直径，支撑辊间的距离可以调节。

②具有不同直径的弯心，弯心直径由有关标准规定，其宽度应大于试样的宽度或直径，弯心应有足够的硬度。

(2)试样尺寸

①对于直径不大于35mm的钢筋，试样的横截面与原材料横截面相同。若试验机能量允许，直径不大于50mm的钢筋亦可用全截面的试样进行试验。

②对于直径大于 35mm 的钢筋，应制成直径 25mm 的圆形试样，但有关标准另有规定时，则按规定执行。加工时，在试样的一面或一侧必须保留原轧制面，试验时该面应是弯曲外侧。

③试样长度：$L\approx 5d+150\text{mm}$（d 为钢筋直径）。

(3)试验步骤

试样按图 3-7 及图 3-8 的条件进行弯曲。在作用力下的弯曲程度可分为下列 3 种类型：

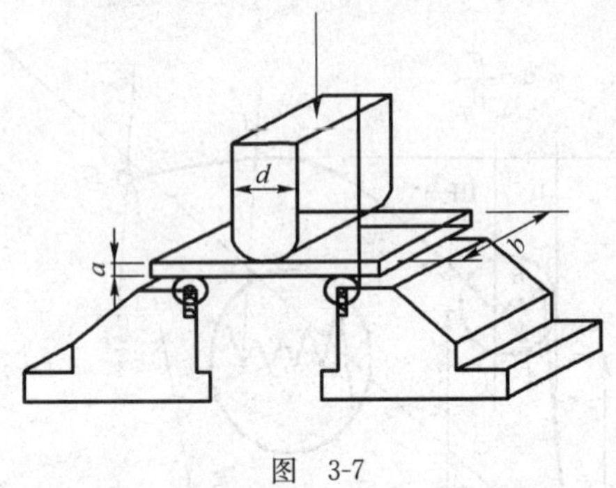

图　3-7

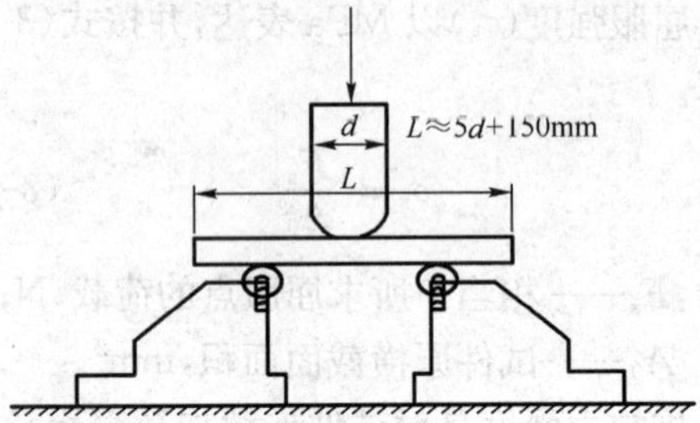

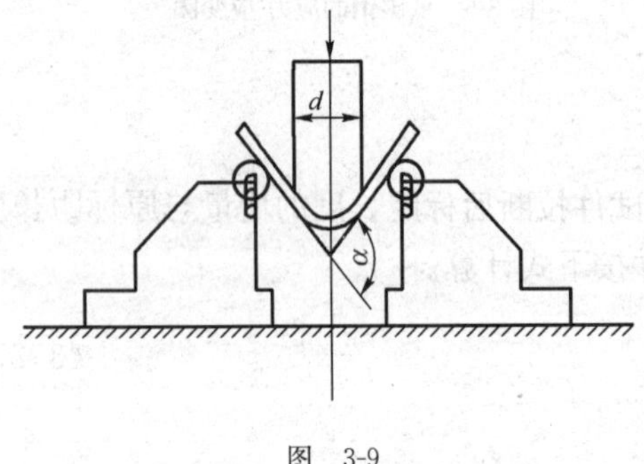

图　3-8

①达到某规定角度 α 的弯曲(图 3-9)；

②绕着弯心弯到两面平行的弯曲(图 3-10)；

③弯到两面接触的重合弯曲(图 3-11)。

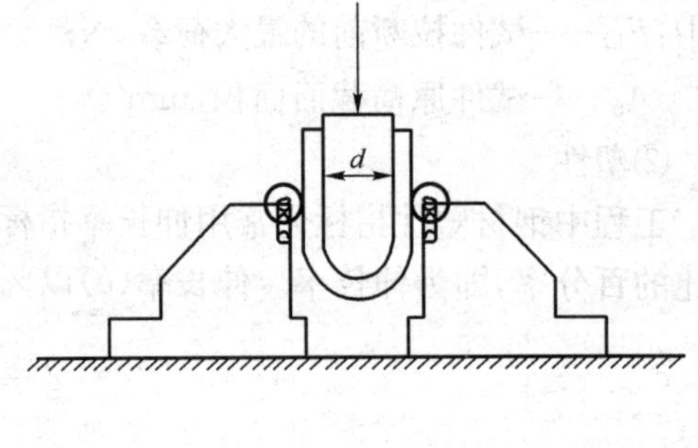

图　3-9

图　3-10

上述任一类型的选择，必须符合有关标准的规定。

①试验时应在平稳压力作用下，缓和施加试验压力。

②弯心直径 d 必须符合有关部门的规定，弯心宽度必须大于试样的宽度或直径。两支辊间的距离为$(d+2.5a)\pm 0.5a$，并且在试验过程中不允许变化。

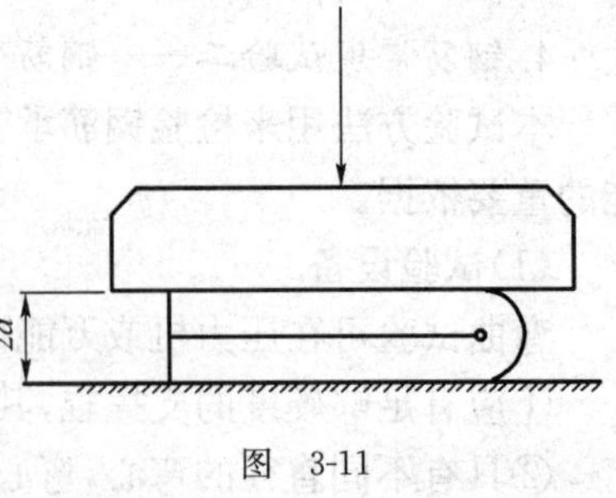

图　3-11

③重合弯曲时，首先将试样弯曲到如图 3-7 或图 3-8 所示的形状(建议弯心直径 $d\approx a$)，然后放在两平板间继续以平稳的压力弯曲到两面重合，两压面平行面的长度应不小于试样重叠后的长度。

④试验应在 10～35℃下进行；在控制条件下，试验在(23±5)℃下进行。

(4)工程示例

金 属 拉 力 试 验

编号:C-32-D04-0001

试验单位	襄荆公路铁道部大桥局试验室	合 同 号	襄荆第 04 合同段
样品名称	ϕ25、ϕ22	试验规程	JTJ 055—83
样品来源	K65+330　　1～8.0m 明通	试验日期	2001.3.23
试验人		审核人	

试 样 名 称		ϕ25			ϕ22		
试 样 编 号		1	2	3	1	2	3
试件尺寸	直径(mm)	25	25	25	22	22	22
	长度(mm)	450	450	450	420	420	420
	质量(g)	—	—	—	—	—	—
	截面面积(mm^2)	490.9	490.9	490.9	380.1	380.1	380.1
	标距(mm)	125	125	125	110	110	110
拉伸荷载(kN)	屈服	177	178	179	145	146	147
	极限	264	265	266	215	216	218
强度(MPa)	屈服点	360	365	365	380	385	385
	拉伸强度	540	540	540	565	570	575
伸长率	断后标距	155	156	157	149	150	152
	伸长率(%)	24	25	26	35	36	38
冷弯	弯心直径(mm)	75	75	75	66	66	66
	弯曲角度	180°	180°	180°	180°	100°	180°
	结果	合格	合格	合格	合格	合格	合格
反复弯曲	弯曲半径(mm)	—	—	—	—	—	—
	弯折次数	—	—	—	—	—	—
结论	符合 GB 1499—1998 要求。 监理工程师:　　　　　　日期:						

5.钢筋常规试验三——焊接钢筋力学性能检验

(1)试验要求

钢筋接头一般应采用焊接。钢筋的纵向焊接应优先采用闪光对焊,也可采用电弧焊。试验取样和检验内容及检验标准应符合表 3-24 规定。

钢筋焊接接头的检验标准　　表 3-24

	钢筋闪光对焊接头	钢筋电弧焊接头
批量规定	同班组、同一焊工、同一焊接参数以 200 个同类型接头作一批,或连续焊接在一周内不足 200 个接头时亦按一批	300 个同类型接头为一批,或不足 300 个接头的亦作一批

续上表

	钢筋闪光对焊接头	钢筋电弧焊接头
外观验收	每批抽查10%接头，并不少于10个；接头无横向裂纹；接头弯折不大于4°。接头处钢筋轴线偏移不大于0.1倍的钢筋直径，其中一个接头达不到上述要求时，接头全查，不合格品切除重焊后再次验收	接头处逐个检测；接头处无裂纹，无较大凹陷、焊瘤，接头偏差及缺陷不超过规定值。 外观不合格的接头，可修整或补强后再次验收
强度检验	从成品中每批分别切取3个试件做拉伸试验，3个试件做弯曲试验。 结果应符合： ①3个试件抗拉强度均不得小于该级别钢筋规定的抗拉强度； ②抗拉试件中至少有2个试件断于焊缝之外并呈延性断裂； ③弯曲试验时，各钢筋级别在规定的弯心直径下，弯曲到90°时，至少有2个试件不发生破断	从成品中每批切取3个接头做拉伸试验，结果应符合： ①3个试件抗拉强度均不得低于该级别钢筋规定的抗拉强度值； ②至少有2个试件呈塑性断裂、3个试件断于焊缝之外

(2)工程示例

金属焊接接头及焊缝金属的试验机械性能试验

编号：C-33-D04-0003

试验单位	襄荆公路铁道部大桥局试验室	合 同 号	襄荆第04合同段
样品名称	ϕ25、ϕ22	试验规程	JTJ 55—83
样品来源	K65+330　1～8.0m明通	试验日期	2001.3.23
试验人		审核人	

焊 接 种 类		双面搭接焊			双面搭接焊		
试样编号		1	2	3	1	2	3
试件尺寸	直径(mm)	25	25	25	22	22	22
	长度(mm)	125	125	125	110	110	110
	焊口直径(mm)	—	—	—	—	—	—
	母材截面面积(mm²)	490.9	490.9	490.9	380.1	380.1	380.1
断口部位		焊缝外	焊缝外	焊缝外	焊缝外	焊缝外	焊缝外
极限荷载(kN)		270	269	270	217	218	217
极限强度(MPa)		550	550	550	570	575	570
冷弯	芯棒直径(mm)	—					
	弯曲角度	—					
	结果	—					
焊接质量评述		符合JTJ 041—2000要求					
结论		合格 监理工程师：　　　　日期：					

第二节 混凝土配合比设计方法

本节主要介绍普通混凝土、高强混凝土(C60 及其以上)、泵送混凝土、抗冻混凝土、大体积混凝土的配合比设计方法,以及后张孔道压浆配合比设计方法。配合比主要是根据结构设计所要求的强度、工作性、耐久性、施工条件及经济的要求设计。普通混凝土浇筑入模时坍落度见表 3-25。

普通混凝土浇筑入模时的坍落度 表 3-25

结构类别	坍落度(cm)(振动器振实)
小型预制块及便于浇筑、振动的结构	0～20
桥涵基础、墩台等无筋或少筋的结构	10～30
普通配筋率的钢筋混凝土结构	30～50
配筋较密、断面较小的钢筋混凝土结构	50～70
配筋极密、断面高而窄的钢筋混凝土结构	70～90

一、普通混凝土配合比设计方法

(一)混凝土配制强度的确定

(1)混凝土配制强度按下式计算:

$$f_{cu,0} \geqslant f_{cu,k} + 1.645\sigma \quad (3\text{-}28)$$

式中:$f_{cu,0}$——混凝土配制强度,MPa;

$f_{cu,k}$——混凝土立方体抗压强度标准值,MPa;

σ——混凝土强度标准差,MPa。

(2)下列情况应提高配制强度:

①现场条件与试验室条件有显著差异时。

②C30 级及其以上强度等级的混凝土,采用统计方法评定时。

(3)混凝土强度标准差 σ 根据同类混凝土统计资料计算确定,并应符合下列规定。

①计算时,强度试件组数不应少于 25 组。

②当混凝土强度等级为 C20 和 C25 级,其强度标准差计算值小于 2.5MPa 时,计算配制强度用的标准差应取不小于 2.5MPa;当混凝土强度等级等于或大于 C30 级,其强度标准差计算值小于 3.0MPa 时,计算配制用的标准差应取小于 3.0MPa。

③当无统计资料计算混凝土的强度标准差时,其值应按现行国家标准《混凝土结构工程施工及验收规范》(GB 50204—2002)的规定取用,即按表 3-26 规定取用。

标准差 σ 值表 表 3-26

强度等级(MPa)	低于 C20	C20～C35	高于 C35
标准差 σ(MPa)	4.0	5.0	6.0

(二)混凝土配合比设计中的基本参数

1. 用水量

(1)干硬性和塑料混凝土用水量的确定方法如下。

①水灰比在0.40～0.80范围时,根据粗集料的品种、粒径及施工要求的混凝土拌和物稠度,其用水量可按表3-27、表3-28选取。

干硬性混凝土的用水量(单位:kg/m^3)　表3-27

拌和物稠度		卵石最大粒径(mm)			碎石最大粒径(mm)		
项目	指标	10	20	40	16	20	40
维勃稠度(s)	16～20	175	160	145	180	170	155
	11～15	180	160	145	180	170	155
	5～10	185	170	155	190	180	165

塑性混凝土的用水量(单位:kg/m^3)　表3-28

拌和物稠度		卵石最大粒径(mm)				碎石最大粒径(mm)			
项目	指标	10	20	31.5	40	16	20	31.5	40
坍落度(mm)	10～30	190	170	160	150	200	185	175	165
	35～50	200	180	170	160	210	195	185	175
	55～70	210	190	180	170	220	205	195	185
	75～90	215	195	185	175	230	215	205	195

注:1. 本表用水量系采用中砂的平均取值。当采用细砂时,每立方米混凝土用水量可增加5～10kg;当采用粗砂时,则可减少5～10kg。

2. 掺用各种外加剂或掺和料时,用水量应相应调整。

②水灰比小于0.40的混凝土及采用特殊成型工艺的混凝土用水量应通过试验确定。

(2)流动性(坍落度100～150mm)和大流动性(坍落度≥160mm)混凝土的用水量宜按下列步骤计算。

①以表3-28中坍落度为90mm的用水量为基础,按坍落度每增大20mm用水量增加5kg,计算出未掺外加剂时的混凝土用水量。

②掺外加剂混凝土,每立方米混凝土用水量可按下式计算。

$$m_{wa} = m_{w0}(1-\beta) \tag{3-29}$$

式中:m_{wa}——掺外加剂混凝土每立方米混凝土的用水量,kg;

m_{w0}——未掺外加剂混凝土每立方米混凝土的用水量,kg;

β——外加剂的减水率,%。

③外加剂的减水率应经试验确定。

2. 砂率

当无历史资料可参考时,混凝土的砂率应符合下列规定。

(1)坍落度为10～60mm的混凝土,其砂率可根据粗集料品种、粒径及水灰比按表3-29选取。

混凝土的砂率(单位:%) 表 3-29

水灰比(W/C)	卵石最大粒径(mm)			碎石最大粒径(mm)		
	10	20	40	16	20	40
0.40	26~32	25~31	24~30	30~35	29~34	27~32
0.50	30~35	29~34	28~33	33~38	33~37	30~35
0.60	33~38	32~37	31~36	36~41	35~40	33~38
0.70	36~41	35~40	34~39	39~44	38~43	36~41

注:1. 本表数值系中砂的选用砂率,对于细砂或粗砂,可相应地减少或增大砂率。
2. 只用一个单粒级粗集料配制混凝土时,砂率应适当增大。
3. 对于薄壁构件,砂率取偏大值。
4. 本表中的砂率系指砂与集料总量的质量比。

(2)坍落度大于 60mm 的混凝土,其砂率可经试验确定,也可在表 3-30 的基础上,按坍落度每增大 20mm,砂率增大 1%的幅度予以调整。

(3)坍落度小于 10mm 的混凝土,其砂率应经试验确定。

3. 外加剂和掺和料的掺量

应通过试验确定混凝土外加剂和掺和料的掺量,并应符合国家有关现行标准的规定。

4. 最大水灰比和最小水泥用量

当进行混凝土配合比设计时,混凝土的最大水灰比和最小水泥用量,应符合表 3-30 的规定。

混凝土的最大水灰比和最小水泥用量 表 3-30

环境条件		结构物类别	最大水灰比			最小水泥用量(kg)		
			素混凝土	钢筋混凝土	预应力混凝土	素混凝土	钢筋混凝土	预应力混凝土
干燥环境		正常居住或办公用的房屋内部件	不作规定	0.65	0.60	200	260	300
潮湿环境	无冻害	高湿度室内外部件、在非侵蚀性土和(或)水中的部件	0.70	0.60	0.60	225	280	300
	有冻害	经受冻害的室外部件、在非侵蚀性土和(或)水中且经受冻害的部件、高湿度且经受冻害的室内部件	0.55	0.55	0.55	250	280	300
有冻害和除水剂的潮湿环境		经受冻害和除冰剂作用的室内和室外部件	0.5	0.50	0.5	300	300	300

注:1. 当用活性掺和料取代部分水泥时,表中的最大水灰比及最小水泥用量即为替代前的水灰比和水泥用量。
2. 配置 C15 及其以下等级混凝土时,可不受本表限制。

5. 引气剂或引气减水剂

长期处于潮湿和严寒中的混凝土,应掺用引气剂或引气减水剂。

引气剂的掺入量应根据混凝土的含气量并经试验确定,混凝土的最小含气量应符合表 3-31 的规定,混凝土的含气量亦不宜超过 7%。凝土中的粗细集料应做坚固性试验。

长期处于潮湿和严寒环境中混凝土的最小含气量　　表 3-31

粗集料最大粒径(mm)	40	25	20
最小含气量(%)	4.5	5.0	5.5

注:含气量的百分比为体积比。

(三)混凝土配合比计算

其计算公式和有关参数表格中的数值均系以干燥状态集料(系指含水率小于0.5%的细集料或含水率小于0.2%的粗集料)为基准。当以饱和面干集料为基准进行计算时,则应作相应的修正。

1. 混凝土配合比计算步骤

(1)计算配制强度 $f_{cu,0}$ 值,求出相应的水灰比。

(2)选取每立方米混凝土的用水量,并计算出每立方米混凝土的水泥用量。

(3)选取砂率,计算粗集料和细集料的用量,并提出供试配用的计算配合比。

2. 混凝土水灰比计算

混凝土强度等级小于 C60 时,混凝土水灰比宜按下式计算:

$$\frac{W}{C}=\frac{a_a \cdot f_{ce}}{f_{cu,0}+a_a \cdot a_b \cdot f_{ce}} \tag{3-30}$$

式中:a_a、a_b——回归系数;

f_{ce}——水泥 28d 抗压强度实测值,MPa。

(1)当无水泥 28d 抗压强度实测值时,f_{ce} 值可按下式确定:

$$f_{ce}=\gamma_c \cdot f_{ce,g} \tag{3-31}$$

式中:γ_c——水泥强度等级值的富余系数,可按实际统计资料确定;

$f_{ce,g}$——水泥强度等级值,MPa。

(2)f_{ce} 值也可根据 3d 强度或快测强度推定得出。

3. 回归系数 a_a 和 a_b 的确定

(1)回归系数 a_a 和 a_b 应根据工程所使用的水泥、集料,通过试验由建立的水灰比与混凝土强度关系式确定。

(2)当不具备上述试验统计资料时,其回归系数可按表 3-32 采用。

回归系数 a_a 和 a_b 选用表　　表 3-32

石子品种 / 系数	碎石	卵石	石子品种 / 系数	碎石	卵石
a_a	0.46	0.48	a_b	0.07	0.33

4. 确定每立方米混凝土的用水量(m_{w0})

5. 确定每立方米混凝土的水泥用量(m_c)

每立方米混凝土的水泥用量可按下式计算:

$$m_c=\frac{m_{w0}}{\frac{W}{C}} \tag{3-32}$$

6. 确定混凝土的砂率

7. 确定粗集料和细集料的用量

粗、细集料用量的计算，应符合下列规定。

(1)当采用质量法时，可按式(3-33)、式(3-34)计算：

$$m_{c0}+m_{g0}+m_{s0}+m_{w0}=m_{cp} \tag{3-33}$$

$$\beta_s=\frac{m_{s0}}{m_{g0}+m_{s0}}\times 100\% \tag{3-34}$$

式中：m_{c0}——每立方米混凝土的水泥用量，kg；

m_{g0}——每立方米混凝土的粗集料用量，kg；

m_{s0}——每立方米混凝土的细集料用量，kg；

m_{w0}——每立方米混凝土的用水量，kg；

β_s——砂率，%；

m_{cp}——每立方米混凝土拌和物的假定质量(kg)，其值可取 2 350～2 450kg。

(2)当采用体积法时，应按式(3-34)、式(3-35)计算：

$$\frac{m_{c0}}{\rho_r}+\frac{m_{g0}}{\rho_g}+\frac{m_{s0}}{\rho_s}+\frac{m_{w0}}{\rho_w}+0.01a=1 \tag{3-35}$$

式中：ρ_r——水泥密度(kg/m^3)，可取 2 900～3 100kg/m^3；

ρ_g——粗集料的表观密度，kg/m^3；

ρ_s——细集料的表观密度，kg/m^3；

ρ_w——水的密度(kg/m^3)，可取 1 000kg/m^3；

a——混凝土的含气量，在不使用引气型外加剂时，a 可取 1。

(3)粗集料和细集料的表观密度(ρ_g、ρ_s)，按照《公路工程集料试验规程》(JTJ 058—2000)规定的方法测定。

(四)混凝土配合比的试配、调整与确定

1. 试配

(1)进行混凝土配合比试配时，应采用工程中实际使用的原材料。混凝土的搅拌方法，宜与生产使用的方法相同。

(2)混凝土配合比试配时，每盘混凝土的最小搅拌量应符合表 3-33 的规定；当采用机械搅拌时，其搅拌量不应小于搅拌机额定搅拌量的 1/4。

混凝土试配的最小搅拌量 表 3-33

集料最大粒径(mm)	拌和物数量(L)	集料最大粒径(mm)	拌和物数量(L)
31.5 及以下	15	40	25

(3)按计算的配合比进行试配时，首先应进行试拌，以检查拌和物的性能。当试拌得出的拌和物坍落度或维勃稠度不能满足要求，或黏聚性和保水性不好时，应在保证水灰比不变的条件下相应调整用水量或砂率，直到符合要求为止。然后提出供混凝土强度试验用的基准配合比。

(4)混凝土强度试验时应至少采用 3 个不同的配合比。当采用 3 个不同的配合比时，其中

一个应为已确定的基准配合比，另外两个配合比的水灰比，宜较基准配合比分别增加和减少0.05；用水量应与基准配合比相同，砂率可分别增加和减少1%。

当不同水灰比的混凝土拌和物坍落度与要求值的差超过允许偏差时，可通过增、减用水量进行调整。

(5)制作混凝土强度试验试件时，应检验混凝土拌和物的坍落度或维勃稠度、黏聚性、保水性及拌和物的表观密度，并以此结果作为代表相应配合比的混凝土拌和物的性能。

(6)进行混凝土强度试验时，每种配合比至少应制作一组(3块)试件，标准养护到28d时试压。

需要时可同时制作几组试件，供快速检验或较早龄期试压，以便提前定出混凝土配合比供施工使用。但应以标准养护28d强度检验结果为依据调整配合比。

2.配合比的调整与确定

(1)根据试验得出的混凝土强度与相对应的灰水比(C/W)关系，用作图法或计算法(线性内插)求出与混凝土配置强度($f_{cu,n}$)相对应的灰水比，并应按下列原则确定每立方米混凝土的材料用量。

①用水量(m_w)应在基准配合比用水量的基础上，根据制作强度试件时测得的坍落度或维勃稠度进行调整确定。

②水泥用量(m_c)应以用水量乘以选定出来的灰水比计算确定。

③粗集料和细集料用量(m_g 和 m_s)应分别在基准配合比的粗集料和细集料用量的基础上，按选定的灰水比进行调整后确定。

(2)经试配确定配合比后，尚应按下列步骤进行配合比校正。

①根据上述确定的每立方米混凝土的材料用量，按式(3-36)计算混凝土的表观密度计算值ρ_{cc}。

$$\rho_{cc} = m_c + m_g + m_s + m_w \tag{3-36}$$

②按式(3-37)计算混凝土配合比校正系数δ。

$$\delta = \rho_{ct}/\rho_{cc} \tag{3-37}$$

式中：ρ_{ct}——混凝土表观密度实测值，kg/m^3；

ρ_{cc}——混凝土表观密度计算值，kg/m^3。

③当混凝土表观密度实测值与计算值之差的绝对值不超过计算值的2%时，上述试配确定的设计配合比即为确定的设计配合比；当二者之差超过2%时，应将配合比中每项材料用量均乘以校正系数δ，即为确定的设计配合比。

(3)根据本单位常用的材料，可设计出常用的混凝土配合比备用；在使用过程中，应根据原材料情况及混凝土质量检验的结果予以调整。但遇有下列情况之一时，应重新进行配合比设计。

①对混凝土性能指标有特殊要求时。

②水泥、外加剂或矿物掺和料品种、质量有显著变化时。

③该配合比的混凝土生产间断半年以上时。

(五)施工配合比

试验室最后确定的设计配合比，是按干燥状态集料计算的，而施工现场粗、细集料为露天堆放，都有一定的含水率。因此，施工时应根据现场粗、细集料的实际含水率的变化，将设计配合比换算为施工配合比。

(六)工程示例

混凝土配合比试配记录(质量法)

配合比编号:01　　　　　　　　　　试验日期 ：

一、配合比设计条件							
设计强度	使用地点及部位	拌和方式	振捣方法	浇筑方式	要求坍落度	备注	
C30	某桥墩台	机械拌和	机械振捣	推车运送混凝土	30～50mm		
二、材料情况							
区分 名称	产地	种类及规格	堆积密度	表观密度			备注
水泥	—	P. O 42. 5	1. 31	3. 1g/cm^3	实际强度	42. 5×1. 13=48. 0	
砂	—	中砂	1. 42	2. 65g/cm^3	含泥量	0. 9%	
石	—	5～40mm 碎石	1. 51	2. 71g/cm^3	含泥量	0. 5%	
水	—	饮用水					
外加剂	—				掺量		
掺和料	—				掺量		

三、配合比计算(依据 JGJ 55—2000)	四、配合比试拌
1. $R_p=R+1.645\sigma=30+1.645\times5=38.2$MPa 2. $W/C=0.46\times48/(38.2+0.46\times0.07\times48)=0.56$ 3. W(查表)=175kg 4. $C=W/(W/C)=175/0.56=313$kg 5. $S+G=2\,450-313-175=1\,962$kg 6. 砂率 X(查表)=33% 7. $S=(S+G)\cdot X=1\,962\times34\%=667$kg 8. $G=(S+G)-S=1\,962-667=1\,295$kg	$C=313\times0.025=7.82$kg $S=667\times0.025=16.68$kg $G=1\,295\times0.025=32.38$kg $W=175\times0.025=4.38$kg 混凝土密度=(26. 2−1. 80)/10=2 440kg/m^3 拌和物坍落度=40mm 质量比=$C/C:S/C:G/C:W/C=1:2.13:4.14:0.56$

五、配合比调整							
混凝土表观密度实测值与计算值之差的绝对值不超过计算值的 2%，上述试配确定的设计配合比即为确定的设计配合比							
六、混凝土抗压强度							
R_3	—	R_7	26. 3MPa	R_{28}	35. 3MPa		

复核：　　　　　　　　　　　计算：　　　　　　　　　　　试验：

水泥混凝土配合比试验

编号:C-31-D04-0001

试 验 单 位	襄荆高速公路中铁三局试验室	合　同　号	第 04 合同段
样品名称	水泥混凝土配合比	试验规程	JTJ 041—2000 JGJ/T 55—2000
样品来源	料厂	试验日期	2001. 3. 26
试验人		审核人	

<table>
<tr><th rowspan="2">混凝土强度等级</th><th rowspan="2">水泥强度等级</th><th rowspan="2">试件尺寸(cm)</th><th rowspan="2">水灰比</th><th colspan="4">每立方米混凝土中各项材料用量(kg)</th><th colspan="3">坍落度(cm)</th><th rowspan="2">养护温度(℃)</th><th rowspan="2">单位体积质量(g/cm³)</th><th rowspan="2">龄期(d)</th><th rowspan="2">破坏荷载(kN)</th><th rowspan="2">抗压强度(MPa)</th><th rowspan="2">平均值</th></tr>
<tr><th>水</th><th>水泥</th><th>砂</th><th>碎卵石</th><th>1</th><th>2</th><th>平均值</th></tr>
<tr><td rowspan="3">C30</td><td rowspan="3">42.5</td><td rowspan="3">15³</td><td rowspan="3">0.60</td><td rowspan="3">175</td><td rowspan="3">292</td><td rowspan="3">674</td><td rowspan="3">1 309</td><td rowspan="3">4.0</td><td rowspan="3">4.0</td><td rowspan="3">4.0</td><td rowspan="3">20</td><td rowspan="3">2 440</td><td rowspan="3">28</td><td>720</td><td>32.0</td><td rowspan="3">32.1</td></tr>
<tr><td>720</td><td>32.0</td></tr>
<tr><td>730</td><td>32.4</td></tr>
<tr><td rowspan="3">C30</td><td rowspan="3">42.5</td><td rowspan="3">15³</td><td rowspan="3">0.56</td><td rowspan="3">175</td><td rowspan="3">313</td><td rowspan="3">667</td><td rowspan="3">1 295</td><td rowspan="3">4.0</td><td rowspan="3">4.0</td><td rowspan="3">4.0</td><td rowspan="3">20</td><td rowspan="3">2 440</td><td rowspan="3">28</td><td>795</td><td>35.3</td><td rowspan="3">35.3</td></tr>
<tr><td>810</td><td>36.0</td></tr>
<tr><td>780</td><td>34.7</td></tr>
<tr><td rowspan="3">C30</td><td rowspan="3">42.5</td><td rowspan="3">15³</td><td rowspan="3">0.51</td><td rowspan="3">175</td><td rowspan="3">343</td><td rowspan="3">657</td><td rowspan="3">1 275</td><td rowspan="3">4.0</td><td rowspan="3">4.0</td><td rowspan="3">4.0</td><td rowspan="3">20</td><td rowspan="3">2 440</td><td rowspan="3">28</td><td>880</td><td>39.1</td><td rowspan="3">40.1</td></tr>
<tr><td>910</td><td>40.4</td></tr>
<tr><td>920</td><td>40.9</td></tr>
<tr><td rowspan="2">用料说明</td><td rowspan="2">砂</td><td colspan="3">表观密度</td><td colspan="3">2 650kg/m³</td><td colspan="2" rowspan="2">石</td><td colspan="2">表观密度</td><td colspan="5">2 710kg/m³</td></tr>
<tr><td colspan="3">空隙率</td><td colspan="3">40.7%</td><td colspan="2">空隙率</td><td colspan="5">41.9%</td></tr>
<tr><td>说明</td><td colspan="16">1.水泥厂商品牌：葛洲坝股份有限公司水泥厂(三峡牌普硅 42.5 级)；
2.外加剂名称、掺量；
3.混凝土拌制方法：人工；
4.其他：细集料采用唐白河黄砂(M_x=2.65)，粗集料采用襄南黏土矿碎石(粒径 5～40mm)</td></tr>
<tr><td>结论</td><td colspan="16">监理工程师：　　　　日期：</td></tr>
</table>

二、高强混凝土配合比设计方法

1.配制高强混凝土所用原料规定

(1)应选用质量稳定、强度等级不低于 42.5 级的硅酸盐水泥或普通硅酸盐水泥。

(2) 对强度等级为 C60 级的混凝土，其粗集料的最大粒径不应大于 31.5mm，对强度等级高于 C60 级的混凝土，其粗集料的最大粒径不应大于 25mm；压碎指标值对 C60 混凝土宜小于 10%，对 C80 混凝土宜小于 6%；针片状颗粒含量不宜大于 0.2%；其他质量指标应符合现行行业标准《普通混凝土用碎石或卵石质量标准及检验方法》(JGJ 53—92)的规定。

(3)细集料的细度模数宜大于 2.6，含泥量不应大于 2.0%，泥块含量不应大于 0.5%，其他质量指标应符合现行行业标准《普通混凝土用砂质量标准及检验方法》(JGJ 52—92)的规定。

(4)配制高强混凝土时应掺用高效减水剂。

2.配制高强混凝土配合比的计算方法和步骤

除应按上述普通混凝土第(三)部分的规定进行外，尚应符合下列规定：

(1)基准配合比中的水灰比，可根据现有试验资料选取。

(2)配制高强混凝土所用砂率及所采用的外加剂和矿物掺和料的品种、掺量，应通过试验确定。

(3)计算高强混凝土配合比时,其用水量可按上述普通混凝土第(二)部分的规定确定。

(4)高强混凝土的水泥用量不应大于 550kg/m^3,水泥和矿物掺和料的总量不应大于 600kg/m^3。

3. 高强混凝土配合比试配与确定

其步骤应按上述普通混凝土第(四)部分的规定进行。当采用 3 个不同的配合比进行混凝土强度试验时,其中一个应为基准配合比,另外两个配合比的水灰比,宜较基准配合比分别增加和减少 0.2~0.03。

高强混凝土于设计配合比确定后,尚应用该配合比进行不少于 6 次的重复试验进行验证,其平均值不应低于配制强度。

三、泵送混凝土配合比设计方法

1. 泵送凝土所用原材料规定

(1)泵送混凝土应选用硅酸盐水泥普通硅酸盐水泥、矿渣硅酸盐水泥和粉煤灰硅酸盐水泥,不宜采用火山灰质硅酸盐水泥。

(2)粗集料宜采用连续级配,其针片状颗粒含量不大于 10%;粗集料的最大粒径与输送管径之比宜符合表 3-34 的规定。

粗集料的最大粒径与输送管径之比　　表 3-34

石子品种	泵送高度(m)	粗集料最大粒径与输送管径之比	石子品种	泵送高度(m)	粗集料最大粒径与输送管径之比
碎石	<50	≤1∶3.0	卵石	<50	≤1∶2.5
	50~100	≤1∶4.0		50~100	≤1∶3.0
	>100	≤1∶5.0		>100	≤1∶4.0

(3)泵送混凝土宜采用中砂,其通过 0.315mm 筛孔的颗粒含量不应少于 15%。

(4)泵送混凝土应掺用泵送剂或减水剂,并宜掺用粉煤灰或其他活性矿物掺和料,其质量应符合国家现行的有关标准规定。

2. 泵送混凝土试配时的坍落度值

泵送混凝土试配时的坍落值应按下式计算:

$$T_t = T_p + \Delta T \tag{3-38}$$

式中:T_t——试配时要求的坍落度值;

T_p——入泵时要求的坍落值;

ΔT——试验测得在预计时间内的坍落度损失值。

3. 泵送混凝土配合比的计算和试配步骤

除应按上述普通混凝土第(三)、(四)部分规定进行外,尚应符合下列规定:

(1)泵送混凝土的用水量与水泥和矿物掺和料的总量之比不宜大于 0.60。

(2)泵送混凝土的水泥和矿物掺和料的总量不宜小于 300kg/m^3。

(3)泵送混凝土的砂率宜为 35%~45%。

(4)掺用引气型外加剂时,其混凝土含气量不宜大于 4%。

四、抗冻混凝土配合比设计方法

1. 抗冻混凝土所用原料规定

(1)应选用硅酸盐水泥或普通硅酸盐水泥,不宜使用火山灰质硅酸盐水泥。

(2)宜选用连续级配的粗集料,其含泥量不得大于1.0%,泥块含量不得大于0.5%。

(3)细集料含泥量不得大于3.0%,泥块含量不得大于1.0%。

(4)抗冻等级F100及以上的混凝土所用的粗集料和细集料均应进行坚固性试验,并应符合现行行业标准《普通混凝土用碎石或卵石质量标准及检测方法》(JGJ 53—92)及《普通混凝土用砂质量标准及检测方法》(JGJ 52—92)的规定。

(5)抗冻混凝土宜采用减水剂,对抗冻等级F100及以上的混凝土应掺引气剂,掺用后混凝土的含气量应符合上述普通混凝土第(二)部分的相关规定。

2. 抗冻混凝土配合比的计算方法和试配步骤

除应遵守普通混凝土第(三)、(四)部分的规定外,供试配用的最大水灰比尚应符合表3-35的规定。

抗冻混凝土的最大水灰比　　表3-35

抗冻等级	无引气剂时	掺引气剂时	抗冻等级	无引气剂时	掺引气剂时
F50	0.55	0.60	F150及以上		0.50
F100		0.55			

3. 抗冻性能试验

进行抗冻混凝土配合比设计时,尚应增加抗冻融性能试验。

五、大体积混凝土配合比设计方法

1. 大体积混凝土所用原材料规定

(1)应选用水化热低和凝结时间长的水泥,如低热矿渣硅酸盐水泥、中热硅酸盐水泥、矿渣硅酸盐水泥、粉煤灰硅酸盐水泥、火山灰质硅酸盐水泥等。当采用硅酸盐水泥或普通硅酸盐水泥时,应采取相应措施延缓水化热的释放。

(2)粗集料宜采用连续级配,细集料宜采用中砂。

(3)大体积混凝土应掺用缓凝剂、减水剂和减少水泥水化热的掺和料。

大体积混凝土在保证混凝土强度及坍落度要求的前提下,应提高掺和料及集料含量,以降低每立方米混凝土的水泥用量。

2. 大体积混凝土配合比的计算和试配步骤

应按普通混凝土第(三)、(四)部分的规定进行,并宜在配合比确定后进行水化热验算或测定。

六、后张孔道压浆配合比设计方法

在后张法预应力混凝土构件施工中,当预应力钢筋张拉完毕后,应尽早向预留的预应力筋孔道内压注水泥浆,以保证预应力筋不锈蚀(处于受拉状态,即应力状态下的裸露钢筋,比处在自然状态下的原材料的锈蚀速度要快得多)，并与构件混凝土牢固粘结为一整体，将预应力传递至混凝土结构中，以增强其锚固能力，保证构件的抗裂性和耐久性。一般采用水泥净浆作为孔道压浆材料。

1.压浆用水泥浆材料规定

后张法预应力孔道压浆宜采用纯水泥浆，所用材料应符合下列要求。

(1)水泥宜采用硅酸盐水泥或普通水泥；采用矿渣水泥，应加强检验，防止材性不稳定；水泥的强度等级不宜低于42.5级；水泥不得含有任何团块。

(2)水应不含有对预应力筋或水泥有害的成分，每升水不得含500mg以上氯化物离子或任何一种其他有机物；可采用清洁的饮用水。

(3)宜采用具有低含水率、流动性好、最小渗出及膨胀性等特性的外加剂，它们应不得含有对预应力筋或水泥有害的化学物质。

2.水泥浆的试配强度

水泥浆的试配强度应不小于实际规定值。设计无具体规定时，应不低于30MPa。

3.水灰比

水灰比宜为0.40～0.45(试配强度高时取低值)；掺入适量减水剂时，水灰比可减小到0.35；外加剂的类型和用量应经试验验证后确定。

根据经验初步选定水灰比和外加剂的类型和用量，按下列步骤进行试验验证。

(1)按选定的水灰比制成水泥浆，并加入外加剂(通常加减水剂和膨胀剂)。

(2)进行泌水率和膨胀率试验。泌水率最大不得超过3%，拌和后3h泌水率宜控制在2%，泌水应在24h内重新全部被浆吸回。

4.水泥净浆泌水率和膨胀率试验步骤

(1)试验容器

试验容器用有机玻璃制成，带有密封盖，高120mm，直径100mm。

(2)试验方法

将试验容器放置在水平的桌面或工作台上，往容器内灌入经搅拌均匀的水泥浆约100mm深，准确量测水泥净浆顶面高度 a_1 并记录下来，然后盖上盖。静放3h和24h后，量测其离析水水面 a_2 和膨胀后的水泥浆面 a_3 的高度。

(3)计算泌水率和膨胀率

$$泌水率 = \frac{a_2 - a_3}{a_1} \times 100\% \tag{3-39}$$

$$膨胀率 = \frac{100(a_3 - a_1)}{a_1} \times 100\% \tag{3-40}$$

5.稠度试验

水泥浆宜控制在14～18s之间。

(1)试验容器

(2)试验方法

测定时，先将漏斗调整放平，或利用挂钩将漏斗吊放在某物件上，试验时不要碰撞漏斗。用手指堵住流出口，流出口下放一大于2 000ml的容器，将搅拌均匀的水泥浆倒入漏斗内，注意仔细观察，水泥浆顶面应正好接触点测规尖(水泥浆面位置，可用灌入1 725ml水的方法找出，并划上刻度线)，然后松开手指,同时开动秒表，让水泥浆自由流出。待水泥浆全部流完时，按停秒表。所流时间,即为水泥浆稠度(s)。

(3)取水泥浆制备一组(宜取6件)70.7mm×70.7mm立方体试件,标准养护28d,进行抗压强度试验。

上述试验结果均满足规定要求,其水灰比、外加剂的用量为最终配合比。

混凝土配合比检测项目:有关混凝土配合比设计的计算、试配、校正,在混凝土试验检测项目里详细介绍。

6. 工程示例

湖北省襄荆高速公路项目

预制梁孔道压浆配合比试验

编号:C-31-B-D04-0001

试验单位	襄荆高速公路中铁三局试验室	合同号	第4合同段
样品名称	C40预制梁孔道压浆配合比	试验规程	JTJ 041—2000 JGJ/T 55—2000
样品来源	料厂	试验日期	2001.5.20
试验人		审核人	

混凝土强度等级	水泥强度等级	试件尺寸(cm)	水灰比	每立方米混凝土中各项材料用量(kg)				稠度(s)			养护温度(℃)	单位体积重(g/cm³)	龄期(d)	破坏荷载(kN)	抗压强度(MPa)	平均值
				水	水泥	砂	碎卵石	1	2	平均值						
C40	42.5	7.07^3	0.40	534	1 335			18.0	18.0	18.0	20	1 882	28	235	47.0	47.0
														245	49.0	
														225	45.0	

用料说明	砂	表观密度		石	表观密度	
		空隙率			空隙率	
说明	1. 水泥厂商品牌:葛洲坝股份有限公司水泥厂(三峡牌普硅42.5); 2. 外加剂名称、掺量:NF-15缓凝高效减水剂(水泥用量的1.0%); 3. 拌制方法:人工; 4. 其他					
结论	监理工程师: 日期:					

第三节　施工过程中桥涵工程的试验检测内容

桥涵工程原材料试验检测，不仅在开工前或材料进场时检验合格就可以了，而且要在施工过程中，仍需按照规范要求的频率及时试验。这是因为同土工试验检测一样，建设工程所需工程材料数量大，施工过程中及时进行取样试验，能够保证工程所需材料质量，这是控制工程实体质量的基础条件。

开工前，实验室应根据施工组织设计合理安排，将先开工的桥涵工程配合比设计完成，保证工程正常开工。在施工过程中，要对工程所需全部配合比进行设计并及时完成，保证工程的正常进行。

施工过程中，当中小桥及涵洞基础开挖到基础高程后，实验室应进行自检，合格后，报请监理工程师抽检确认，方可进行下道工序的施工。

桥涵工程混凝土施工是施工过程质量控制的关键内容，并且控制的关键环节、关键部位很多，哪个环节出现问题，都会影响工程质量。如果原材料检验不合格，试验检测人员有权不允许其在工程上使用，但是工程实体完成后，才发现混凝土工程质量不合格、不仅会造成投资损失、工期延误，严重的还会造成人民生命财产的损失。因此，希望试验检测人员在施工过程中，严格按照试验检测规程进行检验，保证工程实体质量。

桥涵工程施工过程中试验检测项目包括：(1)原材料试验检测；(2)混凝土配合比设计；(3)桥涵工程基础检测；(4)基础、墩台身、梁体混凝土工程试验检测。

原材料试验检测：参照施工准备阶段原材料试验检测方法进行。混凝土配合比设计：参照施工准备阶段原材料试验检测方法进行。

一、桥涵工程基础检测

(一)桥涵工程试验检测项目六——小桥涵地基承载力检测

地基承载力是指单位地基土上所能承受荷载的能力。

小桥涵地基承载力的确定主要有查表法、动力触探等方法。

试验方法一：检测土的物理性能、查表取得地基承载力

在没有轻型触探设备时，对一般黏性土，可取基坑土样，做物理性能检测，根据各种物理指标，查得地基承载力。检测项目和试验步骤如下。

(1)当桥涵基坑挖至设计高程后，用取土钻或环刀，取基坑原土测天然含水率 w_0、天然湿密度 ρ_w、天然干密度 ρ_d，另取基坑代表性土样，测土的液限 w_L 塑限 w_P、塑性指数 I_P 和土粒比重 G_s。

(2)用环刀取原状土时，应去掉基坑表层 5～10cm 土层，再将环刀打入取样，应尽量使环刀内土样保持原状，不得搅动环内土。取三个环刀测得的平均值作为测定值。

(3)在无条件测土粒比重 G_s 时，可参考下列值取用。

低液限黏土 G_s≈2.70，高液限黏土 G_s≈2.72。

(4)按下面公式计算土的天然孔隙比和液性指数。

天然孔隙比 $$[e]=\frac{(G_s-p_d)}{p_d} \tag{3-41}$$

液性指数 $$[I_L]=\frac{(w_0-w_p)}{I_P} \tag{3-42}$$

(5)根据表 3-36 确定地基承载力。

一般黏性土的容许承载力$[\delta_0]$ 表 3-36

$[\delta_0]$(kPa) \ I_L / e	0	0.1	0.2	0.3	0.4	0.5	0.6	0.7	0.8	0.9	1.0	1.1	1.2
0.5	450	440	430	420	400	380	350	310	270	240	220	—	—
0.6	420	410	400	380	360	340	310	280	250	220	200	180	—
0.7	400	370	350	330	310	290	270	240	220	190	170	160	150
0.8	380	330	300	280	260	240	230	210	180	160	150	140	130
0.9	320	280	260	240	220	210	190	180	160	140	130	120	100
1.0	250	230	220	210	190	170	160	150	140	120	110	—	—
1.1	—	—	160	150	140	130	120	110	100	90	—	—	—

注:当 $e<0.5$ 时,取 $e=0.5$;$I_L<0$ 时,取 $I_L=0$ 。

试验方法二:轻便触探试验

轻便触探试验是利用一定的锤击功能,将一定规格的圆锥探头打入土中,根据打入土中的阻力大小(以打入土中一定距离所需的锤击数来表示阻力)来判断土层的变化,对土层进行力学分层,确定土层的地基承载力。轻便触探的优点是设备简单、操作方便、工效高、适应性较广。对黏性土、砂土、粉土等,轻便触探是比较有效的勘探测试方法。

1.仪器设备

轻便触探试验设备主要由探头、触探杆、穿心锤三部分组成,见图 3-8。触探杆系用直径 25mm 的金属管,每根长 1.0~1.5m,穿心锤重 10kg。

2.试验要点

(1)先用轻便钻具钻至试验土层高程处,然后对所需试验的土层连续进行触探。地基开挖至试验土高程时,可直接对土层进行触探。

(2)试验时,穿心锤落距为 50cm,使其自由下落,将探头竖直打入土层中,每打一层 30cm 的锤击数即为 N10。

(3)若需描述土层情况时,可将触探杆拔出,取下探头,换以轻便钻头,进行取样。

(4)本试验一般用于贯入深度小于 4m 的土层。

(5)根据触探试验的锤击数 N10,可按表查得地基容许承载力 R 值。

3.注意事项

(1)同一土层应进行多次试验,一般不少于 6 点,宜取低值作为试验结果。

(2)注意地基土质出现不同性质的分层变化。

(二)混凝土灌注桩基础检测

1.泥浆的作用

钻孔泥浆由水、黏土(或膨润土)和添加剂组成。在钻孔中,由于泥浆相对密度大于水的相对密度,故护筒内同样高的水头,泥浆的静水压力比水大。由于静水压力的作用,泥浆可作用在井孔壁形成一层泥皮,阻隔孔内外水的渗流,保护孔壁免于坍塌。

此外,泥浆还起悬浮钻渣的作用,使钻进正常进行。

实际施工中,应根据不同的钻孔方法和土层情况,选择应用不同的泥浆性能指标,以保证钻孔的顺利进行,见表3-37。

泥浆性能指标选择 表3-37

钻孔方法	地层情况	泥浆性能指标						
		相对密度	黏度(s)	含砂率(%)	胶体率(%)	失水率(ml/30h)	泥皮厚(mm)	酸碱度(pH)
正循环	一般地层	1.05~1.20	16~22	8~4	≥96	≤25	≤2	8~10
	易坍地层	1.20~1.45	19~28	8~4	≥96	≤15	≤2	8~10
反循环	一般地层	1.02~1.06	16~20	≤4	≥95	≤20	≤3	8~10
	易坍地层	1.06~1.10	18~28	≤4	≥95	≤20	≤3	8~10
	卵石土	1.10~1.15	20~35	≤4	≥95	≤20	≤3	8~10
推钻冲抓	一般地层	110~1.20	18~24	≤4	≥95	≤20	≤3	8~11
冲击	易坍地层	1.20~1.40	22~30	≤4	≥95	≤20	≤3	8~11

注:1.地下水位高或其流速大,指标取高限,反之取低限。
2.地质状态较好,孔径或孔深较小的取低限,反之取高限。

2.桥涵工程试验检测项目七——钻孔泥浆性能指标检测

试验一:泥浆的相对密度试验

泥浆的相对密度是泥浆与4℃时同体积水的质量之比。

泥浆的相对密度可用相对密度计测定。泥浆密度计由泥浆杯、杠杆、支架和游码组成。

试验时,将搅拌均匀的泥浆装满泥浆杯,加盖后并擦净从小盖孔溢出的泥浆,然后置于支架上,移动游码,使杠杆呈水平状态,即水平泡位于中央,读出游码左侧所示刻度,即为泥浆的密度。

试验二:泥浆黏度试验

泥浆黏度是表示泥浆黏滞程度的指标。

泥浆黏度是由标准黏度计中流出500ml泥浆所需时间来表示的,单位为s。工地用标准漏斗黏度计,由两端开口的量杯、漏斗、筛网及杯组成。试验操作步骤如下所述。

用手指堵住漏斗的流出口,将经过过滤去掉砂粒的泥浆,用两端开口的量杯,分别量取200ml和500ml泥浆(共700ml)注入漏斗中,在漏斗流出口下面放一个500ml量杯。放开手指,同时开动秒表,待泥浆流满 500ml 量杯时,按停秒表,其流出时间即为黏度(s)。

试验三:泥浆含砂率试验

泥浆的含砂率是指泥浆中砂粒和不可分散物质的含量,工地一般用含砂率计测定。

试验方法:将搅拌均匀的 50ml 泥浆倒入含砂率计,然后再倒入 450ml 清水,将仪器口塞紧,摇动 1min,使泥浆与水混合均匀,再将仪器竖直静放 3min,从仪器下端的刻度上读出沉淀物的体积,乘以 2 即为含砂率。

试验四:泥浆胶体率试验

胶体率也称稳定率,是指泥浆中土粒保持悬浮状态的性能。

试验方法:将搅拌均匀的泥浆倒入干净的 100ml 量杯中,然后用玻璃片盖在量杯上,静置 24h 后读数。量杯上部的泥浆可能澄清为透明的水,下部为沉淀物。以 100－(水＋沉淀物)体积,即为泥浆的胶体率(%)。泥浆的胶体率一般应大于 95%。

试验五:泥浆失水量和泥皮厚的测定

试验时,将一张 120mm×120mm 的滤纸置于水平玻璃板上,中央画一个直径 30mm 的圆圈,将 2ml 泥浆滴于圆圈中心,30min 后,量算湿润圆圈的平均半径减去泥浆坍平成为泥饼的平均半径(mm),即为泥浆的失水量。

在滤纸上量出泥饼厚度(m),即为泥皮厚。泥皮越平坦、越薄,则泥浆质量越高,一般不宜厚于 2～3mm。

(三)混凝土钻孔灌注桩完整性检测

混凝土钻孔灌注桩是桥梁及建筑结构物常用的基桩形式之一,这主要是由于桩能将上部结构的荷载传递到深层稳定的土层中去,从而大大减少基础沉降和建筑物的不均匀沉降,时间证明它的确是一种极为有效、安全可靠的基础形式。

灌注桩成桩质量通常存在两方面问题:一是属于桩身完整性,常见的缺陷有夹泥、断桩、缩径、扩径、混凝土离析及桩顶混凝土密实性较差等;二是嵌岩桩,影响桩底支撑条件的质量问题主要是灌注混凝土前清孔不彻底,孔底沉淀厚度超过规定极限,影响承载力。

混凝土钻孔灌注桩完整性检测的方法有钻芯检验法、反射波法、机械阻抗法、超声脉冲检测法(声波透射法)、水电效应法和射线法等,本项检测内容属于专项检测内容,这里不再详细阐述。

二、基础、墩台身、梁体混凝土工程试验检测

概述:水泥混凝土是指由水和水泥组成水泥浆,以砂子和石子作为混凝土中的细集料及粗集料,或其他辅助材料粉煤灰、外加剂等按一定比例拌和,并在一定条件下硬化而形成的人造石材。

(一)桥涵工程试验检测项目八——水泥混凝土混合料坍落度、维勃稠度的测定

判定混凝土拌和物的和易性,通常采用测定混凝土的三项指标即流动性、黏聚性和保水性。工程上用“坍落度”和“维勃稠度”指标来判定。

试验方法一:混凝土拌和物坍落度试验

1.试验目的

坍落度是表示混凝土拌和物稠度的一种指标,判定混凝土的和易性,是否符合配合比设计

及现场施工的质量要求。

2. 试验仪器

(1)坍落筒:为铁板制成的截头圆锥筒,厚度不小于1.5mm,内侧平滑,在筒的上方约2/3高度处有两个把手,近下端两侧焊有两个踏脚板,保证坍落筒可以稳定操作。

(2)天平:2kg,感量1g。

(3)量筒:1 000ml和200ml各一个。

(4)磅称:称量100kg,感量50g。

(5)坍落度高度测量器、漏斗、铁板、铁锹抹刀、小铲、弹头形捣棒。

3. 试验步骤

(1)试验前将坍落度筒内外洗净,放在水润湿过的平板上。

(2)将坍落度筒踏板用脚踏紧,筒口放上漏斗,将代表试样分3层装入筒内,每层装入高度稍大于筒高的1/3。用捣棒在每一层的横截面上均匀插捣25次,沿螺旋线由边缘至中心插捣,插捣底层时插至底部,插捣其他两层时,应插透本层并插入下层约20～30mm。垂直插捣时(除边缘部分外),不得冲击。测定时还应评定拌和物的黏聚性、保水性等性质,指标详见表3-38。

拌和物其他性质表　　表3-38

项　目	内　容	评定标准
棍度	插捣难易程度	上:容易 中:稍有阻滞 下:很难插捣
含砂情况	抹平情况	多:1～2次抹平,无蜂窝 中:5～6次抹平,无蜂窝 少:不易抹平,无蜂窝
黏聚性	在锥体一侧较大时的情况	良好:渐渐下沉 不好:突然到坍,石子离析
保水性	水分从拌和物底部析出情况	多:较好 少:少量 无:没有

(4)顶层插捣完毕后,将捣棒用锯和滚的动作清除多余混凝土,用镘刀抹平筒口刮净筒底周围的拌和物,在5～10s内垂直提起坍落筒。从开始装筒到提起坍落筒的全过程,不应超过2.5min。

(5)用钢尺量出高度测量器尺底面至试样顶面中心的垂直距离,即为该混凝土拌和物的坍落度,精确到5mm。以两次测定结果的平均值作为测定值。若两次结果相差20mm以上须作第三次试验,第三次与前两次结果均相差20mm以上时,整个试验重作。

4. 记录表格(表 3-39)

混凝土拌和物坍落度实验记录表　　表 3-39

试样编号				试样来源			
试样名称				试样用途			
实验次数	拌和 12L 混凝土各种材料用料				坍落度值(mm)	平均坍落度值(mm)	备注
	水泥重(kg)	砂重(kg)	石子(kg)	用水量(kg)			
①	②	③	④	⑤	⑥	⑦	⑧

试验者：　　　　计算者：　　　　校核者：　　　　试验日期　　年　月　日

试验方法二:混凝土拌和物维勃稠度试验

1. 试验目的

维勃稠度是用维勃时间表示的混凝土拌和物稠度指标,本方法适用于集料粒径不大于 40mm 的混凝土及维勃稠度在 5～30s 干稠混凝土的稠度测定。

2. 试验仪器

(1)混凝土搅拌机:自由式和强制式,应附有产品品质保证文件。

(2)维勃稠度仪:由金属圆筒、坍落筒、漏斗、透明塑料圆盘、振动台等部分组成。振动台工作频率 50Hz,空载振幅 0.5mm,上有固定螺丝。

(3)磅秤:称量 100kg,感量 50kg。

(4)其他:拌和用铁板、铁锹、镘刀、玻璃板等。

3. 试验步骤

(1)先将盛样容器用螺母固定在振动台上,放入坍落筒,扣上漏斗。

(2)按照坍落度试验相同的方法,分三层将混凝土拌和物装填到筒中。完成后,去掉漏斗,抹平混凝土表面后提起坍落筒,将透明圆盘放在混凝土上。

(3)一切就绪后,启动振动台,同时按下秒表,仔细观察在振动过程中透明圆盘和混凝土之间的接触变化,当透明圆盘底面刚好布满水泥浆时,立即停止秒表并关闭振动台。以秒表所示时间作为混凝土拌和物稠度的试验结果,精确至 1s。

(二)桥涵工程试验检测项目九——水泥混凝土毛体积密度试验

试验方法一:毛体积密度测定(人工振捣)

(1)该方法适用于测定坍落度不小于 70mm 拌和物的流动性。先用湿布将量筒内外擦净,称出质量 m_1。

(2)试样分三层装入量筒,每层高度越为 1/3 筒高,用捣棒从边缘到中心沿螺旋线均匀插捣,每层插捣 25 次,捣底层时应捣至筒底,捣上两层时须插入其下一层约 20～30mm。每捣毕一层,应在量筒外壁拍打 10～15 次,直至拌和物表面不出现气泡为止。

清除多余混凝土,仔细用镘刀抹平表面,抹平后擦净并称其质量 m_1。

试验方法二:毛体积密度测定(机械振捣)

(1)本方法适用于测定坍落度小于 70mm 混凝土的流动性。先用湿布将筒内外擦净并称

其质量 m_1。

(2)将量筒在振动台上夹紧，一次将拌和物装满量筒，立即开始振动，随时添加拌和物，直至拌和物表面出现水泥浆为止。

(3)从振动台上取下量筒，刮去多余混凝土，仔细用镘刀抹平表面。用玻璃板检验抹平情况，擦净量筒外部并称其质量 m_2，精确至 50g。

(4)实验结果整理

毛体积密度计算公式：

$$\rho_h = \frac{m_2 - m_1}{V} \tag{3-43}$$

式中：ρ_h——拌和物毛体积密度，kg/L；

m_1——量筒质量，kg；

m_2——捣实或振实后混凝土和量筒总质量，kg；

V——量筒容积，L。

以两次试验结果的算术平均值作为测定值，试样不得重复使用。

(5)记录表格(表 3-40)

水泥混凝土毛体积密度试验记录表　　表 3-40

试样编号				试样来源			
试样名称				试样用途			
试验次数	容量体积 V(L)	容量筒质量 m_1(kg)	容量筒和混凝土质量 m_2(kg)	混凝土质量 m_1-m_2(kg)	混凝土拌和物密度 P h(kg/L)		备注
					个别	平均	
①	②	③	④	⑤	⑥	⑦	⑧

试验者：　　计算者：　　校核者：　　试验日期　年　月　日

(三)桥涵工程试验检测项目十——混凝土抗压强度试验

1. 试验目的

本试验规定了测定混凝土抗压强度的方法，以确定水泥混凝土的等级，作为评定混凝土的品质的主要指标，确定混凝土抗压强度。

2. 实验仪器

(1)拌和用铁板、铁锹、镘刀小铁铲。

(2)磅城：称量 100kg，精度 0.5kg。

(3)天平：称量 2 000g，感量 1g。

(4)量筒：1 000ml、200ml 各一个。

(5)试模：每组 3 个，边长为 150mm 的正方体。采用非标准试件时，其集料粒径应符合表 3-41 的规定。

抗压强度试件尺寸表　　表 3-41

集料最大粒径(mm)	试件尺寸(mm)	集料最大粒径(mm)	试件尺寸(mm)
30	100×100×100	60	200×200×200
40	150×150×150		

(6)标准养护室温度在(20±2)℃,相对湿度在95%以上。

(7)压力试验机:上下压板平整并有足够刚度,可以均匀地连续加荷、卸载,满足试件破型吨位的要求。

3. 试验步骤

(1)将拌和的铁板、铁锹用湿布擦净,称量各种材料的用量,先将水泥和砂拌和均匀摊成一薄片,倒入石子,干拌均匀。将拌和物堆成一长堆,中心扒槽,将拌和水倒入约一半,仔细拌匀。再堆成长堆,中心扒槽,倒入剩余水,继续拌和,防止水分流失。来回至少翻拌6遍,从加水完毕时起拌和时间约为4~5min。

(2)将试模擦净,边模及底模涂抹干黄油紧密装配,防止漏浆。试模内涂一薄层机油,将试样分两层放入试模,每层插捣25次,捣固时按螺旋线方向从边缘到中心均匀地进行,捣底层时捣至模底,捣上层时应插入该层底面下20~30mm处。插捣结束后,将捣棒用锯和滚的动作刮除多余混凝土。流动性小的混凝土,随时用镘刀沿试模内壁插抹数次,防止试件产生麻面。抹平试件表面,与试件高度差不超过0.5mm。

(3)试件成型后,用湿布覆盖表面,在室温15~25℃,相对湿度大于50%情况下静放1~2d,拆模并作第一次外观检查,编号。编号后放入标准养护室中养护,养护水温17~23℃。试件如有蜂窝缺陷,应在试验前三天用浓水泥浆填补平整,并在报告中说明。养护至规定龄期,取出试件,擦干试件水分。先检查其形状和尺寸,量出边棱长度,精确至1mm。试件载面积按其与压力机上下接触面的平均值计算。在破型前,试件保持原有湿度,称出其质量。

(4)以成型时侧面为上下受压面,置试件于压力机中心,几何对中,开动压力机,施加荷载。强度等级小于C30的混凝土取0.3~0.5MPa/s的加荷速度;强度等级大于或等于C30时则取0.5~0.8MPa/s的加荷速度。当试件接近破坏而开始迅速变形时,应停止调整试验机油门,直至试件破坏,记录破坏极限荷载。

4. 试验结果与数据整理

抗压强度计算公式为:

$$f_{cu} = k \cdot \frac{F}{A} \tag{4-44}$$

式中:f_{cu}——混凝土抗压强度,MPa;

k——尺寸换算系数,见表3-42;

F——极限荷载,N;

A——受压面积,mm^2。

抗压强度尺寸换算系数表

表 3-42

试件尺寸(mm³)	尺寸换算系数	试件尺寸(mm³)	尺寸换算系数
100×100×100	0.95	200×200×200	1.05
150×150×150	1.00		

以 3 个试件测值的算术平均值作为测定值。如任一个测值与中值超过中值的 15%时，取中值为测定值；如有两个测值与中值的差值超过 15%时，则该组试验结果无效。计算结果精确至 1.0MPa。

5. 记录表格(表 3-43)

水泥混凝土抗压强度试验记录表

表 3-43

试样编号				试样来源				
试样名称				试样用途				
试样编号	拌制日期	实验日期	龄期(d)	最大荷载(kN)	试件尺寸(mm)	平均截面(mm²)	抗压强度(MPa)	
							个别	平均
①	②	③	④	⑤	⑥	⑦	⑧	⑨

试验者： 计算者： 校核者： 试验日期： 年 月 日

6. 试验中注意的问题

(1)试件从养护地点取出后应尽快进行试验，以免试件内部的湿度发生显著变化。

(2)试验时以实测试件尺寸计算试件的承压面积，如实测尺寸与公称尺寸之差不超过 1mm，可按公称尺寸进行计算。

(3)试验应连续而均匀加荷，当试件接近破坏而开始迅速变形时，停止调整试验机油门，直至试件破坏。

(4)边长为 150mm 立方体试件的抗压强度为标准值，用其他尺寸试件测得的强度值均应乘以尺寸换算系数。

(四)桥涵工程试验检测项目十——混凝土抗折强度试验

1. 试验目的

抗折强度是水泥混凝土路面设计的重要指标。本试验规定了测定混凝土抗折强度的方法，以提供设计参数。

2. 试验仪器

(1)混凝土搅拌机：自由式或强制式，应付有产品品质保证文件。

(2)拌和用铁板、铁锹、镘刀、小铲。

(3)磅秤：称量 100kg，感量 50g。

(4)天平：称量 2000g，感量 1g。

(5)量筒:1 000ml 和 200ml 各一个。

(6)试验机:采用 50～300kN 抗折试验机或万能试验机。抗折试验装置由双点加荷压头和活动支座组成,活动支座采用球形接触,其中一半为一个钢球支撑,另一半为两个钢球支撑。加荷压头的两个加压点也为球形接触,其中一点为单球形接触,与双球支座上下对应,另一点为双球接触,与单球接触支座上下对应。

(7)抗折强度试模:尺寸为 150mm×150mm×550mm。

(8)标准养护室温度在(20±2)℃,相对湿度在 95%以上。

3. 试验步骤(机械拌和)

(1)使用拌和机前,应先用少量砂浆进行涮膛。其水灰比及砂灰比与正式混凝土配合比相同。

(2)按规定称好各种原料,往拌和机内依次加入石子、砂、水泥,加料时间不宜超过 2min。开动机器将材料拌和均匀,将水徐徐加入,待水全部加入后,继续拌和约 2min。将拌和物倾出在铁板上,再经人工翻拌 1～2min,务使拌和物均匀一致。

(3)将试模擦净,边模与底模接触处涂抹干黄油,防止漏浆。将试模紧密结合,试模内均匀涂抹一层机油。将拌和好的混凝土拌和物分两层装入试模,装入高度约为总高度 1/2,每层插捣 100 次,按螺旋线由边缘到中心均匀进行。刮除多余混凝土,用镘刀抹平表面,擦净试模边缘多余混凝土。试件成型后,在室温 15～25℃,相对湿度大于 50%的情况下,静放 1～2d,然后拆模并对试件进行外观检查并编号。

(4)将试件放入水槽中进行养护,水温应在 17～23℃。若用其他方法养护,须在报告中说明养护方法。

(5)到达试验龄期时,从标准养护室中取出试件,检查试件,若试件中部 1/3 长度内有蜂窝,则该试件作废。在试件表面画出支点及加荷位置,距端部分别为 50mm、200mm、350mm、500mm。

(6)调整两个可移动的支座,使试件与试验机下压头中心距离为 225mm,并旋紧两支座。将试件放在支座上,侧面朝上,几何对准后,缓缓加一初荷载,约 1kN。后以 0.5～0.7MPa/s 的加荷速度连续加荷,试件破坏时,记录最大荷载。

4. 试验结果与数据整理

抗折强度计算公式为

$$f_{cf}=\frac{FL}{bh^2} \tag{3-45}$$

式中:f_{cf}——抗折强度,MPa;

F——极限荷载,N;

L——支座间距,450mm;

b——试件宽度,150mm;

h——试件高度,150mm。

若断面位于加荷点外侧,试验结果无效,该组结果作废。

本试验以 3 个试件的算术平均值为测定值。如任一个测值与中值的差值超过中值的 15%时,取中值,测定值与中值的差值均超过规定时,该组试验结果无效。

5. 记录表格(表 3-44)

混凝土抗折强度试验记录表　　表 3-44

试样编号				试样来源				
试样名称				试样用途				
试验编号	拌制日期	试验日期	龄期(d)	抗折破坏荷载(kN)	试件尺寸(mm)	平均截面(mm^2)	抗压强度(MPa)	
							个别	平均
①	②	③	④	⑤	⑥	⑦	⑧	⑨

试验者：　　计算者：　　校核者：　　试验日期：　　年　月　日

6. 试验中注意的问题

(1)试件从养护水槽取出后应尽快擦干试件表面水分进行试验，以免试件内部的湿度发生显著变化。

(2)试验前准确地在试件表面划出支点位置及加荷位置。

(五)水泥混凝土抗压强度的质量评定

1. 评定要求

评定水泥混凝土的抗压强度，应以标准养生 28d 龄期的边长为 150mm 的立方体试件，在标准试验条件下测得的极限抗压强度为准。试件 3 个为 1 组，制取组数应符合下列规定：

(1)不同强度等级和不同配合比的混凝土应在浇筑地点或拌和地点分别随机制取试件。

(2)浇筑一般体积的结构物(如基础、墩台等)时，每一单元结构物应制取 2 组。

(3)连续浇筑大体积结构时，每 80～200m^3 或每一工作班应制取 2 组。

(4)上部结构，主要构件长 16m 以下应制取 1 组，16～30m 制取 2 组，31～50m 制取 3.50m以上者不少于 5 组。小型构件每批或每工作班至少应制取 2 组。

(5)每根钻孔桩至少应制取 2 组；桩长 20m 以上者不少于 3 组；桩径大、浇筑时间很长时，不少于 4 组。如换工作班时，每工作班应制取 2 组。

(6)构筑物(小桥涵、挡土墙)每座、每处或每工作班制取不少于 2 组。当原材料和配合比相同、并由同一拌和站拌制时，可几座或几处合并制取 2 组。

(7)应根据施工需要，另制取几组与结构物同条件养生的试件，作为拆模、吊装、张拉预应力、承受荷载等施工阶段的强度依据。

2. 水泥混凝土抗压强度的合格标准

(1)已知标准差的统计方法

若在较长时间内，混凝土的生产条件保持一致，且同一品种混凝土的强度性能保持稳定时，应以连续三组试件组成一个验收批，计算强度平均值和最小值。当混凝土强度等级≤C20 时，其强度值应同时满足式(3-46)、式(3-47)、式(3-48)的要求；当混凝土强度等级>C20，其强度特征值应同时满足式(3-46)、式(3-47)、式(3-49)的要求。

$$f_{cu} \geq f_{cu,k} + 0.7\sigma_0 \tag{3-46}$$

$$f_{cu,min} \geqslant f_{cu,k} - 0.7\sigma_0 \tag{3-47}$$

$$f_{cu,min} \geqslant 0.85 f_{cu,k} \tag{3-48}$$

$$f_{cu,min} \geqslant 0.90 f_{cu,k} \tag{3-49}$$

式中：f_{cu}——同一验收批中混凝土立方体抗压强度的平均值，MPa；

$f_{cu,k}$——混凝土立方体抗压强度的标准值，MPa；

$f_{cu,min}$——同一验收批混凝土立方体抗压强度的最小值，MPa；

σ_0——验收混凝土立方体抗压强度的标准值，由式(4-50)计算，MPa。

$$\sigma_0 = \frac{0.59}{m}\sum_{i-1}^{m}\Delta f_{cu,i} \tag{3-50}$$

式中：m——用以确定验收批混凝土立方体抗压强度标准差的数据总批数，不得小于 15；

$f_{cu,i}$——第 i 组试件立方体抗压强度中最大值与最小值之差。

(2)未知标准差统计法

当混凝土的生产条件在较长时间内不能保持一致，且混凝土强度不能保持稳定时，或在前一个检验期内的同一品种混凝土没有足够的数据用以确定验收批混凝土立方体抗压强度的标准差时，应由不少于 10 组的试件组成一个验收批，其强度应同时满足式(3-51)和式(3-52)的要求。

$$f_{cu} - \lambda_1 S_{fcu} \geqslant 0.90 f_{cu,k} \tag{3-51}$$

$$f_{cu} \geqslant \lambda_2 f_{cu,k} \tag{3-52}$$

式中：f_{cu}——同一验收批混凝土立方体抗压强度的平均值，MPa；

$f_{cu,k}$——混凝土立方体抗压强度的标准值，MPa；

λ_1、λ_2——合格判定系数，按表 3-45 取值；

S_{fcu}——同一验收批混凝土立方体抗压强度的标准差，由式(3-53)计算，当计算值小于 $0.06 f_{fcu}$ 时，取 $0.06 f_{fcu}$，MPa。

λ_1、λ_2 取值 表 3-45

试件组数	10～14	15～24	≥25
λ_1	1.70	1.65	1.60
λ_2	0.90	0.85	

$$S_{fcu} = \sqrt{\frac{\sum_{i-1}^{n} f_{cu,i}^2 - nm\overline{f}_{cu}^2}{n-1}} \tag{3-53}$$

式中：$f_{cu,i}$——第 i 组混凝土试件的抗压强度，MPa；

n——统计周期内相同等级混凝土试件组数，该值不得少于 25 组；

m——每一验收组中的试件个数。

(3)非统计方法

按非统计方法评定，强度特征应同时满足式(3-54)、式(3-55)的要求：

$$f_{cu} \geqslant 1.15 f_{cu,k} \tag{3-54}$$

$$f_{cu,min} \geqslant 0.95 f_{cu,k} \tag{3-55}$$

式中：$f_{cu,k}$——混凝土立方体抗压强度的标准值，MPa；

f_{cu}——同一验收批混凝土立方体抗压强度的平均值，MPa；

$f_{cu,min}$——同一验收批混凝土立方体抗压强度的最小值，MPa。

当验收结果满足上述要求时，该批混凝土强度判为合格；当不满足上述要求时，该批混凝土强度判为不合格。

第四节 桥涵工程竣工验收阶段试验检测内容

桥涵工程竣工验收阶段试验检测工作：(1)对桥涵工程应进行整体评定；(2)按照竣工资料编制办法要求及时准确完成试验资料的整理归档工作。包括以下内容：

①原材料各项常规试验记录及汇总表的收集、整理及归档。

②配合比报告的收集、整理及归档。

③混凝土强度记录及评定表的收集、整理及归档。

④桥涵工程基础承载力现场检测记录表的收集、整理及归档。

⑤桥涵工程桩基础桩身完整性报告的收集、整理及归档。

思考题

1. 已知某砂筛分结果如下表所示，画出级配图，并求细度模数。

筛孔尺寸(mm)	5	2.5	1.25	0.63	0.315	0.16	<0.16
筛余量(g)	10	150	75	110	130	20	5

2. 按规定方法作普通硅酸盐水泥的强度等级测定试验，在抗折试验机和压力试验机上的试验结果如下所列，试确定其强度等级。(提示：注意计算规则，按规定取舍数据)

抗折破坏荷载(×50N)		抗压破坏荷载(kN)	
3d	28d	3d	28d
1.45	3.18	23.2	67.6
		22.8	67.9
1.39	3.13	23.1	67.8
		23.0	67.6
1.43	3.15	21.6	67.7
		21.9	67.8

3. 简述水泥混凝土拌和物坍落度试验检测方法。

4. 试述普通水泥混凝土配合比设计的基本步骤。

5. 在进行水泥混凝土初步设计时，若已求出水泥用量为 360kg/m³，水的用量 180kg/m³，砂、石表观密度分别为 2.65g/cm^3 和 2.70g/cm^3，水泥的密度为 3.15g/cm^3，砂率 35%。(1)试用体积法求砂石用量。(2)若试验室拌制 20L 混凝土，求各材料用量。

6. 工地拌和混凝土时，理论配合比是水泥 320kg，砂 690kg，石 1 280kg，水 138kg，砂的含水率为 3.5%，石子含水率为 1.5%，求工地施工配合比。

7. 某桥钢筋混凝土盖梁，设计强度等级为 C40，无强度历史统计资料，要求坍落度为 50～70mm，严寒地区。

材料：42.5 号硅酸盐水泥，$\rho_c=3.10$g/cm^3，28d 实测强度为 59MPa；砂为粗砂 $\rho_s=2.67$g/cm^3；碎石 $D_{max}=40$mm，$\rho_g=2.70$g/cm^3。

求：(1)初步配合比；(2)试验室配合比。

A. 试拌调整 25L，坍落度为 30mm，W/C 不变，加入 10%水泥浆后满足要求。

B. 调整强度，参数如下表所示。

W/C	实测湿表观密度(kg/m^3)	28d 强度(MPa)
$W/C-0.05$	2.438	55.4
W/C	2.430	50.9
$W/C+0.05$	2.421	45.3

8. 建筑用钢筋质量检验应测试哪些指标？

9. 试述轻型触探试验要点。

第四章
浆砌工程试验检测方法

浆砌工程主要分为排水工程、防护工程及构造物砌筑工程。

第一节　施工准备阶段试验检测内容

施工准备阶段，应提前将砂浆配合比设计工作完成，保证工程按时开工。

施工准备阶段浆砌工程试验检测工作内容包括：

(1)及时做好水泥试验检测，技术要求与混凝土工程一样。

(2)细集料常规试验检测宜采用中砂或粗砂，如因当地条件所限，不得已采用细砂时，应适当增加水泥用量。

(3)浆砌石料其抗压强度等常规检测项目应满足设计文件和规范的要求。

石料的技术要求首先是根据构成石料的矿物组成、成分含量和组织结构对石料进行分类，共分为岩浆岩类、石灰岩类、砂岩和片岩类、砾石类 4 种；然后按其物理力学性质(饱水抗压强度和洛杉矶磨耗率)再划分为 4 个等级，其中 1 级为最强的岩石，2 级为坚强的岩石，3 级为中等强度的岩石，4 级为较软的岩石。相应的路用石料等级划分和技术标准列于表 4-1。

路用天然石料等级和技术标准　　表 4-1

岩石类别	主要代表岩石名称	等级	技术标准	
			极限抗压强度(MPa)(饱水状态)	洛杉矶磨耗率(%)
岩浆岩类	花岗岩、玄武岩、安山岩、辉绿岩等	1	＞120	＜25
		22	100～120	25～30
		3	80～100	30～45
		4	—	45～60
石灰岩类	石灰岩、白云岩等	1	＞100	＜30
		2	80～100	30～35
		3	60～80	35～50
		4	30～60	45～60
砂岩与片岩类	石英岩、片麻岩、石英片麻岩、砂岩等	1	＞100	＜30
		2	80～100	35～50
		3	50～80	35～45
		4	35～50	50～60
砾石类	—	1	—	＜20
		2	—	20～30
		3	—	30～50
		4	—	50～60

浆砌工程试验检测项目——石料常规试验检测方法

(一)石料常规试验——密度试验

试验方法一:密度试验(李氏比重瓶法)

1. 试验目的

测定在规定温度下石料自身单位体积的质量(体积中不包括石料部的闭口孔隙和外部的开口孔隙),并结合毛体积密度的测定为,计算石料的孔隙率提供依据,对含有水溶性矿物成分的岩石宜选用本法测定密度。

2. 仪器设备

(1)李氏比重瓶:容积为220~250ml,带有长约18~20cm、直径约1cm的细颈,细颈上有刻度读数,精确至0.1ml。

(2)煤油:无水,使用前需过滤,并抽去煤油中的空气。

(3)恒温水槽:测定密度时,需在相同温度下得到两次读数,因此需备恒温水槽或其他保持恒温的盛水玻璃容器,恒温容器温度应能保持在($t\pm1$)℃。

3. 试验步骤

(1)用瓷皿称取石粉约100g,置于温度为105℃±5℃的烘箱中烘至恒量,烘干时间一般为6~12h,然后置于干燥器中冷却至室温备用。

(2)将抽去空气的煤油灌入李氏比重瓶中至零点刻度线以上,并读取起始读数(以弯液面的下部为准);再将李氏比重瓶置于t℃恒温水槽内,使刻度部分浸入水中(水温必须控制在李氏比重瓶标定刻度时的温度),恒温0.5h,记下第一次读数,准确至0.05ml(本试验读数准确度同此)。

(3)从恒温水槽中取出李氏比重瓶,用滤纸将李氏比重瓶内零点起始读数以上的没有煤油的部分仔细擦净。

(4)准确称出冷却后的瓷皿加石粉的合质量(精确至0.001g,以下同此),用牛骨匙小心地将石粉通过漏斗装入瓶中,使液面上升至20ml刻度处(或略高于20ml刻度处,在倾注时注意勿使石粉粘附于液面以上的瓶颈内壁上。摇动李氏比重瓶,排去其中的空气,或用抽气机抽气,至液体不再发生气泡时为止。再放入恒温水槽,在相同温度下(与第一次读数时的温度相同)恒温0.5h,记下第二次读数。

(5)准确称出瓷皿加剩余石粉的合质量。

(6)结果整理

密度计算公式为:

$$\rho_t = \frac{m_1 - m_2}{V} \tag{4-1}$$

式中:ρ_t——石料密度,g/cm^3;

m_1——试验前石粉加瓷皿的合质量,g;

m_2——试验后剩余石粉加瓷皿的合质量,g;

V——被石粉所排开的液体体积cm^3,即第二次读数(V_2)减去第一次读数V_1。

结果计算精确至 0.01g/cm³,以两次试验结果的算术平均值作为测定值,如两次试验结果之差大于 0.02g/cm³,则应重新取样进行试验。

表 4-2 为密度试验记录表。

密度试验记录(李氏比重瓶法)　　表 4-2

试样编号				石料产地				
岩石名称				用途				
试验次数	试验前石粉+瓷皿的质量 m_1(g)	试验后剩余石粉+瓷皿的质量 m_2(g)	装入李氏比重瓶的石粉质量 m_1-m_2(g)	李氏比重瓶液面读数		石粉体积 $V=V_2-V_1$(cm³)	密度 $\rho_t=(m_1-m_2)/V$(g/cm³)	备注
				装入石粉前 V_1(cm³)	装入石粉后 V_2(cm³)			
1	2	3	4	5	6	7	8	9

试验者:　　计算者:　　校核者:　　试验日期:

试验方法二:石料毛体积密度试验(静水称重法)

1. 试验目的

用于测定一定温度条件下石料的单位毛体积(包括石料实体、开口及闭口空隙等所占据的体积之和)质量。

2. 试验仪器

(1)石料加工设备:切石机、钻石机、磨平机等。

(2)静水力学天平:包括平衡盘、吊网、盛水容器等。

(3)烘箱:温控范围为 105℃±5℃。

(4)游标卡尺,天平。

3. 试验方法和步骤

(1)将待测石料通过切石机或钻石机制成边长 50mm 的立方体试件或直径和高均 50mm 的圆柱体试件,并用磨平机加工磨平。也可用小锤将石料打成粒径约 50mm 的不规则形状的试件至少 3 块,洗净编号备用。

(2)试件在 105℃±5℃烘箱中加热烘至恒重,经干燥器中冷却至室温后,在天平上称出待测试件在空气中的质量,精确至 0.01g。

(3)将试件放入盛水容器中,通过逐步加水的过程浸泡试件,时间持续约 6h,并维持浸泡状态 48h,确保试件达到充分吸水程度。

(4)采用静水天平称出试件吸饱水后在水中的质量,然后取出已吸饱水的试件,用毛巾擦干试件表面水分后,立即称出饱水状态时的质量。

4. 试验结果计算

石料毛体积密度计算公式为:

$$\rho_h=\frac{m}{V} \tag{4-2}$$

$$V=\frac{m_2-m_1}{\rho_w} \tag{4-3}$$

式中：ρ_h——石料毛体积密度，g/cm^3；

m——石料烘干至恒重时试件的质量，g；

V——试件体积，cm^3；

m_1——试件在水中的质量，g；

m_2——试件饱水面干状态下在空气中的质量，g；

ρ_w——水的密度，取 $1g/cm^3$。

计算结果，对于材质均匀的石料，取 3 个试件测试结果的平均值；不均匀的石料分别记录最大和最小值。结果计算精确至 $0.01g/cm^3$。

5. 说明

对于形状规则的立方体和圆柱体试件，也可以通过采用游标卡尺测量外观尺寸的方法确定试件体积（V），根据 $\rho_h = \frac{m}{V}$（m 含义同上）求得结果。

(二)石料常规试验二——单轴抗压强度试验

1. 试验目的

本法通过测定岩石在饱水状态下的极限受压承载能力，取得其抗压强度，用于评定岩石的强度等级。

2. 仪器设备

(1)检验合格且能很好地按所要求的速率加载的 300～2 000kN 的压力试验机。

(2)切石机或钻石机、磨平机。

(3)游标卡尺、角尺及盛水容器等。

3. 试样

(1)用切石机或钻石机从岩石试样或岩芯中制取边长为 50mm±0.5mm 的正立方体或直径与高均为 50mm±0.5mm 的圆柱体试件 6 个。有显著层理的岩石，分别沿平行和垂直层理方向各取试件 6 个。

(2)试件上、下端面应平行和磨平。试件端面的平面度公差应小于 0.05mm，端面对于试件轴线垂直度偏差不应超过 0.25mm。

4. 试验步骤

(1)用卡尺量取试件尺寸(精确至 0.1mm)，对立方体试件在顶面和底面上各量取其边长，以各个面上相互平行的两个边长的算术平均值计算其承压面积；对于圆柱体试件在顶面和底面分别测量两个相互正交的直径，并以其各自的算术平均值分别计算底面和顶面的面积，取其顶面和底面面积的算术平均值作为计算抗压强度所用的截面积。

(2)将试件编号后放入盛水容器中进行饱水处理，三次分步加水，最后一次加水深度应使水面高出试件顶面至少 20mm。

(3)试件自由浸水 48h 后取出，擦干表面，放在压力机上进行强度试验。施加在试件上的荷载要始终保持一定的应力增长速率，即施加应力的速率在 0.5～1.0MPa/s 的限度内。

(4)抗压试件试验的最大荷载记录以 N 为单位，精度 1%。

5. 结果整理

(1)岩石的抗压强度 R 按式(4-4)计算，精确至 1MPa。

$$R=\frac{P}{A} \tag{4-4}$$

式中：R——岩石的抗压强度，MPa；

P——极限破坏时的荷载，N；

A——试件的截面积，mm^2。

(2)取 6 个试件试验结果的算术平均值作为抗压强度测定值，如 6 个试件中的 2 个与其他 4 个试件抗压强度的算术平均值相差 3 倍以上时，则取试验结果相接近的 4 个试件的算术平均值作为抗压强度测定值。

(3)有显著层理的岩石，取垂直与平行层理方向的试件强度平均值作为试验结果。

(三)石料常规试验三——磨耗试验(洛杉矶法)

1. 试验目的

用于测定石料的磨耗率，评定石料抵抗冲击、边缘剪切力和磨擦等因素的综合能力，作为石料性能评定指标之一。

2. 仪器设备

(1)小型碎石机(或手锤)。

(2)洛杉矶式磨耗机。

(3)台称：称量 10kg，感量 5g。

(4)筛子：孔径为 40mm、31.5mm、20mm、10mm、2mm 的各 1 个。

(5)烘箱：能使温度控制在 105℃±5℃范围内。

3. 试样

本试验试样可按表 4-3 所列选取。

洛杉矶磨耗试验试样级配表 表 4-3

试样粒径(mm)	试样数量(g)
40～31.5	2 500±25
31.5～20	1 250±12.5
20～10	1 250±12.5
共计	5 000±50

4. 试验步骤

(1)将试样用水冲洗干净，置于温度为 105℃±5℃的烘箱中，烘至恒量，按表 4-3 的规定称取试样(精确至 5g，后皆同)，装入磨耗机之圆筒中，并加直径为 48mm 的钢球 12 个，每个质量为 405～450g，总质量为 5 000g±50g，盖好筒盖，将计数器调整到零位。

(2)开动磨耗机，以转速 30～33 r/min 转动 500 转后停止，取出试样。

(3)用直径 2mm 的圆孔筛或边长 1.6mm 的方孔筛，筛去试样中的石屑，用水洗净留在筛上的试样，烘至恒量，并准确称出其质量。

5. 结果整理

(1)按下式计算石料磨耗率 $Q_{磨}$，精确至 0.1%。

$$Q_{磨}=\frac{m_1-m_2}{m_1}\times 100\% \tag{4-5}$$

式中：$Q_{磨}$——石料磨耗率，%；

m_1——装入圆筒中的试样质量，g；

m_2——试验后洗净烘干的试样质量，g。

(2)石料的磨耗率取两次平行试验结果的算术平均值作为测定值。两次试验误差应不大于2%，否则须重做试验。

(3)记录格式示例

记录格见表4-4。

磨耗试验记录表(洛杉矶法) 表4-4

试样编号			石料产地		附注
岩石名称			用途		
试验次数	试验前试样的质量 m_1 (g)	磨耗后留在孔径2mm筛上的质量 m_2 (g)	$Q_{磨}=[(m_1-m_2)/m_1]\times 100\%$		
			单值	平均值	
1	2	3	4	5	6

第二节 砂浆配合比试验检测内容

(一)概述

(1)为统一砌筑砂浆的技术条件和配合比设计方法，做到经济合理，确保砌筑砂浆质量，制定本规程。

(2)本规程适用于工业与民用建筑及一般构筑物中所采用的砌筑砂浆的配合比设计。

(3)砂浆配合比设计，应根据原材料的性能和砂浆的技术要求及施工水平进行计算并经试配后确定。

(4)按本规程进行配合比设计时，除遵守本规程的规定外，尚应符合国家现行有关强制性标准的规定。

(二)术语、符号

1.术语

(1)砂浆：由胶结料、细集料、掺加料和水配制而成的建筑工程材料，在建筑工程中起粘结、衬垫和传递应力的作用。

(2)砌筑砂浆。

(3)水泥砂浆：由水泥、细集料和水配制成的砂浆。

(4)水泥混合砂浆：由水泥、细集料、掺加料和水配制成的砂浆。

(5)掺加料:为改善砂浆和易性而加入的无机材料,如石灰膏、电石膏、粉煤灰、黏土膏等。

(6)电石膏:电石消解后,经过滤后的产物。

(7)外加剂:在拌制砂浆过程中掺入,用以改善砂浆性能的物质。

2. 符号含义

f_2——砂浆抗压强度平均值。

$f_{m,o}$——砂浆的试配强度。

σ——砂浆现场强度标准差。

$f_{ce,k}$——水泥强度等级对应的强度值。

f_{ce}——水泥的实测强度。

(三)材料要求

(1)砌筑砂浆用水泥的强度等级应根据设计要求进行选择。水泥砂浆采用的水泥,其强度等级不宜大于32.5级;水泥混合砂浆采用的水泥,其强度等级不宜大于42.5级。

(2)砌筑砂浆用砂宜选用中砂,其中毛石砌体宜选用粗砂,砂的含泥量不应超过5%。强度等级为M2.5的水泥混合砂浆,砂的含泥量不应超过10%。

(3)掺和料应符合下列规定。

①生石灰熟化成石灰膏时,应用孔径不大于3mm×3mm的网过滤,熟化时间不得少于7d;磨细生石灰粉的熟化时间不得小于2d。沉淀池中储存的石灰膏,应采取防止干燥、冻结和污染的措施。严禁使用脱水硬化的石灰膏。

②采用黏土或亚黏土制备粘土膏时,宜用搅拌机加水搅拌,通过孔径不大于3mm×3mm的网过筛。用比色法鉴定黏土中的有机物含量时应浅于标准色。

③制作电石膏的电石渣应用孔径不大于3mm×3mm的网过滤,检验时应加热至70℃,并保持20min,没有乙炔气味后,方可使用。

④消石灰粉不得直接用于砌筑砂浆中。

(4)石灰膏、黏土膏和电石膏试配时的稠度,应为(120±5)mm。

(5)粉煤灰的品质指标和磨细生石灰的品质指标应符合国家标准《用于水泥和混凝土中的粉煤灰》(GB/T 1596—2005)及行业标准《建筑生石灰粉》(JC/T 480—1992)的要求。

(6)配制砂浆用水应符合现行行业标准《混凝土拌和用水标准》(JGJ 63—1989)的规定。

(7)砌筑砂浆中掺入的砂浆外加剂,应具有法定检测机构出具的该产品砌体强度型式检验报告,并经砂浆性能试验合格后,方可使用。

(四)技术条件

(1)砌筑砂浆的强度等级宜采用M20,M15,M10,M7.5,M5,M2.5。

(2)水泥砂浆拌和物的密度不宜小于1 900kg/m^3,水泥混和砂浆拌和物的密度不宜小于1 800kg/m^3。

(3)砌筑砂浆稠度、分层度、试配抗压强度必须同时符合要求。

(4)砌筑砂浆的稠度应按表4-5的规定选用。

砌筑砂浆的稠度 表4-5

砌体种类	砂浆稠度(mm)
烧结普通砖砌体	70～90
轻骨料混凝土小型空心砌块砌体	60～90
烧结多孔砖,空心砖砌体	60～80
烧结普通砖平拱式过梁 空斗墙,筒拱 普通混凝土小型空心砌块砌体 加气混凝土砌块砌体	50～70
石砌体	30～50

(5)砌筑砂浆的分层度不得大于30mm。

(6)水泥砂浆中水泥用量不应小于200kg/m³,水泥混合砂浆中水泥和掺加料总量宜为300～350kg/m³。

(7)具有冻融循环次数要求的砌筑砂浆,经冻融试验后,质量损失率不得大于5%,抗压强度损失率不得大于25%。

(8)砂浆试配时应采用机械搅拌。搅拌时间,应自投料结束算起,并应符合下列规定:

①对水泥砂浆和水泥混合砂浆,不得小于120s;

②对掺粉煤灰和外加剂的砂浆,不得小于180s。

(五)砌筑砂浆配合比计算与确定

(1)砂浆配合比的确定,应按下列步骤进行。

①计算砂浆试配强度 $f_{m,o}$(MPa)。

②按《砌筑砂浆配合比设计规程》(JGJ 98—2000)公式(5.1.4-1)计算出每立方米砂浆中的水泥用量 Q_c(kg)。

③按水泥用量 Q_c 计算每立方米砂浆掺加料用量 Q_d(kg)。

④确定每立方米砂浆砂用量 Q_s(kg)。

⑤按砂浆稠度选用每立方米砂浆用水量 Q_w(kg)。

⑥进行砂浆试配。

⑦配合比确定。

(2)砂浆的试配强度应按下式计算:

$$f_{m,o} = f_2 + 0.645\sigma \tag{4-6}$$

式中:$f_{m,o}$——砂浆的试配强度,精确至0.1MPa;

f_2——砂浆抗压强度平均值,精确至0.1MPa;

σ——砂浆现场强度标准差,精确至0.01MPa。

(3)砌筑砂浆现场强度标准差的确定应符合下列规定。

①当有统计资料时,应按下式计算:

$$\sigma = \sqrt{\frac{\sum_{i=1}^{n} f_{m,i}^2 - n u_{f_m}^2}{n-1}} \tag{4-7}$$

式中：$f_{m,i}$——统计周期内同一品种砂浆第 i 组试件的强度，MPa；

u_{f_m}——统计周期内同一品种砂浆 n 组试件强度的平均值，MPa；

n——统计周期内同一品种砂浆试件的总组数，$n \geqslant 25$。

②当不具有近期统计资料时，砂浆现场强度标准差 σ 可按表 4-6 取用。

砂浆强度标准差 σ 选用值(单位：MPa)　　表 4-6

施工水平 \ 砂浆强度等级	M2.5	M5	M7.5	M10	M15	M20
优良	0.50	1.00	1.50	2.00	3.00	4.00
一般	0.62	1.25	1.88	2.50	3.75	5.00
较差	0.75	1.50	2.25	3.00	4.50	6.00

(4)水泥用量的计算应符合下列规定。

①每立方米砂浆中的水泥用量，应按下式计算：

$$Q_c = \frac{1\,000(f_{m,o} - \beta)}{\alpha f_{ce}} \tag{4-8}$$

式中：Q_c——每立方米砂浆的水泥用量，精确至 1kg；

$f_{m,o}$——砂浆的试配强度，精确至 0.1MPa；

f_{ce}——水泥的实测强度，精确至 0.1MPa；

α、β——砂浆的特征系数，其中 $\alpha=3.03$，$\beta=-15.09$，各地区也可用本地区试验资料确定 α、β 值，统计用的试验组数不得少于 30 组。

②在无法取得水泥的实测强度值时，可按下式计算 f_{ce}：

$$f_{ce} - \gamma_c f_{ce,k} \tag{4-9}$$

式中：$f_{ce,k}$——水泥强度等级对应的强度值；

γ_c——水泥强度等级值的富余系数，该值应按实际统计资料确定，无统计资料时 γ_c 可取 1.0。

(5)水泥混合砂浆的掺加料用量应按下式计算：

$$Q_d = Q_a - Q_c \tag{4-10}$$

式中：Q_d——每立方米砂浆的掺加料用量，精确至 1kg，石灰膏、黏土膏使用时的稠度为 120mm±5mm；

Q_c——每立方米砂浆的水泥用量，精确至 1kg；

Q_a——每立方米砂浆中水泥和掺加料的总量，精确至 1kg，宜在 300～350kg 之间。

(6)每立方米砂浆中的砂子用量，应按干燥状态(含水率小于 0.5%)的堆积密度值作为计算值(kg)。

(7)每立方米砂浆中的用水量，根据砂浆稠度等要求可选用 240～310kg。

说明：①混合砂浆中的用水量，不包括石灰膏或黏土膏中的水。

②当采用细砂或粗砂时，用水量分别取上限或下限。

③稠度小于 70mm 时，用水量可小于下限。

④施工现场气候炎热或干燥季节，可酌量增加用水量。

(六)水泥砂浆配合比选用

水泥砂浆材料用量可按表 4-7 选用。

每立方米水泥砂浆材料用量(单位:kg)　　表 4-7

强度等级	每立方米砂浆水泥用量	每立方米砂子用量	每立方米砂浆用水量
M2.5～M5	200～230	1m³ 砂子的堆积密度值	270～330
M7.5～M10	220～280		
M15	280～340		
M20	340～400		

注:1. 此表水泥强度等级为 32.5 级,大于 32.5 级水泥用量宜取下限。
2. 根据施工水平合理选择水泥用量。
3. 当采用细砂或粗砂时,用水量分别取上限或下限。
4. 稠度小于 70mm 时,用水量可小于下限。
5. 施工现场气候炎热或干燥季节,可酌量增加用水量。

(七)配合比试配、调整与确定

(1)试配时应采用工程中实际使用的材料,搅拌要求应符合规范规定。

(2)按计算或查表所得配合比进行试拌时,应测定其拌和物的稠度和分层度,当不能满足要求时,应调整材料用量,直到符合要求为止。然后确定为试配时的砂浆基准配合比。

(3)试配时至少应采用 3 个不同的配合比,其中一个为按本规程配合比设计的规定得出的基准配合比,其他配合比的水泥用量应按基准配合比分别增加及减少 10%。在保证稠度、分层度合格的条件下,可将用水量或掺加料用量作相应调整。

(4)3 个不同的配合比进行调整后,应按现行行业标准《建筑砂浆基本性能试验方法》(JGJ 70—1990)的规定成型试件,测定砂浆强度,并选定符合试配强度要求的且水泥用量最低的配合比作为砂浆配合比。

第三节　施工过程中试验检测内容

施工过程中,不仅工程开工前应对所需原材料进行常规检测,施工过程中试验检测人员也应按照试验检测频率,以及材质发生变化时进行各项常规试验检测,还应及时进行砂浆配合比设计,为浆砌工程提供施工依据,并应经常深入工地,按照规范要求的频率,控制砂浆强度等重要技术指标符合要求,及时检查砂浆施工质量,保证工程正常进行。

施工过程中浆砌工程试验检测项目包括:

(1)浆砌石料抗压强度试验;

(2)水泥常规试验;

(3)砂浆配合比试验;

(4)砂浆稠度试验;

(5)浆抗压强度试验;

(6)砌工程现场施工检测。

一、浆砌工程试验检测项目二——砂浆稠度试验

1. 试验目的

测定砂浆在自重或外力作用下的流动性能,稠度值小表示砂浆干稠,其流动性能较差,主要用于确定配合比。施工过程中控制砂浆稠度,是为了控制用水量,达到保证砂浆质量的目的。

2. 试验仪器

(1)砂浆稠度仪:由试锥、容器和支座三部分组成。试锥由钢材或铜材制成,试锥高度为145mm,锥底内径150mm,锥底直径为75mm,试锥连同滑杆的质量应为300g;盛砂浆容器由钢板制成,筒高180mm,锥底内径150mm;支座分底座、支架及稠度显示三个部分,由铸铁、钢及其他金属制成。

(2)钢制捣棒:直径10mm、长350mm,端部磨圆。

3. 试验步骤

(1)试验室的温度应保持在20℃±5℃,细集料要通过5mm筛,将容器和试锥表面用湿布擦干净,并用少量润滑油轻擦滑杆,将滑杆上多余的油用吸油纸擦净,使滑杆能自由滑动。

(2)将拌好的砂浆一次装入砂浆筒内,使砂浆表面低于容器口约10mm,用捣棒自容器中心向边缘插捣25次,然后轻轻地将容器摇动或敲击5～6下,使砂浆表面平整,随后将容器置于砂浆稠度测定仪的底座上。

(3)拧开试锥滑动杆的制动螺丝,向下移动滑杆,当试锥尖端与砂浆表面刚接触时,拧紧制动螺丝,使齿条侧杆下端刚接触滑杆上端,并将指针对准零点上。

(4)拧开制动螺丝,同时计时间,待10s立即固定螺丝,将齿条测杆下端接触滑杆上端,从刻度盘上读出下沉深度(精确至1mm)即为砂浆的稠度值。

(5)圆锥形容器内的砂浆,只允许测定一次稠度,重复测定时,应重新取样测定之。

4. 结果评定

取两次试验结果的算术平均值,计算值精确至1mm。两次试验值之差如大于20mm,则应另取砂浆拌和后重新测定。

二、浆砌工程试验检测项目三——砌筑砂浆抗压强度试验

1. 试验目的

测定砂浆的抗压强度,以确定砂浆配合比,便于施工过程中控制砂浆施工质量,作为评定砂浆质量的一项指标。

2. 试验仪器

(1)压力试验机。

(2)尺寸为70.7mm×70.7mm×70.7mm立方体,由铸铁或钢材制成,应具有足够的刚度并拆装方便。试模的内表面应机械加工,其不平度应为每100mm不超过0.05mm;组装后的不垂直度不应超过±0.5。

(3)捣棒为直径 10mm、长 350mm 的钢棒,端部磨圆。

3. 试验步骤

(1)向试摸内一次注满砂浆,用捣拌均匀由外向里按螺旋方向插捣 25 次,为了防止低稠度砂浆插捣后可能留下孔洞,允许用油灰刀沿模壁插数次,使砂浆高出试模顶面 6～8mm。

(2)当砂浆表面开始呈麻斑状态时(约 15～30min),将高出部分的砂浆沿试模顶面消去抹平。

(3)试件制作后应在 25℃±5℃;温度环境下停置一昼夜(24h±2h),当气温较低时,可适当延长时间,但不应超过两昼夜,然后对试件进行编号并拆模。试件拆模后,应在标准养护条件下继续养护至 28d,然后进行试压。

(4)标准养护的条件是:温度 20℃±2℃;相对湿度大于 90 %;养护期间,试件彼此间隔不小于 10mm。

(5)试件从养护地点取出后,应尽快进行试验,以免试件内部的温湿度发生显著变化。试验前先将试件擦拭干净,测量尺寸并检查其外观。试件尺寸测量精确至 1mm,并据此计算试件的承压面积。如实测尺寸与公称尺寸之差不超过 1mm,可按公称尺寸进行计算。

(6)将试件安放在试验机的下压板上(或下垫板上),承压试验应连续而均匀的加荷,加荷速度应为 0.5～1.5kN/s(砂浆强度 5MPa 及 5MPa 以下时,取下限为宜;砂浆强度 5MPa 以上时,取上限为宜),当试件接近破坏而开始迅速变形时,停止调整试验机油门,直至试件破坏,然后记录破坏荷载。

(7)砂浆立方体抗压强度应按下列公式计算:

$$f_{m,cu}=\frac{F_u}{A} \tag{4-11}$$

式中:$f_{m,cu}$——砂浆立方体抗压强度,MPa;

F_u——立方体破坏压力,N;

A——试件承压面积,mm^2。

4. 结果评定

以 6 个试件测试值的算术平均值作为该组试件的抗压强度,精确至 0.1MPa。

当 6 个试件的最大值或最小值与平均值的差超过平均值的 20%时,以中间 4 个试件的算术平均值作为该组件的抗压强度值。

三、水泥砂浆强度评定

(1)评定水泥砂浆的强度,应以标准养生 28d 的试件为准。试件为边长 70.7mm×70.7mm×70.7mm 的立方体。试件 6 个为 1 组,制取组数应符合下列规定:

①不同强度等级及不同配合比的水泥砂浆应分别制取试件,试件应随机制取,不得挑选。

②重要及主体砌筑物,每工作班制取 2 组。

③一般及次要砌筑物,每工作班可制取 1 组。

④拱圈砂浆应同时制取与砌体同条件养生试件,以检查各施工阶段强度。

(2)水泥砂浆强度合格的标准如下:

①同强度等级试件的平均强度不低于设计强度等级;

②任意一组试件的强度最低值不低于设计强度等级的 75%。

(3)实测项目中,水泥砂浆强度评为不合格时,相应分项工程为不合格。

第四节　竣工验收阶段浆砌工程试验检测内容

竣工验收阶段浆砌工程的试验检测工作如下。

(1)浆砌工程抗压强度评定。

(2)按照竣工资料编制办法要求及时准确完成试验资料的整理、归档工作,具体包括:

①原材料各项常规试验记录及汇总表的收集、整理、归档;

②浆砌工程抗压强度试验记录及评定表的收集、整理、归档。

思考题

1. 已知某种石料,磨细成矿粉后取50g烘干试样,投入比重瓶中液面升高18.2cm。取该烘干石料260g,浸水饱和后,饱和面干质量280g,水中质量为135g。求该石料的真实密度、毛体积密度和孔隙率。

2. 简述石料的单轴抗压强度试验步骤。

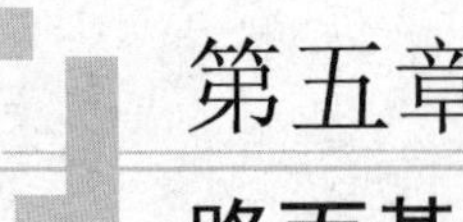

第五章 路面基层、底基层试验检测方法

路面基层、底基层的质量是影响道路工程整体质量的关键环节。通过对已建高速公路和其他公路的质量调查分析数据表明，道路工程产生的早期破坏、达不到设计使用年限的主要原因之一是基层质量控制不到位、不符合标准要求。

基层是直接位于沥青面层或水泥混凝土面层下，用高质量材料铺筑的主要承重层。

底基层是在沥青路面基层或水泥混凝土路面基层下，用质量较次的材料铺筑的次要辅助承重层。

第一节 基层、底基层的技术要求

路面基层(底基层)可分为粒料类和无机结合料稳定类。

粒料类分为嵌锁型和级配型，常用的有填隙碎石(嵌锁型)、级配碎(砾)石(级配型)、天然砂砾(级配型)几种。

无机结合料稳定类基层(底基层)又称为半刚性基层，常用的有水泥稳定类、石灰稳定类、综合稳定类、石灰工业废渣稳定类。

一、垫层材料

1.碎石

碎石的最大粒径不应超过53mm；按《公路工程集料试验规程》(JTG E42—2005)标准方法进行试验时，压碎值对高速公路和一级公路不大于30%，其他公路不大于35%；碎石中不应有黏土块、植物等有害物质，针片状颗粒含量不应超过20%。

2.砂砾

可采用级配砂砾或天然砂砾，且应符合表5-1的要求。砂砾的压碎值，对高速公路和一级公路，不大于30%，对其他公路，不大于35%。

天然砂砾垫层颗粒组成范围 表5-1

通过下列方筛孔(mm)的质量百分率(%)						液限(%)	塑性指数
53	37.5	9.5	4.75	0.6	0.075		
100	80～100	40～100	25～85	8～45	0～15	＜28	＜9

3.煤渣和矿渣

煤渣和矿渣应坚硬、无杂质，宜具有适当的级配，且小于2.36mm的颗粒含量不宜大于20%。

二、石灰稳定土底基层材料

1. 材料

(1)石灰

石灰应符合规范的要求,且宜采用磨细生石灰粉。

(2)稳定土

①适宜石灰稳定的土可以为细粒土、中粒土和粗粒土,以及级配碎石、未筛分碎石、砂砾、碎石土、砂砾土、煤矸石和各种粒状矿渣等集料,用于石灰稳定时,颗粒的最大粒径不大于37.5mm。

②塑性指数为15~20的黏性土及含有一定数量黏性土的中粒土和粗粒土,不含黏性土或无塑性指数的级配砂砾、级配碎石和未筛碎石,应掺加15%左右黏性土,土粒的最大尺寸应不大于15mm。

③石灰稳定土中碎石或砾石的压碎值,对高速公路和一级公路应不大于35%,对其他公路应不大于40%。

④硫酸盐含量超过0.8%的土和有机质含量超过10%的土,不宜用作石灰稳定土。

石灰稳定土底基层原材料的试验项目见表5-2。

石灰稳定土底基层原材料的试验项目 表5-2

试验项目	材料名称	频度
含水率	土、砂砾、碎石等集料	每天使用前测2个样品
颗粒分析	砂砾、碎石等集料	每种土使用前测2个样品,使用过程中每2 000m^3测2个样品
液限、塑限	土、级配砾石或级配碎石中0.5mm以下的细土	每种土使用前测2个样品,使用过程中每2 000m^3测2个样品
相对密度、吸水率	砂砾、碎石等	使用前测2个样品,砂砾使用过程中每2 000m^3测2个样品,碎石种类变化重做2个样品
压碎值	砂砾、碎石等	使用前测2个样品,砂砾使用过程中每2 000m^3测2个样品,碎石种类变化重做2个样品
有机质和硫酸盐含量	土	对土有怀疑时做此试验
有效钙、氧化镁	石灰	做材料组成设计和生产使用时分别测2个样品,以后每月测2个样品
重型击实	土	每种土使用前进行

2. 混合料组成的设计

(1)混合料的原材料应按表5-2的要求进行试验,混合料按设计掺配后,应进行重型击实试验。

(2)石灰稳定土混合料的组成设计,包括用于底基层7d浸水抗压强度应符合图纸要求,并考虑气候、水文条件等因素,通过试验选取适宜用于稳定的土,确定必须的最佳石灰剂量和混合料的最佳含水率。在需要改善混合料的物理力学性质时,还应确定掺和料的比例。

三、水泥稳定土底基层、基层

1. 材料

(1)水泥

普通硅酸盐水泥、矿渣硅酸盐水泥和火山灰质硅酸盐水泥均适用于稳定土。但不得使用快硬水泥、早强水泥及已受潮变质的水泥。宜采用强度等级不小于 32.5 级的水泥。

(2)稳定土

①适宜用于水泥稳定的土包括级配碎石、未筛分碎石、砂砾、碎石土等,其中水泥稳定土用作底基层时,其最大粒径,对高速公路和一级公路不超过 37.5mm,对其他公路不超过 53mm;用作基层时其最大粒径,对高速公路和一级公路不应超过 31.5mm,对其他公路不超过 37.5mm,颗粒组成见表 5-3。

适宜用于水泥稳定土的集料颗粒组成范围 表 5-3

结构层	通过下列方孔筛(mm)的质量百分率(%)									液限(%)	塑性指数
	37.5	31.5	26.5	19	9.5	4.75	2.36	0.6	0.075		
底基层	100	90~100		67~90	45~68	29~50	18~38	8~X	0~7①	<28	<9
基层		100	90~100	72~89	47~67	29~49	17~35	8~22	0~7①	<28	<9

注:集料中 0.6mm 以下细土有塑性指数时,小于 0.075mm 的颗粒含量不应超过 5%;细土无塑性指数时,小于 0.075mm的颗粒含量不应超过 7%。

②水泥稳定土中碎石或砾石的压碎值,对高速公路和一级公路的基层不大于 30%,其他公路不大于 35%;对底基层,高速公路和一级公路不应大于 30%,其他公路不大于 40%。

③有机质含量超过 2%的土,不宜用作水泥稳定土。

④硫酸盐含量超过 0.25%的土,不宜用作水泥稳定土。

(3)水

应符合规范的要求。

(4)石灰

应符合规范的要求。

2. 混合料组成设计

(1)混合料的组成设计应符合《公路路面基层施工技术规范》(JTJ 034—2000)的有关规定。

(2)试验

①用于基层、底基层的原材料应进行标准试验,试验项目见表 5-4。

水泥稳定土底基层和基层原材料的试验项目 表 5-4

试验项目	材料名称	频度
含水率	土、砂砾、碎石等集料	每天使用前测 2 个样品
颗粒分析	砂砾、碎石等集料	每种土使用前测 2 个样品,使用过程中每 2 000m³ 测 2 个样品
液限、塑限	土、级配砾石或级配碎石中 0.5mm以下的细土	每种土使用前测 2 个样品,使用过程中每 2 000m³ 测 2 个样品

续上表

试验项目	材料名称	频度
相对密度、吸水率	砂砾、碎石等	使用前测2个样品，砂砾使用过程中每2 000m^3测2个样品，碎石种类变化重做2个样品
压碎值	砂砾、碎石等	使用前测2个样品，砂砾使用过程中每2 000m^3测2个样品，碎石种类变化重做2个样品
有机质和硫酸盐含量	土	对土有怀疑时做此试验
水泥强度等级和终凝时间	水泥	做材料组成设计时测一个样品，料源或强度变化时重测
重型击实	土	每种土使用前进行

②混合料按设计掺配后，应进行重型击实试验、承载比试验及抗压强度试验。

(3)水泥稳定混合料的设计应考虑气候、水文条件等因素，按《公路工程无机结合料稳定材料试验规程》(JTJ 057—1994)规定进行试验，通过试验选取最适宜于稳定的材料，确定最佳的水泥剂量和最佳含水率。在需要改善土的颗粒组成时，还应确定掺加料的比例。工地实际采用的水泥剂量可比室内试验确定的剂量适当增加，根据拌和方法不同，最多不超过0.5%～1.0%，并应取得监理工程师的批准。

(4)采用水泥和石灰综合稳定时，如水泥用量占结合料总量的30%以上，则按本节要求进行组成设计，并且还须确定石灰剂量。

(5)水泥稳定土的7d浸水抗压强度应符合图纸要求。

(6)水泥的最小剂量应符合表5-5的规定。

水泥最小剂量 表5-5

土类 \ 拌和方法	集中拌和法	土类 \ 拌和方法	集中拌和法
中粒土和粗粒土	3%	细粒土	4%

四、石灰粉煤灰稳定土底基层、基层

1.材料

(1)石灰

应符合规范的要求。

(2)粉煤灰

粉煤灰中SiO_2、Al_2O_3和Fe_2O_3的总含量应大于70%，粉煤灰的烧失量不应超过20%，粉煤灰的比表面积应大于2 500cm^2/g(或90%通过0.3mm筛孔，70%通过0.075mm筛孔)。

干粉煤灰和湿粉煤灰都可以使用。干粉煤灰中堆在空地上，应加水，防止飞扬造成污染。湿粉煤灰的含水率不宜超过35%。

使用时，应将凝固的粉煤灰块打碎或过筛，同时清除有害杂质。

(3)稳定土

①宜采用塑性指数12～20的黏性土(粉压黏土)，土中土块的最大尺寸不应大于15mm。

②有机质含量超过10%的土不宜选用。

③用于高速公路和一级公路的二灰稳定土应符合下列要求：

二灰稳定土用作基层时，土中碎石、砾石颗粒的最大粒径不应超过 37.5mm。各种细粒土、中粒土和粗粒土都可用二灰稳定后作底基层。

二灰稳定土用作基层时，二灰的质量应占 15%，最多不超过 20%，石料颗粒的最大粒径不应超过 31.5mm，粒径小于 0.075cm 的颗粒含量宜接近 0。

用于其他公路的二灰稳定土应符合下列要求：

二灰稳定土用作底基层时，石料颗粒的最大粒径不应超过 53mm。

二灰稳定土用作基层时，石料颗粒的最大粒径不应超过 37.5mm。

④基层碎石或砾石的压碎值，对高速公路和一级公路不大于 30%，其他公路不大于 35%；底基层碎石或砾石的压碎值，对高速公路和一级公路不大于 35%，其他公路不大于 40%。

⑤适于石灰粉煤灰稳定集料的组成范围见表 5-6、表 5-7。

(4)水

应符合规范的要求。

石灰粉煤灰稳定砂砾混合料中集料的颗粒组成范围 表 5-6

结构层	通过下列方孔筛(mm)的质量百分率(%)								
	37.5	31.5	19.0	9.5	4.75	2.36	1.18	0.60	0.075
底基层	100	85～100	68～85	50～70	35～55	25～45	17～35	10～27	0～15
基 层		100	85～100	55～75	39～59	27～47	17～35	10—～25	0～10

石灰粉煤灰稳定碎石混合料中集料的颗粒组成范围 表 5-7

结构层	通过下列方孔筛(mm)的质量百分率(%)								
	37.5	31.5	19.0	9.5	4.75	2.36	1.18	0.60	0.075
底基层	100	90～100	72～90	48～68	30～50	18～38	10～27	6～20	0～7
基层		100	81～98	52～70	30～50	18～38	10～27	6～20	0～7

2. 混合料组成设计

(1)石灰粉煤灰稳定土混合料的设计应考虑气候、水文条件等因素，通过试验选取最适宜于稳定的土，确定必须的或最佳的石灰粉煤灰剂量和混合料的最佳含水率。

(2)施工前，应取有代表性的样品按表 5-8 的要求对原材料进行试验。

底基层和基层原材料的试验项目 表 5-8

试验项目	材料名称	频度
含水率	土、砂砾、碎石等集料	每天使用前测 2 个样品
颗粒分析	砂砾、碎石等集料	每种土使用前测 2 个样品，使用过程中每 2 000m³ 测 2 个样品
液限、塑限	土、级配砾石或级配碎石中 0.5mm 以下的细土	每种土使用前测 2 个样品，使用过程中每 2 000m³ 测 2 个样品
相对密度、吸水率	砂砾、碎石等	使用前测 2 个样品，砂砾使用过程中每 2 000m³ 测 2 个样品，碎石种类变化重做 2 个样品
压碎值	砂砾、碎石等	使用前测 2 个样品，砂砾使用过程中每 2 000m³ 测 2 个样品，碎石种类变化重做 2 个样品
有机质和硫酸盐含量	土	对土有怀疑时做此试验
有效钙、氧化镁	石灰	做材料组成设计和生产使用时分别测 2 个样品，以后每月测 2 个样品
烧失量	粉煤灰	做材料组成设计前测 2 个样品

五、级配碎(砾)石底基层、基层

1. *级配碎石*

(1)用于底基层的碎石最大粒径，对于高速公路和一级公路不应大于 37.5mm(方孔筛，余同)，其他公路不应大于 53mm；压碎值，对于高速公路和一级公路不应大于 30%，二级公路不大于 35%，二级以下公路不应大于 40%。用于基层的碎石最大粒径，对于高速公路和一级公路不应大于 31.5mm，其他公路不应大于 37.5mm；压碎值，对于高速公路和一级公路不应大于 26%，二级公路不应大于 30%，二级以下公路不应大于 35%。

(2)碎石中不应有黏土块、植物等有害物质，针片状颗粒含量不应超过 20%。

(3)级配碎石底基层和未筛分碎石底基层的颗粒组成和塑性指数应符合表 5-9、表 5-10 的规定。

级配碎石底基层的颗粒组成范围 表 5-9

结构层	通过下列方筛孔(mm)的质量百分率(%)								液限(%)	塑性指数
	37.5	31.5	19	9.5	4.75	2.36	0.6	0.075		
高速、一级公路		100	85～100	52～74	29～54	17～37	8～20	0～7	<28	<6或9
其他公路	100	90～100	73～88	46～69	29～54	17～37	8～20	0～7	<28	<6或9

未筛分砾石底基层的集料级配范围 表 5-10

结构层	通过下列方筛孔(mm)的质量百分率(%)									液限(%)	塑性指数
	53	37.5	31.5	19	9.5	4.75	2.36	0.6	0.075		
高速、一级公路		100	83～100	54～84	29～59	17～45	11～35	6～21	0～10	<28	<6或9
其他公路	100	85～100	69～88	40～65	19～43	10～30	8～25	6～18	0～10	<28	<6或9

2. *级配砾石*

(1)级配砾石的最大粒径，用于基层时不应超过 37.5mm，用于底基层级配砾石的最大粒径不应超过 53mm。

(2)砾石颗粒中针片状颗粒含量不应超过 20%。

(3)级配砾石基层(非高速公路和非一级公路)的颗粒组成和塑性指数应符合表 5-11 的规定。

级配砾石基层的颗粒组成范围 表 5-11

通过下列方筛孔(mm)的质量百分率(%)									液限(%)	塑性指数
53	37.5	31.5	19.0	9.5	4.75	2.36	0.6	0.075		
100	90～100	81～94	63～81	45～66	27～51	16～35	8～20	0～7	<28	<6或9
	100	90～100	73～88	49～69	29～54	17～37	8～20	0～7	<28	<6或9
		100	85～100	52～74	29～54	17～37	8～20	0～7	<28	<6或9

(4)用于底基层时，集料的压碎值对于高速公路和一级公路不应大于30%，二级公路不应大于35%，二级以下公路不应大于40%；用作基层时，集料的压碎值对于二级公路不应大于30%，二级以下公路不应大于35%。

(5)砾石应在最佳含水率时进行碾压，按重型击实试验法确定的压实度，底基层达到96%，基层达到98%以上。

(6)砂砾底基层的集料级配范围应符合表5-12的要求。

砂砾底基层的集料级配范围　表5-12

通过下列方筛孔(mm)的质量百分率(%)						液限(%)	塑性指数
53	37.5	9.5	4.75	0.6	0.075		
100	80～100	40～100	25～85	8～45	0～5	<28	<9

第二节　施工准备阶段基层、底基层的试验检测内容

施工准备阶段路面基层、底基层试验检测项目包括：粒料的常规检测、水泥的常规检验、土的液塑限试验、石灰化学分析试验、EDTA标准曲线、标准击实试验、无侧限抗压强度试验。

粒料的常规试验检测项目同桥涵工程石料试验检测项目。

水泥的常规试验检测项目同桥涵工程水泥试验检测项目。

土的液塑限试验检测项目同路基工程液塑限试验检测项目。

一、路面基层、底基层试验检测项目一——石灰化学分析试验方法

试验方法一：石灰的氧化钙和氧化镁含量试验方法

(一)有效氧化钙的测试方法

1.目的和适用范围

本方法适用于测定各种石灰的有效氧化钙含量，作为评定路用石灰质量的主要指标。

2.仪器设备

(1)筛子：0.15mm，1个。

(2)烘箱：50～250℃，1台。

(3)干燥器：ϕ25cm，1个。

(4)称量瓶：ϕ30mm×50mm，10个。

(5)瓷研钵：ϕ12～13cm，1个。

(6)分析天平：精度0.01%，1台

(7)架盘天平：感量0.1g，1台。

(8)电炉：1 500W，1个。

(9)石棉网：20cm×20cm，1块。

(10)玻璃珠：ϕ3mm，1袋(0.25kg)。

(11)具塞三角瓶:250ml,20个。

(12)漏斗：短颈,3个。

(13)塑料洗瓶:1个。

(14)塑料桶:20L,1个。

(15)下口蒸馏水瓶:5 000ml,1个。

(16)三角瓶:300ml,10个。

(17)容量瓶:250ml、1 000ml,各1个。

(18)量筒:200ml、100ml、50ml、5ml,各1个。

(19)试剂瓶:250ml、1 000ml,各5个。

(20)塑料试剂瓶:1L,1个。

(21)烧杯:50ml,5个;250ml(或300ml),10个。

(22)棕色广口瓶:60ml,4个;250ml,5个。

(23)滴瓶：60ml,3个。

(24)酸滴定管:50ml,3支。

(25)滴定台及滴定管夹:各1套。

(26)大肚移液管:25ml、50ml,各1支。

(27)表面皿:ϕ7cm,10块。

(28)玻璃棒:8mm×250mm、4mm×180mm,各10支。

(29)试剂勺:5个。

(30)吸水管:8mm×150mm,5支。

(31)洗耳球:大小各1个。

3.试剂

(1)蔗糖(分析纯)。

(2)酚酞指示剂：称取0.5g酚酞，溶于50ml 95%的乙醇中。

(3)0.1%甲基橙水溶液：称取0.05g甲基橙，溶于50ml蒸馏水中。

(4)0.5N盐酸标准溶液：将42ml浓盐酸(相对密度1.19)稀释至1L，按下述方法标定其物质的量浓度后备用。

称取已在180℃的温度下烘干2h的碳酸钠0.800～1.000g(精确至0.001g),置于250ml三角瓶中，加100ml水使其完全溶解；然后加入2～3滴10%甲基橙指示剂，用待标定的盐酸标准溶液滴定，至碳酸钠溶液由黄色变为橙红色。将溶液加热至沸，并保持微沸3min,然后放在冷水中冷却至室温，如此时橙红色又变为黄色，则再用盐酸标准溶液滴定，至溶液出现稳定橙红色时为止。

盐酸标准溶液物质的量浓度按式(5-1)计算：

$$N=\frac{Q}{V}\times 0.530 \tag{5-1}$$

式中：N——盐酸标准溶液物质的量浓度；

Q——称取碳酸钠的质量,g;

V——滴定时消耗盐酸标准溶液的体积,ml;

0.053——碳酸钠毫克当量。

4. 准备试样

(1)生石灰试样:将生灰样品打碎,使颗粒不大于 2mm;拌和均匀后用四分法缩减至 200g 左右;放在瓷研钵中研细,再经四分法缩减几次至剩下 20g 左右;将研磨所得石灰样品通过 0.10mm 筛,从此细样中均匀挑取 10 余克,置于称量瓶中,在 100℃烘箱中烘干 1h,之后储存于干燥器中,供试验用。

(2)消石灰试样:将消石灰样品用四分法缩减至 10 余克,如有大颗粒存在,须在瓷研钵中磨细至无不均匀颗粒存在为止,然后置于称量瓶中,在 105~110℃烘箱中烘干 1h,之后储存于干燥器中,供试验用。

5. 试验步骤

称取约 0.5g(用减量法称准确至 0.000 5g)试样放入干燥的 250ml 具塞三角瓶中,取 5g 庶糖覆盖在试样表面,投入干玻璃珠 15 粒,迅速加入新煮沸并已冷却的蒸馏水 50ml,立即加塞振荡 15min(如有试样结块或粘于瓶壁现象,则应重新取样)。打开瓶塞,用水冲洗瓶塞及瓶壁,加入 2~3 滴酚酞指示剂,以 0.5N 盐酸标准溶液滴定(滴定速度以每秒 2~3 滴为宜),至溶液的粉红色显著消失并在 30s 内不再复现为止。

6. 计算

有效氧化钙的百分含量(X_1) 按式(5-2)计算:

$$X_1 = \frac{V \times N \times 0.028}{G} \times 100\% \tag{5-2}$$

式中:V——滴定时消耗盐酸标准溶液的体积,ml;

0.028——氧化钙毫克当量;

G——试样质量,g;

N——盐酸标准溶液物质的量浓度。

7. 精密度或允许误差

对同一石灰样品应至少做 2 个试样,并进行 2 次测定,取 2 次结果的平均值代表最终结果。

(二)氧化镁的测试方法

1. 目的和适用范围

本试验方法适用于测定各种石灰的总氧化镁含量。

2. 仪器设备

同有效氧化钙的测定。

3. 试剂

(1)1∶10 盐酸:将 1 体积盐酸(相对密度 1.19)用 10 体积蒸馏水稀释。

(2)氢氧化铵—氯化铵缓冲溶液(pH=10):将 67.5g 氯化铵溶液溶于 300ml 无二氧化碳的蒸馏水中,加氨水(相对密度为 0.90)570ml,然后用水稀释至 1 000ml。

(3)酸性铬蓝 K—萘酚绿 B(1∶2.5) 混合指示剂:称取 0.3g 酸性铬蓝 K 和 0.75g 萘酚绿

B 及 50g 已在 105 ℃烘干的硝酸钾混合研细，保存于棕色广口瓶中。

(4)EDTA 二钠标准溶液:将 10gEDTA 二钠溶于温热蒸馏水中,待全部溶解并冷却至室温后,用水稀释至 1 000ml。

(5)氧化钙标准溶液:精确称取 1.784 8g 在 105℃烘干(2h)的碳酸钙(优级纯),置于 250ml 烧杯中,盖上表面皿。从杯嘴缓慢滴加 1∶10 盐酸 100ml,加热溶液,待溶液冷却后,移入 1 000ml 的容量瓶中,用新煮沸冷却后的蒸馏水稀释至刻度线并摇匀,此溶液 1ml 相当于 1mg 氧化钙。

(6)20%的氢氧化钠溶液:将 20g 氢氧化钠溶于 80ml 蒸馏水中。

(7)钙指示剂:将 0.2g 钙试剂羟酸钠和 20g 已在 105℃烘箱中烘干的硫酸钾混合研细，保存于棕色广口瓶中。

(8)10% 酒石酸钾钠溶液:将 10g 酒石酸钾钠溶于 90ml 的蒸馏水中。

(9)三乙醇胺 (1∶2) 溶液:将 1 体积三乙醇胺以 2 体积蒸馏水稀释并摇匀。

4. EDTA 二钠标准溶液与氧化钙和氧化镁关系的标定

精确吸取 50ml 氧化钙标准溶液置于 300ml 三角瓶中,用水稀释至 100ml 左右;加入钙指示剂 0.1g，以 20%氢氧化钠溶液调整溶液碱度至出现酒红色;再过量加 3～4ml，以 EDTA 二钠标准液滴定，至溶液由酒红色变成纯蓝色为止。EDTA 二钠标准溶液对氧化钙滴定度按式 (5-3) 计算：

$$T_{CaO}=\frac{CV_1}{V_2} \tag{5-3}$$

式中：T_{CaO}——EDTA 二钠标准溶液对氧化钙的滴定度，即 1ml 的 EDTA 二钠标准溶液相当于氧化钙的毫克数;

C——1ml 氧化钙标准溶液含有氧化钙的毫克数,等于 1;

V_1——吸取氧化钙标准溶液体积,ml;

V_2——消耗 EDTA 二钠标准溶液体积,ml。

氧化镁滴定度按式(5-4)计算:

$$T_{MgO}=T_{CaO}\times\frac{40.31}{56.08}=0.72T_{CaO} \tag{5-4}$$

5. 试验步骤

称取约 0.5g(准确至 0.000 5g) 试样，放入 250ml 烧杯中，用水湿润，加 30ml 1∶10 盐酸，用表面皿盖住烧杯，加热近沸并保持微沸 8～10min 。用水把表面皿洗净，冷却后把烧杯内的沉淀及溶液移入 250ml 容量瓶中，加水至刻度线并摇匀。待溶液沉淀后,用移液管吸取 25ml 溶液，置入 250ml 三角瓶中,加 50ml 水稀释后,加酒石酸钾钠溶液 1ml、三乙醇胺溶液 5ml,再加入胺—胺缓冲溶液 10ml、酸性铬蓝 K—萘酚绿 B 指示剂约 0.1g。用 EDTA 二钠标准溶液滴定至溶液由酒红色变为纯蓝色时即为终点，记下耗用 EDTA 标准溶液的体积 V_1,再从同一容量瓶中用移液管吸取 25ml 溶液，置入 300ml 三角瓶中，加水 150ml 稀释后，加三乙醇胺溶液 5ml 及 20%氢氧化钠溶液 5ml，置入约 0.1g 钙指示剂。用 EDTA 二钠标准溶液滴定，至溶液由酒红色变为纯蓝色即为终点,记下耗用 EDTA 二钠标准溶液的体积 V_2。

6.计算

氧化镁的百分含量（X_2）按式（5-5）计算：

$$X_2=\frac{T_{MgO}(V_1-V_2)\times 10}{G\times 1\,000}\times 100\% \tag{5-5}$$

式中：T_{MgO}—— EDTA 二钠标准溶液对氧化镁的滴定度；

V_1——滴定钙、镁合量消耗 EDTA 二钠标准溶液的体积，ml；

V_2——滴定钙消耗 EDTA 二钠标准溶液的体积，ml；

10——总溶液对分取溶液的体积倍数；

G——试样质量，g。

7.精密度或允许误差

对同一石灰样品应至少做 2 个试样，并进行 2 次测定，取 2 次测定结果的平均值代表最终结果。

试验方法二：有效氧化钙和氧化镁合量的简易测试方法

1.适用范围

本试验方法适用于氧化镁含量在 5% 以下的低镁石灰。

2.仪器设备

除(11)、(17)中的 250ml，(18)中的 100ml 及 50ml，(19) 中的 250ml，(20) 、(21)、(22) 、(25)、(27) 项所列仪器外，其余同有效氧化钙测定。

3.试剂

(1)1N 盐酸标准液：取 83ml（相对密度为 1.19）浓盐酸用蒸馏水稀释至 1 000ml。

氧化镁被水分解的过程缓慢，如果氧化镁含量高，到达滴定终点时间很长，从而增加了与空气中二氧化碳的作用时间，影响测定结果。

溶液物质的量浓度的标定和有效氧化钙的测定与所述 0.5N 盐酸溶液的标定方法相同，但无水碳酸钠的称量应为 1.5～2g。

(2)1% 酚酞指示剂。

4.试验步骤

迅速称取石灰试样 0.8～1.0g（准确至 0.000 5g）置入 300ml 三角瓶中，加入 150ml 新煮沸并已冷却的蒸馏水和 10 颗玻璃珠。瓶口上插一短颈漏斗，加热 5min，但勿使沸腾，迅速冷却。滴入酞酚指示剂 2 滴，在不断摇动下以盐酸标准液滴定，控制速度为每秒 2～3 滴，至粉红色完全消失，稍停，又出现红色，继续滴入盐酸。如此重复几次，直至 5min 内不出现红色为止。如滴定过程持续半小时以上，表明为高锰石灰，则结果只能作为参考。

5.计算

$$(CaO+MgO)\%=\frac{V\times N\times 0.028}{G}\times 100\% \tag{5-6}$$

式中：V——滴定消耗盐酸标准液的体积，ml；

N——盐酸标准液的物质的量浓度；

G——样品质量，g；

0.028——氧化钙的毫克当量，因氧化镁含量甚少，并且两者的毫克当量相差不大，故有效(CaO+MgO)% 的毫克当量都以 CaO 的毫克当量计算。

6. 精密度或允许误差

对同一石灰样品应至少做 2 个试样，并进行 2 次测定，取 2 次测定结果的平均值代表最终结果。

二、路面基层、底基层试验检测项目二——水泥或石灰剂量测定方法

EDTA 滴定法

1. 目的和适用范围

(1)本试验方法适用于在工地快速测定水泥和石灰稳定土中水泥和石灰的剂量，并可用以检查拌和的均匀性。用于稳定的土可以是细粒土，也可以是中粒土和粗粒土。工地水泥和石灰稳定土含水率的少量变化（±2%），实际上不影响测定结果。用本方法进行一次剂量测定，只需 10min 左右。

(2)本方法也可以用来测定水泥和石灰稳定土中结合料的剂量。

2. 仪器设备

(1)滴定管(酸式):50ml,1 支。

(2)滴定台:1 个。

(3)滴定管夹:1 个。

(4)大肚移液管:10ml,10 支。

(5)锥形瓶(即三角瓶):200ml,20 个。

(6)烧杯:2 000ml(或 1 000ml),1 只; 300ml,10 只。

(7)容量瓶 :1 000ml,1 个。

(8)搪瓷杯：容量大于 1 200ml,10 只。

(9)不锈钢棒（或粗玻璃棒）:10 根。

(10)量筒 :100ml、5ml，各 1 只 ;50ml,2 只。

(11)棕色广口瓶 :60ml,1 只（装钙红）。

(12)托盘天平：称量 500g、感量 0.5g 和称量 100g、感量 0.1g，各 1 台。

(13)秒表 :1 只。

(14)表面皿：ϕ9cm,10 个。

(15)研钵：ϕ12～13cm,1 个。

(16)土样筛：筛孔 2.0mm 或 2.5mm,1 个。

(17)洗耳球 (1 两或 2 两):1 个。

(18)精密试纸 :pH12～14。

(19)聚乙烯桶 :20L,1 个（装蒸馏水）;10L,2 个（装氯化铵及 EDTA 二钠标准液）;5L,1 个(装氢氧化钠）。

(20)毛刷、去污粉、吸水管、塑料勺、特种铅笔、厘米纸。

(21)洗瓶（塑料）:500ml,1 只。

3. 试剂

(1)0.1mol/m³乙二胺四乙酸二钠(简称 EDTA 二钠)标准液:准确称取 EDTA 二钠(分析纯)37.226g,用微热的无二氧化碳蒸馏水溶解,待全部溶解并冷却至室温后,定容至 1 000ml。

(2)10% 氯化铵溶液:将 500g 氯化铵(分析纯或化学纯)放在 10L 聚乙烯桶内,加蒸馏水 4 500ml,充分振荡,使氯化铵完全溶解。也可以分批在 1 000ml 的烧杯内配制,然后倒入塑料桶内摇匀。

(3)1.8% 氢氧化钠(内含三乙醇胺)溶液:用 100g 架盘天平称 18g 氢氧化钠(分析纯),放入洁净干燥的 1 000ml 烧杯中,加入 1 000ml 蒸馏水使其全部溶解,待溶解冷却至室温后,置入 2ml 三乙醇胺(分析纯),搅拌均匀后储于塑料桶中。

(4)钙红指示剂:将 0.2g 钙试剂羟酸钠(分子式为 $C_{21}H_{13}O_7N_2SNa$)与 20g 预先在 105 ℃烘箱中烘 1h 的硫酸钾混合。一起放入瓷研钵中,研成极细粉末,储于棕色广口瓶中,以防吸水变潮。

4. 准备标准曲线

(1)取样:取工地用石灰和集料,风干后分别过 2.0mm 或 2.5mm 筛,用烘干法或酒精燃烧法测其含水率(如为水泥可假定其含水率为 0)。

(2)混合料组成的计算。

①公式:$干料质量 = \frac{湿料质量}{1+量佳含水率}$。

②计算:

$$干混合料质量 = \frac{300g}{1+最佳含水率}$$

$$干土质量 = \frac{干混合料质量}{1+石灰(或水泥)剂量}$$

$$干石灰(或水泥)质量 = 干混合料质量 - 干土质量$$

$$湿土质量 = 干土质量 \times (1+土的风干含水率)$$

$$湿石灰质量 = 干石灰 \times (1+石灰的风干含水率)$$

$$石灰土中应加入的水 = 300g - 湿土质量 - 湿石灰质量$$

(3)准备 5 种试样,每种 2 个样品(以水泥集料为例)。

第 1 种:称 2 份 300g 集料分别放在 2 个搪瓷杯内,集料的含水率应等于工地预期达到的最佳含水率。集料中所加的水应与工地所用的水相同(300g 为湿质量)。

第 2 种:准备 2 份水泥剂量为 2% 的水泥土混合料试样,每份均重 300g,并分别放在 2 个搪瓷杯内。水泥土混合料的含水率应等于工地预期达到的最佳含水率。混合料中所加的水应与工地所用的水相同。

第 3 种、4 种、5 种:各准备 2 份水泥剂量分别为 4%、6%、8%的水泥土混合料试样,每份均为 300g,并分别放在 6 个搪瓷杯内,其他要求同第 1 种。

(4)取一个盛有试样的搪瓷杯,在杯内加 600ml 10% 氯化铵溶剂,用不锈钢搅拌棒充分搅拌 3min(每分钟搅拌 110~120 次)。如水泥(或石灰)土混合料中的土是细粒土,则也可以用 1 000ml 具塞三角瓶代替搪瓷杯,手握三角瓶(瓶口向上)用力振荡 3min(每分钟 120

±5 次)，以代替搅拌棒搅拌。放置沉淀 4min[如 4min 后得到的是混浊悬浮液，则应增加放置沉淀时间，直到出现澄清悬浮液为止，并记录所需的时间，以后所有该种水泥(或石灰)土混合料的试验，均应以同一时间为准]，然后将上部清液转移到 300ml 烧杯内，搅匀，加盖表面皿待测。

(5)用移液管吸取上层(液面下 1～2cm)悬浮液 10.0ml，置入 200ml 的三角瓶内，用量筒量取 50ml 1.8%的氢氧化钠(内含三乙醇胺)倒入三角瓶中，此时溶液 pH 值为 12.5～13.0(可用 pH 值为 12～14 的精密试纸检验)，然后加入钙红指示剂(体积约为黄豆大小)，摇匀，溶剂呈玫瑰红色。用 EDTA 二钠标准液滴定到纯蓝色为终点，记录 EDTA 二钠的耗量(以 ml 计，读至 0.1ml)。

(6)对其他几个搪瓷杯中的试样，用同样的方法进行试验，并记录各自 EDTA 二钠的耗量。

(7)以同一水泥(或石灰)剂量混合料消耗 EDTA 二钠标准液毫升数的平均值为纵坐标，以水泥(或石灰)剂量(%)为横坐标制图。两者的关系应是一根顺滑的曲线，如素集料或水泥(或石灰)改变及同一次配制的 EDTA 溶液用完后，必须重做标准曲线。

5. 试验步骤

(1)选取有代表性的水泥土或石灰土混合料，称 300g 放在搪瓷杯中，用搅拌棒将结块搅散，加 600ml 10%的氯化铵溶液，然后如前述步骤那样进行试验。

(2)利用所绘制的标准曲线，根据所消耗的 EDTA 二钠标准液毫升数，确定混合料中的水泥或石灰剂量。

6. 注意事项

(1)每个样品搅拌的时间、速度和方式应力求相同，以增加试验的精度。

(2)做标准曲线时，如工地实际水泥剂量较大，素集料和低剂量水泥的试样可以不做，而直接用较高的剂量做试验，但应有两种剂量大于实用剂量及两种剂量小于实用剂量。

(3)配制的氯化铵溶液最好当天用完，不要放置过久，以免影响试验的精度。

(4)如为细粒土，则每份的质量可以减为 100g。

(5)在此，准备标准曲线的水泥剂量为：0%、2%、4%、6%和 8%，实际工作中应使工地实际所用水泥或石灰的剂量位于准备标准曲线时所用剂量的中间。

(6)当仅用 100g 混合料时，只需 200ml 10%氯化铵溶液。

三、路面基层、底基层试验检测项目三——击实试验方法

1. 目的和适用范围

(1)本试验方法适用于在规定的试筒内，对水泥稳定土(在水泥水化前)、石灰稳定土及石灰(或水泥)粉煤灰稳定土进行击实试验，以绘制稳定土的含水率—干密度关系曲线，从而确定其最佳含水率和最大干密度。

(2)试验集料的最大粒径宜控制在 25mm 以内，最大不得超过 40mm(圆孔筛)。

2. 仪器设备

(1)击实筒：小型，内径 100mm、高 127mm 的金属圆筒，套环高 50m，底座；中型，内径 152 mm、高 170mm 的金属圆筒，套环高 50m，直径 151mm、高 50mm 的筒内垫块，

底座。

(2)击锤和导管：击锤的底面直径 50mm，总质量 4.5kg，击锤在导管内的总行程为 450mm。

(3)天平：感量为 0.01g。

(4)台秤：称量为 15kg，感量为 5g。

(5)圆孔筛：孔径 40mm、25mm 或 20mm、5mm，各 1 个。

(6)量筒：50ml、100 ml、500ml，各 1 个。

(7)直刮刀：长 200~250mm、宽 30mm、厚 3mm 且一侧开口，用以刮平和修饰粒料大试件的表面。

(8)刮土刀：长 150～200mm、宽约 20mm，用以刮平和修饰小试件的表面。

(9)工字形刮平尺：30mm × 50mm × 310mm，上、下两面和侧面均刨平。

(10)拌和工具：约 400mm × 600mm × 70mm 的长方形金属盘，拌和用平头小铲等。

(11)脱模器。

(12)测定含水率用的铝盒、烘箱等其他用具。

3. 试料准备

将具有代表性的风干试料(必要时，也可以在 50℃烘箱内烘干)用木锤或木碾捣碎。土团均应捣碎到能通过 5mm 的筛孔。但应注意不使粒料的单个颗粒破碎或不使其破碎程度超过施工中拌和机械的破碎率。如试料是细料土，将已捣碎的具有代表性的土过 5mm 筛备用(用甲法或乙法做试验)；如试料中含有粒径大于 5mm 的颗粒，则先将试料过 25mm 的筛，如存留在筛孔 25mm 筛的颗粒的含量不超过 20%，则过筛料留作备用(用甲法或乙法做试验)；如试料中粒径大于 25mm 的颗粒含量过多，则将试料过 40mm 的筛备用(用丙法试验)。每次筛分后，均应记录超尺寸颗粒的百分率。在预定做击实试验的前一天，取有代表性的试料测定其风干含水率。对于细粒土，试样应不少于 100g；对于中粒土(粒径小于 25mm 的各种集料)，试样应不少于 1 000g；对于粗料土的各种集料，试样应不少于 2 000g。

4. 试验步骤

1)甲法

(1)将已筛分的试样用四分法逐次分小，至最后取出约 10～15kg 试料。再用四分法将已取出的试料分成 5～6 份，每份试料的干质量为 2.0kg(对于细粒土)或 2.5kg(对于各种中粒土)。

(2)预定 5～6 个不同含水率，依次相差 1%～2%，且其中至少有 2 个大于和 2 个小于最佳含水率。对于细粒土，可参照其塑限估计素土的最佳含水率。一般其最佳含水率较塑限约小 3%～10%，对于砂性土接近 3%，对于黏性土约为 6%～10%，级配集料等的最佳含水率与集料中细土的含量和塑性指数有关，一般变化在 5%～12%之间。对于细土少的、塑性指数为零的未筛分碎石，其最佳含水率接近 5%。对于细土偏多的、塑性指数较大的砂砾土，其最佳含水率在 10%左右。水泥稳定土的最佳含水率与素土的接近，石灰稳定土的最佳含水率可能较素土大 1%～3%。

(3)按预定含水率制备试样。将1份试料平铺于金属盘内,将事先计算得到的该份试料中应加的水量均匀地喷洒在试料上,用小铲将试料充分拌和到均匀状态(如为石灰稳定土和水泥、石灰综合稳定土,可将石灰和试料一起拌匀),然后装入密闭容器或塑料口袋内浸润备用。

浸润时间:黏性土12~24h,粉性土6~8h,砂性土、砂砾土、红土砂砾、级配砂砾等可以缩短到4h左右,含土很少的未筛分碎石、砂砾和砂可缩短到2h。

应加水量可按式(5-7)计算:

$$Q_w=\left(\frac{Q_n}{1+0.01w_n}+\frac{Q_c}{1+0.01w_c}\right)\times 0.01w \tag{5-7}$$

式中:Q_w——混合料中应加的水量,g;

Q_n——混合料中素土(或集料)的质量,g;

w_n——混合料中素土(或集料)的原始含水率,%,即风干含水率;

Q_c——混合料中水泥或石灰的质量,g;

w_c——混合料中水泥或石灰的原始含水率,%;

w——要求达到的混合料的含水率,%。

(4)将所需要的稳定剂水泥加入到浸润后的试料中,并用小铲、泥刀或其他工具充分拌和到均匀状态。加入有水泥的试样拌和后,应在1h内完成下述击实试验,拌和后超过1h的试样应予以作废(石灰稳定土和石灰粉煤灰除外)。

(5)试筒套环与击实底板应紧密连接。将击实筒放在坚实地面上,取制备好的试样(仍用四分法)400~500g(其量应使击实后的试样等于或略高于筒高的1/5)倒入筒内,整平其表面并稍加压紧,然后按所需击数进行第一层试样的击实。击实时,击锤应自由铅直落下,落高应为45cm,锤迹必须均匀分布于试样面。第一层击实完后,检查该层高度是否合适,以便调整以后几层的试样用量。用刮土刀或改锥将已击实层的表面"拉毛",然后重复上述做法,进行其余四层试样的击实。最后一层试样击实后,试样超出试筒顶的高度不得大于6mm,超出高度过大的试件应该作废。

(6)用刮土刀沿套环内壁削挖(使试样与套环脱离)后,扭动并取下套环。对齐筒顶细心刮平试样,并拆除底板。如试样底面略突出筒外或有孔洞,则应细心刮平或修补。最后用工字形刮平尺对齐筒顶和筒底将试样刮平。擦净试筒的外壁,称取其质量并准确至5g。

(7)用脱模器推出筒内试样。自试样内部从上到下取2个有代表性的样品(可将脱出试件用锤打碎后,用四分法采取),测定其含水率,计算至0.1%。2个试样含水率的差值不得大于1%。所取样品的数量见表5-13(如只取1个样品测定含水率,则样品的质量应为表列数值的2倍)。

测稳定土含水率的样品数量 表5-13

最大粒径(mm)	样品质量(g)	最大粒径(mm)	样品质量(g)
2	约50	25	约500
5	约100		

烘箱的温度应事先调整到110℃左右,以使放入的试样能立即在105~110℃的温度下烘干。

(8)进行其余含水率下稳定土的击实和测定工作。

凡已用过的试样,一律不再重复使用。

2)乙法

在缺乏内径10cm的试筒及需要与承载比等试验结合起来时,可采用乙法进行击实试验。本法更适宜于粒径达25mm的集料。

(1)将已过筛的试料用四分法逐次分小,至最后取出约30kg试料;再用四分法将取出的试料分成5~6份,每份试料的干重约为4.4kg(细粒土)或5.5kg(中粒土)。

(2)其他试验步骤与甲法相同,但应该先将垫块放入筒内底板上,然后加料并击实。所不同的是,每层需取制备好的试样约900g(对于水泥或石灰稳定细粒土)或1 100g(对于稳定中粒土),每层的锤击次数为59次。

3)丙法

(1)将已过筛的试料用四分法逐次分小,至最后取出约33kg试料;再用四分法将取出的试料分成6份(至少要5份),每份重约5.5kg(风干质量)。

(2)预定5~6个不同含水率,依次相差1%~2%。在估计的最佳含水率左右可只差1%,其余差2%。

(3)按预定含水率制备试样,与甲法相同。

(4)将混合料拌和均匀,与甲法相同。

(5)将试筒、套环与击实底板紧密地连接在一起,并将垫块放在筒内底板上。击实筒应放在坚实(最好是水泥混凝土)地面上,取制备好的试样1.8kg左右(其量应使击实后的试样略高于筒高的1/3)倒入筒内,整平其表面,并稍加压紧。然后按所需击数进行第一层试样的击实(共击98次)。击实时,击锤应自由铅直落下,落高应为45cm,锤迹必须均匀分布于试样面。第一层击实完后,检查该层的高度是否合适,以便调整以后两层的试样用量。用刮土刀或改锥将已击实的表面"拉毛",然后重复上述做法,进行其余两层试样的击实。最后一层试样击实后,试样超出试筒顶的高度不得大于6mm,超出高度过大的试件应该作废。

(6)用刮土刀沿套环内壁削挖(使试样与套环脱离)后,扭动并取下套环。齐筒顶细心刮平试样,并拆除底板,取走垫块。擦净试筒的外壁,称重,准确至5g。

(7)用脱模器推出筒内试样。自试样内部从上到下取2个有代表性的样品(可将脱出试件用锤打碎后,用四分法采取),测定其含水率,计算至0.1%。2个试样含水率的差值不得大于1%。所取样品的数量应不少于700g,如只取1个样品测定含水率,则样品的数量应不少于1 400g,烘箱的温度应事先调整到110℃左右,以使放入的试样能立即在105~110℃的温度下烘干。

(8)按上述(3)~(7)项进行其余含水率下稳定土的击实和测定。凡已用过的试料,一律不再重复使用。

5.计算

(1)按式(5-8)计算每次击实后稳定土的湿密度:

$$\rho_w = \frac{Q_1 - Q_2}{V} \tag{5-8}$$

式中：ρ_w——稳定土的湿密度，g/cm^3；

Q_1——试筒与湿试样的合质量，g；

Q_2——试筒的质量，g；

V——试筒的容积，cm^3。

(2)按式(5-9)计算每次击实后稳定土的干密度：

$$\rho_d = \frac{\rho_w}{1 + 0.01w} \tag{5-9}$$

式中：ρ_d——试样的干密度，g/cm^3；

w——试样的含水率，%。

(3)以干密度为纵坐标，以含水率为横坐标，在普通直角坐标纸上绘制干密度与含水率的关系曲线，驼峰形曲线顶点的纵、横坐标分别为稳定土的最大干密度和最佳含水率。最大干密度用2位小数表示。如最佳含水率的值在12%以上，则用整数表示(即精确到1%)；如最佳含水率的值在6%～12%，则用一位小数“0”或“5”表示(即精确到0.5%)；如最佳含水率的值小于6%，则取1位小数，并用偶数表示(即精确到0.2%)。

如试验点不足以连成完整的驼峰形曲线，则应该进行补充试验。

(4)超尺寸颗粒的校正

当试样中大于规定最大粒径的超尺寸颗粒的含量为5%～30%时，按式(5-10)、式(5-11)分别对试验所得的最大干密度和最佳含水率进行校正(超尺寸颗粒的含量小于5%时，可以不进行校正)。

$$\rho'_{dm} = \rho_{dm}(1 - 0.01\rho) + 0.9 \times 0.01\rho\,\rho'_a \tag{5-10}$$

式中：ρ'_{dm}——校正后的最大干密度，g/cm^3；

ρ_{dm}——试验所得的最大干密度，g/cm^3；

ρ——试样中超尺寸颗粒的百分率，%；

ρ'_a——超尺寸颗粒的毛体积相对密度。

计算精确至$0.01g/cm^3$。

$$w'_0 = w_0(1 - 0.01\rho) + 0.01\rho\,w_a \tag{5-11}$$

式中：w'_0——校正后的最佳含水率，%；

w_0——试验所得的最佳含水率，%；

ρ——试样中超尺寸颗粒的百分率，%；

w_a——超尺寸颗粒的吸水率，%。

6. 精密度或允许误差

应做2次平行试验，2次试验最大密度的差值不应超过$0.05g/cm^3$(稳定细粒土)或$0.08g/cm^3$(稳定中粒土和粗粒土)，最佳含水率的差值不应超过0.5%(最佳含水率小于10%)或1.0%(最佳含水率大于10%)。

四、路面基层、底基层试验检测项目四——无侧限抗压强度试验方法

1. 目的和适用范围

本试验方法适用于测定无机结合料稳定土(包括稳定细粒土、中粒土和粗粒土)试件的无

侧限抗压强度，在室内配合比设计试验及现场检测。本试验方法包括：按照预定干密度用静力压实法制备试件及用锤击法制备试件，试件都是高∶直径＝1∶1的圆柱体。应该尽可能用静力压实法制备等干密度的试件。

室内配合比设计试验和现场检测两者在试料准备上是不同的，前者根据设计配合比称取试料并拌和，按要求制备试件；后者则在工地现场取拌和的混合料作试料，并按要求制备试件。

2. 取样频率

在现场按规定频率取样，按工地预定达到的压实度制备试件。试件数量（每2 000m^2每工作班），对于稳定细粒土、中粒土和粗粒土，当多次试验结果的偏差系数C_v<10%时，可为6个试件；C_v=10%～15%时，可为9个试件；C_v>15%时，则需13个试件。

3. 仪器设备

(1)圆孔筛：孔径40mm、25mm(或20mm)、5mm，各1个。

(2)试模：适用于不同土的试模尺寸如下。

细粒土（最大粒径不超过10mm）：试模的直径×高＝50mm×50mm。

中粒土（最大粒径不超过25mm）：试模的直径×高＝100mm×100mm。

粗粒土（最大粒径不超过40mm）：试模的直径×高＝150mm×150mm。

(3)脱模器。

(4)反力框架：规格为400kN以上。

(5)液压千斤顶：200～1 000kN。

(6)击锤和导管：击锤的底面直径为50mm，总质量为4.5kg，击锤在导管内的总行程为450mm。

(7)密封湿气箱或湿气池：放在保持恒温的小房间内。

(8)水槽：深度应大于试件高度50mm。

(9)路面材料强度试验仪或其他合适的压力机，但后者的规格应不大于200kN。

(10)天平：感量为0.01g。

(11)台秤：称量为10kg，感量为5g。

(12)量筒、拌和工具、漏斗及大、小铝盒和烘箱等。

4. 试件制备

(1)试料准备。将具有代表性的风干试料（必要时，也可以在50℃烘箱内烘干）用木锤和木碾捣碎，但应避免破碎粒料的原粒径。将土过筛并进行分类，如试料为粗粒土，则除去大于40mm的颗粒后备用；如试料为中粒土，则除去大于25mm或20mm的颗粒后备用；如试料为细粒土，则除去大于10mm的颗粒后备用。

在预定做试验的前一天，取有代表性的试料测定其风干含水率。对于细粒土，试样质量应不少于100g；对于粒径小于25mm的中粒土，试样质量应不少于1 000g；对于粒径小于40mm的粗粒土，试样质量应不少于2 000g。

(2)按《公路工程无机结合料稳定材料试验规程》(JTJ 057—94)确定无机结合混合料的最佳含水率和最大干密度。

(3)配制混合料。

①对于同一无机结合料剂量的混合料,需要制备相同状态的试件数量(即平行试验的数量)与土类及操作的仔细程度有关。对于无机结合料稳定细粒土,应至少制备 6 个试件;对于无机结合料稳定中粒土和粗粒土,应至少分别制备 9 个和 13 个试件。

②称取一定数量的风干土并计算干土的质量,其数量随试件大小而变。对于 50mm×50mm 的试件,1 个试件约需干土 180～210g;对于 100mm×100mm 的试件,1 个试件约需干土 1 700～1 900g;对于 150mm×150mm 的试件,1 个试件约需干土 5 700～6 000g。

对于细粒土,可以一次称取 6 个试件的土;对于中粒土,可以一次称取 3 个试件的土;对于粗粒土,一次只称取 1 个试件的土。

③将称好的土放在长方盘(约 400mm×600mm×700mm)内。向土中加水,对于细粒土(特别是黏性土),使其含水率较最佳含水率小 3%;对于中粒土和粗粒土,可按式(5-7)加水。将土和水拌和均匀后放在密闭容器内,浸润备用。如为石灰稳定土和水泥石灰综合稳定土,可将石灰和土一起拌匀后进行浸润。

浸润时间:黏性土 12～14h,粉性土 6～8h,砂性土、砂粒土、红土砂砾、级配砂砾等可以缩短至 4h 左右,含土很少的未筛分碎石、砂砾及砂可以缩短到 2h。

④在浸润过的试料中,加入预定数量的水泥或石灰,水泥或石灰剂量按干土即干集料质量的百分率计算并拌和均匀。在拌和过程中,应将预留 3%的水(对于细粒土)加入土中,使混合料的含水率达到最佳含水率。拌和均匀的加有水泥的混合料应在 1h 内按下述方法制成试件,超过 1h 的混合料应该作废。其他结合料稳定土的混合料虽不受此限制,但也应尽快制成试件。

(4)按预定的干密度制件。用反力框架和液压千斤顶制件。制备一个预定干密度的试件,所需稳定土混合料的质量 m_1 可按式(5-12)计算:

$$m_1 = \rho_d V(1 + w) \tag{5-12}$$

式中:ρ_d——稳定土试件的干密度,g/cm^3;

V——试模的体积;

w——稳定土混合料的含水率,%。

将试模的下压柱放入试模的下部,但外露 2cm 左右。将称量的规定数量的稳定土混合料分 2～3 次灌入试模中(利用漏斗),每次灌入后用夯棒轻轻均匀插实。如制备的是 50mm×50mm 的小试件,则可以将混合料一次倒入试模中,然后将上压柱放入试模内,应使上压柱也外露 2cm 左右(即上、下压柱露出试模外的部分应该相等)。

将整个试模(连同上、下压柱)放在反力框架内的千斤顶上(千斤顶下应放一扁球座),加压直到上、下压柱都压入试模为止。维持压力 1min,解除压力后,取下试模,拿去上压柱,并放到脱模器上将试件顶出(利用千斤顶和下压柱)。称取试件的质量 m_2,小试件准确到 1g,中试件准确到 2g,大试件准确到 5g。然后用游标卡尺量取试件的高度 h,准确到 0.1mm。用击锤制件的步骤同前,不同的是用击锤(可以利用做击实试件的锤,但压柱顶面需要垫一块牛皮或胶皮,以保护锤面和压柱顶面不受损伤)将上、下压柱打入试模内。

5.养生

试件从试模内脱出并称量后，应立即放到密封湿气箱和恒温室内进行保湿养生。但中试件和大试件应先用塑料薄膜包覆，有条件时，可采用蜡封保湿养生。养生时间视需要而定，作为工地控制，通常都只取7d。整个养生期间的温度，在北方地区应保持在20℃±2℃，在南方地区应保持在25℃±2℃。养生期的最后1d，应该将试件浸泡在水中，水的深度应使水面在试件顶上约2.5cm。在浸泡水中前，应再次称取试件的质量。在养生期间，试件质量的损失应该符合下列规定：小试件不超过1g；中试件不超过4g；大试件不超过10g。质量损失超过此规定的试件，应该作废。

6.无侧限抗压强度试验

(1)将已浸水1昼夜的试件从水中取出，用软的旧布吸净试件表面的可见自由水，并称取试件的质量 m_4。

(2)用游标卡尺量取试件的高度 h_1，准确到0.1mm。

(3)将试件放到路面材料强度试验仪的升降台上(台上先放一扁球座)，进行抗压试验。试验过程中，应使试件的形变等速增加，并保持速率约为1mm/min。记录试件破坏时的最大压力 P(N)。

(4)从试件内部取有代表性的样品(经过打破)，测定其含水率 w_1。

7.计算

(1)试件的无侧限抗压强度 R_c(MPa)

对于小试件：

$$R_c=\frac{P}{A}=0.000\,51P \tag{5-13}$$

对于中试件：

$$R_c=\frac{P}{A}=0.000\,127P \tag{5-14}$$

对于大试件：

$$R_c=\frac{P}{A}=0.000\,057P \tag{5-15}$$

式中：P——试件破坏时的最大压力，N；

A——试件的截面积(mm^2)，$A=\frac{\pi}{4}D^2$，D 为试件的直径。

(2)精密度或允许误差

若干次平行试验的偏差系数 C_v(%)，对于小试件，不大于10%；对于中试件，不大于15%；对于大试件，不大于20%。

8.基层、底基层的技术要求

基层、底基层的技术要求包括工程外形，如高程、宽度、横坡等，这些由测量部门负责检查；内在质量的技术要求，如弯沉值、压实度、抗压强度等，都是由项目试验室负责检测的，弯沉值可按设计要求执行，抗压强度见表5-14。

无机结合料稳定类材料的抗压强度(单位:MPa) 表 5-14

材料类别		高速公路和一级公路	二级及二级以下公路
水泥稳定类材料	基层	3～5①	2.5～3.0②
	底基层	1.5～2.5①	1.5～2.0②
石灰稳定类材料	基层		≥0.8③
	底基层	≥0.8	0.5～0.7④
二灰稳定类材料	基层	0.8～1.1①	0.6～0.8
	底基层	≥0.6	≥0.5

注:1.设计累计标准轴次小于 12×10^6 的公路,可采用低限值;设计累计标准轴次超过 12×10^6 的公路可用中值;主要行驶重载车辆的公路应用高限值。某一具体公路应采用一个值,而不用某一范围。

2.二级以下公路可取低限值,行驶重载车辆的公路,应取较高的值;二级公路可取中值;行驶重载车辆的二级公路应取高限值。某一具体公路,应采用一个值,而不用某一范围。

3.在低塑性土(塑性指数小于7)地区,石灰稳定砂砾土和碎石土的7d浸水抗压强度应大于0.5MPa。

4.低限用于塑性指数小于7的黏性土,且低限宜仅用于二级以下公路;高限用于塑性指数大于7的黏性土。

9.半刚性基层和底基层材料强度评定

(1)半刚性基层和底基层材料强度,以规定温度下保湿养生6d、浸水1d后的7d无侧限抗压强度为准。

(2)在现场按规定频率取样,按工地预定达到的压实度制备试件。试样数量(每2 000m^2或每工作班制备1组试件),对于稳定细粒土、中粒土或粗粒土,当多次偏差系数 $C_v<10\%$ 时,可为6个试件;$C_v=10\%\sim15\%$ 时,可为9个试件;$C_v>15\%$ 时,则需13个试件。

(3)试件的平均强度 $\overline{R}$ 应满足下式要求:

$$\overline{R}\geqslant\frac{R_d}{1-Z_aC_v} \tag{5-16}$$

式中:R_d——设计抗压强度,MPa;

C_v——试验结果的偏差系数(以小数计);

Z_a——标准正态分布表中随保证率而变的系数。

高速公路、一级公路:保证率95%,$Z_a=1.645$;其他公路:保证率90%,$Z_a=1.282$。

(4)评定路段内半刚性材料强度评为不合格时,相应分项工程为不合格。

第三节 施工过程中基层、底基层的试验检测内容

一、施工过程中路面基层、底基层的一般要求

1.垫层

(1)承包人应在监理工程师验收合格的路基上铺筑垫层材料,未经监理工程师批准而在其上摊铺的材料,应由承包人自费清除。

(2)经过整平和整型,承包人应按试验路段所确认的压实工艺,在全宽范围内均匀地压实至重型击实最大密度的96%以上。

(3)一个路段碾压完成以后,应按批准的方法做密实度试验。被检验的材料没有达到所需的密实度、稳定性,则承包人应重新碾压、整型及整修,所需费用由承包人自理。

(4)在已完成的垫层上每一作业段或不大于2 000m^2 随机取样6次,按《公路路基路面现场测试规程》(JTJ 059—1995)规定进行压实度试验,并按规定检验其他项目。所有试验结果,均报监理工程师审批。

2.石灰稳定土底基层

(1)石灰稳定土施工的压实厚度,每层不小于100mm,也不超过200mm。

(2)取样和试验。石灰稳定土应在施工现场每天进行一次或每2 000m^2 取样一次,并按《公路工程无机结合料稳定材料试验规程》(JTJ 057—1994)标准方法进行混合料的含水率、石灰含量和无侧限抗压强度试验;在已完成的下承层上按《公路路基路面现场测试规程》(JTJ 059—1995)规定进行压实度试验,每一作业段或不超过2 000m^2 检查6次以上。所有试验结果,均报监理工程师审批。

3.水泥稳定土底基层、基层

(1)混合料的最小压实用12～15t压路机碾压时,每层的压实厚度不应超过150mm;用18～20t压路机碾压时,每层的压实厚度不应超过200mm,每层最小压实厚度为100mm。

(2)取样和试验。水泥稳定土应在施工现场每天进行一次或每2 000m^2 取样一次,检查混合料的级配是否在规定的范围内;并按《公路工程无机结合料稳定材料试验规程》(JTJ 057—1994)标准方法进行混合料的含水率、水泥含量和无侧限抗压强度试验;在已完成的铺筑层上按《公路路基路面现场测试规程》(JTJ 059—1995)进行压实度试验,每一作业段或不超过2 000m^2检查6次以上。基层应取钻件(路面芯样)检验其整体性。水泥稳定基层的龄期达7～10d时,应能取出完整的钻件。对于所有试验结果,均报监理工程师审批。

4.石灰粉煤灰稳定土底基层、基层

混合料压实,用12～15t三轮压路机碾压时,每层的压实厚度不应超过150mm;用18～20t三轮压路机碾压时,每层的压实厚度不应超过200mm;采用能量大的振动压路机碾压时,每层的压实厚度可以根据试验适当增加。压实厚度超过上述规定时,应分层铺筑,每层的最小压实厚度为100mm,下层宜稍厚。

5.级配碎(砾)石底基层、基层

(1)在已完成的底基层、基层上按规范的要求进行取样试验,所有试验结果均应报监理工程师审批。

(2)碎石层在最佳含水率时进行碾压,按重型击实试验法确定的压实度,底基层达到96%以上,基层达到98%以上。

二、施工过程中路面基层、底基层试验检测项目

施工过程中路面基层、底基层试验检测项目包括:原材料试验及基层、底基层现场施工质量控制。

1. 原材料试验

(1)土:颗粒分析、液塑限、含水率。

(2)石灰:钙镁含量测定。

(3)水泥:凝结时间、强度试验、安定性。

(4)粉煤灰:化学分析、细度、烧失量。

(5)碎石:筛分试验、压碎值试验、表观密度、堆积密度、针片状含量。

以上原材料开工前均应进行全面试检验,合格后方可开工,施工过程中,应根据规范规定的频率及材料变化情况及时检验。

2. 基层、底基层现场施工质量控制

(1)含灰量测定:对现场混合料采用 EDTA 滴定法检查,参照标准曲线,确定含灰量,控制施工质量。

(2)抗压强度测定:含灰量测定合格后,制备抗压强度试件。

(3)混合料含水率测定:混合料拌和均匀后,应立即测定其含水率。只有含水率在最佳含水率±(1%~2%)的范围内才能开始碾压,其压实效果最好。

(4)压实度检测:可参照路基工程现场检测的方法,基层、底基层压实度最低要求见表 5-15。

(5)弯沉测定:可参照路基工程现场检测的方法。

基层、底基层压实度最低要求(单位:%)　　表 5-15

公路等级			高速公路和一级公路	二级及二级以下公路
水泥稳定类材料	基层	中粒土、粗粒土	98	97
		细位土	98	93
	底基层	中粒土、粗粒土	97	95
		细位土	95	93
石灰稳定类材料	基层	中粒土、粗粒土		97
		细粒土		93
	底基层	中粒土、粗粒土	97	95
		细粒土	95	93
二灰稳定类材料	基层	中粒土、粗粒土	98	97
		细粒土	98	93
	底基层	中粒土、粗粒土	97	95
		细粒土	95	93

第四节　竣工验收阶段基层、底基层的试验检测内容

基层、底基层工程竣工验收阶段的试验检测工作如下。

(1)对基层、底基层工程应进行整体评定。

(2)按照竣工资料编制办法要求及时准确完成试验资料的整理归档工作,具体包括:

①原材料各项常规试验记录及汇总表的收集、整理、归档；

②EDTA 滴定法测水泥、石灰剂量试验记录的收集、整理、归档；

③击实试验记录的收集、整理、归档；

④压实度试验记录及评定表的收集、整理、归档，无侧限抗压强度记录及评定表的收集、整理、归档；

⑤路面基层、地基层弯沉值记录及评定表的收集、整理、归档。

思考题

1. 水泥稳定粒料基层施工质量检查项目有哪些？相应的检查方法是什么？
2. 简述水泥或石灰剂量测定方法及其意义。

第六章
路面工程试验检测方法

路面是用各种筑路材料或混合料铺筑在公路路基上供汽车行驶的层状构造物，其作用是保证汽车在道路上能全天候、稳定、高速、舒适、安全和经济的运行，分为水泥混凝土路面、沥青混凝土路面。

第一节　路面工程的技术要求

根据路面的分类，下面分别介绍沥青混凝土路面和水泥混凝土路面的技术要求。

一、热拌沥青混合料面层

1. 粗集料

(1)粗集料包括碎石、破碎砾石、筛选砾石、矿渣等，粗集料应洁净、干燥、无风化、无杂质，具有足够的强度、耐磨耗性。

(2)粗集料的粒径规格应符合规范要求。

(3)粗集料的质量应符合规范的要求。

(4)当按《公路工程沥青及沥青混合料试验规程》(JTJ 052—2000)规定的方法试验时，沥青与集料的粘附性不低于4级。否则，应掺加外加剂，外加剂的精确比例由试验室确定。

2. 细集料

(1)细集料可能采用天然砂、人工砂及石屑，或天然砂和石屑两者的混合料。

(2)细集料应干净、坚硬、干燥、无风化、无杂质或其他有害物质，并有适当的级配。

(3)天然砂、石屑的规格和细集料质量技术要求，应符合规范要求。

3. 填料

(1)填料宜采用由石灰岩或浆岩中的强基性岩石等憎水性石料经磨制而成的矿粉，不应含泥土杂质和团粒，要求干燥、洁净，其质量应符合规范的技术要求。

(2)经监理工程师批准，采用水泥、石灰等作为填料时，其用量不宜超过集料总量的2%。

4. 沥青

(1)使用的沥青材料应为重交通道路石油沥青。

(2)运到现场的每批沥青都应附有制造厂的证明和出厂试验报告，并说明装运数量、装运日期、定货数量等。

(3)沥青标号应根据当地的气候情况和图纸要求确定，并取得监理工程师的批准。

(4)承包人应于施工开始前28d将拟用的沥青样品和上述证明及试验报告提交监理工程师检验、批准。除监理工程师另有指示外，承包人不得在施工中以其他沥青替代。

(5)进场沥青每批都应重新进行取样和试验。取样和试验应符合《公路工程沥青及沥青混合料试验规程》(JTJ 052—2000)的规定。

(6)不同生产厂家、不同标号的沥青必须分开存放，不得混杂，并应有防水措施。

二、沥青混合料组成设计

(1)沥青混合料面层一般采用双层或三层式结构。

(2)各层沥青混合料的技术标准应符合《公路沥青路面施工技术规范》(JTG F40—2001)的规定。上面层和中面层车辙试验动稳定度对高速公路应不小于800次/mm，对一级公路应不小于600次/mm。

(3)承包人应按目标配合比设计、生产配合比设计和生产配合比验证三阶段进行沥青混合料的配合比设计。沥青混合料配合比的设计与检验应按《公路沥青路面施工技术规范》(JTGF 40—2001)规定的方法进行。

(4)承包人应提前28d向监理工程师提交拟用的沥青混合料级配、沥青结合料用量及沥青混合料稳定度、流值、空隙率、动稳定度、残留稳定度等各项技术指标的书面详细说明。在承包人提交的目标配合比未经监理工程师批准前，不得进入生产配合比设计。

(5)如果承包人建议改变料源时，应在材料生产之前，把新的目标配合比设计报告监理工程师审批。审批新的工地拌和料级配时应做试验，每一次评价至少需要14d。由于这些变化而产生的所有费用都应由承包人支付。

(6)在沥青混合料未被批准之前，不得进行下一步工序。未经监理工程师认可，对已批准的沥青混合料配合比和原材料品种不得更改。

三、水泥混凝土路面

(一)材料

1. 水泥

(1)各级路面用水泥的物理性能和化学成分应符合图纸要求和《硅酸盐水泥、普通硅酸盐水泥》(GB 175—1999)和《道路硅酸盐水泥》(GB 13693—1992)的规定，并符合《公路水泥混凝土路面施工技术规范》(JTG F30—2003)的规定。

(2)特重、重交通混凝土路面宜采用旋窑道路硅酸盐水泥或普通硅酸盐水泥；中、轻交通的路面也可采用矿渣硅酸盐水泥。低温天气施工、有快通要求的路段可采用R型水泥，其他宜采用普通型水泥。

(3)采用机械化铺筑时，宜选用散装水泥，散装水泥的出厂温度应符合《公路水泥混凝土路面施工技术规范》(JTG F30—2003)第3.1.4节的规定。

(4)当贫混凝土和碾压混凝土用作基层时，可使用各种硅酸盐类水泥。不掺用粉煤灰时，宜使用强度等级32.5级以下的水泥。掺用粉煤灰时，只能使用道路水泥、硅酸盐水泥、普通水泥。

(5)水泥进场时，应附有产品合格证及化验单，承包人应对品种、强度等级、包装、数量、出厂日期等进行检查验收，并报监理工程师审批。

2. 粗集料

(1)粗集料可使用质地坚硬、耐久、洁净的碎石、碎卵石和卵石，其技术指标应符合图纸要求及表 6-1 的规定。粗集料按技术要求分为 I 级、II 级、III 级。高速公路、一级公路、二级公路及有抗(盐)冻要求的三、四级公路混凝土路面使用的粗集料级别应不低于 II 级，无抗(盐)冻要求的三、四级公路混凝土路面、碾压混凝土及贫混凝土基层可使用 III 级粗集料。有抗(盐)冻要求时，I 级集料吸水率不应大于 1.0%，II 级集料吸水率不应大于 2.0%。

(2)粗集料的级配范围应符合表 6-2 的要求。

(3)路面和桥面混凝土粗集料不得使用不分级的统料，应按公称最大粒径的不同采用 2～4 级集料进行掺配，并应符合图纸要求及表 6-2 合成连续级配的要求。卵石公称最大粒径不宜大于 19.0mm，碎卵石公称最大粒径不宜大于 26.5mm，碎石公称最大粒径不应大于31.5mm。贫混凝土基层粗集料公称最大粒径不应大于 31.5mm，钢纤维混凝土与碾压混凝土粗集料公称最大粒径不宜大于 19.0mm。碎卵石或碎石中粒径小于 75μm 的石粉含量不宜大于 1%。

(4)当怀疑有碱活性集料或夹杂有碱活性集料时，应进行碱集料反应检验，确认无碱集料反应后，方可使用。

(5)当粗集料中含有活性二氧化硅或其他活性成分时，水泥中碱的含量不应大于 0.6%，并应按照《公路工程集料试验规程》(JTJ 058—2000)的规定进行试验，确认对混凝土质量无有害影响方可施工。

(6)在含碱环境中(如盐碱地、含碱工业废水侵蚀)的混凝土，不得使用含有活性成分的集料。

碎石、碎卵石和卵石技术指标 表 6-1

项　目	技术要求		
	I 级	II 级	III 级
碎石压碎指标(%)	<10	<15	<200
卵石压碎指标(%)	<12	<14	<16
坚固性(按质量损失计,%)	<5	<8	<12
针片状颗料含量(按质量计,%)	<5	<15	<20
含泥量(按质量计,%)	<0.5	<1.0	<1.5
泥块含量(按质量计,%)	<0	<0.2	<0.5
有机物含量(比色法)	合格	合格	合格
硫化物及硫酸盐(按 SO_3 质量计,%)	<0.5	<1.0	<1.0
岩石抗压强度	火成岩不应小于 100MPa，变质岩不应小于 80MPa，水成岩不应小于 60MPa		
表观密度	>2 500kg/m³		
松散堆积密度	>1 350kg/m³		
空隙率	<47%		
碱集料反应	经碱集料反应试验后，试件无裂缝、酥裂、胶体外溢等现象，在规定试验龄期的膨胀率应小于 0.10%		

注：1. III 级碎石的压碎值指标，用作路面时，应小于 20%；用作下面层或基层时，可小于 25%。
2. III 级粗集料的针片状颗粒含量，用作路面时，应小于 20%；用作下面层或基层时，可小于 25%。

粗集料级配范围 表 6-2

	粒径级配类型	方孔筛尺寸(mm)							
		2.36	4.75	9.50	16.0	19.0	26.5	31.5	37.5
		累计筛余(以质量计,%)							
合成级配	4.75~16	95~100	85~100	40~60	0~10				
	4.75~19	95~100	85~95	60~75	30~45	0~5	0		
	4.75~26.5	95~100	90~100	70~90	50~70	25~40	0~5	0	
	4.75~31.5	95~100	90~100	75~90	60~75	40~60	20~35	0~5	0
粒级	4.75~9.5	95~100	80~100	0~15	0				
	9.5~16		95~100	85~100	0~15	0			
	9.5~19		95~100	85~100	40~60	0~15	0		
	16~26.5			95~100	55~70	25~40	0~10	0	
	16~31.5			95~100	85~100	55~70	25~40	0~10	0

3. 细集料

(1)细集料可采用质地坚硬、耐久、洁净的天然砂(河砂和沉积砂)、机制砂或混合砂,其技术指标应符合图纸要求及表 6-3 的规定。细集料按技术要求为分 I 级、II 级、III 级。高速公路、一级公路、二级公路及有抗(盐)冻要求的三、四级公路混凝土路面使用的砂类别应不低于 II 级,无抗(盐)冻要求的三、四级公路混凝土路面、碾压混凝土及贫混凝土基层可使用 III 级砂。特重、重交通混凝土路面宜使用河砂,砂的硅质含量不应低于 25%。

细集料技术指标 表 6-3

项目	技术要求		
	I 级	II 级	III 级
机制砂单粒级最大压碎指标(%)	<20	<25	<30
氯化物(按氯离子质量计,%)	<0.01	<0.02	<0.06
坚固性(按质量损失计,%)	<6	<8	<10
云母(按质量计,%)	<1.0	<2.0	<2.0
天然砂、机制砂含泥量(按质量计,%)	<1.0	<1.0	<3.0
天然砂、机制砂泥块含量(按质量计,%)	0	<1.0	<2.0
机制砂 MB 值<1.4 或合格石粉含量(按质量计,%)	<3.0	<5.0	<7.0
机制砂 MB 值≥1.4 或不合格石粉含量(按质量计,%)	<1.0	<3.0	<5.0
有机物含量(比色法)	合格	合格	合格
硫化物及硫酸盐(按 SO_3 质量计,%)	<0.5	<5.0	<0.5
轻物质(按质量计,%)	<1.0	<1.0	<1.0

续上表

项　目	技术要求		
	I 级	II 级	III 级
机制砂母岩抗压强度	火成岩不应小于 100MPa，变质岩不应小于 80MPa，水成岩不应小于 60MPa		
表观密度	>2 500kg/m³		
松散堆积密度	>1 350kg/m³		
空隙率	<47%		
碱集料反应	经碱集料反应试验后，由砂配制试件无裂缝、酥裂、胶体外溢等现象，在规定试验龄期的膨胀率应小于 0.10%		

(2)细集料级配要求应符合图纸要求及表 6-4 的规定。砂按细度模数分为粗砂、中砂、细砂。路面和桥面用天然砂宜为中砂，可使用偏细粗砂或偏粗细砂，细度模数应在 2.0～3.5 之间。同一配合比用砂的细度模数变化范围不应超过 0.3；否则，应分别堆放，并调整配合比中的砂率后使用。

细集料级配范围　　表 6-4

砂分级	方孔筛尺寸(mm)					
	0.15	0.30	0.60	1.18	2.36	4.75
	累计筛余(以质量计，%)					
粗砂	90～100	80～95	71～85	35～65	5～35	0～10
中砂	90～100	70～92	41～70	10～50	0～25	0～10
细砂	90～100	55～85	16～40	0～25	0～15	0～10

4. 掺和料

混凝土路面可掺用质量指标符合图纸要求及表 6-5 规定的粉煤灰，使用 I、II 级干排或磨细粉煤灰，不得使用 III 级粉煤灰。贫混凝土、碾压混凝土基层或复合式路面下面层应掺用符合表 6-5 规定的 III 级及 III 级以上的粉煤灰，不得使用规定等级外的粉煤灰。

粉煤灰分级和质量指标　　表 6-5

粉煤灰等级	细度(通过 45μm 气流筛的筛余量，%)	烧失量(%)	需水量比(%)	含水率(%)	Cl^-(%)	SO_3(%)	混合砂浆活性指数	
							7d	28d
I	≤12	≤5	≤95	≤1.0	<0.02	≤3	≥75	≥85(75)
II	≤20	≤8	≤105	≤1.0	<0.02	≤3	≥70	≥80(62)
III	≤45	≤15	≤115	≤1.5		≤3	—	

5. 外加剂

外加剂的产品质量及掺量应符合图纸要求及《公路水泥混凝土路面施工技术规范》(JTG F30—2003)表 3.6.1 的规定。供应商应提供有相应资质外加剂检测机构认定的品质检测报告,检验报告应说明外加剂的主要化学成分,对钢筋无锈蚀、对混凝土无腐蚀和对人员无毒副作用。承包人在施工中应经配合比试验确定其品种质量和剂量。所有外加剂的使用均应得到监理工程师批准。

6. 水

混凝土搅拌和养护用水应清洁,宜采用饮用水。使用非饮用水时,应进行检验,并符合下列规定:

(1)硫酸盐含量(按 SO_3 质量计)不得超过 2.7g/L;

(2)含盐量不得超过 5g/L;

(3)pH 值不得小于 4;

(4)不得含有油污;

(5)海水不得作为混凝土拌和用水。

7. 钢筋

(1)钢筋应符合图纸及《钢筋混凝土用热轧带肋钢筋》(GB 1499—1998)和《钢筋混凝土用热轧光圆钢筋》(GB 13013—1991)的要求。

(2)钢筋应顺直,不得有裂缝、断伤、刻痕、表面油污,颗粒状或片状锈蚀应清除。

8. 接缝材料

(1)胀缝板宜选用杉木板、纤维板、沥青纤维板、泡沫橡胶板或泡沫树脂板等材料,其技术要求应符合图纸及《公路水泥混凝土路面施工技术规范》(JTG F30—2003)中表 3.9.1 的要求。

(2)填缝料可选用沥青橡胶类、聚氯乙烯胶泥类、沥青玛蹄脂类等加热施工式填缝料和聚氨酯焦油类、氯丁橡胶类、乳化沥青橡胶类等常温施工式填缝料及预制橡胶嵌缝条,其技术要求应符合《公路水泥混凝土路面施工技术规范》(JTG F30—2003)中表 3.9.2-1 及表 3.9.2-2 的规定。

9. 其他材料

用于混凝土路面养护的养生剂、用于防裂缝的修补材料和传力杆套(管)帽、沥青及塑料薄膜等材料的技术性能及物理力学性能应符合《公路水泥混凝土路面施工技术规范》(JTG F30—2003)第 3.10 节的规定。

(二)配合比设计

(1)普通混凝土配合比设计适用于滑模摊铺机、轨道摊铺机、三辊轴机组和小型机具施工方式。

(2)普通混凝土路面的配合比设计在兼顾经济性的同时,还应满足弯拉强度、工作性、耐久性等技术要求。此三项技术要求应符合图纸要求及《公路水泥混凝土路面施工技术规范》(JTG F30—2003)中第 4.1 条的有关规定。

(3)路面混凝土满足耐久性要求的最大水(胶)灰比和最小单位水泥用量应符合表 6-6 的规定。

混凝土满足耐久性要求的最大水(胶)灰比和最小单位水泥用量　　表 6-6

指标 \ 公路等级		高速、一级公路	二级公路	三、四级公路
最大水(胶)灰比		0.44	0.46	0.48
抗冰冻要求最大水(胶)灰比		0.42	0.44	0.46
抗盐冻要求最大水(胶)灰比		0.40	0.42	0.44
最小单位水泥用量(kg)	42.5 级	300	300	290
	32.5 级	310	310	305
抗冰(盐)冻时最小单位水泥用量(kg)	42.5 级	320	320	315
	32.5 级	330	330	325
掺粉煤灰时最小单位水泥用量 (kg)	42.5 级	260	260	255
	32.5 级	280	270	265
抗冰(盐)冻掺粉煤灰时最小单位水泥用量(42.5 级水泥)(kg)		280	270	265

第二节　施工准备阶段路面工程的试验检测内容

路面工程分为水泥混凝土路面工程和沥青混凝土路面工程。

路面工程根据设计图纸要求,施工准备阶段试验检测可分为水泥混凝土路面试验检测和沥青混凝土路面试验检测。

(1)水泥混凝土路面试验检测项目包括:

①细集料试验;

②粗集料试验;

③水泥常规试验;

④混凝土配合比试验。

(2)沥青混凝土路面试验检测项目包括:

①沥青三大指标测定,即针入度、软化点、延度的测定,必要时需做沥青含蜡量、黏度及闪点的测定;

②对砂、石、石屑、石粉等材料进行常规检验;

③沥青混合料组成设计,一般至少要做 5 种不同沥青用量的试件,每组试件不少于 5 个,做马歇尔试验,测定沥青混凝土的密度、稳定度、流值,计算饱和度和空隙率,绘制沥青用量选定图,确定沥青用量。

一、路面工程试验检测项目一——沥青常规试验检测方法

(一)沥青针入度试验

1. 试验目的

通过针入度的测定不仅能够掌握不同沥青的粘稠性及进行沥青标号的划分,而且可以用

来描述沥青的温度敏感性——针入度指数。针入度指数可在15℃、25℃、30℃等多个温度条件下测定。若30℃时的针入度值过大,可采用5℃代替。当量软化点T800是相当于沥青针入度为800时的温度,用以评价沥青的高温稳定性。当量脆点$T_{1.2}$相当于沥青针入度为1.2时的温度,用以评价沥青的低温抗裂性能。

2. 试验仪器与材料

(1)针入度仪:凡能保证针和针连杆在无明显摩擦下垂直运动,并能指示针贯入深度准确至0.1mm的仪器均可使用。针和针连杆组合件总质量为50g±0.05g,另附50g±0.05g砝码一只,试验时总质量为100g±0.05g。当采用其他试验条件时,应在试验结果中注明。仪器设有放置平底玻璃保温皿的平台,并有调节水平的装置,针连杆应与平台相垂直。仪器设有针连杆制动按钮,使针连杆可自由下落。针连杆易于装拆,以便检查其质量。仪器还设有可自由转动与调节距离的悬臂,其端部有一面小镜或聚光灯泡,借以观察针尖与试样表面接触情况。当为自动针入度仪时,各项要求与此项相同,温度采用温度传感器测定,针入度值采用位移计测定,并能自动显示或记录,且应对自动装置的准确性经常校验。为提高测试精密度,不同温度的针入度试验宜采用自动针入度仪进行。

(2)标准针:由硬化回火的不锈钢制成,洛氏硬度HRC=54～60,表面粗糙度R_a=0.2～0.3μm,针及针杆总质量2.5g±0.05g,针杆上应打印有号码标志,针应设有固定用装置盒(筒),以免碰撞针尖,每根针必须附有计量部门的检验单,并定期进行检验。

(3)盛样皿:金属制,平底圆柱形。小盛样皿的内径为55mm,深35mm(适用于针入度小于200个单位的试样);大盛样皿的内径为70mm,深45mm(适用于针入度为200～350个单位的试样);对针入度大于350的试样需使用特殊盛样皿,其深度不小于60mm,试样体积不小于125ml。

(4)恒温水槽:容量不少于10L,控温的准确度为0.1℃。水槽中应设有一带孔的搁架,位于水面下不得小于100mm,距水槽底不得小于50mm处。

(5)平底玻璃皿:容量不少于1L,深度不小于80mm,内设有一不锈钢三脚支架,能使盛样皿稳定。

(6)温度计:0～50℃,分度为0.1℃。

(7)秒表:分度0.1s。

(8)盛样皿盖:平板玻璃,直径不小于盛样皿开口尺寸。

(9)溶剂:三氯乙烯等。

(10)其他:电炉或砂浴、石棉网、金属锅或瓷柄坩埚等。

3. 试验方法与步骤

(1)将试样注入盛样皿中,试样高度应超过预计针入度值10mm。盖上盛样皿,以防落入灰尘。盛有试样的盛样皿在15～30℃室温中冷却1～1.5h(小盛样皿)、1.5～2h(大盛样皿)或2～2.5h(特殊盛样皿)后移入保持规定试验温度±0.1℃的恒温水槽中1～1.5h(小盛样皿)、1.5～2h(大试样皿)或2～2.5h(特殊盛样皿)。

调整针入度仪使之水平。检查针连杆和导轨,以确认无水和其他外来物,无明显摩擦。用三氯乙烯或其他溶剂清洗标准针,并擦干。将标准针插入针连杆,用螺丝固紧。按试验条件,加上附加砝码。

(2)将盛有试样的平底玻璃皿置于针入度仪的平台上,慢慢放下针连杆,用适当位置的反光镜或灯光反射观察,使针尖恰好与试样表面接触。拉下刻度盘的拉杆,使之与针连杆顶端轻轻接触,调节刻度盘或深度指示器的指针指示为零。开动秒表,当秒表指针正指向 5s 的瞬间,用手紧压针入度仪按钮,使标准针自动下落贯入试样,经规定时间,停压按钮使针停止移动(当采用自动针入度仪时,计时与标准针贯入试样同时开始,至 5s 时自动停止)。

(3)压下刻度盘拉杆与针连杆顶端接触,读取刻度盘指针或位移指示器的读数,准确至 0.5mm(0.1mm)。同一试样平行试验至少 3 次,各测试点之间及与盛样皿边缘的距离不应小于 10mm。每次试验后应将盛有盛样皿的平底玻璃皿放入恒温水槽,使平底玻璃皿中的水温保持试验温度。每次试验应换一根干净标准针或将标准针取下用蘸有三氯乙烯溶剂的棉花或布揩净,再用干棉花或布擦干。

(4)测定针入度指数 PI 时,按同样的方法分别在 15℃、25℃、30℃(或 5℃)三个温度条件下,分别测定沥青的针入度。

4. 试验结果确定和计算

(1)同一试样 3 次平行试验结果的最大值和最小值之差在下列允许偏差范围内时,计算 3 次试验结果的平均值,并取至整数作为针入度试验结果,单位为 0.1mm。

针入度(0.1m)	允许差值(0.1mm)
0~49	2
50~149	4
150~249	12
250~500	20

(2)沥青针入度指数和当量软化点、当量脆点的计算。

①由 3 个以上的温度针入度按一元一次方程直线回归法,求取针入度-温度感应性指数 A。

$$\lg P = A \times T + K \tag{6-1}$$

式中:A——针入度对温度的感应性系数,即由式(6-1)回归得到的斜率;

$\lg P$——不同温度条件下测得的针入度值的对数;

T——试验温度,℃;

K——由式(6-1)回归得到的截距。

由回归求得的 A 计算针入度指数,并记为 PI。

$$\mathrm{PI} = \frac{20 - 500A}{1 + 50A} \tag{6-2}$$

②沥青的当量软化点 T_{800} 计算。

$$T_{800} = \frac{\lg 800 - K}{A} = \frac{2.9031 - K}{A} \tag{6-3}$$

③沥青的当量脆点 $T_{1.2}$ 计算。

$$T_{1.2} = \frac{\lg 1.2 - K}{A} = \frac{0.0792 - K}{A} \tag{6-4}$$

5. 注意事项

(1)针入度试验的三项关键性条件分别是温度、测试时间和针的质量，如这三项试验条件控制不准，将严重影响试验结果的准确性。三项条件最常见的状态是：温度 25℃、测试时间 5s、针的质量 100g，所以针入度常用 P25℃，100g，5s 表示。

(2)测定针入度值大于 200 的沥青试样时，至少用 3 支标准针，每次试验后将针留在试样中，直至 3 次平行试验完成后，才能将标准针取出.

(3)当试验结果小于 50(0.1mm)时，重复性试验的允许差为 2(0.1mm)，复现性试验的允许差为 4(0.1mm)；当试验结果等于或大于 50(0.1mm)时，重复性试验的允许差为平均值的 4%，复现性试验的允许差为平均值 8%。

(二)沥青软化点试验(环球法)

1. 试验目的

沥青材料是一种非晶质高分子材料，由液态凝结为固态或由固态熔化为液态，没有敏锐的固化点和液化点，通常采用条件的硬化点和滴落点来表示。沥青材料在硬化点至滴落点之间的温度阶段时，是一种滞流状态。工程中，为保证沥青不因温度升高而产生流动，取液化点与固化点之间温度间隔的 87.21%作为软化点。软化点的数值随采用的仪器不同而异，我国现行规范试验采用环球法。

2. 试验仪器与材料

(1)软化点试验仪：由若干附件组成，钢球——直径 9.53mm，质量 3.5g±0.05g；试样环——由黄铜或不锈钢等制成；钢球定位环——由黄铜或不锈钢制成。

(2)金属支架：由两个主杆和三层平行的金属板组成。上层为一圆盘，直径略大于烧杯直径，中间有一圆孔，用以插放温度计。中层板上有两个孔，各放置金属环，中间有一小孔可支持温度计的测温端部。一侧立杆距环上面 51mm 处刻有水高标记。环下面距下层底板为 25.4mm，而底板距烧杯底不小于 12.7mm，也不得大于 19mm。三层金属板和两个主杆由两螺母固定在一起。

(3)耐热玻璃烧杯：容量 800～1 000ml，直径不小于 86m，高不小于 120mm。

(4)温度计：0～80℃，分度值为 0.5℃。

(5)环夹：由薄钢条制成，用以夹持金属环，以便刮平表面。

(6)装有温度调节器的电炉或其他加热炉具(液化石油气、天然气等)：最好采用带有振荡搅拌器的加热电炉，振荡子置于烧杯底部。

(7)试样底板：金属板(表面粗糙度 $R_a=0.8\mu m$)或玻璃板。

(8)恒温水槽：控温的准确度为 0.5℃。

(9)平直刮刀。

(10)甘油滑石粉隔离剂(甘油与滑石粉的质量比为 2∶1)。

(11)新煮沸并经冷却至 5℃的蒸馏水。

(12)其他：石棉网。

3. 试验方法与步骤

(1)将试样环置于涂有甘油滑石粉隔离剂的试样底板上。将准备好的沥青试样徐徐注入试样环内至略高出环面为宜。试样在室温冷却 30min 后，用环夹夹着试样环，用热刮刀刮除环面上超出的部分，务使沥青试样与环面齐平。

(2)实际试验操作时，根据沥青实际软化点的高低采用两种不同方式进行。

试验一：软化点在80℃以下的沥青

①将装有试样的试样环连同试样底板置于5℃±0.5℃的恒温水槽中至少15min，同时将金属支架、钢球、钢球定位环亦置于相同水槽中。

②烧杯内注入新煮沸并冷却至5℃的蒸馏水，水面略低于立杆上的深度标记。

③从恒温水槽中取出盛有试样的试样环放置在支架中层板的圆孔中，套上定位环；然后将整个环架放入烧杯中，调整水面至深度标记，并保持水温为5℃±0.5℃。环架上任何部分不得附有气泡。将温度计由上层板中心孔垂直插入，使端部测温头底部与试样环下面齐平。

④将盛有水和环架的烧杯移至放有石棉网的加热炉具上，然后将钢球放在定位环中间的试样中央，立即开动振荡搅拌器，使水微微振荡，并开始加热，使杯中水温在3min内调节至每分钟上升5℃±0.5℃。在加热过程中，应记录每分钟上升的温度值，如温度上升速度超出此范围，则试验应重做。

⑤试样受热软化逐渐开始下坠，至与下层底板表面接触时，立即读取温度，准确至0.5℃。

试验二：软化点在80℃以上的沥青

①将装有试样的试样环连同试样底板置于装有32℃±1℃甘油的恒温容器中至少15min，同时将金属支架、钢球、钢球定位环等亦置于甘油中。

②在烧杯内注入预先加热至32℃的甘油，其液面略低于立杆上的深度标记，并将盛有甘油和环架的烧杯移至放有石棉网的加热炉具上，然后将钢球放在定位环中间的试样中央开始试验。

③按上述相同的升温方法进行加热测定，最终测出试样坠落接触底板时的温度，准确至1℃。

4.试验结果

同一试样平行试验两次，当两次测定值的差值符合重复性试验精密度要求时，取其平均值作为软化点试验结果，准确至0.5℃。

5.说明与注意问题

(1)当试样软化点小于80℃时，重复性试验的允许差为1℃，复现性试验的允许差为4℃；当试样软化点等于或大于80℃时，重复性试验的允许差为2℃，复现性试验的允许差为8℃。

(2)如估计试样软化点高于120℃，则试样环和试样底板(不得用玻璃板)均应预热至80～100℃。

(三)沥青延度试验

1.试验目的

当沥青受到外力的拉伸作用时，能够产生一定的塑性变形，通过延度试验测定沥青能承受的塑性变形总能力。

2.试验仪器与材料

(1)延度仪：试验专用水槽型设备，能将试件浸没于水中，保持规定的试验温度及按照规定拉伸速度进行拉伸试验。

(2)试模：黄铜制，由两个端模和两个侧模组成，其中两个侧模在试验时可以卸掉。

(3)试模底板:玻璃板或磨光的铜板、不锈钢板(表面粗糙度 $R_a=0.2\mu m$)。

(4)恒温水槽:容量不小于 10L,控制温度的准确度为 0.1℃,水槽中应设有带孔搁架,搁架距水槽底不得小于 50mm,试件浸入水中深度不小于 100mm。

(5)温度计:0～50℃,分度值为 0.1℃。

(6)砂浴或其他加热炉具。

(7)甘油滑石粉隔离剂(甘油与滑石粉的质量比为 2∶1)。

(8)其他:平刮刀、石棉网、酒精、食盐等。

3.试验方法与步骤

(1)将隔离剂拌和均匀,涂于清洁干燥的试模底板和两个侧模的内侧表面,并将试模在试模底板上装妥。

(2)将准备好的沥青试样仔细自试模的一端向另一端往返数次缓缓注入模中,最后略高出试模,灌模时应注意勿使气泡混入。试件在室温中冷却 30～40min,然后置于规定试验温度±0.1℃的恒温水槽中,保持 30min 后取出,用热刮刀刮除高出试模的沥青,使沥青表面与试模面齐平。沥青的刮平应自试模的中间刮向两端,且表面应刮平滑。将试模连同底板再浸入规定试验温度的水槽中 1～1.5h。

(3)检查延度仪延伸度是否符合规定要求,然后移动滑板使其指针正对标尺的零点。将延度仪注水,并保温达试验温度±0.5℃。将保温后的试件连同底板移入延度仪的水槽中,然后将盛有试样的试模自玻璃板或不锈钢板上取下,将试模两端的孔分别套在滑板及槽端固定板的金属柱上,并取下侧模。水面距试件表面应不小于 25mm。

(4)开动延度仪,并注意观察试样的延伸情况。此时应注意,在试验过程中,水温应始终保持在试验温度规定范围内,且仪器不得有振动,水面不得有晃动。当水槽采用循环水时,应暂时中断循环,停止水流。在试验中,如发现沥青细丝浮于水面或沉入槽底时,则应在水中加入酒精或食盐,调整水的密度与沥青试样的密度相近后,重新试验。

(5)试件拉断时,读取指针所指标尺上的读数,以 cm 表示。在正常情况下,试件延伸时应成锥尖状,拉断时实际断面接近于零。如不能得到这种结果,则应在报告中注明。

4.试验结果

同一试样,每次平行试验不少于 3 个试件,如 3 个测定结果均大于 100cm,试验结果应记作“>100cm”;特殊需要也可分别记录实测值。如 3 个测定结果中,有一个以上的测定值小于 100cm,若最大值或最小值与平均值之差满足重复性试验精密度要求,则取 3 个测定结果的平均值的整数作为延度试验结果,若平均值大于 100cm,记作“>100cm”;若最大值或最小值与平均值之差不符合重复性试验精密度要求时,试验应重新进行。

5.说明与注意问题

(1)当试验结果小于 100cm 时,重复性试验的允许差为平均值的 20%,复现性试验的允许差为平均值的 30%。

(2)沥青延度的试验温度与拉伸速率可根据要求采用,通常采用的试验温度有 25℃、15℃、10℃或 5℃等,重交通道路石油沥青延度试验时的温度一般为 15℃,中、轻交通道路石油沥青延度试验时的温度一般为 25℃。拉伸速度一般为(5±0.25)cm/min;而低温采用(1±0.05)cm/min 的拉伸速度时,应在报告中注明。

(3)隔离剂的使用是为了防止沥青粘在底板或侧模上,隔离剂原有的调配比例偏稀,易从侧模上流淌下去,起不到防粘连作用。可不必拘泥原有比例,调配的原则是既能起到有效的防粘连作用,又不会因偏稠而减薄沥青试件的有效尺寸。

二、路面工程试验检测项目二——沥青混合料常规试验检测方法

(一)概述

沥青混合材料是以沥青为结合料,经过合理选择级配组成的矿质混合料(如碎石、石屑、砂等),在一定温度下经拌和而成的路面材料,将沥青混合料摊铺,碾压成型具有整体性能的路面即各种类型的沥青路面。

(二)沥青混合料的分类

(1)按胶结材料的种类不同,分为石油沥青混合料和煤沥青混合料。

(2)按矿质材料的级配类型,分为连续级配沥青混合料和间断级配沥青混合料。

(3)按矿质材料的最大粒径,分为粗粒式、中立式、细粒式和砂粒式沥青混合料。

粗粒式沥青混合料一般用于高层路面的基层,双层式沥青路面的下层;中粒式沥青混合料一般用于路面的面层或双层式沥青路面的下层;细粒式沥青混合料可用于双层式沥青路面面层;砂粒式沥青混合料一般用于高级路面上的磨耗层。

(4)按沥青混合料的密实度分为:密级配沥青混合料,开级配和半开级配沥青混合料。

密级配混合料是指剩余空隙率小于10%的混合料,其矿料一般为连续级配,并含有较多的矿粉;当剩余空隙率3%～6%时,为密实式沥青混合料;当剩余空隙率4%～10%时,为半密实式沥青混合料。

开级配沥青混合料是指剩余空隙率大于10%～15%的混合料,其混合料的矿质材料级配大多为间断级配,细粒较少。

半开级配沥青混合料是指剩余空隙率为10%～15%的混合料,其混合料的矿质材料级配大多为间断级配。

(5)按矿粉含量多少,分为沥青混凝土混合料和沥青碎石混合料。

沥青混凝土的矿质集料规定应加入一定数量的矿粉,使混凝土具有最佳密实度,空隙率在10%以下,其强度主要靠沥青本身的粘聚力与矿料之间的粘附力而形成。而沥青碎石混合料的矿料中粗粒含量多,其强度、耐久性均比沥青混凝土混合料差。

(6)按应用情况,分为普通沥青混合料及特种沥青混合料。

特种沥青混合料是指在特殊情况下使用的沥青混合料,常用的有以下几种。

①摊铺沥青混凝土。它是用标号较高的沥青和较多的石粉,经过高温拌和而呈黏稠状并有一定流动性的混合料。

②碾压式沥青混凝土。它是在沥青、石粉和砂所组成的砂质沥青砂浆中掺入近乎单粒径的混合料,在其上面压入预涂沥青碎石,其抗滑性、耐磨性好。

③半柔半刚性沥青混合料。它是在已铺筑的开级配沥青混凝土表面的集料空隙间,灌注以水泥为主并掺加树脂的薄层沙浆,硬化成具有坚固表层的沥青面层材料。

④彩色混合料。它是以沥青及合成树脂为结合料,集料为彩色石子,并加入不同颜料为填

充料拌制的混合料。这种材料常用于人行横道线或公园内道路的路面。

(7)按沥青混合料施工温度，分为热拌热铺、热拌冷铺和冷拌冷铺沥青混合料。

热拌热铺沥青混合料，是指沥青和矿料都需加热到要求的温度才能拌和均匀，并要求保持一定的温度才能摊铺和易于压实的沥青混合料。

热拌冷铺沥青混合料，一般是指在工地现场用加热到规定温度的沥青与冷矿料进行拌和的沥青混合料。

冷拌冷铺沥青混合料，是指结合料和矿料都无需加热，或对沥青略为加热进行拌和亦称常温拌和的沥青混合料。

(三)沥青混合料试验

试验一：沥青混合料试件制作方法(击实法)(T 0702—2000)

1. 试验目的

(1)本方法适用于标准击实法制作沥青混合料试件，以供试验室进行沥青混合料物理力学性质试验使用。

(2)标准击实法适用于马歇尔试验、间接抗拉试验(劈裂法)等所使用的 ϕ101.6mm×63.5mm圆柱体试件的成型。

(3)沥青混合料试件制作时的矿料规格及试件数量应符合如下规定：

①沥青混合料配合比设计及在试验室人工配制沥青混合料制作试件时，试件直径不小于集料公称最大粒径的 4 倍，厚度不小于集料公称最大粒径的 1～1.5 倍。对直径 ϕ101.6mm 的试件，集料公称最大粒径不大于 26.5mm。对集料大于 26.5mm 的粗粒式沥青混合料，其大于 26.5mm 的集料应用等量的 13.2～26.5mm 集料代替(代替法)。试验室成型的一组试件的数量不得小于 4 个，必要时需增加至 5～6 个。

②用在拌和厂及施工现场采集的拌和沥青混合料成品试样制作直径 ϕ101.6mm 的试件时，按下列规定选用不同的方法及试件数量：

a. 当集料公称最大粒径小于或等于 26.5mm 时，可直接取样(直接法)。一组试件的数量通常为 4 个。

b. 当集料最大公称粒径大于 26.5mm，但不大于 31.5mm 时，宜将大于 26.5mm 的集料随后使用(过筛法)，一组试件数量仍为 4 个，如采用直接法，一组试件产数量应增加至 6 个。

c. 当集料公称最大粒径大于 31.5mm 时，必须用过筛法。过筛的筛孔为 26.5mm，一组试件仍为 4 个。

2. 试验仪器

(1)标准击实仪：由击实锤、ϕ98.5mm 平圆形压实头及带手柄的导向棒组成。用人工或机械压实锤举起，从 457.2mm±1.5mm 高度沿导向棒自由下落击实，标准击实锤质量为 4 536g±9g。

(2)标准击实台：用以固定试模，由表冈栎、松或其他干密度为 0.67～0.77g/cm^3 的硬木制成，置于 200mm×200mm×457mm 的硬木墩上。人工击实或机械击实均必须有此标准击实台。

自动击实仪是将标准击实锤及标准击实台安装一体，并用电力驱动使击实锤连续击实试件且可自动记数的设备，击实速度为(60±5)次/min，公转速度 40～50r/min。

(3)试验室用沥青混合料拌和机:能保证拌和温度并充分拌和均匀,可控制拌和时间,容量小于 10L。搅拌叶自转速度 70～80r/min,公转速度 40～50r/min。

(4)脱模器:电动或手动,可无破损地推出圆柱体试件,备有标准圆柱体试件尺寸的推出环。

(5)试模:由高碳钢或工具钢制成,每组包括内径 101.6mm±0.2mm,高 87mm 的圆柱形金属筒、底座(直径约 120.6mm)和套筒(内径 101.6mm 高 70mm)各 1 个。

(6)烘箱:大、中型各一台,装有温度调节器。

(7)天平或电子秤:用于称量矿料的,感量不大于 0.5g;用于称量沥青的,感量不大于 0.1g。

(8)沥青运动黏度测定设备:毛细管黏度计、赛波特重油黏度计或布洛克菲尔德黏度计。

(9)插刀或大螺丝刀。

(10)温度计:分度值为 1℃。宜采用有金属插杆的热电偶温度计,金属插杆的长度不小于 300mm,量程 0～300℃,数字显示或度盘指针的分度值为 0.1℃,且有留置读数功能。

(11)其他:电炉或煤气炉、沥青熔化锅、拌和铲、标准筛、滤纸(或普通纸)、胶布、卡尺、秒表、粉笔、棉纱等。

3. 试验步骤

1)准备工作

(1)确定制作沥青混合料试件的拌和与压实温度

①按规范规定测定沥青的黏度,绘制黏温曲线。按要求确定适宜于沥青混合料拌和及压实的等黏温度。

②当缺乏沥青黏度测定条件时,试件的拌和与压实温度可按规定选用,并根据沥青品种和标号作适当调整。针入度小、稠度大的沥青取高限,针入度大、稠度小的沥青取低限,一般取中值。对改性沥青,应根据改性剂的品种和用量,适当提高混合料的拌和和压实温度,对大部分聚合物改性沥青,需要在基质沥青的基础上提高 15～30℃左右,掺加纤维时,尚需再提高 10℃左右。

③常温沥青混合料的拌和及压实在常温下进行。

(2)试样采集

按《公路工程沥青及沥青混合料试验规程》(JTJ 052—2000)中在拌和场或施工现场采集沥青混合料试样。将试样置于烘箱中或加热的砂浴上保温,在混合料中插入温度计测量温度,待混合料温度符合要求后成型。需要适当拌和时可倒入已加热的小型沥青混合料拌和机中适当拌和,时间不超过 1min。但不得用铁锅在电炉或明火上加热炒拌。

(3)在试验室人工配置沥青混合料时,材料准备按下列步骤进行。

①将各种规格的矿料置 105℃±5℃的烘箱中烘干至恒重(一般不小于 4～6h)。根据需要,粗集料可先用水冲洗干净后烘干。也可将粗细集料过筛后用水冲洗再烘干备用。

②按规定试验方法分别测定不同粒径规格粗、细集料及其填料(矿粉)的各种密度,按《公路工程沥青及沥青混合料试验规程》(JTJ 052—2000)中的 T 0603 测定沥青的密度。

③将烘干的粗细集料,按每个试件设计级配要求称其质量,在一个金属盘中混合均匀,矿粉单独加热,置烘箱中预热至沥青拌和温度以上约 15℃(采用石油沥青时通常为 163℃,采用

改性沥青时通常需180℃)备用。当采用替代法时,对粗集料中粒径大于26.5mm的部分,以13.2～26.5mm粗集料等量代替。常温沥青混合料的矿料不应加热。

④将按《公路工程沥青及沥青混合料试验规程》(JTJ 052—2000)中T 0601采集的沥青试样,用恒温烘箱或砂浴、电热套融化加热至规定的沥青混合料拌和温度备用,但不得超过175℃。当不得已采用燃气炉或电炉直接加热进行脱水时,必须使用石棉垫隔开。

此外,用沾有少许黄油的棉纱擦拭试模、套筒及击实座等,置100℃左右的烘箱中加热1h备用。常温沥青混合料用试模不加热。

2)拌制沥青混合料

(1)黏稠石油沥青或煤沥青混合料

①将沥青混合料拌和机预热至拌和温度以上10℃左右备用(对试验室试验研究、配合比设计及采用机械拌和施工的工程,严禁用人工炒拌法热拌沥青混合料)。

②每个试件预热的粗细集料置于拌和机中,用小铲子适当混合,然后再加入需要数量的已加热至拌和温度的沥青(如沥青已称量在一专用容器内时,可在到掉沥青后用一部分热矿粉将沾在容器壁上的沥青擦拭一起倒入拌和锅中),开动拌和机,一边搅拌一边将拌和叶片插入混合料中拌和1～1.5min,然后暂停拌和,加入单独加热的矿粉,继续拌和至均匀为止,并使沥青混合料保持在要求的拌和温度范围内。标准的总拌和时间为3min。

(2)液体石油沥青混合料

将每组(或每个)试件的矿料置于已加热至55～100℃沥青混合料拌和机中,注入要求数量的液体沥青,并将混合料边加热边拌和,使液体沥青中的溶剂挥发至50%以下,拌和时间应事先试拌决定。

(3)乳化沥青混合料

将每个试件的粗细集料置于沥青混合料拌和机(不加热,也可用人工炒拌)中,注入计算的用水量(阴离子乳化沥青不加水)后,拌和均匀并使矿料表面完全湿润,再注入设计的沥青乳液用量,在1min内使混合料拌匀,然后加入矿粉后迅速搅拌,使混合料拌成褐色为止。

3)试件成型

(1)马歇尔标准击实法的成型步骤如下。

①将拌好的沥青混合料均匀称取一个试件所需的用量(标准马歇尔试件约为1 200g)。当已知沥青混合料的密度时,可根据试件的标准尺寸计算并乘以1.03得到要求的混合料数量。当一次拌和几个试件时,宜将其倒入经预热的金属盘中,用小铲适当的拌和均匀分成几份,分别取用。在试件制作过程中,为防止混合料温度下降,应连盘放在烘箱中保温。

②从烘箱中取出预热的试模及套筒,用沾有少许黄油的棉纱擦拭套筒、底座及击实锤底面,将试模装在底座上,垫一张圆形的吸油性小的纸,按四分法从四个方向用小铲将混合料铲入试模中,用插刀或大螺丝刀沿周边插捣15次,中间10次,插捣后将沥青混合料表面整平成凸圆弧面。

③插入温度计,至混合料中心附近,测量混合料温度。

④待混合料温度符合要求的压实温度后,将试模连同底座一起放在击实台上固定,在装好的混合料上面垫一张吸油性小的圆纸,在将装入击实锤及导向棒的压实头插入试模中,然后开启电动机或人工将击实锤从457mm的高度自由落下击实规定的次数(75、50或35次)。

⑤试件击实一面后，取下套筒，将试模掉头，装上套筒然后以同样的方法和次数击实另一面。

乳化沥青混合料试件在两面击实后，将一组试件在室温下横向放置 24h，另一组试件置于温度为 105℃±5℃的烘箱中养生 24h，并将养生试件取出后立即两面锤击各 25 次。

⑥试件击实结束后，立即用镊子取掉上、下面的纸，用卡尺量取试件离试模上口的高度并由此计算试件的高度。如高度不符和要求时，试件应作废，并按式(6-5)调整试件的混合料质量，以保证高度符合 63.5mm±1.3mm(标准试件)的要求。

$$\text{调整混合料质量} = \frac{\text{要求试件高度} \times \text{原用混合料质量}}{\text{所得试件的高度}} \tag{6-5}$$

(2)卸去套筒和底座，将装有试件的试模横向放置冷却至室温后(不小于 12h)，置脱模机上脱去试件。依据《公路工程沥青及沥青混合料试验规程》(JTJ 052—2000)中 T 0709 作现场马歇尔指标检验的试件，在施工质量检验过程中如急需试验，允许采用电风扇吹 1h 或浸水冷却 3min 以上的方法脱模，但浸水脱模法不能用于测量密度、空隙率等各项物理指标。

(3)将试件置于干燥洁净的平面上，供试验用。

试验二：水中重法——沥青混合料表观密度的测定

1. 试验目的与适用范围

用于测定几乎不吸水的密实的Ⅰ型沥青混合料试件的表观相对密度或表观密度，并计算沥青混合料试件的空隙率、矿料间隙等各项体积指标。

2. 试验方法与步骤

(1)除去试件表面的浮力，在适宜的天平或电子称上(最大称量应不小于试件质量的 1.25 倍，且不大于试件质量的 5 倍)称取干燥试件的空中质量(m_a)，根据选择的天平的感量读数，准确至 0.1g、0.5g 或 5g。

(2)挂上网篮，浸入溢流水箱中，调节水位，将天平调平或复零，把试件置于网篮中(注意不要晃动水)，待天平稳定后立即读数，称取水中质量(m_w)。若天平读数持续变化，不能很快达到稳定，说明试件吸水较严重，不适用于此法测定，应改用蜡封法测定。

(3)对从路上钻取的非干燥试件，可先称取水中质量(m_w)，然后用电风扇将试件吹干至恒重(一般不少于 12h)。当不再进行其他试验时，也可用 60℃±5℃烘箱烘干至恒重，再称取空中质量(m_a)。

4. 试验结果计算

(1)按式(6-6)及式(6-7)计算用水中重法测定的沥青混合料试件的表观相对密度或表观密度，取 3 位小数。

当沥青以油石比计时：

$$\rho = \frac{m_a}{m_a - m_w} \tag{6-6}$$

当沥青以沥青含量计时：

$$\rho = \frac{m_a}{m_a - m_w} \times \rho_w \tag{6-7}$$

式中：ρ——试件的表观相对密度；

m_a——干燥试件的空中质量，g；

m_w——试件的水中质量，g；

ρ_w——常温水的密度，取 $1g/cm^3$。

(2)当试件为几乎不吸水的密实沥青混合料时，以表观密度代替毛体积密度，并按试验一的方法计算试件的理论最大密度及空隙率、沥青的体积百分率、矿料间隙率、沥青饱和度等各项体积指标。

三、沥青混合料试验三——沥青混合料马歇尔稳定度试验

1. 目的与适用范围

用于马歇尔稳定度试验和浸水马歇尔稳定度试验，以进行沥青混合料的配合比设计或沥青路面施工质量检验。浸水马歇尔稳定度试验(根据需要，也可进行真空饱水马歇尔试验)供检验沥青混合料受水损害时抗剥落的能力时使用，通过测试其水稳定性检验配合比设计的可行性。

2. 试验仪器与材料

(1)沥青混合料马歇尔试验仪：对用于高速公路和一级公路的沥青混合料宜采用自动马歇尔试验仪，用计算机或 X-Y 记录仪记录荷载-位移曲线，并具有自动测定荷载与试件垂直变形的传感器、位移计，能自动显示或打印试验结果。对 ϕ63.5m 的标准马歇尔试件，试验仪的最大荷载不小于 25kN，读数准确度为 100N，加载速率应能保持(50±5)mm/min，钢球直径为 16mm，上下压头的曲率半径为 50.8mm；当采用 ϕ152.4mm 大型马歇尔试件时，试验仪的最大荷载不得小于 50kN，读数准确度为 100N，上下压头的曲率内径为 152.4mm±0.2mm，上下压头的间距为 19.05mm±0.1mm。

(2)恒温水槽：控温准确度为 1℃，深度不小于 150mm。

(3)真空饱水容器：包括真空泵及真空干燥器。

(4)烘箱。

(5)天平：感量不大于 0.1g。

(6)温度计：分度值为 1℃。

(7)卡尺。

(8)其他：棉纱、黄油。

3. 试验操作方法和步骤

1)准备工作

(1)制备符合要求的马歇尔试件，一组试件的数量最少不得少于 4 个。

(2)量测试件的直径及高度：用卡尺测量试件中部的直径，用马歇尔试件高度测定器或用卡尺在十字对称的 4 个方向量测离试件边缘 10m 处的高度，准确至 0.1m，并以其平均值作为试件的高度。如试件高度不符合 63.5mm±1.3mm 或 95.3mm±2.5mm 要求或两侧高度差大于 2mm 时，此试件应作废。

(3)将恒温水槽调节至要求的试验温度，对黏稠石油沥青或烘箱养生过的乳化沥青混合料

为 60℃±1℃。

(4)将马歇尔试验仪的上下压头放入水槽或烘箱中达到同样温度。将上下压头从水槽或烘箱中取出擦试干净内面。为使上下压头滑动自如,可在下压头的导棒上涂少量黄油。再将试件取出置于下压头上,盖上上压头,然后装在加载设备上。在上压头的球座上放妥钢球,并对准荷载测定装置的压头。

2)试验步骤

(1)将试件置于已达规定温度的恒温水槽中保温,保温时间对标准马歇尔试件需 30~40min,对大型马歇尔试件需 45~60min。试件之间应有间隔,底下应垫起,离容器底部不小于 5cm。

(2)当采用自动马歇尔试验仪时,将自动马歇尔试验仪的压力传感器、位移传感器与计算机或 X-Y 记录仪正确连接,调整好适宜的放大比例。调整好计算机程序或将 X-Y 记录仪的记录笔对准原点。(当采用压力环和流值计时,将流值计安装在导棒上,使导向套管轻轻地压住上压头,同时将流值计读数调零。调整压力环中百分表,对零)

(3)启动加载设备,使试件承受荷载,加载速度为(50±5)mm/min。计算机或 X-Y 记录仪自动记录传感器压力和试件变形曲线,并将数据自动存入计算机。

(4)当试验荷载达到最大值的瞬间,取下流值计,同时读取压力环中百分表读数及流值计的流值读数。

3)浸水马歇尔试验方法

浸水马歇尔试验方法与标准马歇尔试验方法的不同之处在于,试件在已达规定温度恒温水槽中的保温时间为 48h,其余均与标准马歇尔试验方法相同。

4. 试验结果计算

1)试件的稳定度及流值

(1)当采用自动马歇尔试验仪时,将计算机采集的数据绘制成压力和试件变形曲线,或由 X-Y 记录仪自动记录的荷载-变形曲线,在切线方向延长曲线与横坐标相交于 01,将 01 作为修正原点,从 01 起量取相应于荷载最大值时的变形作为流值(FL),以 mm 计,精确至0.1mm。最大荷载即为稳定度(MS),以 kN 计,精确至 0.01kN。

(2)采用压力环和流值计测定时,根据压力环标定曲线,将压力环中百分表的读数换算为荷载值,或者由荷载测定装置读取的最大值即为试件的稳定度(MS),以 kN 记,精确至 0.01kN。由流值计及位移传感器测定装置读取的试件垂直变形,即为试件的流值(FL),以 mm 计,精确至 0.1mm。

2)试件的马歇尔模数按式(6-8)计算。

$$T=\frac{\mathrm{MS}}{\mathrm{FL}} \tag{6-8}$$

式中:T——试件的马歇尔模数;

MS——试件的稳定度,kN;

FL——试件的流值,mm。

3)试件的浸水残留稳定度按式(6-9)计算。

$$MS_0 = \frac{MS_1}{MS} \times 100\% \tag{6-9}$$

式中：MS_0——试件的浸水残留稳定度；

MS——试件浸水 48h 后的稳定度，kN。

5. 注意事项

(1)从恒温水槽中取出试件至测出最大荷载值的时间，不得超过 30s。

(2)当一组测定值中某个测定值与平均值之差大于标准差的 k 倍时，该测定值应予舍弃，并以其余测定值的平均值作为试验结果。当试件数目 n 为 3、4、5、6 个时，k 值分别为 1.15、1.46、1.47、1.82。

(3)采用自动马歇尔试验时，试验结果应附上荷载-变形曲线原件或自动打印结果，并报告马歇尔稳定度、流值、马歇尔模数，以及试件尺寸、试件的密度、空隙率、沥青用量、沥青体积百分率、沥青饱和度、矿料间隙率等各项物理指标。

第三节　施工过程中路面工程的试验检测内容

水泥混凝土路面工程，施工过程中的质量控制管理与桥涵工程中的混凝土质量控制管理一样。

沥青混凝土路面工程，施工过程中的质量控制包括：

1. 原材料试验：

(1)沥青常规试验；

(2)粗集料常规试验；

(3)细集料常规试验；

(4)填料(包括矿粉、粉煤灰)筛分、含水率、堆积密度、表观密度。

上述原材料开工前应进行全部检测，合格后方可用于路面工程，并且在施工过程中，应根据规范规定频率及材料的变化情况及时进行抽检。

2. 热拌沥青混合料配合比设计方法

沥青混合料配合比设计分为三个阶段：目标配合比设计、生产配合比设计、生产配合比验证。各阶段的主要工作如下。

(1)目标配合比设计：用工程实际使用的材料计算各种材料的用量比例，配合成规定的矿料级配，进行马歇尔试验，确定最佳沥青含量，作为目标配合比，供拌和机确定各料仓供料比例、进料及试拌使用。

(2)生产配合比设计：对间歇式拌和机，必须分两次筛分，对进入各料仓的材料进行筛分，以确定热拌仓的材料比例，供拌和机控制室使用。同时反复调整进仓比例达到供料平衡，并取目标配合比的最佳用量及最佳沥青用量±0.3%做马歇尔试验，确定生产配合比。

(3)生产配合比验证：拌和机采用生产配合比进行试拌，铺筑试验段，并用拌和的沥青混合料及路上钻取得的芯样进行马歇尔试验，由此确定生产用标准配合比。

第四节　竣工验收阶段路面工程的试验检测内容

路面工程竣工验收阶段的试验检测工作如下。

(1)对沥青路面工程进行整体评定。

(2)按照竣工资料编制办法要求及时准确完成试验资料的整理归档工作,具体包括:

①原材料各项常规试验记录及汇总表的收集、整理、归档;

②EDTA滴定法测水泥、石灰剂量试验记录的收集、整理、归档;

③马歇尔稳定度试验记录的收集、整理、归档;

④压实度试验记录及评定表的收集、整理、归档,无侧限抗压强度记录及评定表的收集、整理、归档;

⑤路面弯沉值记录及评定表的收集、整理、归档;

⑥路面平整度试验记录及评定的收集、整理、归档。

思考题

1.简述沥青三大指标的试验方法及其意义。

2.简述沥青混合料马歇尔稳定度试验内容及主要步骤。

第二部分

铁道工程试验检测技术

前面第一章～第六章详细介绍了道路与铁道工程从施工准备到竣工验收全过程试验检测的内容，为试验检测人员、质检人员控制原材料质量及现场质量控制提供依据。需要说明的是，在前面介绍的路基、桥涵工程试验方法及案例分析是以公路工程特别是高速公路建设全过程试验检测方法来展开的，公路工程与铁道工程路基与桥涵施工的试验检测方法基本相同，但是试验检测人员在学习过程中要特别注意公路工程与铁道工程有以下三方面的不同点。

第一个不同点：铁道工程与公路工程主要工程试验检测项目的试验方法及试验频率如水泥、细集料、粗集料、钢筋、外加剂都是一样的，部分试验检测项目的试验频率有些不同，如现场检测项目压实度等略有不同，希望试验检测人员严格按照本行业规范要求的频率进行每项试验，不要混淆。

第二个不同点：铁道路基工程上部是用道碴、钢轨来直接承受列车自重和旅客、货物的重量，公路路基工程上部是用路面（沥青混凝土、水泥混凝土路面）来承受列车自重和旅客、货物的重量。所以本部分将概略介绍铁道工程与公路工程在试验检测方面的一些不同的主要试验检测方法。

第三个不同点：铁路客运专线设计时速达 350km/h，设计使用年限 100 年，强调了客运专线工程施工质量达到设计要求的结构安全、耐久性及使用功能，主体结构质量实现零缺陷，突出了对混凝土结构耐久性等工程施工项目进行过程检测的原则，对路基工程零沉降的要求。

本教材在编写过程中，认真总结和借鉴了武广、郑西、京津、哈大等客运专线的先进、成熟技术和管理经验，充分体现了客运专线铁路的技术特点和质量要求。所以，本部分将结合客专具体特殊的试验方法及检测标准展开。

本部分的编写按照建设程序从施工准备阶段、施工过程中、竣工验收阶段三阶段对客运专线特殊的检测方法进行介绍。

第七章 客运专线铁路路基工程试验检测

第一节 概述

一、客运专线施工准备阶段路基工程试验检测

首先同公路工程一样，试验人员应在路基原地面取土做土工试验，然后是对取土场填料的试验检测。原地面处理前，应对地基地质资料进行核查，施工单位应进行静力触探试验，做好地质核对工作，如遇到无法采用静力触探方法检测的地质条件时，可采用其他方法核查。沿线路纵向每 100m 检验 2 点，监理单位 100％见证检验，勘察设计单位现场确认。

对于强夯和冲击碾压的地基处理要慎重，要求施工单位进行地质核查，确认是否适用相应的施工工艺。

二、客运专线施工过程中路基工程试验检测

施工过程中要针对不同的填料进行工艺性试验，通过试验获取相应的试验数据，研究填料性质、施工工艺、检测方法等的合理性，并填报试验段总结报告，报监理指挥部和公司评估确认后方准进行路基大面积施工。

第二节 土的工程分类（TB 10077—2001）

一、一般土的分类

（1）土的颗粒按表 7-1 分类。

（2）根据颗粒的形状和级配，碎石类土按表 7-2 分类。

土的颗粒分类（单位：mm） 表 7-1

颗粒名称		粒径
漂石（浑圆、圆棱）或块石（尖棱）	大	$d>800$
	中	$400<d\leqslant800$
	小	$200<d\leqslant400$

续上表

颗粒名称		粒径
卵石(浑圆、圆棱)或碎石(尖棱)	大	$100<d\leqslant200$
	小	$60<d\leqslant100$
粗圆砾(浑圆、圆棱)或粗角砾(尖棱)	大	$40<d\leqslant60$
	小	$20<d\leqslant40$
细圆砾(浑圆、圆棱)或细角砾(尖棱)	大	$10<d\leqslant20$
	中	$5<d\leqslant10$
	小	$2<d\leqslant5$
砂粒	粗	$0.5<d\leqslant2$
	中	$0.25<d\leqslant0.5$
	细	$0.075<d\leqslant0.25$
粉粒		$0.005\leqslant d\leqslant0.075$
黏粒		$d<0.005$

碎石类土的分类 表 7-2

土的名称	颗粒形状	土的颗粒级配
漂石土	浑圆或圆棱状为主	粒径大于 200mm 的颗粒超过总质量的 50%
块石土	尖棱状为主	
卵石土	浑圆或圆棱状为主	粒径大于 60mm 的颗粒超过总质量的 50%
碎石土	尖棱状为主	
粗圆砾土	浑圆或圆棱状为主	粒径大于 20mm 的颗粒超过总质量的 50%
粗角砾土	尖棱状为主	
细圆砾土	浑圆或圆棱状为主	粒径大于 2mm 的颗粒超过总质量的 50%
细角砾土	尖棱状为主	

(3)根据土的颗粒级配,砂类土按表 7-3 分类。

砂类土的分类 表 7-3

土的名称	土的颗粒级配
砾砂	粒径大于 2mm 颗粒的质量占总质量的 25%～50%
粗砂	粒径大于 0.5mm 颗粒的质量占总质量的 50%
中砂	粒径大于 0.25mm 颗粒的质量占总质量的 50%
细砂	粒径大于 0.075mm 颗粒的质量占总质量的 85%
粉砂	粒径大于 0.075mm 颗粒的质量占总质量的 50%

(4)塑性指数等于或小于 10,且粒径大于 0.075mm 颗粒的质量不超过全部质量 50%的土,定名为粉土。

(5)根据土的塑性指数,黏性土按表 7-4 分类。

黏 性 土 的 分 类 表 7-4

土 的 名 称	塑 性 指 数 I_P
粉质黏土	$10<I_P\leqslant17$
黏土	$I_P>17$

(6)根据结构特征、地貌、天然坡形态、开挖及钻探情况,碎石类土的密实程度按表 7-5 分类;根据标准贯入锤击数或相对密度,砂类土的密实程度按表 7-6 划分;根据孔隙比,粉土的密实程度按表 7-7 划分;根据压缩系数,黏性土的压缩性按表 7-8 划分。

碎石类土密实程度的分类 表 7-5

密 实 程 度	结 构 特 征	天然坡和开挖情况	钻 探 情 况
密实	骨架颗粒交错紧贴连接接触,空隙填满密实	天然陡坡稳定,坎下堆积物较少。镐挖掘困难,用撬棍才能松动,坑壁稳定。从坑壁取出大颗粒处,能保持凹面形状	钻进困难。钻探时,钻具跳动剧烈,孔壁较稳定
中密	骨架颗粒排列疏密不匀,部分颗粒不接触,空隙填满,但不密实	天然坡不易陡立或堆积物较多。天然坡大于颗粒的安息角。镐可挖掘,坑壁有掉块现象。填充物为沙粒类土石,坑壁取出大颗粒处,不易保持凹面形状	钻进较难。钻探时,钻具跳动不剧烈,孔壁有坍塌现象
稍密	多数骨架颗粒不接触,空隙基本填满,但较松散	不易形成陡坎,天然坡略大于粗颗粒安息角。镐较易挖掘,坑壁易掉块。从坑壁取出大颗粒后易坍塌	钻进较难。钻探时,钻具有跳动,孔壁较易坍塌
松散	骨架颗粒之间有较大空隙,充填物少,且松散	镐可挖掘。天然坡度为主要颗粒的安息角。坑壁坍塌	钻进较容易。钻进中孔壁易坍塌

砂类土密实程度的分类 表 7-6

密 实 程 度	标准贯入锤击数 N	相对密度 D_r
密实	$N>30$	$D_r<0.67$
中密	$15<N\leqslant30$	$0.4<D_r\leqslant0.67$
稍密	$10<N\leqslant15$	$0.33<D_r\leqslant0.4$
松散	$N\leqslant10$	$D_r\leqslant0.33$

粉土密实程度的分类 表 7-7

密 实 程 度	孔 隙 比 e 值
密实	$e<0.75$
中密	$0.75\leqslant e\leqslant0.9$
稍密	$e>0.9$

黏性土压缩性的分类 表 7-8

压缩性分级	压缩系数 $a_{0.1-0.2}$(MPa)
低压缩性	$a_{0.1-0.2}<0.1$
中压缩性	$0.1\leqslant a_{0.1-0.2}\leqslant 0.5$
高压缩性	$a_{0.1-0.2}\geqslant 0.5$

(7)根据饱和度,碎石类土、砂类土的潮湿程度按表 7-9 分类;根据天然含水率,粉土的潮湿程度按表 7-10 划分;根据液性指数,黏性土的塑性状态按表 7-11 划分。

砂石类土饱和程度的分类 表 7-9

分　类	饱和度 S_r(%)
稍湿	$S_r\leqslant 50$
潮湿	$50<S_r\leqslant 80$
饱和	$S_r>80$

粉土潮湿程度的分类 表 7-10

分　类	天然含水率 w(%)
稍湿	$w<20$
潮湿	$20\leqslant w\leqslant 30$
饱和	$w>30$

黏性土塑性状态的分类 表 7-11

塑 性 状 态	液 性 指 数 I_L
坚硬	$I_L\leqslant 0$
硬塑	$0<I_L\leqslant 0.5$
软塑	$0.5<I_L\leqslant 1$
流塑	$I_L>1$

二、特殊土的分类

1. 黄土的判定及分类

(1)第四纪以来,在干旱、半干旱气候条件下形成的,土颗粒成分以粉粒为主,含碳酸钙及少量易溶盐,并具有大孔隙和垂直节理、抗水性能差、易崩解和侵蚀、上部多具湿陷性等工程地质特征的土,应判定为黄土。

(2)黄土堆积时代按表 7-12 分类。

黄土堆积时代的分类 表 7-12

<table>
<tr><th colspan="2">时　代</th><th colspan="3">地 层 名 称</th><th>说　明</th></tr>
<tr><td rowspan="2">全新世 Q_4</td><td>近期 Q_4^2</td><td rowspan="3">新黄土</td><td>—</td><td>新近堆积黄土</td><td>一般有湿陷性,常具有高压缩性</td></tr>
<tr><td>早期 Q_4^1</td><td>—</td><td rowspan="2">湿陷性黄土</td><td rowspan="2">有湿陷性</td></tr>
<tr><td colspan="2">晚更新世 Q_3</td><td>马兰黄土</td></tr>
<tr><td colspan="2">中更新世 Q_2</td><td rowspan="2">老黄土</td><td>离石黄土</td><td>—</td><td rowspan="2">一般不具湿陷性</td></tr>
<tr><td colspan="2">早更新世 Q_1</td><td>午城黄土</td><td>—</td></tr>
</table>

(3)根据塑性指数，黄土按表 7-13 分类。

黄土按塑性指数分类 表 7-13

名　　称	塑性指数 I_P
砂质黄土	$I_P \leqslant 10$
黏质黄土	$I_P > 10$

(4)根据湿陷系数，黄土的湿陷性按表 7-14 分类。

黄土湿陷性的划分 表 7-14

名　　称	湿陷系数 δ_s
非湿陷性黄土	$\delta_s < 0.015$
湿陷性黄土	$\delta_s \geqslant 0.015$

(5)黄土在上覆土层的自重压力下受水浸湿发生湿陷时，应定为自重湿陷性黄土；当黄土在大于上覆自重压力(包括土的自重压力和附加压力)下受水浸湿发生湿陷时，应定为非自重湿陷性黄土。

2. 红黏土的判定和分类

(1)颜色呈棕红、褐黄色，覆盖于碳酸盐系岩层之上，且液限等于或大于 50%的高塑性黏土，应判定为红黏土。红黏土经搬运、沉积后仍保留残积黏土的基本特征，且液限大于 45%，应判定为次生红黏土。红黏土具有遇水软化、失水收缩强烈、裂隙发育、易剥落等工程地质特征。

(2)根据塑性状态，红黏土按表 7-15 分类。

红黏土塑性状态的划分 表 7-15

状　　态	含水比 a_w 值	比贯入阻力 P_s(MPa)	经 验 指 标
坚硬	$a_w \leqslant 0.55$	$P_s \geqslant 2.3$	土质较干、硬
硬塑	$0.55 < a_w \leqslant 0.7$	$1.3 \leqslant P_s < 2.3$	不易搓成 3mm 粗的土条
软塑	$0.7 < a_w \leqslant 1.0$	$0.2 \leqslant P_s < 1.3$	易搓成 3mm 粗的土条
流塑	$a_w > 1.0$	$P_s < 0.2$	流动状态

(3)红黏土的裂隙状态按表 7-16 分类。

红黏土裂隙状态的划分 表 7-16

裂 隙 状 态	外 观 特 征
致密状	偶见裂隙，少于 1 条/m
巨块状	裂隙较多，1～5 条/m
碎块状	裂隙发育，多于 5 条/m

(4)根据界限液塑比和液塑比关系，红黏土按表 7-17 分类。

界限液塑比 $I'_r = 1.4 + 0.066w_L$，液塑比 $I_r = w_L / w_P$，其中 w_L 和 w_P 分别为土的液限和塑限。

红黏土按界限液塑比和液塑比关系的分类　　表 7-17

类　别	I_r 和 I'_r 的关系	收 缩 特 征
I类	$I_r \geqslant I'_r$	收缩后再浸水，膨胀量能恢复到原位
II类	$I_r < I'_r$	收缩后再浸水，膨胀量不能恢复到原位

3. 膨胀土的判定和分类

(1)土中黏粒成分主要由亲水矿物组成，具有吸水显著膨胀软化，失水急剧收缩开裂，并能产生往复胀缩变形的黏性土，应判定为膨胀土。

(2)根据地貌、土的颜色、结构、土质情况、自然地质现象及土的自由膨胀率等特征，可按表7-18对膨胀土作初期判定；按自由膨胀率、蒙脱石含量、阳离子交换量三项指标可对膨胀土进行详细判定。当符合表7-19中的两项指标时，即应判定为膨胀土。

膨胀土的初判条件　　表 7-18

地　貌	具垄岗式地貌景观，常呈垄岗和沟谷相间；地形平缓开阔，无自然陡坎，坡面沟槽发育
颜色	多呈棕、黄、褐色，间夹灰白、灰绿色条带或薄膜；灰白、灰绿色多呈透镜体或夹层出现
结构	具多裂隙结构，方向不规则。裂面光滑，可见擦痕。裂隙中常充填灰白、灰绿色黏土
土质	土质细腻，具滑感，土中常含有钙质或铁锰质结核或豆石，局部可富集成层
自然地质现象	坡面常见浅色溜坍、滑坡、地面裂缝。当坡面有数层土时，其中膨胀土层往往形成凹形坡。新开挖的坑壁易发生坍塌
自由膨胀率 F_s(%)	$F_s \geqslant 40$

膨胀土的详判指标　　表 7-19

名　　称	判 定 指 标
自由膨胀率 F_s(%)	$F_s \geqslant 40$
蒙脱石含量 M(%)	$M \geqslant 7$
阳离子交换量 CEC(NH_4^+)(mmol/kg)	CEC(NH_4^+) $\geqslant 170$

(3)根据膨胀土的膨胀潜势，膨胀土可按表7-20可分为强、中、弱三级。

膨胀潜势的分级　　表 7-20

级别 / 分级指数	弱膨胀土	中等膨胀土	强膨胀土
自由膨胀率 F_s(%)	$40 \leqslant F_s < 60$	$F_s < 90$	$F_s \geqslant 90$
蒙脱石含量 M(%)	$7 \leqslant M < 17$	$17 \leqslant M < 27$	$M \geqslant 27$
阳离子交换量 CEC(NH_4^+)(mmol/kg)	$170 \leqslant$ CEC(NH_4^+) < 260	$260 \leqslant$ CEC(NH_4^+) < 360	CEC(NH_4^+) $\geqslant 360$

4. 软土的判定和分类

(1)天然孔隙比大于或等于1.0，天然含水率大于或等于液限，压缩系数大于或等于0.5，不排水抗剪强度小于30kPa的黏性土，可判定为软土。软土一般含有机质，具有压缩性高、强度低、灵敏度高、排水固结缓慢等特点。软土的结构受到扰动后，强度会极大地下降。

(2)根据物理力学性质，软土可按表7-21分类。

软土依据物理力学性质的分类 表7-21

分类指标	软黏性土	淤泥质土	淤泥	泥炭质土	泥炭
有机质含量 ω_u(%)	$\omega_u<3$	$3\leqslant\omega_u<10$		$10\leqslant\omega_u\leqslant60$	$\omega_u>60$
天然孔隙比 e	$e\geqslant1.0$	$1.0\leqslant e\leqslant1.5$	$e>1.5$	$e>3$	$e>10$
天然含水率 w(%)	$w\geqslant w_L$			$w\geqslant w_L$	
渗透系数 k(cm/s)	$k<10^{-6}$			$k<10^{-3}$	$k<10^{-2}$
压缩系数 a_{1-2}(MPa^{-1})	$a_{1-2}\geqslant0.5$			—	
不排水抗剪强度 CU(kPa)	CU<30			CU<10	
静力触探比贯入阻力 p_s(kPa)	$p_s<800$				
标准贯入试验锤击数 N(击)	$N<4$	$N<2$			

(3)根据软土的成因类型，软土可按表7-22分类。

(4)根据无侧限抗压强度试验或现场十字板剪切试验，软土的灵敏度可按表7-23分类。

软土依据成因类型的分类 表7-22

地貌特征	成因类型	沉积特征
滨海平原	滨海相	地层不均匀、极疏松，常与砂砾层混杂
	泻湖相	颗粒细、孔隙比大、强度低，常夹有泥灰薄层
	溺谷相	孔隙比大、结构疏松、含水率高
	三角洲相	分选性差，结构疏松、多交错层理，多粉砂薄层
湖积平原	湖相	粉土颗粒含量高，呈明显的层理，结构松软，表层硬壳厚度不规律
河流冲积平原	河漫滩相 牛轭湖相	成层情况复杂，成分不均一，以淤泥及软黏土为主，间与砂或泥炭互层
山间谷地	谷地相	软土呈片状、带状分布，靠山边浅，谷地中心深，厚度变化大。颗粒由山前向谷地中心逐渐变细。下伏硬底坡度大
泥炭沼泽地	沼泽相	以泥炭为主，且常出露于地表。孔隙极大，富有弹性。下部有淤泥或薄层淤泥与泥炭互层

软土灵敏度的划分 表7-23

灵敏度分类	灵敏度 S_t
中灵敏性	$2<S_t\leqslant4$
高灵敏性	$4<S_t\leqslant8$
极灵敏性	$8<S_t\leqslant16$
流性	$S_t>16$

5.盐渍土的判定和分类

(1)易溶盐含量大于0.5%的土，可判定为盐渍土。某地区或场地地表以下1.0m深度内易溶盐的平均含量大于0.5%时，应定为盐渍土地区或场地。盐渍土具有较强的吸湿、松涨、溶陷及腐蚀等工程地质特性。

(2)按含盐性质,盐渍土可按表7-24的规定分类。

盐渍土按含盐性质的分类 表7-24

盐渍土的名称	盐分比值 D_1	盐分比值 D_2	盐渍土的名称	盐分比值 D_1	盐分比值 D_2
氯盐渍土	$D_1>2$	—	硫酸盐渍土	$D_1<0.3$	—
亚氯盐渍土	$2\geqslant D_1>1$	—	碱性盐渍土	—	$D_2>0.3$
亚硫酸盐渍土	$1\geqslant D_1\geqslant 0.3$	—			

(3)根据盐渍化程度,盐渍土可按表7-25分类。

盐渍土盐渍化程度的分类 表7-25

盐渍化程度	土层的平均含盐量		
	氯盐渍土及亚氯盐渍土	硫酸盐渍土及亚硫酸盐渍土	碱性硫酸盐渍土
弱盐渍土	$0.5<\overline{DT}\leqslant 1.0$	—	—
中盐渍土	$1.0<\overline{DT}\leqslant 5.0$	$0.5<\overline{DT}\leqslant 2.0$	$0.5<\overline{DT}\leqslant 1.0$
强盐渍土	$5.0<\overline{DT}\leqslant 8.0$	$2.0<\overline{DT}\leqslant 5.0$	$1.0<\overline{DT}\leqslant 2.0$
超盐渍土	$\overline{DT}>8.0$	$\overline{DT}>5.0$	$\overline{DT}>2.0$

6.填土的判定和分类

(1)人为活动堆填的土应判定为填土,一般具有成分复杂和固结时间短等特点。

(2)根据物质组成和堆填方式,填土可按表7-26分类。

填 土 的 分 类 表7-26

名 称	填 土 特 征
杂填土	土中含有较多的建筑垃圾、工业废料、生活垃圾等杂质
素填土	由碎石类土、砂类土、粉土、黏性土组成,不含杂质或杂质很少
冲填土	泥、砂由水力冲填而成
填筑土	经人工按一定标准夯实、压密

三、路基填料的分类(TZ 212—2005)

路基填料分类是以原《铁路路基设计规范》(TB 10001—99)中的“填土分类”为基础,进行了局部修订,在“一级定名”上与岩土分类标准进行了统一,以铁建设[2004]148号文发布,并纳入《铁路工程岩土分类标准》(TB 10077—2001)。

(1)一般土作为路基填料时,可按土颗粒的粒径大小分为巨粒土、砂类土及细粒土。

(2)巨粒土、粗粒土及砂类土应根据颗粒组成、颗粒形状、细粒含量、颗粒级配、抗风能力等,按表7-27进行分组。

(3)细粒土填料应根据土的塑性指数 I_P 和液限含水率 w_L,按表7-28进行分组。

巨粒土、粗粒土及砂类土填料分组

表 7-27

一级定名						二级定名			填料分组
类别			名称		说明	细粒含量	颗粒级配	名称	
巨粒土	碎石类土	块石类	块石土	硬块石土	粒径大于 200mm 的颗粒质量超过总质量的 50%（不易风化，以尖棱状为主）	—	—	硬块石	A
				软块石土	粒径大于 200mm 的颗粒质量超过总质量的 50%（易风化，以尖棱状为主）	—	—	R_c＞15MPa 的不易风化的块石	A
								R_c≤15MPa 的不易风化的软块石	B
								易风化的软块石	C
								风化的软块石	D
			漂石土		粒径大于 200mm 的颗粒质量超过总质量的 50%（以浑圆或圆棱状为主）	＜15%	良好	级配好的漂石	A
							不良	级配不好的漂石	B
						5%～15%	良好	级配好的含土漂石	A
							不良	级配不好的含土漂石	B
						15%～30%	—	土质漂石	B
						＞30%	—	土质漂石	C
			卵石土		粒径大于 60mm 的颗粒质量超过总质量的 50%（以浑圆或圆棱状为主）	＜5%	良好	级配好的卵石	A
							不良	级配不好的卵石	B
						5%～15%	良好	级配好的含土卵石	A
							不良	级配好的含土卵石	B
						15%～30%	—	土质卵石	B
						＞30%	—	土质卵石	C
		碎石类	碎石土		粒径大于 60mm 的颗粒质量超过总质量的 50%（以尖棱状为主）	＜5%	良好	级配好的碎石	A
							不良	级配不好的碎石	B
						5%～15%	良好	级配好的含土碎石	A
							不良	级配不好的含土碎石	B
						15%～30%	—	土质碎石	B
						＞30%	—	土质碎石	C
粗粒土	碎石类土	砾石类	粗砾土	粗圆砾土	粒径大于 20mm 的颗粒质量超过总质量的 50%（以浑圆或圆棱状为主）	＜5%	良好	级配好的粗圆砾	A
							不良	级配不好的粗圆砾	B
						5%～15%	良好	级配好的含土粗圆砾	A
							不良	级配不好的含土粗圆砾	B
						15%～30%	—	土质粗圆砾	B
						＞30%	—	土质粗圆砾	C

续上表

一级定名				二级定名			填料分组
类别	名称		说明	细粒含量	颗粒级配	名称	
粗粒土 碎石类土 砾石类	粗砾土	粗角砾土	粒径大于20mm的颗粒质量超过总质量的50%（以尖棱状为主）	＜5%	良好	级配好的粗角砾	A
					不良	级配不好的粗角砾	B
				5%～15%	良好	级配好的粗角砾	A
					不良	级配不好的含土粗角砾	B
				15%～30%	—	土质粗角砾	B
				＞30%	—	土质粗角砾	C
	细砾土	细圆砾土	粒径大于2mm的颗粒质量不超过总质量的50%（以浑圆或圆棱状为主）	＜5%	良好	级配好的细圆砾	A
					不良	级配不好的细圆砾	B
				5%～15%	良好	级配好的含土细圆砾	A
					不良	级配不好的含土细圆砾	B
				15%～30%	—	土质细圆砾	B
				＞30%	—	土质细圆砾	C
		细角砾土	粒径大于2mm的颗粒质量超过总质量的50%（以尖棱状为主）	＜5%	良好	级配好的细角砾	A
					不良	级配不好的细角砾	B
				5%～15%	良好	级配好的含土细角砾	A
					不良	级配不好的含土细角砾	B
				15%～30%	—	土质细角砾	B
				＞30%	—	土质细角砾	C
粗粒土 砂类土	砾砂		粒径大于2mm的颗粒质量超过总质量的25%～50%	＜5%	良好	级配好的砾砂	A
					不良	级配不好的砾砂	B
				5%～15%	良好	级配好的含土砾砂	A
					不良	级配不好的含土砾砂	B
				＞15%	—	土质砾砂	B
	粗砂		粒径大于0.5mm的颗粒质量超过总质量的50%	＜5%	良好	级配好的粗砂	A
					不良	级配不好的粗砂	B
				5%～15%	良好	级配好的含土粗砂	A
					不良	级配不好的含土粗砂	B
				＞15%	—	土质粗砂	B
	中砂		粒径大于0.25mm的颗粒质量超过总质量的50%	＜5%	良好	级配好的中砂	A
					不良	级配不好的中砂	B
				5%～15%	良好	级配好的含土中砂	A
					不良	级配不好的含土中砂	B
				＞15%	—	土质中砂	B

续上表

一级定名				二级定名			填料分组
类别		名称	说明	细粒含量	颗粒级配	名称	
粗粒土	砂类土	细砂	粒径大于 0.075mm 的颗粒质量超过总质量的 85%	<5%	良好	级配好的细砂	B
					不良	级配不好的细砂	C
				5%~15%	—	含土细砂	C
		粉砂	粒径大于 0.075mm 的颗粒质量超过总质量的 50%	—	—	粉砂	C

注：1. 颗粒级配分为良好($C_u \geqslant 5, C_c = 1 \sim 3$)和不良($C_u < 5, C_c = 1 \sim 3$)。不均匀系数 $C_u = d_{60}/d_{10}$；曲率系数 $C_c = d_{30}^2/(d_{10} \times d_{60})$，$d_{10}$、$d_{30}$、$d_{60}$分别为颗粒级配曲线上相应于总质量 10%、30%、60%含量颗粒的粒径。

2. 硬块石为单轴饱和抗压强度 $R_c > 30$MPa 的块石，软块石为单轴饱和抗压强度 $R_c < 30$MPa 的块石。

3. 细粒含量指黏粒($d \leqslant 0.075$mm)的质量占总质量的百分数。

细粒土填料分组 表 7-28

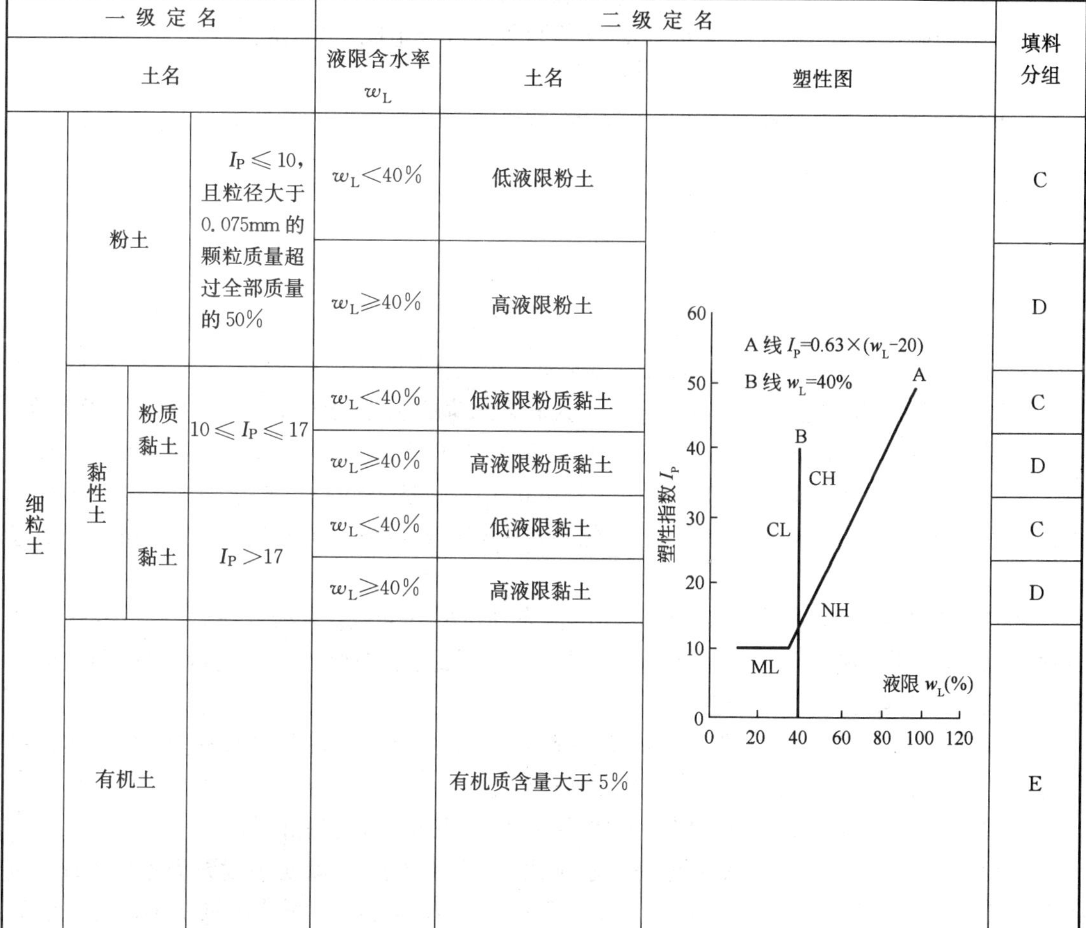

一级定名				二级定名			填料分组
土名				液限含水率 w_L	土名	塑性图	
细粒土	粉土		$I_P \leqslant 10$，且粒径大于 0.075mm 的颗粒质量超过全部质量的 50%	$w_L < 40\%$	低液限粉土	（见塑性图）	C
				$w_L \geqslant 40\%$	高液限粉土		D
	黏性土	粉质黏土	$10 \leqslant I_P \leqslant 17$	$w_L < 40\%$	低液限粉质黏土		C
				$w_L \geqslant 40\%$	高液限粉质黏土		D
		黏土	$I_P > 17$	$w_L < 40\%$	低液限黏土		C
				$w_L \geqslant 40\%$	高液限黏土		D
	有机土				有机质含量大于 5%		E

注：1. 液限含水率试验采用圆锥仪法，圆锥仪总质量为 76g，入土深度 10mm。

2. A 线方程中的 w_L 按去掉百分号后的数值进行计算。

第三节 客运专线路基工程试验检测方法(TB 10102—2004)

一、液塑限试验(联合测定法)

1. 液、塑限联合测定法

该试验是用76g圆锥仪测定土在不同含水率时的圆锥下沉深度,在对数纸上绘制圆锥下沉深度和含水率的关系直线,在直线上查得圆锥下沉深度为17mm时的相应含水率为17mm液限,下沉深度为10mm时的相应含水率为10mm液限;下沉深度为2mm时的相应含水率为塑限。

2. 仪器设备

本试验仪器设备主要为光电式液、塑限测定仪,其主要组成和要求如下。

(1)圆锥仪:由锥体、微分尺及其支架、平衡装置三部分组成,总质量为(76± 0.2)g。

(2)电磁铁:要求磁铁吸力大于100g。

(3)光学投影放大部分:包括光源、聚光镜、滤光镜、物镜、反射镜及读数屏幕,要求放大10倍,微分尺成像清晰。

(4)升降座。

(5)落锥后延时5s的显示装置。

(6)试杯:内径45mm,高35mm。

(7)天平:称量200g,感量0.01g。

3. 试验步骤

(1)液、塑限联合试验所用试样既可采用天然含水率的土样制备,也可采用风干土样制备。

①当采用天然含水率的土样时,如土中含有大于0.5mm的颗粒,应筛除粗颗粒,然后按下沉深度为4~5mm、9~10mm及16~18mm范围制备不同稠度的土膏,天然含水率的土样静置时间可视原含水率大小而定,天然含水率较高(圆锥下沉深度大于5mm),可不经静置。

②当采用风干土样时,取过0.5mm筛的代表性试样约400g,分成3份,分别放入3个调土皿中,加入不同数量的水,加水量分别按上述的下沉深度范围调成均匀土膏,然后用玻璃板盖住或放在密闭的保湿缸中,静置一昼夜。

(2)将调土皿中的土膏,用调土工具充分搅拌均匀,密实地填入试杯中,并使空气逸出。高出杯口的余土用刮土刀刮平,随即将试杯放在底座上。

(3)在圆锥仪的锥体上抹一薄层凡士林,接通电源,使电磁体吸稳圆锥仪。

(4)调整升降座,使圆锥仪锥尖刚好接触土面,调节屏幕准线,使初始读数为零位刻线,关断电源使电磁铁失磁,此时圆锥仪在自重作用下沉入土内,约经5s测读圆锥下沉深度。然后在试杯中取不少于10g的试样装入称量盒内,测定其含水率。

(5)重复本条(2)~(4)款步骤,测试其余2个土样的圆锥下沉深度和含水率。

4. 计算

$$w=\left(\frac{m}{m_s}-1\right)\times100\% \tag{7-1}$$

式中：w——圆锥下沉任意深度下试样的含水率，%，计算精确至 0.1%；

m——湿土质量，g；

m_s——干土质量，g。

在双对数坐标纸上，以圆锥下沉深度 h 为纵坐标，含水率 w 为横坐标，绘制 $\lg w$-$\lg h$ 关系直线，三点应接近一直线，如果三点不在一直线上，通过高含水率的一点与其余二点连二根直线，在圆锥下沉深度为 2mm 处查得相应的两个含水率，如果两个含水率的差值不超过 2%，则在该两含水率的平均值的点与高含水率的点之间作一直线，若含水率差值超过 2%，则应补点。

二、击实试验

1. 定义及分类

(1)击实试验是测定试样在标准击实功作用下含水率与最大干密度之间的关系，从而确定该试样的最优含水率和最大干密度。

(2)本试验应分轻型击实和重型击实两种试验类型。轻型击实试验单位体积击实功宜为 600kJ/m^3，重型击实试验单位体积击实功宜为 2 700kJ/m^3。

(3)本试验类型和方法列于表 7-29，应根据要求和试样最大粒径选用。

击实试验标准技术参数　　表 7-29

试验类型	试验方法										
	编号	击实仪规格							试验条件		
		击锤			击实筒			护筒	层数	每层击数	最大粒径 (mm)
		质量 (mm)	锤底直径 (mm)	落距 (mm)	内径 (mm)	筒高 (mm)	容积 (mm)	高度 (mm)			
轻型	Q1	2.5	51	305	102	116	947.4	50	3	25	5
	Q2	2.5	51	305	152	116	2 103.9	50	3	56	20
重型	Z1	4.5	51	457	102	116	947.4	50	5	25	5
	Z2	4.5	51	457	152	116	2 103.9	50	5	56	20
	Z3	4.4	51	457	152	116	2 103.9	50	3	94	40

注：1. Q1、Q2、Z1、Z2、Z3 分别指轻 1、轻 2、重 1、重 2、重 3。

2. Q2、Z2、Z3 筒高为筒内净高。

当试样中粒径大于各方法相应最大粒径 5mm、20mm 或 40mm 的颗粒质量占总质量的 5%～30%时，其最大干密度和最优含水率应进行校正。

2. 仪器设备

(1)击实筒：钢制圆柱形筒，尺寸应符合表 7-29 规定，该筒配有钢护筒、底板及垫块。

(2)击锤：击锤必须配备导筒，锤与导筒之间要有相应的间隙，使锤能自由下落，并设有排气孔，见表 7-29。击锤可用人工操作或机械操作，机械操作的击锤必须有控制落距的跟踪装置和锤击点按一定角度均匀分布的装置。

(3)推土器:螺旋式推土器或其他适用设备。

(4)天平:称量200g,感量0.01g。

(5)台秤:称量15kg,感量5g。

(6)标准筛:孔径为5mm、20mm、40mm。

(7)其他:碾土设备、喷水设备、切土刀、称量盒、烘箱等。

3.试验步骤

试样制备分为干法和湿法两种,应符合下列规定。

(1)干法制备试样步骤

①将代表性试样风干或在低于50℃的温度下烘干。烘干以不破坏试样的基本颗粒为准。将土碾碎,过5mm、20mm或40mm筛,拌和均匀备用。试样数量,小直径击实筒最少20kg,最大直径击实筒最少50kg。

②按烘干法测定试样的风干含水率。按试样的塑限估计最优含水率,在最优含水率附近选择依次相差约2%的含水率制备一组试样至少2个,其中2个含水率大于塑限、2个小于塑限、1个接近塑限。加水量可用下式计算:

$$m'_{w} = \frac{m_0}{1 + w_0}(w' - w_0) \tag{7-2}$$

式中:m'_{w}——所需加水量,g;

m_0——风干试样质量,g;

w_0——风干试样含水率,%;

w'——要求达到的含水率,%。

③按预定的含水率制备试样。根据击实筒容积大小,每个试样取2.5kg或6.5kg,平铺于不吸水的平板上,洒水拌和均匀,然后分别放入有盖的容器里静置备用。高塑性黏性土静置时间不得小于24h;低塑性黏性土静置时间可缩短,但不应小于12h。

(2)湿法制备试样步骤

将天然含水率的试样碾碎过5mm、20mm或40mm筛,混合均匀后,按选用击实筒容积取5份试样,其中1份保持天然含水率,其余4份分别风干或加水达到所要求的不同含水率。制备好的试样要完全拌匀,保证水分均匀分布。

(3)试验操作步骤

①称取击实筒质量(m_1)并作记录。

②将击实筒仪放在坚实的地面上,安装好击实筒及护筒(大直径击实筒内还要放入垫块),内壁涂少许润滑油。每个试样应根据选用试验类型按表7-29规定分层击实。每层高度应近似,两层交界处层面刨毛,所用试样的总质量应使最后的击实面超出击实筒顶不大于6mm。击实时要保持导筒垂直平稳,并按表7-29规定相应试验类型规定的层数和击数,以均匀速度作用到整个试样上。击锤应沿击实筒周围锤击一遍后,中间再加一击。

③击实完成后拆去护筒,用切土刀修平击实筒顶部的试样,拆除底板,当试样底面超出筒外时,也应修平,擦净筒的外壁,称筒和试样的总质量,准确至5g。

④用推土器将试样从筒中推出,从其中心取2个代表性试样采用烘干法测定含水率。

⑤试样不宜重复使用。对易被击碎的脆性颗粒及高塑性黏土的试样不得重复使用。

⑥按以上步骤进行不同含水率试样的击实。

⑦试验结果应按下列公式计算及制图。

a. 击实后试样的湿密度。

$$\rho = \frac{m_2 - m_1}{V} \tag{7-3}$$

式中：ρ——击实后试样的湿密度，g/cm³，计算精确至0.01g/cm³；

m_2——击实后筒和湿试样的质量，g；

m_1——击实筒质量，g；

V——击实筒容积，cm³。

b. 击实后试样的干密度。

$$\rho_d = \frac{\rho}{1 + 0.01w} \tag{7-4}$$

式中：ρ_d——击实后试样的干密度，g/cm³，计算精确至0.01g/cm³；

w——含水率，%。

以干密度为纵坐标，含水率为横坐标，绘制干密度与含水率的关系曲线。曲线上峰值点的纵横坐标分别表示该击实试样的最大干密度和最优含水率。若曲线不能绘出正确的峰值点，应进行补点。

c. 试验所得的最大干密度和最优含水率需校正时，应按以下公式进行。

校正后试样的最大干密度：

$$\rho'_{dmax} = \frac{1}{\frac{1 - P_s}{\rho_{dmax}} + \frac{P_s}{\rho_a}} \tag{7-5}$$

式中：ρ'_{dmax}——校正后试样的最大干密度，g/cm³，计算精确至0.01g/cm³；

ρ_{dmax}——粒径小于5mm、20mm或40mm的试样试验所得的最大干密度，g/cm³；

P_s——试样中粒径大于5mm、20mm或40mm的颗粒含量的质量分数；

ρ_a——粒径大于5mm、20mm或40mm的颗粒毛体积密度，g/cm³。

校正后试样的最优含水率：

$$w'_{opt} = w_{opt}(1 - P_s) + P_s w_x \tag{7-6}$$

式中：w'_{opt}——校正后试样的最优含水率，%，计算精确至0.01%；

w_{opt}——粒径小于5mm、20mm或40mm的试样试验所得的最优含水率，%；

w_x——粒径大于5mm、20mm或40mm颗粒吸着含水率，%。

饱和含水率：

$$w_{sat} = \left(\frac{\rho_w}{\rho_d} - \frac{\rho_w}{\rho_s}\right) \times 100\% \tag{7-7}$$

式中：w_{sat}——饱和含水率，%，计算精确至0.1%；

ρ_s——试样的颗粒密度，对于粗粒土，则为试样中粗细颗粒的混合密度；

ρ_w——4℃时水的密度，g/cm³。

计算数个干密度下试样的饱和含水率，以干密度为纵坐标，含水率为横坐标，绘制出饱和曲线。

三、颗粒密度实验

(一)试验目的和方法

土的颗粒密度是指土体内固体颗粒的质量与颗粒体积之比值，单位为 g/cm^3。

粒径大于 5mm 的砾石、碎(卵)石等粗颗粒，因颗粒间存在空隙，空隙又分封闭的与敞开的两部分，当浸水时，开敞部分为水所填充，封闭部分则不能侵入。因此，粗颗粒土颗粒密度通常以下列 3 种方法表示。

(1)视密度(也称表观密度)：土粒干质量与土粒实体积(包括固体颗粒和封闭空隙体积)的比值。它与细粒土的颗粒密度在实用上是一致的，因为一般指的空隙，事实上是指能被水充填的空隙。通常情况下，粗土粒的颗粒密度就是指视密度。

(2)毛体积密度：土粒干质量与土粒总体积(包括固体颗粒、封闭空隙和开敞空隙全部体积)的比值。

(3)饱和面干密度(简称表干密度)：土粒呈饱和面干状态时的土粒总质量与土粒总体积的比值。

颗粒密度是计算孔隙比、孔隙率、饱和度等指标的重要数据。毛体积密度用于击实试验中对超粒径(≥5mm 或≥20mm 或≥40mm，颗粒在 5%～30%)土的最大干密度校正。

(二)颗粒密度试验方法分类

土的颗粒密度试验按土粒的不同粒径可分别采用如下方法。

(1)量瓶法：适用于粒径小于 5mm 的土。

(2)浮称法：适用于粒径等于或大于 5mm 的土，且粒径大于 20mm 的土质量应小于土总体质量的 10%。

(3)虹吸管法：适用于粒径等于或大于 5mm 的土，且粒径大于 20mm 的土质量应等于或大于土总体质量的 10%。

(4)如果土同时含有小于和大于 5mm 的颗粒，则应分别用量瓶法和浮称法或虹吸管法测定不同粒径的颗粒密度，并按式(7-8)计算土的平均颗粒密度。

$$\rho_s = \frac{1}{\frac{P_1}{\rho_{s1}} + \frac{P_2}{\rho_{s2}}} \tag{7-8}$$

式中：ρ_s ——土的平均颗粒密度，g/cm^3；

P_1、P_2 ——分别为大于和小于 5mm 粒径的土颗粒含量的质量分数；

ρ_{s1}、ρ_{s2} ——分别为大于和小于 5mm 粒径的土的颗粒密度，g/cm^3。

(三)量瓶法

1. 主要仪器设备和器具

(1)量瓶：容积 100(或 50)ml。

(2)天平：称量 200g，感量 0.001g。

(3)恒温水槽:准确度±1.0℃。

(4)砂浴:应能调节温度。

(5)温度计:测量范围0~50℃,感量0.5℃。

(6)真空抽气设备。

(7)其他:烘箱、纯水或中性液体(煤油)等。

2. 量瓶校正

(1)将量瓶洗净,烘干后称其质量,精确至0.001g。

(2)将煮沸经冷却的纯水(或抽气后的煤油)注入量瓶,对长颈量瓶注入水(油)至刻度处,对短颈量瓶注水(油)至毛细管口。将量瓶放入恒温水槽直至瓶内水(油)温度稳定。取出量瓶,擦净外壁,称瓶、水(油)总质量,精确至0.001g。测定恒温水槽内水温,精确至0.5℃。

(3)按5℃间隔调节恒温水槽内水的温度,测定不同温度下的瓶、水(油)总质量。每个温度需进行两次测定,平行差值不大于0.002g,取两次测值的平均值。绘制温度与量瓶、水(油)总质量的关系曲线,如图7-1所示。

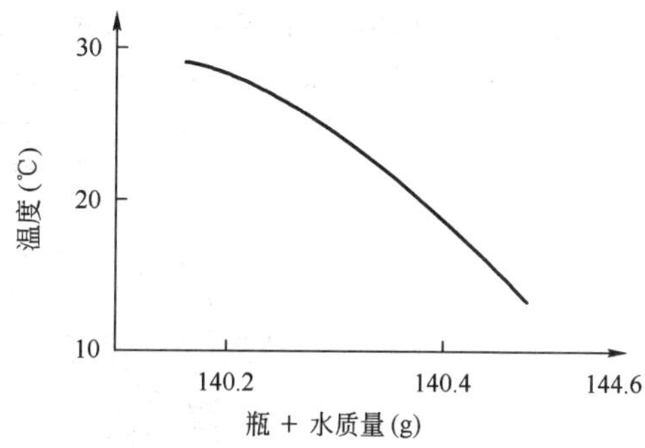

图7-1 温度与量瓶、水总质量关系曲线

3. 试验要点

(1)在烘干的100ml量瓶内装入烘干试样15g(50ml量瓶装10g),称量瓶和试样的质量,精确至0.001g。

(2)向已装有试样的量瓶内注入半瓶纯水,摇动量瓶,并放在砂浴上煮沸,煮沸时间:砂性土不少于30min,黏性土不少于60min。煮沸后为防止瓶内悬液溢出,应随时注意砂浴温度。

(3)将煮沸并冷却的纯水注入装有试样的悬液量瓶至近满,并放置于恒温水槽内,直至温度稳定,瓶内悬液上部澄清,取出量瓶,擦净外壁,称取量瓶、水、试样总质量,精确至0.001g。测定量瓶内的水温,精确至0.5℃。

(4)根据测得的温度,从已绘制的"温度与量瓶、水总质量关系曲线"中查得量瓶和水的总质量。

(5)如试样含有可溶盐亲水性胶体或有机质,需用抽气法以中性液体(如煤油)为介质进行测定。抽气时真空压力表读数须接近100kPa,抽气时间1~2h。

(6)按式(7-9)计算颗粒密度。

$$\rho = \frac{m_d}{m_{pw} + m_d - m_{pws}} \times \rho_{wT} \tag{7-9}$$

式中:ρ——颗粒密度,g/cm^3,计算精确至$0.01g/cm^3$;

m_d——试样干质量,g;

m_{pw}——量瓶、水(油)的总质量,g;

m_{pws}——量瓶、水(油)、土的总质量,g;

ρ_{wT}——在T℃时水(油)的密度,g/cm^3。

(7)本试验应进行平行测定,平行测定的差值不应大于$0.02g/cm^3$,取算术平均值。

(四)浮称法

1. 主要仪器设备和器具

(1)铁丝筐:孔径小于5mm,边长10~15cm,高10~20cm。

(2)天平:称量2 000g,感量0.2g。

(3)盛水容器:尺寸应能适合铁丝筐沉入。

(4)其他:烘箱,温度计,孔径5mm、20mm筛等。

2. 试验要点

(1)选取有代表性的试样约1 000g清洗干净,浸入水中24h后取出,将试样放在湿毛巾上擦干表面,即得饱和面干试样,称其质量(m_b)。

(2)将铁丝筐浸入水中,称铁丝筐在水中的质量(m_1),如图7-2所示。

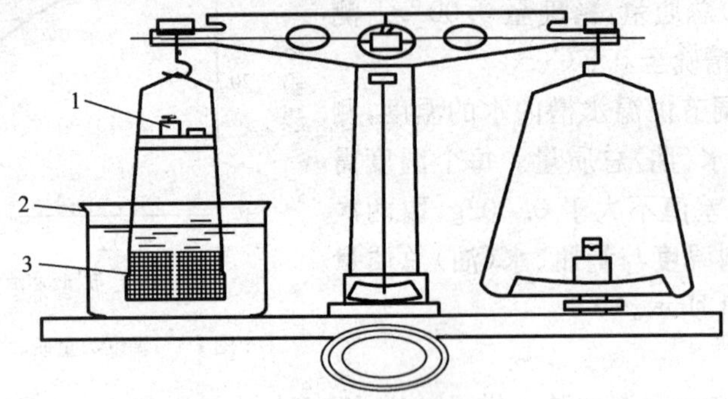

图7-2 浮称天平

1-平衡法码;2-盛水容器;3-盛粗粒土的铁丝筐

(3)将已知质量的饱和面干试样全部放入铁丝筐中,缓缓浸没于水中,并在水中摇晃至无泡移出为止,称铁丝筐和试样在水中的总质量(m_2),测定盛水容器内水温,精确至0.5℃。

(4)取出铁丝筐中的全部试样烘干,并称烘干试样质量(m_d)。

(5)按式(7-10)、式(7-11)、式(7-12)及式(7-13)分别计算颗粒密度(ρ_s)、毛体积密度(ρ_a)、饱和面干密度(ρ_b)及吸着含水率(w_x)。

$$\rho_s = \frac{m_d}{m_d - (m_2 - m_1)} \times \rho_{wT} \tag{7-10}$$

$$\rho_a = \frac{m_d}{m_b - (m_2 - m_1)} \times \rho_{wT} \tag{7-11}$$

$$\rho_b = \frac{m_b}{m_b - (m_2 - m_1)} \times \rho_{wT} \tag{7-12}$$

$$w_x = \left(\frac{m_b}{m_d} - 1\right) \times 100\% \tag{7-13}$$

(6)本试验应进行平行测定,平行测定的差值不应大于0.02g/cm³,取算术平均值。

(五)虹吸管法

1. 主要仪器设备和器具

(1)虹吸管:见图7-3。

(2)台秤:称量10kg,感量1g。

(3)量筒:容积2 000ml。

(4)其他:同浮称法。

2. 试验要点

(1)取粒径大于 5mm 具代表性的试样 1～7kg 彻底冲洗干净,浸泡 24h 后取出,用湿毛巾滚擦颗粒表面水分后称量,即得饱和面干试样质量(m_b)。

(2)向虹吸管内注入清水,至管口有水溢出为止。将已称量的饱和面干试样缓缓放入筒中,经搅拌至无气泡溢出为止。待虹吸管中水面平静后,使试样排开的水通过虹吸管流入量筒内。

(3)称量筒质量(m_c)及量筒加水的总质量(m_{cw}),同时测量筒内水温。

(4)取出虹吸管内试样,烘干,称干试样质量。

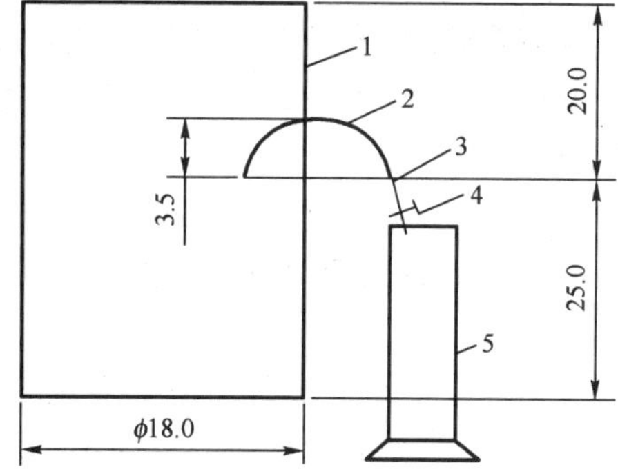

图 7-3 虹吸管示意图(尺寸单位:cm)

1-虹吸筒;2-虹吸管;3-橡皮管;4-管夹;5-量筒

(5)按式(7-14)、式(7-15)、式(7-16)及式(7-13)分别计算颗粒密度(ρ_s)、毛体积密度(ρ_a)、饱和面干密度(ρ_b)及吸着含水率(w_s)。

$$\rho_s = \frac{m_d}{(m_{cw} - m_c)(m_b - m_d)} \times \rho_{wT} \tag{7-14}$$

$$\rho_a = \frac{m_d}{m_{cw} - m_c} \times \rho_{wT} \tag{7-15}$$

$$\rho_b = \frac{m_b}{m_{cw} - m_c} \times \rho_{wT} \tag{7-16}$$

(6)本试验应进行平行测定,平行测定的差值不应大于 0.02g/cm^3,取算术平均值。

第四节 地基处理的方法、技术要求和频次要求

一、路堑基床换填底面、3m 路堤基底地基处理的检测方法、技术要求

路堑基床换填底面冲击压实后应进行 E_{v2} 检测,并满足 $E_{v2} \geqslant 45$MPa 的要求;填高大于 3m 的路堤基底,冲击压实后或清基换填后,进行 E_{v2} 检测,并满足 $E_{v2} \geqslant 45$MPa 的要求(对于冲击压实段,压实后测试 E_{v2} 指标;对于换填段,填筑第三层开始测试 E_{v2} 指标)。

二、水泥土搅拌桩及 CFG 桩检测项目、方法和频率等要求

施工前必须进行工艺性试验(每个工点不少于 2 根),通过试验确定制桩工艺和参数,经监理单位确认后,方可进行施工。

1. 水泥搅拌桩检测项目、方法和频率等要求

(1)成桩 28d 后全长抽芯取样进行无侧限抗压强度试验,按总桩数的 2‰抽检且每批次不少于 3 根,每根桩检测桩径方向 1/4 处、桩长范围内垂直钻孔取芯,观察其完整性、均匀性,拍摄取出芯样的照片,取不同深度的 3 个试样做无侧限抗压强度试验,钻芯后的孔洞采用水泥砂

浆灌浆封闭，其无侧限抗压强度不得小于设计规定值。监理单位按施工单位抽样数量的20%见证检测。

(2)水泥搅拌桩采用平板载荷试验检验地基承载力，检验数量为总桩数的2‰，并不少于3根，要求处理后的单桩或复合地基承载力满足设计要求。监理单位100%见证检测，勘察设计单位现场确认。

2. CFG桩检测项目、方法和频率等要求

(1)CFG桩粗细骨料质量要求按《普通混凝土用砂、石质量及检验方法标准》(JGJ 52—2006)执行。

(2)桩身28d立方体抗压强度，施工单位每工作班一组(3块)试件，监理单位按施工单位抽检次数的10%进行见证检验，但至少一次。

(3)CFG桩桩间土施工后应检测其压实系数K，$K \geqslant 0.9$。检测频率按基床以下路堤标准执行，击实试验按每个CFG桩施工段落、长度不超过500m或土质变化时进行一次。

(4)CFG桩采用平板载荷试验检验地基承载力，检验数量为总桩数的2‰，并不少于3根。CFG桩按复合地基设计的，处理后的复合地基承载力、变形模量应满足设计要求；按柱桩设计的，处理后的单桩承载力应满足设计要求。监理单位100%见证检测。

(5)CFG桩桩身质量、完整性检验：抽取不少于总桩数的10%桩检测桩身完整性(采用小应变检测)，对出现III类和IV类CFG桩的工点及特殊位置和每台桩基施工机组的第一批CFG桩检测，按哈大公司技术质量部[2007]11号文件执行，其他要求按哈大公司的相关通知文件规定执行。

三、CFG桩、搅拌桩、旋喷桩等复合地基褥垫层压实指标

1. 基床底层

孔隙率$n \leqslant 28\%$，压实度$K \geqslant 0.95$，$E_{vd} \geqslant 40$MPa。

2. 基床底层以下路基

孔隙率$n \leqslant 31\%$，压实度$K \geqslant 0.92$，$E_{vd} \geqslant 40$MPa。

考虑CFG桩头影响，E_{vd}指标第一层不测试，仅在褥垫层顶面测试，各指标检测频率参照相关标准的规定执行。

第五节　A、B组填料及改良土检测项目及技术要求

1. 填料要求

各施工单位要提前试验选定合格的填料，除天然填料外都要在现场设A、B料加工区。按照试验方法、土石分类标准要求，结合武广、郑西的经验，A、B组填料的粒径不宜大于60mm。

2. A、B组填料及改良土土体常规检测指标要求

细粒土每5 000m^{3}检测一次液塑限和最大干密度、最佳含水率，粗粒土或碎石土每10 000m^{3}检测一次颗粒级配和颗粒密度，改良土外掺料200t检测一次。

3. 特殊试验要求

(1)采用碎石类土作为A、B组填料的，对于需要破碎的块石土，要求母岩单轴饱和抗压强度R_c>15MPa，且不易风化，不易软化(软化系数k_r>0.75)；填料中的细粒土(小于0.075mm)含量应小于15%；对于基床底层，填料的液限w_L应小于40%，且塑性指数$I_P \leqslant 17$，对于基床以下部分，填料的液限w_L应小于40%；对于浸水地段或高路堤路基填料，还应满足设计图纸要求。

采用砂类土(砾砂、中粗砂)作为A、B组填料的，砾砂中大于2mm的颗粒、粗砂中大于0.5mm的颗粒、中砂中大于0.25mm的颗粒应坚硬，不易风化，颗粒级配应良好，并含有不宜大于10%的细粒含量，且液限w_L应小于40%，以保证具有较好的粘结性。

(2)确定填料软化性能和水稳定性能。对于膨胀性细粒土，建议采用3项检测指标：

①自由膨胀率F_s(应小于40%)；

②蒙脱石含量M(应小于7%)；

③阳离子交换量CEC(NH_4^+)(应小于170mmol/kg)。

在调查料源或者料源发生变化时应检测此3项指标。

4. 改良土生产和试验要求

改良土一律采用厂拌方式生产，不允许路拌；对于水泥改良土应进行延时试验，控制压实质量。

第六节 路基填筑检测要求

应针对不同填料进行工艺性试验，通过试验获取相应的试验数据，研究填料性质、施工工艺、检测方法等的合理性，并填报试验段总结报告，报监理、指挥部和公司评估确认后方准进行路基大面积施工。由于K_{30}和E_{v2}检测深度影响范围为3倍的板直径，约0.9m，因此宜由路基基底起填筑第三层开始测试K_{30}和E_{v2}指标。

一、基床表层级配碎石技术要求和压实标准

1. 级配碎石技术要求

级配碎石技术要求除满足《客运专线基床表层级配碎石暂行技术条件》的要求外，还应同时满足颗粒粒径$d \leqslant 0.075$mm，含量不大于5.0%(质量比)，压实后颗粒粒径$d \leqslant 0.075$mm，含量不大于7.0%(质量比)。

2. 压实标准(表7-30)

基床表层级配碎石压实标准 表7-30

填料	压实标准			
	地基系数 K_{30}(MPa/m)	变形模量 E_{v2}(MPa)	动态变形模量 E_{vd}(MPa)	孔隙率 n
级配碎石	≥190	≥120	≥55	≥18%

注：参照德铁标准$E_{v2}/E_{v1} \leqslant 2.3$，$K \geqslant 0.97$。

检测频率为纵向 100m 每压实层抽样检测孔隙率 n、压实系数 K 和动态变形模量 E_{vd} 各 6 点，其中左、右距路肩边线 1.5m 处各 2 点，路基中部 2 点，测定应沿路基纵向均匀随机布置；K_{30} 检测 4 点，E_{v2} 检测 4 点，其中左、右距路肩边线 1.5m 处各 1 点，路基中部 2 点，测定应沿路基纵向均匀随机布置。监理单位应按施工单位抽检次数的 10%分别进行平行检验和见证检验，且均不少于 1 次。

二、基床底层填料和压实标准

(1)基床底层选用 A、B 组填料或改良土；采用块石类作为基床底层填料时，应级配良好，其粒径不宜大于 60mm。

(2)基床底层路基填筑压实质量标准，见表 7-31。

基床底层路基填筑压实质量标准 表 7-31

填 料	压 实 标 准	改良细粒土	砂类土及细砾土	碎石类及粗砾土
A、B 组及改良土	地基系数 K_{30}(MPa/m)	≥110	≥130	≥150
	变形模量 E_{v2}(MPa)	≥60	≥60	≥60
	动态变形模量 E_{vd}(MPa)	≥40	≥40	≥40
	压实系数 K	≥0.95	≥0.95	≥0.95
	孔隙率 n	—	<28%	<28%

注：化学改良土还应满足设计提出的其他技术要求。

根据其他客专及德铁经验，建议增加 E_{v2}/E_{v1} 指标，即 $E_{v2}/E_{v1} \leqslant 3.0$，当 $3.0 < E_{v2}/E_{v1} \leqslant 3.5$ 时，E_{v1} 应不小于 E_{v2} 规范规定值的 60%。对砂类土及细砾土、碎石类及粗砾土，应增加压实系数 $K \geqslant 0.95$ 控制(可采用表面振实法或振动台法确定最大干密度)。

检测频率为纵向 100m 每压实层抽样检测压实系数 K(改良细粒土)、压实系数 K 和孔隙率 n(砂类土和碎石类土)各 6 点，其中左、右距路肩边线 1m 处各 2 点，路基中部 2 点，测定应沿路基纵向均匀随机布置；检测动态变形模量 E_{vd} 4 点，其中，左、右距路基边线 2m 处各 1 点，路基中部 2 点，测定应沿路基纵向均匀随机布置；每 100m 每填高约 90cm 抽检 K_{30} 检测 4 点，E_{v2} 检测 4 点，其中左、右距路基边线 2m 处各 1 点，路基中部 2 点，测定应沿路基纵向均匀随机布置；对化学改良土无侧限抗压强度指标，施工单位按每检验批每压实层抽样检验 3 处(左、中、右各 1 处)。监理单位应按施工单位抽检次数的 10%分别进行平行检验和见证检验，且均不少于 1 次。

三、基床以下路堤填料和压实标准

(1)基床以下应选用 A、B 组填料和 C 组中的块石、碎石类、砾石类填料；当选用硬质岩石或不易风化的软质岩的碎石时，应级配良好，填料的粒径不宜大于 6.0cm。

(2)基床以下路堤填筑压实质量按表 7-32 的要求控制。但试验段路基要对表内指标每层全部检测，并据此推算不同填料各项指标的相互关系。

基床以下路堤填筑压实质量标准　　表 7-32

填　料	压实标准	改良细粒土	砂类土及细砾土	碎石类及粗砾土
A、B组及改良土	地基系数 K_{30}(MPa/m)	≥90	≥110	≥130
	变形模量 E_{v2}(MPa)	≥45	≥45	≥45
	压实系数 K	≥0.92	≥0.92	≥0.92
	孔隙率 n	—	<31%	<31%

注:化学改良土还应满足设计提出的其他技术要求。

根据其他客专及德铁经验,建议增加 E_{v2}/E_{v1} 指标,即 $E_{v2}/E_{v1} \leqslant 3.0$,当 $3.0 < E_{v2}/E_{v1} \leqslant 3.5$ 时,E_{v1} 应不小于 E_{v2} 规范规定值的 60%。对砂类土及细砾土、碎石类及粗砾土应增加压实系数 $K \geqslant 0.92$ 控制,增加 E_{vd} 的检测要求和控制指标,指标可定为 35MPa。

检测频率为纵向 100m 每压实层抽样检测压实系数 K(改良细粒土)、压实系数 K 和孔隙率 n(砂类土和碎石类土)各 6 点,其中左、右距路肩边线 1m 处各 2 点,路基中部 2 点,测定应沿路基纵向均匀随机布置,有反压护道地段每 100m 增加 1 个检测点;检测动态变形模量 E_{vd} 4 点,其中左、右距路肩边线 1m 处各 1 点,路基中部 2 点,测定应沿路基纵向均匀随机布置;每 100m 每填高约 90cm 抽样检测 4 点,其中左、右距路基边线 2m 处各 1 点,路基中部 2 点,测点应沿路基纵向均匀随机布置。监理单位应按施工单位抽检次数的 10%进行平行检验压实系数 K、孔隙率 n、动态变形模量 E_{vd},且均不少于 1 次;100%见证检验 K_{30}、变形模量 E_{v2}。

第七节　过渡段施工检测项目及技术要求

一、地基处理要求

当路堤高度 $H < 3.0$m 时,原地面处理后的质量要求应符合基床底层路基填筑压实质量标准;当 $H > 3.0$m 时,地基系数 $K_{30} \geqslant 60$MPa/m。

检测频率为施工单位每个过渡段抽检压实系数 K(细粒土)、压实系数 K 和孔隙率 n(砂类土和碎石类土)、动态变形模量 E_{vd} 各 3 点,其中距路基边线 1m 处左、右各 1 点,路基中部 1 点;抽样检验地基系数 K_{30}、E_{v2} 各 2 点,其中距路基边线 2m 处 1 点,路基中间 1 点。监理单位按施工单位抽检次数的 20%进行平行检验,但至少 1 次。

二、过渡段填料

掺加 3%～5%的 P.O 42.5 水泥级配碎石。

三、压实标准

过渡段填料压实标准见表 7-33。

压 实 标 准 表 7-33

填 料	压实标准			
	地基系数 K_{30}(MPa/m)	变形模量 E_{v2}(MPa)	动态变形模量 E_{vd}(MPa)	孔隙率 n
级配碎石	≥150	≥80	≥50	≥28%

增加压实系数 $K \geq 0.95$，同时严格控制水泥剂量，做好出厂检验，每过渡段每填高 90cm 抽检 3 处水泥剂量。

检验频率为施工单位每压实层抽检孔隙率 n、压实系数 K、动态变形模量 E_{vd} 各 3 点，测点要求均匀随机布置；每填高约 60cm 抽检 K_{30}、E_{v2} 各 2 点，测点要求均匀随机布置。监理单位应按施工单位抽检次数的 20%进行平行检验，但至少 1 次。

第八节 路基工程现场试验检测方法

一、K_{30} 平板载荷试验

K_{30} 平板载荷试验是采用直径为 30cm 的荷载板测定下沉量为 1.25mm 地基系数的试验方法，计量单位为 MPa/m。

(一)试验条件

K_{30} 平板载荷试验适用于粒径不大于荷载板直径 1/4 的各类土和土石混合填料，测试有效深度范围为 400～500mm。

试验场地及环境条件应符合下列要求。

(1)对于水分挥发快的均粒砂，表面结硬壳、软化或因其他原因表层扰动的土，平板载荷试验应置于扰动带以下进行。

(2)对于粗、细粒均质土，宜在压实后 2～4h 内开始试验。

(3)测试面必须是平整无坑洞的地面。对于粗粒土或混合料造成的表面凹凸不平，应铺设一层约 2～3mm 的干燥中砂或石膏腻子。此外，测试面必须远离振源，以保持测试精度。

(4)雨天或风力大于 6 级的天气，不得进行试验。

(二)试验仪器设备

(1)荷载板：荷载板为圆形钢板，其直径为 30cm，板厚为 25mm。荷载板上应带有水准泡。

(2)加载装置。

①液压千斤顶与手动油泵，通过高压油软管连接。千斤顶顶端应设置球铰，并配有可调节丝杆和加长杆件，以便与各种不同高度的反力装置相适应。选用荷载应大于或等于 50 kN。

②液压油软管长度至少为 2 m，两端应装有自动开闭阀门的快速接头，以防止液压油漏出。

③手动液压泵上应装有一个可调节减压阀，可准确地分级对荷载板实施加、卸载。

④测压表量程应达到最大试验荷载的 1.25 倍，精度不低于 0.6 级。

⑤当使用测力计直接测量加荷荷载时，测力计精度应达到 1%。

(3)反力装置的承载能力应大于最大试验荷载10kN。

(4)下沉量测量装置由测桥和测表组成。测桥用作安装测表固定支架或作为测表量测基准面,由长度大于3m的支承梁和支承座组成,当跨度为4m时其截面系数应大于或等于$8cm^3$。测表宜配置3～4个精度为0.01mm的百分表或电子数显百分表,量程应不小于10mm,每个测表应配有可调式固定支架。

(5)其他:铁锹、钢板尺(长400mm)、毛刷、圬工泥刀、刮铲、水准仪、铅锤、褶尺、干燥中砂、石膏、油、遮阳挡风设施等。

(三)试验仪器的校验规定

(1)测试地基系数时,应对仪器进行测试校验。

(2)新仪器进行试验的3个月内,应每月标定一次,以作出相应误差修正。当3次标定误差小于±5%时,仪器进入稳定期。

(3)仪器每次投入新工点或每年必须予以校验一次。

(四)试验操作步骤

(1)场地测试面应进行平整,并使用毛刷扫去松土。当处于斜坡上时,应将荷载板支撑面做成水平面。

(2)安置平板载荷仪。

①将荷载板放置于测试地面上,应使荷载板与地面良好接触,必要时可铺设一薄层干燥砂(2～3mm)或石膏腻子。当用石膏腻子做垫层时,应在荷载板底面上抹一层油膜,然后将荷载板安放在石膏层上,左右转动荷载板并轻轻击打顶面,使其与地面完全接触,并可借助荷载板上的水准泡或水准仪调整水平。

②将反力装置承载部分安置于荷载板上方,并加以制动。反力装置的支承点必须距荷载板外侧边缘1m以外。

③将千斤顶放置于反力装置下面的荷载板上,可利用加长杆和通过调节丝杆,使千斤顶顶端球铰座紧贴在反力装置承载部位上,组装时应保持千斤顶垂直不出现倾斜。

④安置测桥,测桥支承座应设置在距离荷载板外侧边缘及反力装置支承点1m以外,测表的安放必须相互对称,并且应与荷载板中心保持等距离。

(3)加载试验。

①为稳固荷载板,预先加0.01MPa荷载约30s,待稳定后卸除荷载,将百分表读数调至零或读取百分表读数作为下沉量的起始读数。

②以0.04MPa的增量,逐级加载。每增加一级荷载,当1min的沉降量不大于该级荷载产生的沉降量的1%时,读取荷载强度和下沉量读数,然后增加下一级荷载。

③当总下沉量超过规定的基准值(1.25mm),或者荷载强度超过估计的现场实际最大接触压力,或者达到地基的屈服点时,试验即可终止。

(4)当试验过程出现异常时(如荷载板严重倾斜、荷载板过度下沉),应将试验点下挖相当于荷载板直径的深度,重新进行试验。对出现的异常应在试验记录表中注明。

(五)试验结果计算及制图

(1)根据试验结果绘出荷载强度与下沉量关系曲线,见图7-4。

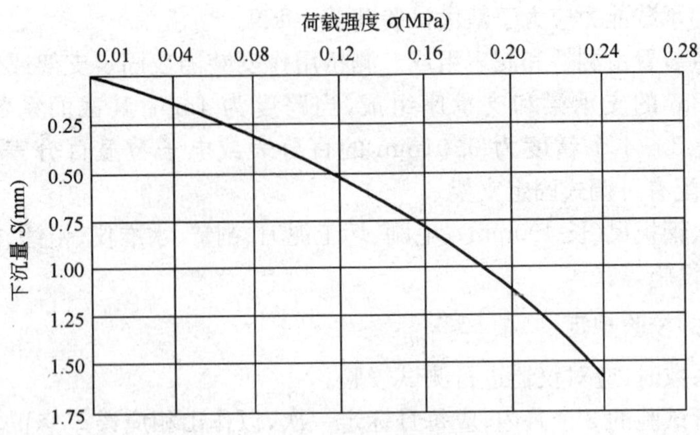

图 7-4 荷载强度 σ 与下沉量 S 关系曲线

(2)从荷载强度与下沉量关系曲线得出下沉量基准值时的荷载强度，并按式(7-17)计算出地基系数。

$$K_{30}=\sigma_s/S_s \tag{7-17}$$

式中：K_{30}——由直径 30cm 的荷载板测得的地基系数，MPa/m，计算取整数；

σ_s——σ-S 曲线中 $S_s=1.25\times10^{-3}$m 相对应的荷载强度，MPa；

S_s——下沉量基准值，取 1.25×10^{-3}m。

(六)试验记录格式

试验记录格式应符合表 7-34 的要求。

K_{30} 平板载荷试验记录 表 7-34

工程名称： 填料类型： 试验编号：
工程地点： 填层厚度： 试验日期：
施工单位： 检测里程： 试验人员：
荷载板直径： 检测标高： 试验负责人：

加载顺序	荷载强度 σ (MPa)	油压表读数 $P_{压}$ (MPa)	下沉量 S(mm)(百分表读数)				荷载板中心下沉量 (mm)
			表 1	表 2	表 3	平均	
预压	0.01						
复位	0.00						
1	0.04						
2	0.08						
3	0.12						
4	0.16						
5	0.20						
6	0.24						

复核：________年________月________日 试验：________年________月________日

(七)随机误差校正

(1)由于被测土体表面状态影响而出现的随机误差,可通过作图法和 K_{30} ADJUST 程序进行校正。

(2)作图法校正见图 7-5。

当试验结果如图中曲线②时,曲线经坐标原点 O_2,可不校正。

当试验误差结果如图中曲线①时,应在曲线出现明显拐点的位置沿正常曲线曲率延伸,使交 S 轴于 O_1 点,此时零点下移 $\Delta S''$,标准下沉量应为 $S_1=S_s+\Delta S''$,并由此对应的荷载强度 σ_1 计算出 K_s 值。

当试验结果如图中曲线③时,应在曲线出现明显拐点的位置沿正常曲线曲率延伸,使交 S 轴于 O_3 点,此时零点上移 $\Delta S''$,标准下沉量应为 $S_3=S_s-\Delta S'$,并由此对应的荷载强度 σ_3 计算出 K_s 值。

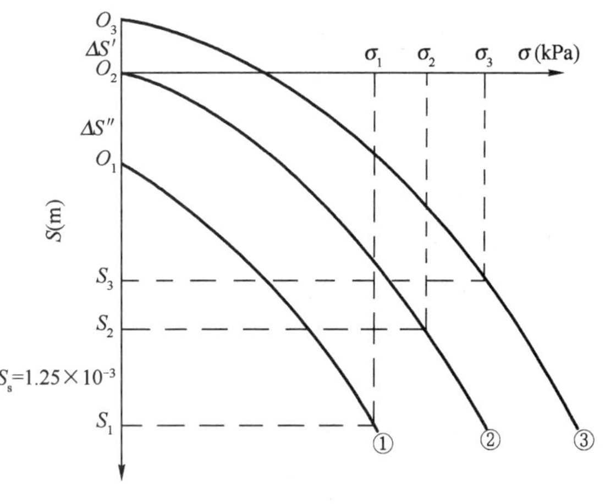

图 7-5 随机误差的校正示意图

二、E_{vd}动态平板载荷试验(TB 10102—2004)

E_{vd}动态平板载荷试验是采用动态变形模量测试仪来监控检测土体承载力指标——动态变形模量 E_{vd}的试验方法。它通过落锤试验和沉陷测定来直接测出反映土体动态特性的指标 E_{vd},计量单位为 MPa。

(一)试验条件

E_{vd}动态平板载荷试验适用于粒径不大于荷载板直径 1/4 的各类土和土石混合填料,测试有效深度范围为 400～500mm。

试验场地及环境条件应符合下列要求。

(1)测试面宜水平,其倾斜度不大于 5°。

(2)测试面必须平整无坑洞。对于粗粒土或混合料造成的表面凹凸不平,可用少量细中砂来补平。

(3)试验时测试点必须远离振源。

(二)试验仪器设备

(1)动态变形模量测试仪由加载装置、荷载板及沉陷测定仪三部分组成,见图 7-6。

(2)加载装置主要由挂(脱)钩装置、落锤、导向杆、阻尼装置等部分构成。

①落锤重:10 kg。

②最大冲击力:7.07kN。

③冲击持续时间:(18±2)ms。

④导向杆必须保持垂直、光洁。

(3)荷载板主要由圆形钢板和传感器等部分构成。

①圆形钢板直径 300mm,厚度 20mm。

②传感器必须牢固密贴地安装在荷载板的中心位置上。

(4)沉陷测定仪主要由信号处理、显示、打印机及电源等部分构成。

(5)沉陷测试范围:(0.1～2.0)mm±0.05mm。

(6)E_{vd}测试范围:10MPa<E_{vd}<225MPa。

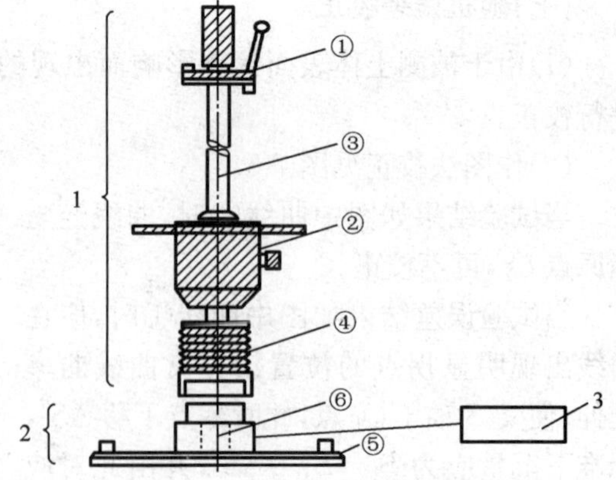

图 7-6 动态变形模量测试仪

1-加载装置[①挂(脱)钩装置;②落锤;③导向杆;④阻尼装置];2-荷载板(⑤圆形钢板;⑥传感器);3-沉陷测定仪

(三)仪器的校验和标定要求

(1)仪器在每次试验前应按使用说明书进行校验。

(2)仪器每年必须重新标定一次。

(四)试验操作步骤

1. 测试前的准备工作

(1)测试面应整平,应使荷载板与地面良好接触,必要时可用少量的细中砂来补平。

(2)导向杆应保持垂直。

(3)检查仪器标明的落距。

2. 测试步骤

(1)荷载板放置在平整好的测试面上,安装导向杆并保持其垂直。

(2)将落锤提升至挂(脱)钩装置上挂住,然后使落锤脱钩并自由落下,当落锤弹回后将其抓住并挂在挂(脱)钩装置上。按此操作进行 3 次预冲击。

(3)正式测试时按上述第(2)项的方式进行 3 次冲击测试,作为正式测试记录。测试时应避免荷载板的移动和跳跃。

(4)测试时,应记录每个测点的工程名称、检测部位、试验时间、土的种类、含水率及相关的参数。

(五)试验结果计算

$$E_{vd} = 1.5 \times r \times \sigma / S \tag{7-18}$$

式中:E_{vd}——动态变形模量,MPa,计算精确至 0.1MPa;

r——圆形刚性荷载板的半径,mm,即 $r=150$mm;

σ——荷载板下的最大动应力,它是通过在刚性基础上,由最大冲击力 $F_s=7.07$kN 且冲击时间 $t=18$ms 时标定得到的,$\sigma=0.1$MPa;

S——实测荷载板下沉幅值,mm;

1.5——荷载板形状影响系数。

实测结果可采用下列简化公式:

$$E_{vd} = 22.5 / S \tag{7-19}$$

根据 E_{vd} 与 K_{30} 的相互关系，可以推算出 K_{30} 值。

(六)试验记录格式

试验记录格式应符合表 7-35 的要求。

E_{vd} 动态平板载荷试验记录 表 7-35

工程名称： 检测部位： 施工单位： 仪器型号：	填料类型： 填层厚度： 检测里程： 检测标高：	试验编号： 试验日期： 环境温度： 含水率：		
冲击顺序	沉陷值 S_i(mm)	平均沉陷值 S (mm)	动态变形模量 E_{vd}(MPa)	备注
附 动态变形模量测试仪打印的实测结果及实测 S-t(沉陷-时间)曲线：				

复核：______年______月______日　　试验：______年______月______日

(1)取 3 次冲击测得的平均值 S 计算 E_{vd}，作为该检测点的测试值。

(2)在试验记录表格中应附有动态变形模量测试仪打印出的实测结果及实测 S-t(沉陷-时间)曲线。

三、变形模量 E_{v2} 试验(建设[2005]188 号)

通过圆形承载板和加载装置对地面进行第一次加载和卸载，再进行第二次加载，用测得的承载板下应力 σ 和与之相对应的承载板中心沉降量 S，来计算变形模量 E_{v2} 及 E_{v2}/E_{v1} 值的试验方法即为变形模量 E_{v2} 试验。

(一)一次变形模量(the First Strain Modulus)

用第一次加载测得的承载板下应力 σ 和与之相对应的承载板中心沉降量 S 计算的变形模量。

(二)二次变形模量(the Second Stain Modulus)

用第二次加载测得的承载板下应力 σ 和与之相对应的承载板中心沉降量 S 计算的变形模量。

符号含义：

E_v——变形模量；

E_{v1}——一次变形模量；

E_{v2}——二次变形模量；

σ——承载板下应力；

S_m——沉降量测表读数；

S——承载板中心沉降量。

(三)基本规定

(1)变形模量 E_{v2} 试验适用于粒径不大于承载板直径 1/4 的各类土和土石混合填料。

(2)变形模量 E_{v2} 试验采用直径 300mm 的承载板，计算单位为 MPa。

(3)试验场地及环境条件应符合下列要求。

①对于水分挥发快的中粗砂，表面结硬壳、软化或因其他原因表层扰动的土，变形模量 E_{v2} 试验应置于其影响以下进行，下挖深度应不大于承载板直径。

②对于粗、细粒均质土，宜在压实后 2～4h 内开始检测。

③测试面应水平无坑洞。对于粗粒土或混合料填层造成的表面凹凸不平，承载板下应铺一层厚约 2～3mm 的干燥中砂或石膏腻子。

④试验时测试点应远离振源。

⑤雨天或风力大于 6 级的天气不得进行试验。

变形模量 E_{v2} 测试仪测量应采用自动采集、数字显示仪器，承载板的沉降量应采用中心单点测量。

(四)仪器设备

变形模量 E_{v2} 测试仪器应包括承载板、反力装置、加载装置、荷载测量装置及沉降量测装置。

1. 承载板

(1)承载板的直径应为 300mm±0.2mm，厚度应为 25mm±0.2mm，材质应为 Q345 钢。承载板上应带有水准泡。

(2)承载板加工表面粗糙度 R_a 不应大于 6.3μm。

2. 反力装置

其承载能力应大于最大试验荷载 10kN。

3. 加载装置

(1)千斤顶应通过高压油软管与手动液压泵连接。千斤顶顶端应设置球铰，并配有可调节丝杆和加长杆件。

(2)高压油软管长度不应小于 1.8m，两端应装有自动开闭阀门的快速接头。

(3)手动液压泵上应装有可调节减压阀，可准确地对承载板进行分级加、卸载。

(4)千斤顶两边应固定，并确保不倾斜。千斤顶活塞的行程不应小于 150mm。试验过程中，千斤顶高度不应超过 600mm。

4. 荷载量测装置

其量测表量程应达到最大试验荷载的 1.25 倍，最大误差应不大于 1%，显示值应能保证承载板上的荷载有效位至少达到 0.001MPa。

5. 沉降量测装置

沉降量测装置应由测桥和测表组成。测桥的测量臂可采用杠杆式(见图 7-7)或垂直抽拉式(见图 7-8),且应有足够的刚度。

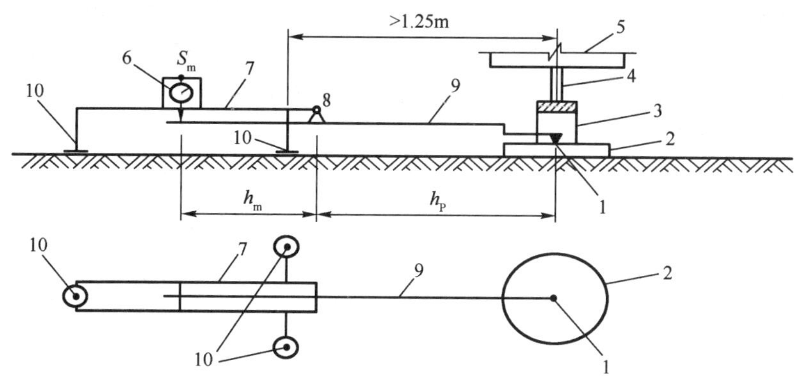

图 7-7 杠杆式测量臂

1-触点;2-承载板;3-千斤顶;4-加长杆件;5-反力装置;6-沉降量测表;7-支承架;8-杠杆支点;9-测量臂;10-支承座

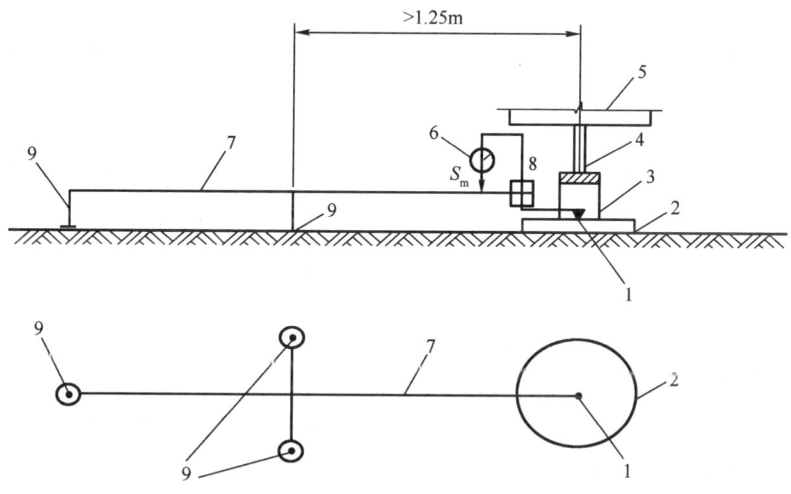

图 7-8 垂直抽拉式测量臂

1-触点;2-承载板;3-千斤顶;4-加长杆件;5-反力装置;6-沉降量测表;7-支承架;8-垂直支架;9-支承座

承载板中心至测桥支承座的距离应大于 1.25m。杠杆式测量臂杠杆比 $h_p : h_m$ 可在 1∶1～2∶1 范围内选择,选定后不得改变。

沉降量测表最大误差不应大于 0.04mm,分辨率应达到 0.01mm,量程不应小于 10mm。

辅助工具应包括铁锹、钢板尺(长 400mm)、毛刷、刮铲、水准仪、铅锤、褶尺、干燥中砂、石膏粉、油、遮阳挡风设施等。

传感器、测表应按国家有关规定标定,变形模量 E_{v2} 测试仪必须每年标定一次。

(五)试验要点

场地测试面应进行平整,并使用毛刷扫去表面松土。当测试面处于斜坡上时,应将承载板支撑面做成水平面。

1.测试仪器安置要求

(1)将承载板放置于测试点上，使承载板与地面完全接触，必要时可铺设一薄层干燥砂(2～3mm)或石膏腻子。同时利用承载板上水准泡或水准仪来调整承载板水平。当用石膏腻子做垫层时，应在承载板底面上抹一层油膜，然后将承载板安放在石膏层上，左右转动承载板并轻轻击打顶面，使其完全与地面接触，被挤出的石膏应在凝固前清除，直至石膏凝固以后方可进行测试。

(2)将反力装置承载部位安置于承载板上方，并加以制动。承载板外侧边缘与反力装置支承点之间的距离不得小于0.75m。

(3)将千斤顶放在承载板的中心位置，使千斤顶保持垂直。用加长杆和调节丝杆使千斤顶顶端球铰座与反力装置承载部位紧贴。

(4)安置测桥时应将沉降量测装置的触点自由地放入承载板上测量孔的中心位置，沉降量测表必须与测试面垂直。测桥支承座与反力装置支承点的距离不得小于1.25m。

(5)试验过程测桥和反力装置不得晃动。

(6)沉降量测装置应有遮阳挡风装置。

预加载时，应预先施加0.01MPa的荷载约30s，待稳定后卸除荷载，并将沉降量测表读数调零。

2.加载与卸载要求

(1)变形模量E_{v2}试验第一次加载应至少分6级，并以大致相等的荷载增量(0.08MPa)逐级加载，达到最大荷载为0.5MPa或沉降量达到5mm时所对应的应力后，再进行卸载。

(2)承载板卸载应按最大荷载的50%、25%、0三级进行。

(3)卸载后，按照第一次加载的操作步骤，并保持与第一次加载时各级相同的荷载进行第二次加载，直至第一次所加最大荷载的倒数第二级。

(4)每级加载或卸载过程必须在1min内完成。

(5)加载或卸载时，每级荷载的保持时间为2min，在该过程中荷载应保持恒定。

(6)试验中若施加了比预定荷载大的荷载时，应保持该荷载，并将其记录在试验记录表中，加以注明。

当试验过程中出现承载板严重倾斜，以至于承载板水准器上的气泡不能与圆圈标志重合或承载板过度下沉及量测数据出现异常等情况时，应查明原因，另选点进行试验，并在试验记录表中注明。

(六)资料整理与计算

每一级荷载的应力和所对应的沉降量测表读数S_m应按表7-36填写，承载板中心沉降量S应按式(7-20)计算。

$$S = S_m \frac{h_p}{h_m} \tag{7-20}$$

式中：S——承载板中心沉降量，mm；

S_m——沉降量测表读数，mm；

h_p/h_m——杠杆比。

变形模量 E_{v2} 试验记录 表 7-36

工程名称：	填料类型：	试验编号：	仪器名称：	
工程地点：	填层厚度：	杠杆比 h_p/h_m：	仪器型号：	
施工单位：	试验里程：	试验标高：	天　气：	
加卸载顺序序号	荷载 F(kN)	应力 σ(MPa)	沉降量测表读数 S_m(mm)	承载板中心沉降量 S(mm)
预压				
复位				

复核：________年________月________日　　　　试验________年________月________日

根据试验结果绘制应力-沉降量曲线(见图 7-9)，应力-沉降量曲线上应用箭头标明受力方向。

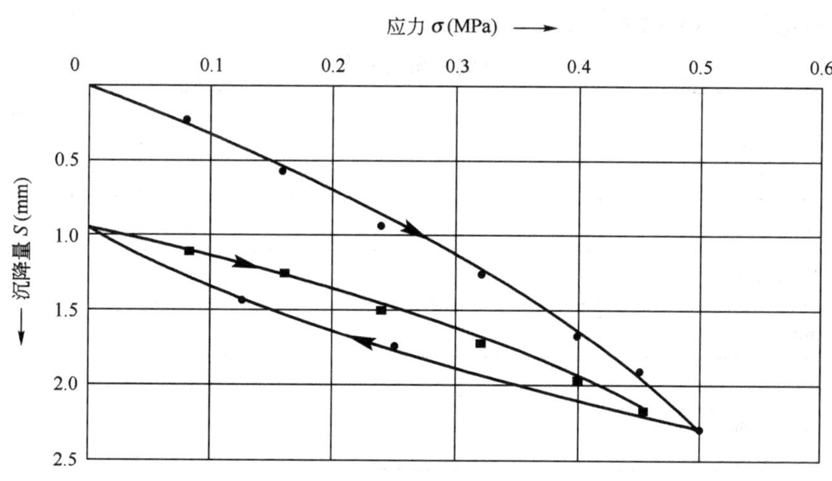

图 7-9　应力-沉降量曲线

变形模量 E_{vi} 计算应符合下列规定。

(1)第一次加载和第二次加载所得到的应力-沉降量曲线，可用式(7-21)表达。

$$S = a_0 + a_1 \cdot \sigma + a_2 \cdot \sigma^2 \tag{7-21}$$

式中：σ——承载板下应力，MPa；

S——承载板中心沉降量，mm；

a_0——常数项，mm；

a_1——一次项系数，mm/MPa；

a_2——二次项系数，mm/MPa^2。

(2)应力-沉降量曲线方程的系数是将测试数据按最小二乘法计算得到的。用于计算系数的方程式为：

$$a_0 \cdot n + a_1 \sum_{i=1}^{n} \sigma_i + a_2 \sum_{i=1}^{n} \sigma_i^2 = \sum_{i=1}^{n} S_i \tag{7-22}$$

$$a_0 \sum_{i=1}^{n} \sigma_i + a_1 \sum_{i=1}^{n} \sigma_i^2 + a_2 \sum_{i=1}^{n} \sigma_i^3 = \sum_{i=1}^{n} S_i \cdot \sigma_i \tag{7-23}$$

$$a_0 \sum_{i=1}^{n} \sigma_i^2 + a_1 \sum_{i=1}^{n} \sigma_i^3 + a_2 \sum_{i=1}^{n} \sigma_i^4 = \sum_{i=1}^{n} S_i \cdot \sigma_i^2 \tag{7-24}$$

式中：$\sigma_1, S_1, \sigma_2, S_2, \cdots, \sigma_n, S_n$——分别为每级荷载的应力和相应的承载板中心沉降量测试值。

(3)变型模量 E_{vi} 是通过应力-沉降量曲线在 $0.3\sigma_{1max}$ 和 $0.7\sigma_{1max}$ 之间割线的斜率确定的，可按式(7-25)计算。

$$E_{vi} = 1.5r \frac{1}{a_1 + a_2\sigma_{1max}} \tag{7-25}$$

式中：r——承载板半径，mm；

σ_{1max}——第一次加载最大应力，MPa；

a_1——一次项系数，mm/MPa；

a_2——二次项系数，mm/MPa^2。

试验结束后应将试验结果按表 7-37 填写。

试验结果汇总表 表 7-37

汇 总 指 标	第一次加载	第二次加载
σ_{max}(MPa)		
a_0(mm)		
a_1(mm/MPa)		
a_2(mm/MPa^2)		
$E_{vi} = 1.5r \frac{1}{a_1 + a_2\sigma_{1max}}$(MPa)		
E_{v2}/E_{v1}		

注：采用第一次加载测试值计算的变形模量为 E_{v1}，采用第二次加载测试值计算的变形模量为 E_{v2}。

(七)变形模数 E_{v2} 检测示例

(1)本检测示例中 E_{v2} 测试仪测桥的测量臂为杠杆式，杠杆比 $h_p : h_m = 2.0$。测试仪应按

图 7-7 安装。

(2)变形模数 E_{v1} 和 E_{v2} 的值是通过表 7-38 中试验数据计算得出的。

变形模量 E_{v2} 试验记录

表 7-38

工程名称:×××	填料类型:×××	试验编号:×××	仪器名称:
工程地点:×××	填层厚度:×××	杠杆比 h_p/h_m:2.0	仪器型号:
施工单位:×××	试验里程:×××	试验标高:×××	天　　气:××

加载顺序序号	荷载 F(kN)	应力 σ(MPa)	沉降量测表读数 S_m(mm)	承载板中心沉降量 S(mm)
预压	0.71	0.010	0.03	0.06
复位	0.00	0.000	0.00	0.00
1	5.65	0.080	0.16	0.32
2	11.31	0.160	0.28	0.56
3	17.04	0.241	0.41	0.82
4	22.69	0.321	0.52	1.04
5	28.27	0.400	0.62	1.24
6	31.81	0.450	0.70	1.40
7	35.34	0.500	0.79	1.58
卸载				
8	17.76	0.251	0.64	1.28
9	8.55	0.121	0.51	1.02
10	0.00	0.000	0.39	0.78
第二次加载				
11	0.00	0.000	0.39	0.78
12	5.73	0.081	0.46	0.92
13	11.38	0.161	0.53	1.06
14	17.04	0.241	0.60	1.20
15	22.62	0.320	0.66	1.32
16	28.35	0.401	0.70	1.40
17	31.81	0.450	0.75	1.50

复核:_______年_______月_______日　　　　试验:_______年_______月_______日

(3)根据试验结果绘制应力-沉降量曲线,如图 7-10 所示。

(4)将试验结果填入试验结果汇总表 7-39。

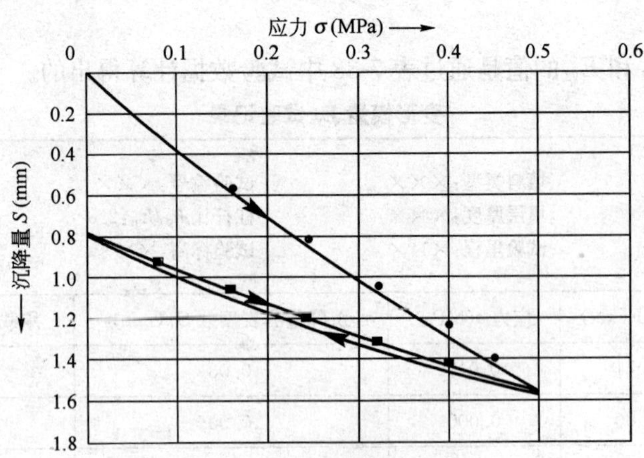

图 7-10 应力-沉降量曲线

试验结果汇总表 表 7-39

汇 总 指 标	第一次加载	第二次加载
σ_{max}(MPa)	0.500	0.450
a_0(mm)	0.091	0.777
a_1(mm/MPa)	2.939	1.887
a_2(mm/MPa^2)	−0.004	−0.685
$E_{vi}=1.5r\dfrac{1}{a_1+a_2\sigma_{1max}}$(MPa)	76.62	145.69
E_{v2}/E_{v1}	1.90	

第八章 客运专线铁路桥涵工程试验检测

第一节 概述

1. 客运专线施工准备阶段桥涵工程的试验检测

客运专线同公路工程一样，工程开工前应对所需原材料进行考察、试验检测，检验合格后进行配合比设计、申报、审批，方可施工。但是有所区别的是客运专线的试验检测项目除了常规试验检测项目外还增加了一些客运专线的特殊检测项目。

2. 客运专线施工过程中桥涵工程的试验检测

客运专线在混凝土施工前试验检测人员首先应对原材料按检验批检测、报验，原材料的产地、品种、规格必须与审批配合比相同，其次对原材料的含水量进行检测，将理论配合比换算成施工配合比，混凝土在拌制过程中严格按施工配合比施工，必须对混凝土拌合物性能进行检测。各项指标满足要求后，及时对混凝土的强度及耐久性指标进行检验，检验结果必须满足设计要求。如更换原材料，应重新进行混凝土配合比选定，并对混凝土的拌合物性能、力学性能和耐久性能进行检验，检验结果应分别满足规范及标准要求。

3. 客运专线施工后桥涵工程的试验检测

应采用下述方法按表 8-1 的要求对实体混凝土质量进行检验。

(1)用肉眼或放大镜观察实体结构表面是否存在非外力裂缝。当混凝土表面出现非外力裂缝时，普通混凝土结构表面的裂缝最大宽度不得大于 0.20mm，预应力混凝土结构不得出现结构性裂缝。

(2)采用无损检测方法进行混凝土保护层厚度的检测(当对混凝土保护层厚度检验结果有怀疑时，可采用局部破损的方法进行复核，复核结束后对破损部位进行及时修复)，检验结果应满足设计要求。

(3)依据 TB 10426—2004 对钻芯取样的具体要求，在现浇混凝土实体结构上随机钻芯抽取混凝土芯样，并依据附录 A 测定实体混凝土的电通量，测定结果应满足设计或本技术条件的规定。

(4)当设计对混凝土提出抗冻性要求时，应依据 TB 10426—2004 对钻芯取样的具体要求，在现浇混凝土实体结构上随机钻芯抽取混凝土芯样。

<table>
<caption>实体混凝土质量抽检要求　　表 8-1</caption>
<tr><th>检 验 项 目</th><th>频　　次</th></tr>
<tr><td>表面裂缝宽度</td><td>每一构件不少于 20 个点</td></tr>
<tr><td>混凝土保护层厚度</td><td>混凝土用量小于 1.0 m³ 的构件随机抽取 5%进行检测，单个构件不少于 5 个点</td></tr>
</table>

第二节　原材料试验检测项目及频次要求

客运专线各级试验检测机构应按表 8-2 试验检测项目及频次要求，对原材料、成品、半成品、构配件、结构物、路基等项目开展试验检测工作。（铁建设[2005]160、铁建设[2007]）159 号 40 铁建设[2006]141 号）。

<table>
<caption>试验检测项目及频次（原材料及混凝土）　　表 8-2</caption>
<tr><th rowspan="3">序号</th><th rowspan="3">项目</th><th rowspan="3">试验检测项目</th><th colspan="4">检 测 频 次</th></tr>
<tr><th colspan="2">施工单位试验室</th><th colspan="2">监理单位试验室</th></tr>
<tr><th>频次代表数量</th><th>检测频次(%)</th><th>平行试验频次(%)</th><th>见证试验频次(%)</th></tr>
<tr><td rowspan="14">1</td><td rowspan="14">水泥</td><td>1. 强度</td><td rowspan="4">袋装 200t
散装 500t</td><td rowspan="4">100</td><td rowspan="4">—</td><td rowspan="4">10</td></tr>
<tr><td>2. 安定性</td></tr>
<tr><td>3. 凝结时间</td></tr>
<tr><td>4. 比表面积</td></tr>
<tr><td>5. 烧失量</td><td rowspan="10">每厂家、每品种、每批号检查供应商提供的质量证明文件</td><td rowspan="10">1. 任何新选货源
2. 使用同厂家、同批号、同品种的产品达 3 个月及出厂日期达 3 个月的产品。
1～10 项指标检验不少于一次</td><td colspan="2" rowspan="10">1. 每厂家、每品种、每批号检查供应商提供的质量证明文件，包括 1～14 项指标
2. 任何新选货源；使用同厂家、同批号、同品种的产品达 3 个月及出厂日期达 3 个月的产品
1～10 项指标见证取样</td></tr>
<tr><td>6. 氯离子含量</td></tr>
<tr><td>7. 碱含量</td></tr>
<tr><td>8. 游离 CaO 含量</td></tr>
<tr><td>9. MgO 含量</td></tr>
<tr><td>10. SO_3 含量</td></tr>
<tr><td>11. 助磨剂名称及掺量</td></tr>
<tr><td>12. 石膏名称及掺量</td></tr>
<tr><td>13. 混合料名称及掺量</td></tr>
<tr><td>14. 熟料 C_3A</td></tr>
<tr><td rowspan="13">2</td><td rowspan="13">粗骨料</td><td>1. 颗粒级配</td><td rowspan="5">600t
或
400m³</td><td rowspan="5">100</td><td rowspan="5">10</td><td rowspan="5">10</td></tr>
<tr><td>2. 压碎指标</td></tr>
<tr><td>3. 针片状颗粒含量</td></tr>
<tr><td>4. 含泥量</td></tr>
<tr><td>5. 泥块含量</td></tr>
<tr><td>6. 坚固性</td><td rowspan="8">1. 任何新选料源
2. 连续使用同料源、同规格、同品种的骨料达 1 年</td><td rowspan="8">1～13 项检验不少于一次</td><td colspan="2" rowspan="8">1. 任何新选料源
2. 连续使用同料源、同规格、同品种的粗骨料达 1 年
1～13 项检验不少于一次</td></tr>
<tr><td>7. 吸水率</td></tr>
<tr><td>8. 紧密空隙率</td></tr>
<tr><td>9. 岩石抗压强度</td></tr>
<tr><td>10. 硫化物及硫酸盐含量</td></tr>
<tr><td>11. 氯离子含量</td></tr>
<tr><td>12. 有机物含量(卵石)</td></tr>
<tr><td>13. 碱含量</td></tr>
</table>

续上表

<table>
<tr><th rowspan="3">序号</th><th rowspan="3">项目</th><th rowspan="3">试验检测项目</th><th colspan="4">检 测 频 次</th></tr>
<tr><th colspan="2">施工单位试验室</th><th colspan="2">监理单位试验室</th></tr>
<tr><th>频次代表数量</th><th>检测频次(%)</th><th>平行试验频次(%)</th><th>见证试验频次(%)</th></tr>
<tr><td rowspan="13">3</td><td rowspan="13">细骨料</td><td>1. 细度模数</td><td rowspan="5">600t 或 400m^3</td><td rowspan="5">100
有机物 3 个月 1 次</td><td rowspan="5">10</td><td rowspan="5">10</td></tr>
<tr><td>2. 含泥量</td></tr>
<tr><td>3. 泥块含量</td></tr>
<tr><td>4. 云母含量</td></tr>
<tr><td>5. 轻物质含量</td></tr>
<tr><td>6. 有机物含量</td><td rowspan="8">1. 任何新选料源
2. 连续使用同料源、同规格、同品种的骨料达 1 年</td><td rowspan="8">1～13 项检验不少于一次</td><td colspan="2" rowspan="8">1. 任何新选料源
2. 连续使用同料源、同规格、同品种的细骨料达 1 年
1～13 项检验不少于一次</td></tr>
<tr><td>7. 压碎指标(机制砂)</td></tr>
<tr><td>8. 石粉含量(机制砂)</td></tr>
<tr><td>9. 碱活性试验</td></tr>
<tr><td>10. 坚固性</td></tr>
<tr><td>11. 硫化物及硫酸盐含量</td></tr>
<tr><td>12. 吸水率</td></tr>
<tr><td>13. 氯离子含量</td></tr>
<tr><td rowspan="15">4</td><td rowspan="15">外加剂</td><td>1. 减水率</td><td rowspan="5">同厂家、同批号、同品种、同批号日期的每 50t 为一批</td><td rowspan="5">每批一次</td><td rowspan="5">10</td><td rowspan="5">10</td></tr>
<tr><td>2. 常压泌水率比</td></tr>
<tr><td>3. 含气量</td></tr>
<tr><td>4. 凝结时间差</td></tr>
<tr><td>5. 抗压强度比</td></tr>
<tr><td>6. 匀质性</td><td rowspan="10">每品种、每厂家检查供应商提供的质量证明文件
1. 任何新选货源
2. 使用同厂家、同批号、同品种的产品达 6 个月及出厂日期达 6 个月的产品</td><td rowspan="10">至少检验一次</td><td rowspan="10">1. 任何新选货源
2. 使用同厂家、同批号、同品种的产品达 6 个月及出厂日期达 6 个月的产品
至少检验一次</td><td rowspan="10">取样 100%见证</td></tr>
<tr><td>7. 坍落度保留值</td></tr>
<tr><td>8. 水泥净浆流动度</td></tr>
<tr><td>9. Na_2SO_4</td></tr>
<tr><td>10. 常压泌水率比</td></tr>
<tr><td>11. 氯离子含量</td></tr>
<tr><td>12. 碱含量</td></tr>
<tr><td>13. 对钢筋的锈蚀作用</td></tr>
<tr><td>14. 耐久性指数</td></tr>
<tr><td>15. 收缩率比</td></tr>
<tr><td rowspan="8">5</td><td rowspan="8">拌和水</td><td>1. pH 值</td><td rowspan="6">同一水源的涨水季节检验一次</td><td rowspan="6">100</td><td rowspan="6">—</td><td rowspan="6">10</td></tr>
<tr><td>2. 不溶物含量</td></tr>
<tr><td>3. 可溶物含量</td></tr>
<tr><td>4. 氯化物含量</td></tr>
<tr><td>5. 硫酸盐含量</td></tr>
<tr><td>6. 碱含量</td></tr>
<tr><td>7. 凝结时间</td><td rowspan="2">1. 新水源
2. 同水源的水使用达 1 年
至少检验一次</td><td rowspan="2">100</td><td rowspan="2">—</td><td rowspan="2">100</td></tr>
<tr><td>8. 抗压强度比</td></tr>
</table>

续上表

<table>
<tr><th rowspan="3">序号</th><th rowspan="3">项目</th><th rowspan="3">试验检测项目</th><th colspan="4">检 测 频 次</th></tr>
<tr><th colspan="2">施工单位试验室</th><th colspan="2">监理单位试验室</th></tr>
<tr><th>频次代表数量</th><th>检测频次(%)</th><th>平行试验频次(%)</th><th>见证试验频次(%)</th></tr>
<tr><td rowspan="10">6</td><td rowspan="10">粉煤灰</td><td>1.细度</td><td rowspan="3">120t 为一批</td><td rowspan="3">100</td><td rowspan="3">10</td><td rowspan="3">10</td></tr>
<tr><td>2.烧失量</td></tr>
<tr><td>3.需水量比</td></tr>
<tr><td>4.含水率</td><td rowspan="7">1.任何新选货源
2.使用同厂家、同批号、同品种的产品达 3 个月及出厂日期达 3 个月的产品</td><td rowspan="7">100</td><td rowspan="7">1.任何新选货源
2.使用同厂家、同批号、同品种的产品达 3 个月及出厂日期达 3 个月的产品。
至少检验一次</td><td rowspan="7">100</td></tr>
<tr><td>5. SO_3 含量</td></tr>
<tr><td>6. CaO 含量</td></tr>
<tr><td>7.碱含量</td></tr>
<tr><td>8. Cl^- 含量</td></tr>
<tr><td>9.游离 Cao</td></tr>
<tr><td>10.安定性</td></tr>
<tr><td rowspan="9">7</td><td rowspan="9">磨细矿渣粉</td><td>1.比表面积</td><td rowspan="3">120t 为一批</td><td rowspan="3">100</td><td rowspan="3">10</td><td rowspan="3">10</td></tr>
<tr><td>2.烧失量</td></tr>
<tr><td>3.需水量比</td></tr>
<tr><td>4. SO_3 含量</td><td rowspan="6">1.任何新选货源
2.使用同厂家、同批号、同品种的产品达 3 个月及出厂日期达 3 个月的产品</td><td rowspan="6">100</td><td rowspan="6">1.任何新选货源
2.使用同厂家、同批号、同品种的产品达 3 个月及出厂日期达 3 个月的产品
至少检验一次</td><td rowspan="6">100</td></tr>
<tr><td>5. Cl^- 含量</td></tr>
<tr><td>6.含水率</td></tr>
<tr><td>7. MgO 含量</td></tr>
<tr><td>8.碱含量</td></tr>
<tr><td>9.活性指数</td></tr>
<tr><td>8</td><td>喷混凝土配合比</td><td>1d、28d 抗压强度</td><td>相同原材料、施工工艺</td><td>100</td><td>—</td><td>检查试验报告</td></tr>
<tr><td rowspan="11">9</td><td rowspan="11">普通混凝土结构配合比</td><td>1.坍落度</td><td rowspan="11">相同原材料、施工工艺</td><td rowspan="11">100</td><td rowspan="11">—</td><td rowspan="11">检查试验报告</td></tr>
<tr><td>2.泌水率</td></tr>
<tr><td>3.含气量</td></tr>
<tr><td>4.抗裂性</td></tr>
<tr><td>5.抗压强度(56d)</td></tr>
<tr><td>6.碱含量</td></tr>
<tr><td>7.氯离子含量</td></tr>
<tr><td>8.电通量</td></tr>
<tr><td>9.抗冻性(必要时)</td></tr>
<tr><td>10.耐磨性(必要时)</td></tr>
<tr><td>11.耐蚀系数(必要时)</td></tr>
</table>

续上表

<table>
<tr><th rowspan="3">序号</th><th rowspan="3">项目</th><th rowspan="3">试验检测项目</th><th colspan="4">检 测 频 次</th></tr>
<tr><th colspan="2">施工单位试验室</th><th colspan="2">监理单位试验室</th></tr>
<tr><th>频次代表数量</th><th>检测频次(%)</th><th>平行试验频次(%)</th><th>见证试验频次(%)</th></tr>
<tr><td rowspan="12">10</td><td rowspan="12">隧道衬砌混凝土配合比</td><td>1. 坍落度</td><td rowspan="12">相同原材料、施工工艺</td><td rowspan="12">100</td><td rowspan="12">—</td><td rowspan="12">检查试验报告</td></tr>
<tr><td>2. 泌水率</td></tr>
<tr><td>3. 凝结时间</td></tr>
<tr><td>4. 含气量</td></tr>
<tr><td>5. 抗裂性</td></tr>
<tr><td>6. 抗渗性</td></tr>
<tr><td>7. 抗压强度(56d)</td></tr>
<tr><td>8. 碱含量</td></tr>
<tr><td>9. 氯离子含量</td></tr>
<tr><td>10. 电通量</td></tr>
<tr><td>11. 抗冻性(必要时)</td></tr>
<tr><td>12. 耐蚀系数(必要时)</td></tr>
<tr><td rowspan="13">11</td><td rowspan="13">预应力梁片混凝土配合比</td><td>1. 坍落度</td><td rowspan="13">相同原材料、施工工艺</td><td rowspan="13">100</td><td rowspan="13">—</td><td rowspan="13">检查试验报告</td></tr>
<tr><td>2. 泌水率</td></tr>
<tr><td>3. 凝结时间</td></tr>
<tr><td>4. 含气量</td></tr>
<tr><td>5. 抗裂性</td></tr>
<tr><td>6. 抗渗性</td></tr>
<tr><td>7. 抗冻性</td></tr>
<tr><td>8. 抗压强度(56d)</td></tr>
<tr><td>9. 弹性模量</td></tr>
<tr><td>10. 碱含量</td></tr>
<tr><td>11. 氯离子含量</td></tr>
<tr><td>12. 电通量</td></tr>
<tr><td>13. 耐蚀系数(必要时)</td></tr>
</table>

续上表

<table>
<tr><th rowspan="3">序号</th><th rowspan="3">项目</th><th rowspan="3" colspan="2">试验检测项目</th><th colspan="4">检 测 频 次</th></tr>
<tr><th colspan="2">施工单位试验室</th><th colspan="2">监理单位试验室</th></tr>
<tr><th>频次代表数量</th><th>检测频次(%)</th><th>平行试验频次(%)</th><th>见证试验频次(%)</th></tr>
<tr><td rowspan="7">12</td><td rowspan="7">混凝土施工质量</td><td colspan="2">1.盘称量偏差</td><td>每工作班</td><td>不少于1次</td><td rowspan="4">—</td><td rowspan="4">100</td></tr>
<tr><td colspan="2">2.砂、石含水率、施工配合比</td><td>开盘前、雨后或含水率有明显变化时</td><td rowspan="6">100</td></tr>
<tr><td colspan="2">3.坍落度</td><td rowspan="2">拌和站首盘混凝土每班或每 50m³ 或每一结构部位至少2次</td></tr>
<tr><td colspan="2">4.含气量</td></tr>
<tr><td colspan="2">5.入模温度</td><td>拌和站首盘混凝土每班3次或每 50m³ 或每一结构部位至少2次</td><td rowspan="3">每班1次</td><td rowspan="3">—</td></tr>
<tr><td colspan="2">6.水胶比</td><td>拌和站首盘混凝土
在浇筑地点每 50m³ 混凝土取样检验一次
每班或每一结构部位至少2次</td></tr>
<tr><td colspan="2">7.泌水率</td><td>每班至少一次</td></tr>
<tr><td rowspan="3">13</td><td rowspan="3">标准养护试件制作</td><td rowspan="2">普通混凝土</td><td>28d 或 56d 抗压强度</td><td>同配比、每班、每一结构部位每 100m³ 取1组，每根桩至少2组</td><td rowspan="3">100</td><td rowspan="3">—</td><td rowspan="3">检查试验报告</td></tr>
<tr><td>电通量(56d)</td><td>同配比、同等号，2000m³</td></tr>
<tr><td colspan="2">喷射混凝土 1d、28d 抗压强度</td><td>同配比、同工艺、同作业循环，拱下、边墙</td></tr>
</table>

续上表

序号	项目	试验检测项目		检测频次			
				施工单位试验室		监理单位试验室	
				频次代表数量	检测频次(%)	平行试验频次(%)	见证试验频次(%)
14	标准养护试件制作	隧道衬砌混凝土	56d 抗压强度	同配比、每 100m³、每一结构部位、每拌制 100 盘	100	—	检查试验报告
			电通量(56d)	同配比、同强度等级、每 20 000m³			
			抗渗(56d)	同配比、每 200m			
		预应力、蒸汽养护混凝土	28d 抗压强度	每片预制梁各部位 2 组	100		
			28d 弹性模量比	每片预制梁各部位 1 组			
			电通量(56d)	每 20 000m³			
			抗渗性	每 5 000m³			
			抗冻性	每 20 000m³			
			保护层厚	每片预制梁			100
15	同条件养护试件制作	普通混凝土抗压强度		同配比、同结构部位	100	10	—
		衬砌混凝土抗压强度		每 200m			
		底板、仰拱混凝土抗压强度		隧道每 500m			
		预应力、蒸汽养护混凝土	脱模抗压强度	每片梁每部位(底板、腹板、顶板)至少 1 组			
			初张抗压强度				
			终张抗压强度				
			终张弹性				
			模量				
			抗压强度				

续上表

序号	项目	试验检测项目		检测频次			
				施工单位试验室		监理单位试验室	
				频次代表数量	检测频次(%)	平行试验频次(%)	见证试验频次(%)
16	钢筋	1. 拉伸		同牌号、同炉号、同规格、同交货状态,60t	每批一次	—	10
		2. 延伸率					
		3. 冷弯试验					
		4. 可焊性试验					
17	钢筋焊接	闪光对焊	外观	每 200 个	100	—	20
			拉力试验				
			弯曲试验				
		电弧焊	外观				
			拉力试验				
			机械接头				
18	预应力钢筋	1. 外观		同厂家、同牌号、同炉号、同规格、同生产工艺、同交货状态 30t 为一批	每批一次	—	10
		2. 技术指标	破断负荷				
			屈服负荷				
			弹性模量				
			极限伸长率				
19	钢绞线	1. 外观		同牌号、同规格、同交货状态 30t 为一批	100	—	10
		2. 机械力学性能					
		3. 松弛性能		进场时每厂家一次	100		100
20	锚具、夹具、连接件	1. 外观		锚具、夹具≤1 000套,连接件≤500 套为一批	10 套(且不少于 10 套)	—	10
		2. 硬度			5 套(且不少于 5 套)		
		3. 静载锚固性能试验			3 套		

第三节　技术要求

一、水泥

(1)硅酸盐水泥的强度等级分为 42.5、42.5R、52.5、52.5R、62.5、62.5R 六个等级。

(2)普通硅酸盐水泥的强度等级分为 42.5、42.4R、52.5、52.5R 四个等级。

(3)矿渣硅酸盐水泥、火山灰质硅酸盐水泥、粉煤灰硅酸盐水泥、复合硅酸盐水泥的强度等级分为 32.5、32.5R、42.5、42.5R、52.5、52.5R 六个等级(普通水泥强度等级中取消了 32.5、32.5R)。

1. 水泥的品质要求

水泥的品质应符合表 8-3 的要求[《硅酸盐水泥、普通硅酸盐水泥》(GB 175—1999)、《铁路混凝土工程施工质量验收补充标准》(铁建设(2005)160 号]。

水泥的检测要求 表 8-3

序号	项目		硅酸盐水泥		普通水泥	
			42.5 级	52.5 级	42.5 级	52.5 级
1	抗压强度(MPa)	3d	≥17.0	≥23.0	≥17.0	≥23.0
		28d	≥42.5	≥52.5	≥42.5	≥52.5
2	抗折强度(MPa)	3d	≥3.5	≥4.0	≥3.5	≥4.0
		28d	≥6.5	≥7.0	≥6.5	≥7.0
3	凝结时间(min)	初凝	≥45		≥45	
		终凝	≤390		≤600	
4	安定性		合格		合格	
5	比表面积(m^2/kg)		≥300		≥300	
6	80μm 方孔筛筛余(%)		—		—	
7	不溶物含量(%)		≤0.75 I 型 ≤1.50 II 型		—	
8	烧失量(%)		≤3.0 I 型			
9	熟料中的 C_3A 含量(%)		≤8% ≤10%(氯盐环境下)			
10	SO_3 含量(%)		≤3.5			
11	MgO 含量(%)		≤5.0			
12	游离 CaO 含量(%)		≤1.0			
13	氯离子含量(%)		≤0.06			
14	碱含量(%)		≤0.8			

注:1. 当骨料具有碱-硅酸反应活性时,水泥的碱含量不应超过 0.60%。
2. C40 及以上混凝土用水泥的碱含量不宜超过 0.60%。
3. 如果水泥压蒸试验合格,则水泥中氧化镁的含量(质量分数)允许放宽至 6.0%。
4. 如果水泥中氧化镁的含量(质量分数)大于 6.0%时,需进行水泥压蒸安定性试验并合格。
5. 当有更低要求时,该指标由买卖双方确定。

2. 试验条件

试验室温度为(20±2)℃,相对湿度不低于 50%;水泥试样、拌和水、仪器和用具的温度应与试验室一致;湿气养护箱的温度(20±1)℃,相对湿度不低于 90%;养护池水温为(20±1)℃。

二、粉煤灰

粉煤灰的技术要求应符合表 8-4 的规定。

粉煤灰的技术要求　　表 8-4

序号	名　称	技术要求	
		C50 以下混凝土	C50 及以上混凝土
1	细度(%)	≤20	≤12
2	氯离子含量(%)	不宜大于 0.02	
3	需水量比(%)	≤105	≤100
4	烧失量(%)	≤5.0	≤3.0
5	含水率(%)	≤1.0(干排灰)	
6	SO_3 含量(%)	≤3.0	
7	CaO 含量(%)	≤10(对于硫酸盐侵蚀环境)	
8	游离 CaO 含量(%)	F 类粉煤灰≥1.0,C 类粉煤灰≥4.0	
9	安定性雷氏夹沸煮后增加距离(mm)	C 类粉煤灰≤5.0	

三、矿渣粉

矿渣粉的技术要求应符合表 8-5 的规定。

矿渣粉的技术要求　　表 8-5

序号	名　称	技术要求
1	MgO 含量(%)	≤14
2	SO_3 含量(%)	≤4.0
3	烧失量(%)	≤3.0
4	氯离子含量(%)	≤0.06
5	比表面积(m^2/kg)	350～500
6	需水量比(%)	≤100
7	含水率(%)	≤1.0
8	28d 活性指数(%)	≥95

四、硅灰

硅灰的技术要求应符合表 8-6 的规定。

硅灰的技术要求　　表 8-6

序号	名　称	技术要求
1	烧失量(%)	≤6
2	氯离子含量(%)	不宜大于 0.02
3	SiO_2 含量(%)	≥85
4	比表面积(m^2/kg)	≥18 000
5	需水量比(%)	≤125
6	含水率(%)	≤3.0
7	28d 活性指数(%)	≥85

五、外加剂

外加剂的品质应符合表 8-7 的要求。

外加剂的技术要求 表 8-7

序号	项目		指标	备注
1	水泥净浆流动度(mm)		≥240	
2	硫酸钠含量(%)		≤10.0	
3	氯离子含量(%)		≤0.2	
4	碱含量(Na_2O+0.658K_2O)(%)		≤10.0	
5	减水率(%)		≥20	
6	含气量(%)		≥3.0	用于配制非抗冻混凝土时
			≥4.5	用于配制抗冻混凝土时
7	坍落度保留值(mm)	30min	≥180	用于泵送混凝土时
		60min	≥150	用于泵送混凝土时
8	常压泌水率比(%)		≤20	
9	压力泌水率比(%)		≤90	用于泵送混凝土时
10	抗压强度比(%)	3d	≥130	
		7d	≥125	
		28d	≥120	
11	对钢筋锈蚀作用		无锈蚀	
12	收缩率比(%)		≤135	
13	相对耐久性指标(%,200 次)		≥80	

六、细骨料的技术要求

细骨料的颗粒级配(累计筛余百分率)应满足表 8-8 的规定。

细骨料的累计筛余百分率(单位:%) 表 8-8

筛孔尺寸(mm) \ 级区	Ⅰ区	Ⅱ区	Ⅲ区
10.0	0	0	0
5.00	10~0	10~0	10~0
2.50	35~5	25~0	15~0
1.25	65~35	50~10	25~0
0.63	85~71	70~41	40~16
0.315	95~80	92~70	85~55
0.160	100~90	100~90	100~90

除 5.00mm 和 0.63mm 筛档外,细骨料的实际颗粒级配与表 8-8 中所列的累计筛余百分

率相比，允许稍有超出分界线，但其总量不应大于5%。

细骨料的粗细程度按细度模数分为粗、中、细三级，其细度模数分别为：

粗级　3.7～3.1

中级　3.0～2.3

细级　2.2～1.6

细骨料应选用级配合理、质地均匀坚固、吸水率低、孔隙率小的洁净天然中粗河砂(用于预制梁时，砂的细度模数要求为2.6～3.0，喷射混凝土用砂细度模数应大于2.5)。当河砂料源有困难时，经监理和业主同意也可采用质量符合要求的人工砂。细骨料的品质应符合表8-9的要求。

配制混凝土时宜优先选用中级细骨料。当采用粗级细骨料时，应提高砂率，并保持足够的水泥或胶凝材料用量，以满足混凝土的和易性；当采用细级细骨料时，宜适当降低砂率。当所用细骨料的颗粒级配不符合表8-8的要求时，应在采取经试验证明能确保工程质量的技术措施后，方允许使用。

细骨料的坚固性用硫酸钠溶液循环浸泡法检验，试样经5次循环后其质量损失应不超过8%。细骨料的吸水率应不大于2%。采用天然河砂配制混凝土时，砂的有害物质含量应符合表8-9的规定。当砂中含有颗粒状的硫酸盐或硫化物杂质时，应进行专门检验，确认能满足混凝土耐久性要求时方能采用。

细骨料的碱活性应首先采用岩相法对骨料的矿物组成和类型进行检验，然后采用砂浆棒法进行检验，细骨料的砂浆棒膨胀率应小于0.10%，否则应采取抑制碱-骨料反应的技术措施。

细骨料的技术要求　　表8-9

项　目		质量指标		
		<C30	C30～C45	≥C50
人工砂石粉含量	*MB*<1.40	≤10.0	≤7.0	≤5.0
	MB≥1.40	≤5.0	≤3.0	≤2.0
含泥量(%)		≤3.0	≤2.5	≤2.0
泥块含量(%)		≤0.5		
云母含量(%)		≤0.5		
轻物质含量(%)		≤0.5		
氯离子含量(%)		<0.02		
硫化物及硫酸盐含量(折算成SO_3)(%)		≤0.5		
有机物含量(用比色法试验)		颜色不应深于标准色，否则应按水泥胶砂强度试验方法进行强度对比试验，抗压强度比不应低于0.95		
坚固性(质量损失率)(%)		≤8		
吸水率(%)		≤2		
碱活性	岩相法	矿物组成和类型鉴定		
	快速砂浆棒法(碱-硅酸反应)	砂浆棒膨胀率小于0.10%		
人工砂压碎指标值(%)		<25		

七、粗骨料的技术要求

(一)粗骨料的选用

粗骨料应选用级配合理、粒形良好、质地均匀坚固、线膨胀系数小的洁净碎石,也可采用碎卵石,不宜采用砂岩碎石。

粗骨料的最大公称粒径不宜超过钢筋混凝土保护层厚度的 2/3(在严重腐蚀环境条件下,不宜超过钢筋混凝土保护层厚度的 1/2),且不得超过钢筋最小间距的 3/4。配制强度等级 C50 及以上预应力混凝土时,粗骨料最大公称粒径不应大于 25mm。

粗骨料应采用二级或多级级配,其松散堆积密度应大于 1 500kg/m^3,紧密空隙率宜小于 40%,吸水率应小于 2%(用于干湿交替或冻融循环下的混凝土应小于 1%)。

当粗骨料为碎石时,碎石的强度可用岩石抗压强度表示,且岩石抗压强度与混凝土强度等级之比不应小于 1.5。施工过程中碎石的强度可用压碎指标值进行控制,且应符合表 8-12 的规定。对于压碎指标值不符合表 8-12 规定的碎石,应通过试验,建立岩石抗压强度与压碎指标的对应关系,确认岩石抗压强度与混凝土强度等级之比不小于 1.5(预应力混凝土为 2.0)且混凝土的力学及耐久性能满足要求后,方可使用。

若粗骨料为碎卵石,则碎卵石的强度用压碎指标值表示,且应符合表 8-12 的规定。

粗骨料的坚固性用硫酸钠溶液循环浸泡法进行检验,试样经 5 次循环后,其质量损失率应符合表 8-11 的规定。

(二)粗骨料的颗粒级配范围

粗骨料的颗粒级配范围应符合表 8-10 的规定。

碎石或卵石的颗粒级配范围 表 8-10

级配情况	公称粒径(mm)	累计筛余(按质量计,%)											
		方孔筛筛孔边长尺寸(mm)											
		2.36	4.75	9.5	16.0	19.0	26.5	31.5	37.5	53	63	75	90
连续粒级	5~10	95~100	80~100	0~15	0	—	—	—	—	—	—	—	—
	5~16	95~100	85~100	30~60	0~10	0	—	—	—	—	—	—	—
	5~20	95~100	90~100	40~80	—	0~10	0	—	—	—	—	—	—
	5~25	95~100	90~100	—	30~70	—	0~5	0	—	—	—	—	—
	5~31.5	95~100	90~100	70~90	—	15~45	—	0~5	0	—	—	—	—
	5~40		95~100	70~90	—	30~65	—	—	0~5	0	—	—	—
单粒级	10~20	—	95~100	85~100	—	0~15	0						
	16~31.5	—	95~100	—	85~100	—	—						
	20~40	—		95~100		80~100							
	31.5~63	—	—	—	95~100								
	40~80	—	—	—	—	95~100							

(三)粗骨料的技术要求

粗骨料的技术要求,应符合表 8-11 及表 8-12 的规定。

粗骨料的技术要求　　表 8-11

项目 \ 强度等级		<C30	C30~C45	≥C50
含泥量(%)		≤1.0	≤1.0	≤0.5
泥块含量(%)		≤0.25		
针、片状颗粒总含量(%)		≤10	≤10	≤8 ≤5(预应力混凝土)
硫化物及硫酸盐含量(折算成 SO_3)(%)		≤0.5		
氯离子含量(%)		<0.02		
碎卵石中有机质含量(用比色法试验)		颜色不应深于标准色,否则应配制成混凝土进行强度对比试验,抗压强度比不应小于 0.95		
紧密空隙率(%)		≤40		
吸水率(%)		<2%(用于干湿交替或冻融循环下的混凝土应小于 1%)		
强度(%)(岩石抗压强度与混凝土强度等级之比)		≥1.5 ≥2.0(预应力混凝土)		
坚固性(质量损失率)(%)		≤8 ≤5(预应力混凝土)		
碱活性	岩相法	矿物组成和类型鉴定		
	快速砂浆棒法(碱-硅酸反应)	砂浆棒膨胀率小于 0.10%		

注:施工过程中,粗骨料强度可用压碎指标值进行控制且应符合表 8-12 的要求。

粗骨料的压碎指标值(单位:%)　　表 8-12

混凝土强度等级	<C30			≥C30		
岩石种类	水成岩	变质岩或深成的火成岩	火成岩	水成岩	变质岩或深成的火成岩	火成岩
碎石	≤16	≤20	≤30	≤10	≤12	≤13
碎卵石	≤16			≤12		

注:水成岩包括石灰岩、砂岩等;变质岩包括片麻岩、石英岩等;深成的火成岩包括花岗岩、正长岩、闪长岩、橄榄岩等;火成岩包括玄武岩和辉绿岩等。粗骨料的碱活性应首先采用岩相法检验。若粗骨料含有碱-硅酸反应活性矿物,其砂浆棒膨胀率应小于 0.10%,否则应采取抑制碱-骨料反应的技术措施。不得使用具有碱-碳酸盐反应活性的骨料。

八、拌和用水(铁建设[2005]160 号和 JGJ 63—2006)

拌和用水可采用饮用水。当采用其他来源的水时,水的品质应符合表 8-13 的要求。

拌和用水的技术要求 表 8-13

项目	预应力混凝土	钢筋混凝土	素混凝土
pH 值	>4.5	>4.5	>4.5
不溶物(mg/L)	<2 000	<2 000	<5 000
可溶物(mg/L)	<2 000	<5 000	<10 000
氯化物(以 Cl^- 计)(mg/L)	<500	<1 000	<3 500
硫酸盐(以 SO_4^{2-} 计)(mg/L)	<600	<2 000	<2 700
碱含量(以当量 Na_2O 计)(mg/L)	<1 500	<1 500	<1 500
凝结时间差(min)	≤30		
抗压强度比(%)	≥90		

注:1. 拌和用水不得采用海水。当混凝土处于氯盐环境时,拌和水氯离子含量应不大于 200mg/L。对于使用钢丝或经热处理钢筋的预应力混凝土,拌和水氯离子含量不得超过 350mg/L。

2. 养护用水除不溶物、可溶物可不作要求外,其他项目应符合补充标准表 2.9.1 的规定。养护用水不得采用海水。允许存放 6h。

九、钢筋及焊接

1. 低碳钢热轧圆盘条

其力学性能应符合表 8-14 的规定[《低碳钢热轧圆盘条》(GB/T 701—1997)]

低碳钢热轧圆盘条的力学性能要求 表 8-14

序　　号	牌　　号	屈服点(MPa)	抗拉强度(MPa)	伸长率 δ_{10}(%)	冷弯试验(180°) d=弯心直径;a=试样直径
1	Q215	215	375	27	$d=0$
2	Q235	235	410	23	$d=0.5a$

2. 热轧光圆钢筋

其力学性能应符合表 8-15 的规定[《钢筋混凝土用热轧光圆钢筋》(GB 1499.1—2008)]。

热轧光圆钢筋的力学性能要求 表 8-15

序　　号	牌　　号	屈服强度(MPa)	抗拉强度(MPa)	断后伸长率(%)	冷弯试验(180°) d=弯心直径;a=试样直径
1	HPB235	235	370	25	$d=a$

3. 热轧带肋钢筋

其力学性能应符合表 8-16 的规定[《钢筋混凝土用热轧带肋钢筋》(GB 1499.2—2007)]。

热轧带肋钢筋的力学性能要求 表 8-16

序　　号	牌　　号	公称直径 d(mm)	抗拉强度(MPa)	极限强度(MPa)	伸长率(%)	弯芯直径
1	HRB335	6～25 28～50	335	455	17	$3d$ $4d$
2	HRB400	6～25 28～50	400	540	16	$4d$ $5d$
3	HRB500	6～25 28～50	500	630	15	$6d$ $7d$

4. 钢筋焊接

(1)3 个钢筋接头试件的抗拉强度均不得小于该级别钢筋规定的抗拉强度；

(2)应至少有 2 个试件断于焊缝之外，并呈延性断裂；

(3)闪光对焊接头弯曲试验指标：按表 8-17 要求试验至少有 2 个试件不破断[《钢筋焊接接头试验方法标准》(JGJ/T 27—2001)]。

闪光对焊弯心直径要求　表 8-17

钢 筋 级 别	弯 心 直 径		弯曲角度(°)
	$d\leqslant25$mm	$d>25$mm	
Ⅰ级	$2d$	$3d$	90
Ⅱ级	$4d$	$5d$	90
Ⅲ级	$5d$	$6d$	90
Ⅳ级	$7d$	$8d$	90

第四节　原材料取样方法(GB 12573)

一、水泥取样方法要点

散装水泥：以同一出厂批量、同一品种、统一强度等级的水泥为一批，且总量不超过 500t，随机从不少于 3 个罐车中取样，经混拌均匀后取不少于 12kg。取得的样品，进行检验前，将其分成两等份，一份用于标准检验，一份密封保管 3 个月，以备有疑问时复验。

袋装水泥：对同一水泥厂生产的同期出厂的同品种、同强度等级的水泥，一次进场的统一编号的水泥为一批，且总量不超过 200t。取样应有代表性，可从 20 个以上不同部位的袋中取等量样品水泥，经混拌均匀后取不少于 12kg。取得的样品，进行检验前，将其分成两等分，一份用于标准检验，一份密封保管 3 个月，以备有疑问时复验。

二、粉煤灰取样方法要点

粉煤灰：以连续供应的 120t 相同等级、相同种类的粉煤灰为一批次，不足 120t 按一个批次论[粉煤灰样本量按干灰(含水率小于 1%)的质量计算]。取样应有代表性并符合下列要求(GB 12573)：

(1)散装灰应从每批不同部位取 15 份试样，每份不得少于 1kg，混拌均匀，按四分法缩取出比试验用量大 1 倍的试样。

(2)袋装灰的取样，应从每批中任抽 10 袋，每袋各取样不得少于 1kg，混拌均匀，按四分法缩取出比试验用量大 1 倍的试样。

三、矿渣粉取样方法要点

取样按 GB 12573 的规定进行，每一编号为一取样单位。取样应有代表性，可连续取样，也可以在20个以上部位取等量样品。样品总量至少为20kg。试样应混拌均匀,按四分法缩取出比试验用量大1倍的试样。

四、硅灰取样方法要点

取样按GB 12573的规定进行,每一编号为一取样单位。取样应有代表性,可连续取样,也可以在20个以上部位取等量样品。样品总量至少为20kg。试样应混拌均匀,按四分法缩取出比试验用量大1倍的试样。

五、外加剂取样方法要点

掺量≥1%同品种的外加剂每一编号为100t,掺量小于1%的外加剂每一编号为50t。不足100t或50t的也可按一个批量计,每一编号取样量不少于0.2t,取得的试样应充分混匀,分为两等份,一份按规定进行检验,另一份密封保存半年,以备有疑问时提交国家指定的检验机关进行复验或仲裁。

六、细骨料的取样与缩分

(一)取样

每验收批取样方法应按下列规定执行。

(1)在料堆上取样时,取样部位应均匀分布。取样前先将取样部位表层铲除,然后由各部位抽取大致相等的砂共8份,用四分法缩分成一组样品。

(2)从皮带运输机上取样时,应在皮带运输机机尾的出料处用接料器定时抽取砂4份,用四分法缩分成一组样品。

(3)从火车、汽车、货船上取样时,应在不同部位和深度处抽取大致相等的砂8份,用四分法缩分成一组样品。

(二)样品的缩分

样品的缩分可选择下列两种方法之一。

(1)用分料器缩分:将样品在潮湿状态下拌和均匀,然后使样品通过分料器,留下接料斗中的其中一例,用另一份再次通过分料器。重复上述过程,直至把样品缩分到试验所需量为止。

(2)用人工四分法缩分:将所取每组样品置于平板上,在潮湿状态下拌和均匀,并堆成厚度约为20mm的“圆饼”。然后沿互相垂直的两条直径把“圆饼”分成大致相等的4份,取其对角的两份重新拌匀,再堆成“圆饼”。重复上述过程,直至缩分后的材料量略多于进行试验所必需的量为止。

对较少的砂样品(如做单项试验时),可采用较干的原砂样,但应经仔细拌匀后缩分。

细骨料的堆积密度和紧密密度及含水率检验所用的试样可不经缩分,在拌匀后直接进行试验。

七、粗骨料的取样与缩分

(一)取样

每验收批的取样应按下列规定进行。

(1)在料堆上取样时,取样前先将取样部位表面铲除,然后在各部位抽取大致相等的粗骨料15份(在料堆的顶部、中部和底部各由均匀分布的5个不同部位取得)组成一组样品。

(2)从皮带运输机上取样时,应在皮带运输机机尾的出料处用接料器定时抽取8份粗骨料,组成一组样品。

(3)从火车、汽车、货船上取样时,应在不同部位和深度处抽取大致相同的粗骨料16份,组成一组样品。

(二)样品的缩分

(1)将每组样品置于铁板上,在自然状态下混拌均匀,并堆成锥体,然后沿互相垂直的两条直线把锥体分成大致相等的4份,取其对角的2份重新拌匀,再堆成锥体。重复上述过程,直至缩分后的材料量略多于进行试验所必需的量为止。

(2)碎石或卵石的含水率、堆积密度、紧密密度检验所用的试样,不经缩分,拌匀后可直接进行试验。

八、水的取样方法

采集自来水或具有抽水机设备的井水,应先放水数分钟,冲洗掉水管中的杂物;没有抽水设备的井水,应先将水桶冲洗干净,然后再取出井水装入采样瓶。

采集河、湖表面水样,在中心部位或经常流动的地方将样瓶浸入水面下30~50cm采集,当水源很浅时,可在水面下5~10cm处采集;采集较深的河、湖水样时,应用水样采取器,亦可用3~5L的采集瓶代替。每次取样不得少于6个取样点,即要求在离开岸线不相等的至少3个点,每个点选取两个不同深度采取水样3~5kg即可。

水样采集可使用容量2L、无色透明、具有磨口的硬质玻璃或塑料制品的细口瓶。采集前,应将采样瓶内外清洗干净,采样时再用所采水样冲洗3次,然后将水样收集在采样瓶中,水面距瓶塞不超过10mm。

测定凝结时间用水量不得少于1L,测定砂浆强度不得少于2L,水质分析不得少于5L,测定混凝土强度不得少于15L。

未受污染的水允许存放72h;清洁的河水、井水等,允许存放48h;一般江、河、湖水等,允许存放12h。

九、钢材的取样方法要点

钢筋原材以同牌号、同炉号、同规格尺寸为一批(质量不大于60t,不足60t以一批计)随机取样1组,每组2根(长度 $L \geqslant L_0 + 200\text{mm}$)做拉伸试验,2根(长度 $L \geqslant 5d + 150\text{mm}$)做弯曲试验。

钢筋焊接接头及机械连接接头以每200个同级别焊接(连接)头为一批,不足200个焊接头也为一批,每批随机取1组(3根)试件做拉伸试验,对闪光焊应另取一组做弯曲试验。

其他钢筋(钢丝)机械性能试样的批量划分和取样数量应符合下列规定。

1. 碳素钢丝

以同钢号、同规格、同交货条件的钢丝为一批,从每批中选取10%盘数(不少于15盘)的钢丝,从每盘钢丝的两端各截取一套试样进行抗拉强度、弯曲和伸长率试验。屈服点检验按

2%盘选取，但不得少于3盘。

2. 冷拉钢筋

以同级别、同直径的冷拉钢筋每60t为一批。每批冷拉钢筋中抽取两根钢筋，每根取两个试样，分别进行拉力和冷弯试验(计算冷拉钢筋的屈服点和抗拉强度值，应采用冷拉前的截面面积)。

3. 冷拔低碳钢丝

甲级钢丝的机械性能应逐盘检验，从每盘任一端截取两个试样，分别做拉力和反复弯曲试验。乙级钢丝的机械性能可分别抽样检验，以同直径的钢丝5t为一批，从中任选3盘，每盘各截取两根试样，分别做拉力和反复弯曲试验。

第五节　细骨料化学分析试验检测方法(JGJ 52—2006)

一、砂中有机物含量试验

本方法适用于近似地判断天然砂中有机物含量是否会影响混凝土质量。

1. 仪器设备

(1)天平：称量100g、感量0.1g和称量1 000g、感量1g的天平各一台。

(2)量筒：容量为250ml、100ml、10ml。

(3)烧杯、玻璃棒和筛孔公称直径为5.00mm的方孔筛。

(4)氢氧化钠溶液：氢氧化钠与蒸馏水之质量比为3∶97。

(5)鞣酸、酒精等。

2. 试样制备与标准溶液配制

(1)筛除样品中公称粒径5.00mm以上的颗粒，用四分法缩分至500g，风干备用。

(2)称取鞣酸粉2g，溶解于98ml的10%酒精溶液中，即配得所需的鞣酸溶液；然后取该溶液2.5ml，注入97.5ml浓度为3%的氢氧化钠溶液中，加塞后剧烈摇动，静置24h，即配得标准溶液。

3. 试验步骤

(1)向250ml量筒中倒入试样至130ml刻度处，再注入浓度为3%氢氧化钠溶液至200ml刻度处，剧烈摇动后静置24h。

(2)比较试样上部溶液和新配制标准溶液的颜色，盛装标准溶液与盛装试样的量筒容积应一致。

4. 结果评定

(1)当试样上部的溶液颜色浅于标准溶液的颜色时，试样的有机物含量判定合格。

(2)当两种溶液的颜色接近时，则应将该试样(包括上部溶液)倒入烧杯中放在温度为(60～70)℃的水浴锅中加热2～3h，然后再与标准溶液比色。

(3)当试样上部的溶液颜色深于标准色时，则应按下述方法进一步试验：

取试样一份，用3%的氢氧化钠溶液洗除有机杂质，再用清水淘洗干净，直至试样上部溶液颜色浅于标准溶液的颜色；然后用洗除有机质和未洗除的试样分别按现行国家标准《水泥胶砂强度检验方法(ISO法)》(GB/T 17671)配制两种水泥砂浆，测定28d的抗压强度，当未洗除有机杂质的砂的砂浆强度与洗除有机物的砂的砂浆强度比不低于0.95时，则此砂可以采用，否则不可采用。

二、砂中云母含量试验

本方法适用于测定砂中云母的近似含量。

1.仪器设备

(1)放大镜(5倍)。

(2)钢针。

(3)试验筛：筛孔公称直径为5.00mm和315μm的方孔筛各一只。

(4)天平：称量100g，感量0.1g。

2.试样制备

称取经缩分的试样50g，在温度(105±5)℃的烘箱中烘干至恒重，冷却至室温后备用。

3.试验步骤

先筛出粒径大于公称粒径5.00mm和小于公称粒径315μm的颗粒，然后根据砂的粗细不同称取试样10～20g(m_0)，放在放大镜下观察，用钢针将砂中所有云母全部挑出，称取所挑出云母质量(m)。

4.结果计算

砂中云母含量w_m应按下式计算，精确至0.1%。

$$w_m = \frac{m}{m_0} \times 100\% \tag{8-1}$$

式中：w_m——砂中云母含量，%；

m_0——烘干试样质量，g；

m——云母质量，g。

三、砂中轻物质含量试验

本方法适用于测定砂中轻物质的近似含量。

1.仪器设备和试剂

(1)烘箱：温度控制范围为(105±5)℃。

(2)天平：称量1 000g，感量1g。

(3)量具：量杯(容量1 000ml)、量筒(容量250ml)、烧杯(容量150ml)各一只。

(4)比重计：测定范围为1.0～2.0。

(5)网篮：内径和高度均为70mm，网孔孔径不大于150μm(可用作坚固性检验用的网篮，也可用孔径150μm的筛)。

(6)试验筛：筛孔公称直径为5.00mm和315μm的方孔筛各一只。

(7)氯化锌：化学纯。

2.试样制备及重液配制

(1)称取经缩分的试样约800g，在温度为(105±5)℃的烘箱中烘干至恒重，冷却后将粒径大于公称粒径 5.00mm 和小于公称粒径 315μm 的颗粒筛去，然后称取每份为 200g 的试样两份备用。

(2)配制密度为 1 950～2 000kg/m³ 的重液：向 1 000ml 的量杯中加水至 600ml 刻度处，再加入 1 500g 氯化锌，用玻璃棒搅拌使氯化锌全部溶解，待冷却至室温后，将部分溶液倒入 250ml 量筒中测其密度。

如溶液密度小于要求值，则将它倒回量杯，再加入氯化锌，溶解并冷却后测其密度，直至溶液密度满足要求为止。

3. 试验步骤

(1)将上述试样一份(m_0)倒入盛有重液(约 500ml)的量杯中，用玻璃棒充分搅拌，使试样中的轻物质与砂分离，静置 5min 后，将浮起的轻物质连同部分重液倒入网篮中，轻物质留在网篮中，而重液则通过网篮流入另一容器。倾倒重液时应避免带出砂粒，一般当重液表面与砂表面相距约 20～30mm 时即停止倾倒。流出的重液倒回盛试样的量杯中，重复上述过程，直至无轻物质浮起为止。

(2)用清水洗净留存于网篮中的物质，然后将它倒入烧杯，在(105±5)℃的烘箱中烘干至恒重，称取轻物质与烧杯的总质量(m_1)。

4. 结果计算

砂中轻物质的含量 Q_g 应按下式计算，精确到 0.1%。

$$Q_g = \frac{m_1 - m_2}{m_0} \times 100\% \tag{8-2}$$

式中：Q_g——砂中轻物质含量，%；

m_1——烘干的轻物质与烧杯的总质量，g；

m_2——烧杯的质量，g；

m_0——试验前烘干的试样质量，g。

以两次试验结果的算术平均值作为测定值。

四、砂的坚固性试验

本方法适用于通过测定硫酸钠饱和溶液渗入砂中形成结晶时的裂胀力对砂的破坏程度，来间接地判断其坚固性。

1. 仪器设备和试剂

(1)烘箱：温度控制范围为(105±5)℃。

(2)天平：称量 1 000g，感量 1g。

(3)试验筛：筛孔公称直径为 160μm、315μm、630μm、1.25mm、2.50mm、5.00mm 的方孔筛各一只。

(4)容器：搪瓷盆或瓷缸，容量不小于 10L。

(5)三脚网篮：内径及高均为 70mm，由铜丝或镀锌铁丝制成，网孔的孔径不应大于所盛试样粒级下限尺寸的一半。

(6)试剂：无水硫酸钠。

(7)比重计。

(8)氯化钡:浓度为10%。

2. 溶液的配制及试样制备

(1)硫酸钠溶液的配制应按下述方法进行。

取一定数量的蒸馏水[取决于试样及容器大小,加热至(30~50)℃],每1 000ml蒸馏水加入无水硫酸钠(Na_2SO_4)300~350g,用玻璃棒搅拌,使其溶解至饱和,然后冷却至(20~25)℃,在此温度下静置两昼夜,其密度应为1 151~1 174kg/m³。

(2)将缩分后的样品用水冲洗干净,在(105±5)℃的温度下烘干冷却至室温备用。

3. 试验步骤

(1)称取粒级分别为315~630μm、630μm~1.25mm、1.25~2.50mm、2.50~5.00mm的试样各100g。若是特细砂,应筛去公称粒径160μm以下和2.50mm以上的颗粒,称取粒级分别为160~315μm、315~630μm、630μm~1.25mm、1.25~2.50mm的试样各100g。将各粒级试样分别装入网篮并浸入盛有硫酸钠溶液的容器中,溶液体积应不小于试样总体积的5倍,其温度应保持在(20~25)℃。三脚网篮浸入溶液时,应先上下升降25次以排除试样中的气泡,然后静置于该容器中。此时,网篮底面应距容器底面约30mm(由网篮脚高控制),网篮之间的间距应不小于30mm,试样表面至少应在液面以下30mm。

(2)浸泡20h后,从溶液中提出网篮,放在温度为(105±5)℃的烘箱中烘烤4h。至此,完成了第一次循环。待试样冷却至(20~25)℃后,即开始第二次循环,从第二次循环开始,浸泡及烘烤时间均为4h。

(3)待完成第五次循环后,将试样置于(20~25)℃的清水中洗净硫酸钠,再在(105±5)℃的烘箱中烘干至恒重,取出并冷却至室温后,用筛孔孔径为试样粒级下限的筛过筛,并称量各粒级试样试验后的筛余量(m'_i)。

注:检验试样中硫酸钠是否洗净,可取冲洗过试样的水若干毫升,滴入少量10%的氯化钡($BaCl_2$)溶液,如无白色沉淀,则说明硫酸钠已被洗净。

4. 结果计算

(1)试样中各粒级颗粒的分计质量损失百分率δ_{ji}应按下式计算:

$$\delta_{ji}=\frac{m_i-m'_i}{m_i}\times 100\% \tag{8-3}$$

式中:δ_{ji}——各粒级颗粒的分计质量损失百分率,%;

m_i——各级试样试验前的烘干质量,g;

m'_i——经硫酸钠溶液法试验后,各级筛余颗粒的烘干质量,g。

(2)300μm~4.75mm粒级试样的总质量损失百分率δ_j应按下式计算,精确至1%。

$$\delta_j=\frac{a_1\delta_{j1}+a_2\delta_{j2}+a_3\delta_{j3}+a_4\delta_{j4}}{a_1+a_2+a_3+a_4}\times 100\% \tag{8-4}$$

式中:δ_j——试样的总质量损失百分率(%);

a_1、a_2、a_3、a_4——粒级分别为315~630μm、630μm~1.25mm、1.25~2.50mm、2.50~5.00mm在筛除小于公称粒径315μm及大于公称粒径5.00mm颗粒后,在原试样中的分计质量,g;

δ_{j1}、δ_{j2}、δ_{j3}、δ_{j4}——粒级分别为315~630μm、630μm~1.25mm、1.25~2.50mm、

2.50～5.00mm的分计质量损失百分率，%。

(3)特细砂按下式计算，精确至1%。

$$\delta_j = \frac{a_0\delta_{j0} + a_1\delta_{j1} + a_2\delta_{j2} + a_3\delta_{j3}}{a_0 + a_1 + a_2 + a_3} \times 100\% \tag{8-5}$$

式中：　δ_j——试样的总质量损失百分率，%；

a_0、a_1、a_2、a_3——粒级分别为160～315μm、315～630μm、630μm～1.25mm、1.25～2.5mm在筛除小于公称粒径160μm及大于公称粒径2.50mm颗粒后，在原试样中的分计质量，g；

δ_{j0}、δ_{j1}、δ_{j2}、δ_{j3}——粒级分别为160～315μm、315～630μm、630μm～1.25mm、1.25～2.50mm的分计质量损失百分率，%。

五、砂中硫酸盐及硫化物含量试验

本方法适用于测定砂中的硫酸盐及硫化物含量(按SO_3质量百分率计算)。

1.仪器设备和试剂

(1)天平和分析天平：天平，称量1 000g，感量1g；分析天平，称量100g，感量0.000 1g；

(2)高温炉：最高温度1 000℃。

(3)试验筛：筛孔公称直径为80μm的方孔筛一只。

(4)瓷坩埚。

(5)其他仪器：烧瓶、烧杯等。

(6)10%氯化钡溶液：10g氯化钡溶于100ml蒸馏水中。

(7)盐酸(1+1)：浓盐酸溶于同体积的蒸馏水中。

(8) 1%硝酸银溶液：1g硝酸银溶于100ml蒸馏水中，并加入5～10ml硝酸，存于棕色瓶中。

2.试样制备

样品经缩分至不少于10g，置于(105+5)℃的温度下烘干至恒重，冷却至室温后，研磨至全部通过筛孔公称直径为80μm的方孔筛，备用。

3.试验步骤

(1)用分析天平精确称取砂粉试样1g(m)，放入300ml的烧杯中，加入30～40ml蒸馏水及10ml的盐酸(1+1)，加热至微沸，并保持微沸5min，待试样充分分解后取下，以中速滤纸过滤，用温水洗涤10～12次。

(2)调整滤液体积至200ml，煮沸，在搅拌同时滴加10ml 10%氯化钡溶液，并将溶液煮沸数分钟，然后移至温热处静置至少4h(此时溶液体积应保持在200ml)，用慢速滤纸过滤，用温水洗到无氯离子反应(用硝酸银溶液检验)。

(3)将沉淀及滤纸一并移入已灼烧至恒重(m_1)的瓷坩埚中，灰化后在800℃的高温炉内灼烧30 min。取出坩埚，置于干燥器中冷却至室温，称量。如此反复灼烧，直至恒重(m_2)。

4.结果计算

硫化物及硫酸盐含量(以SO_3计)应按下式计算，精确至0.01%。

$$w_{SO_3} = \frac{(m_1 - m_2) \times 0.343}{m} \times 100\% \tag{8-6}$$

式中：w_{SO_3}——硫酸盐含量，%；

m——试样质量，g；

m_1——瓷坩埚的质量，g；

m_2——瓷坩埚和试样总质量，g；

0.343——$BaSO_4$ 换算成 SO_3 的系数。

以两次试验的算术平均值作为测定值。当两次试验结果之差大于0.15%时，须重做试验。

六、砂中氯离子含量试验

本方法适用于测定砂中的氯离子含量。

1.仪器设备和试剂

(1)天平：称量1 000g，感量1g。

(2)带塞磨口瓶：容量1L。

(3)三角瓶：容量300ml。

(4)滴定管：容量10ml或25 ml。

(5)容量瓶：容量500ml。

(6)移液管：容量50ml、2ml。

(7) 5%铬酸钾指示剂溶液。

(8)0.01mol/L氯化钠标准溶液。

(9)0.01mol/L硝酸银标准溶液。

2.试样制备

取缩分后的样品2 kg，在温度(105±5)℃的烘箱中烘干至恒重，经冷却至室温备用。

3.试验步骤

(1)称取试样500g(m)，装入带塞磨口瓶中，用容量瓶取500ml蒸馏水，注入磨口瓶内，加上塞子，摇动一次，放置2 h，然后每隔5 min摇动一次，共摇动3次，使氯盐充分溶解。将磨口瓶上部已澄清的溶液过滤，然后用移液管吸取50ml滤液，注入三角瓶中，再加入浓度为5%的铬酸钾指示剂1ml，用0.01mol/L硝酸银标准溶液滴定至呈砖红色为止，记录消耗的硝酸银标准溶液的毫升数(V_1)。

(2)空白试验：用移液管准确吸取50 ml蒸馏水到三角瓶内，加入5%铬酸钾指示剂1ml，并用0.01mol/L的硝酸银标准溶液滴定至溶液呈砖红色为止，记录消耗的硝酸银标准溶液的毫升数(V_2)。

4.结果计算

砂中氯离子含量w_{Cl}应按下式计算，精确至0.001%。

$$w_{Cl^-} = C_{AgNO_3}(V_1 - V_2) \times 0.0355 \times 10/m \tag{8-7}$$

式中：w_{Cl^-}——砂中氯离子含量，%；

C_{AgNO_3}——硝酸银标准溶液的浓度，mol/L；

V_1——样品滴定时消耗的硝酸银标准溶液的体积，mol/L；

V_2——空白试验时消耗的硝酸银标准溶液的体积，mol/L；

m——试样质量,g。

七、砂的碱活性试验

(一)方法一

本方法适用于在 1mol/L 氢氧化钠溶液中浸泡试样 14d 以检验硅质骨料与混凝土中的碱产生潜在反应的危害性,不适用于碱碳酸盐反应活性骨料检验。

1. 仪器设备

(1)烘箱:温度控制范围为(105±5)℃。

(2)天平:称量 1 000g,感量 1g。

(3)试验筛:筛孔公称直径为 5. 00mm、2. 50mm、1. 25mm、630μm、315μm、160μm 的方孔筛各一只。

(4)测长仪:测量范围 280～300mm,精度 0. 01mm。

(5)水泥胶砂搅拌机:应符合现行行业标准《行星式水泥胶砂搅拌机》(JC/T 681—2005)的规定。

(6)恒温养护箱或水浴:温度控制范围为(80±2)℃。

(7)养护筒:由耐碱、耐高温的材料制成,不漏水,密封,可防止容器内的湿度下降,筒的容积可以保证试件全部浸没在水中。筒内设有试件架,试件垂直于试件架放置。

(8)试模:金属试模,尺寸为 25mm×25mm×280mm,试模两端正中有小孔,装有不锈钢测头。

(9)镘刀、捣棒、量筒、干燥器等。

2. 试件制备

(1)将砂样缩分约为 5kg,按如表 8-18 所示级配及比例组合成试验用料,并将试样洗净烘干或晾干备用。

砂 级 配 表　　表 8-18

公称粒径	5. 00～2. 50mm	2. 50～1. 25mm	1. 25mm～630μm	630～315μm	315～160μm
分级质量(%)	10	25	25	25	15

注:对特细砂分级质量不作规定。

(2)水泥应采用符合现行国家标准《硅酸盐水泥、普通硅酸盐水泥》(GB 175—1999)要求的普通硅酸盐水泥。水泥与砂的质量比为 1 : 2. 25,水灰比为 0. 47。试件规格 25mm×25mm×280mm,每组 3 条。称取水泥 440g,砂 990g。

(3)成型前 24h,将试验所用材料(水泥、砂、拌和用水等)放入(20±2)℃的恒温室中。

(4)将称好的水泥与砂倒入搅拌锅,应按现行国家标准《水泥胶砂强度检验方法(ISO 法)》(GB/T 17671—1999)的规定进行搅拌。

(5)搅拌完成后,将砂浆分两层装入试模内,每层捣 40 次,测头周围应填实,浇捣完毕后用镘刀刮除多余砂浆,抹平表面,并标明测定方向及编号。

3. 试验步骤

(1)将试件成型完毕后,带模放入标准养护室,养护(24±4)h 后脱模。

(2)脱模后,将试件浸泡在装有自来水的养护筒中,并将养护筒放入温度(80±2)℃的烘箱或水浴箱中养护24h。同种骨料制成的试件放在同一个养护筒中。

(3)将养护筒逐个取出。每次从养护筒中取出一个试件,用抹布擦干表面,立即用测长仪测试件的基长(L_0)。每个试件至少重复测试两次,取差值在仪器精度范围内的两个读数的平均值作为长度测定值(精确至0.02mm),每次每个试件的测量方向应一致,待测的试件须用湿布覆盖,防止水分蒸发。从取出试件擦干到读数完成应在(15±5)s内结束,读完数后的试件应用湿布覆盖。全部试件测完基准长度后,把试件放入装有浓度为1mol/L氢氧化钠溶液的养护筒中,并确保试件被完全浸泡。溶液温度应保持在(80±2)℃,将养护筒放回烘箱或水浴箱中。

注:用测长仪测定任一组试件的长度时,均应先调整测长仪的零点。

(4)自测定基准长度之日起,第3d、7d、10d、14d再分别测其长度(L_t)。测长方法与测基长方法相同。每次测量完毕后,应将试件调头放入原养护筒,盖好筒盖,放回(80±2)℃的烘箱或水浴箱中,继续养护到下一个测试龄期。操作时防止氢氧化钠溶液溢溅,避免烧伤皮肤。

(5)在测量时应观察试件的变形、裂缝、渗出物等,特别应观察有无胶体物质,并作详细记录。

应符合现行行业标准《水泥胶砂流动度测定仪(跳桌)》(JC/T 958—2005)要求。

4. 结果计算

试件中的膨胀率应按下式计算,精确至0.01%。

$$\varepsilon_t = \frac{L_t - L_0}{L_0 - 2\Delta} \times 100\% \tag{8-8}$$

式中:ε_t——试件在t天龄期的膨胀率,%;

L_t——试件在t天龄期的长度,mm;

L_0——试件的基长,mm;

Δ——测头长度,mm。

以3个试件膨胀率的平均值作为某一龄期膨胀率的测定值。任一试件的膨胀率与平均值均应符合下列规定:

(1)当平均值小于或等于0.05%时,单个测值与平均值的差值均应小于0.01%;

(2)当平均值大于0.05%时,单个测值与平均值的差值均应小于平均值的20%;

(3)当3个试件的膨胀率均大于0.10%时,无精度要求;

(4)当不符合上述要求时,去掉膨胀率最小的,用其余两个试件膨胀率的平均值作为该龄期的膨胀率。

5. 结果评定

(1)当14d的膨胀率小于0.10%时,可判定为无潜在危害。

(2)当14d的膨胀率在0.10%～0.20%之间时,混凝土的碱含量应符合表8-19的规定。

混凝土最大碱含量(单位:kg/cm³) 表 8-19

设计使用年限级别		一(100 年)	二(60 年)	三(30 年)
环境条件	干燥环境	3.5	3.5	3.5
	潮湿环境	3.0	3.0	3.5
	含碱环境	—	3.0	3.0

(3)当 14d 的膨胀率大于 0.20%~0.30%时,可判定为有潜在危害。除了混凝土的碱含量应符合表 8-19 的规定外,还应在混凝土中掺加具有明显抑制效能的矿物掺和料和外加剂,并经试验证明抑制有效。

(二)方法二

本方法适用于鉴定硅质骨料与水泥(混凝土)中的碱产生潜在反应的危害性,不适用于碱碳酸盐反应活性骨料检验。

1. 仪器没备

(1)试验筛:应符合规范要求。

(2)水泥胶砂搅拌机:应符合现行行业标准《行星式水泥胶砂搅拌机》(JC/T 681—2005)的规定。

(3)镘刀及截面为 14mm×13mm、长 120~150mm 的钢制捣棒。

(4)量筒、秒表。

(5)试模和测头:金属试模,规格为 25mm×25mm×280mm,试模两端正中应有小孔,测头在此固定埋入砂浆,测头用不锈钢金属制成。

(6)养护筒:用耐腐蚀材料制成,应不漏水、不透气,加盖后放在养护室中能确保桶内空气相对湿度在 95%以上,筒内设有试件架,架下盛有水,试件垂直立于架上并不与水接触。

(7)测长仪:测量范围 280~300mm,精度 0.01mm。

(8)室温为(40±2)℃的养护室。

(9)天平:称量 2 000g,感量 2g。

(10)跳桌:应符合现行行业标准《水泥胶砂流动度测定仪(跳桌)》(JC/T 958—2005)要求。

2. 试件制备

(1)制作试件的材料应符合下列规定。

①水泥:在做一般骨料活性鉴定时,应使用高碱水泥,含碱量为 1.2%。低于此值时,掺浓度为 10%的氢氧化钠溶液,将碱含量调至水泥量的 1.2%。对于具体工程,若该工程拟用水泥的含碱量高于此值,则应采用工程所使用的水泥。

注:水泥含碱量以氧化钠(Na_2O)计,氧化钾(K_2O)换算为氧化钠时乘以换算系数 0.658。

②砂:将样品缩分至约 5 kg,按如表 8-20 所示级配及比例组合成试验用料,并将试样洗净晾干。

砂 级 配 表 表 8-20

公称粒径	5.00~2.50mm	2.50~1.25mm	1.25~630μm	630~315μm	315~160μm
分级质量(%)	10	25	25	25	15

注:对特细砂分级质量不作规定。

(2)制作试件用的砂浆配合比应符合下列规定。

水泥与砂的质量比为1∶2.25。每组3个试件，共需水泥440g，砂料990g，砂浆用水量应按现行国家标准《水泥胶砂流动度测定方法》(GB/T 2419—2005)确定，跳桌次数改为6s跳动10次，以流动度在105～120mm为准。

3.试验步骤

(1)试件成型完毕后，带模放入标准养护室，养护(24±4)h后脱模(当试件强度较低时，可延至48h脱模)。脱模后立即测量试件的基长(L_0)。测长应在(20±2)℃的恒温室中进行，每个试件至少重复测试两次，取差值在仪器精度范围内的两个读数的平均值作为长度测定值(精确至0.02mm)。待测的试件须用湿布覆盖，以防止水分蒸发。

(2)测量后将试件放入养护筒中，盖严筒盖后放入(40±2)℃的养护室中养护(同一筒内的品种应相同)。

(3)自测基长之日起，第14d、1个月、2个月、3个月、6个月再分别测其长度(L_t)，如有必要还可适当延长。在测长前一天，应把养护筒从(40±2)℃的养护室中取出，放入(20±2)℃的恒温室。试件的测长方法与测基长相同，测量完毕后，应将试件调头放入养护筒中，盖好筒盖，放回(40±2)℃的养护室继续养护至下一测试龄期。

(4)在测量时应观察试件的变形、裂缝和渗出物等，特别应观察有无胶体物质，并作详细记录。

4.结果计算

试件的膨胀率应按下式计算，精确至0.01%。

$$\varepsilon_t = \frac{L_t - L_0}{L_0 - 2\Delta} \times 100\% \tag{8-9}$$

式中：ε_t——试件在t天龄期的膨胀率，%；

L_0——试件的基长，mm；

L_t——试件在t天龄期的长度，mm；

Δ——测头长度，mm。

以3个试件膨胀率的平均值作为某一龄期膨胀率的测定值。任一试件的膨胀率与平均值应符合下列规定：

(1)当平均值小于或等于0.05%时，单个测值与平均值的差值均应小于0.01%；

(2)当平均值大于0.05%时，单个测值与平均值的差值均应小于平均值的20%；

(3)当3个试件的膨胀率均超过0.10%时，无精度要求；

(4)当不符合上述要求时，去掉膨胀率最小的，用其余两个试件膨胀率的平均值作为该龄期的膨胀率。

5.结果评定

(1)当14d的膨胀率小于0.10%时，可判定为无潜在危害。

(2)当14d的膨胀率在0.10%～0.20%之间时，混凝土的碱含量应符合表8-19的规定。

(3)当14d的膨胀率大于0.20%～0.30%时，可判定为有潜在危害。除了混凝土的碱含量应符合表8-19的规定外，还应在混凝土中掺加具有明显抑制效能的矿物掺和料和外加剂，并经试验证明抑制有效。

第六节　粗骨料化学分析试验检测方法(JGJ 52—2006)

一、卵石中有机物含量试验

本方法适用于定性地测定卵石中的有机物含量是否达到影响混凝土质量的程度。

1. 仪器设备和试剂

(1)天平:称量 2kg、感量 2g 和称量 100g、感量 0.1g 的天平各一台。

(2)量筒:容量为 100ml、250ml、1 000ml。

(3)烧杯、玻璃棒和筛孔公称直径为 20mm 的试验筛。

(4)浓度为 3%的氢氧化钠溶液:氢氧化钠与蒸馏水的质量比为 3∶97。

(5)鞣酸、酒精等。

2. 试样制备和标准溶液配制

(1)试样制备:筛除样品中公称粒径 20mm 以上的颗粒,缩分至约 1kg,风干后备用。

(2)标准溶液的配制方法:称取 2g 鞣酸粉,溶解于 98ml 的 10%酒精溶液中,即得所需的鞣酸溶液;然后取该溶液 2.5ml,注入 97.5ml 浓度为 3%的氢氧化钠溶液中,加塞后剧烈摇动,静置 24h 即得标准溶液。

3. 试验步骤

(1)向 1 000ml 量筒中倒入试样至 600ml 刻度处,再注入浓度为 3%的氢氧化钠溶液至 800ml 刻度处,剧烈搅动后静置 24h。

(2)比较试样上部溶液和新配制标准溶液的颜色。盛装标准溶液与盛装试样的量筒容积应一致。

4. 结果评定

(1)若试样上部的溶液颜色浅于标准溶液的颜色,则试样有机物含量鉴定为合格。

(2)若两种溶液的颜色接近,则应将该试样(包括上部溶液)倒入烧杯中放在温度为(60～70)℃的水浴锅中加热 2～3h,然后再与标准溶液比色。

(3)若试样上部的溶液的颜色深于标准色,则应配制成混凝土作进一步检验。其方法为:取试样一份,用浓度 3%的氢氧化钠溶液洗除有机物,再用清水淘洗干净,直至试样上部溶液的颜色浅于标准色;然后用洗除有机物的和未经清洗的试样用相同的水泥、砂配成配合比相同、坍落度基本相同的两种混凝土,测其 28d 抗压强度。若未经洗除有机物的卵石混凝土强度与经洗除有机物的混凝土强度之比不低于 0.95,则此卵石可以使用。

二、碎石或卵石的坚固性试验

本方法适用于以硫酸钠饱和溶液法间接判断碎石或卵石的坚固性。

1. 仪器设备及试剂

(1)烘箱:温度控制范围为(105±5)℃。

(2)台秤:称量 5kg,感量 5g。

(3)试验筛:根据试样粒级,按表 8-21 选用。

(4)容器:搪瓷盆或瓷盆,容积不小于 50L。

(5)三脚网篮:网篮的外径为 100mm,高为 150mm,采用网孔公称直径不大于 2.50mm 的网,由铜丝制成;检验公称粒径为 40.0~80.0mm 的颗粒时,应采用外径和高度均为 150mm 的网篮。

(6)试剂:无水硫酸钠。

坚固性试验所需的各粒级试样量　　表 8-21

公称粒级(mm)	5.00~10.0	10.0~20.0	20.0~40.0	40.0~63.0	63.0~80.0
试样重(g)	500	1 000	1 500	3 000	3 000

注:1. 粒级为 10.0~20.0mm 的试样中,应含有 40%的 10.0~16.0mm 粒级颗粒、60%的 16.0~20.0mm 粒级颗粒。
2. 粒级为 20.0~40.0mm 的试样中,应含有 40%的 20.0~3 1.5mm 粒级颗粒、60%的 3 1.5~40.0mm 粒级颗粒。

2. 硫酸钠溶液配制及试样制备

(1)硫酸钠溶液的配制:取一定数量的蒸馏水(取决于试样及容器的大小),加热至(30~50)℃,每 1 000ml 蒸馏水加入无水硫酸钠(Na_2SO_4)300~350g,用玻璃棒搅拌,使其溶解至饱和,然后冷却至(20~25)℃,在此温度下静置两昼夜,其密度保持在 1 151~1 174kg/m^3 的范围内。

(2)试样的制备:将样品按表 8-21 规定分级,并分别擦洗干净,放入(105~110)℃烘箱内烘 24h,取出并冷却至室温,然后按表 8-21 对各粒级规定的量称取试样(m_1)。

3. 试验步骤

(1)所称取的不同粒级的试样分别装入三脚网篮并浸入盛有硫酸钠溶液的容器中。溶液体积应不小于试样总体积的 5 倍,其温度保持在(20~25)℃的范围内。三脚网篮浸入溶液时,应先上下升降 25 次以排除试样中的气泡,然后静置于该容器中。此时,网篮底面应距容器底面约 30mm(由网篮脚控制),网篮之间的间距应不小于 30mm,试样表面至少应在液面以下 30mm。

(2)浸泡 20h 后,从溶液中提出网篮,放在温度为(105±5)℃的烘箱中烘 4h。至此,完成了第一个试验循环。待试样冷却至(20~25)℃后,即开始第二次循环。从第二次循环开始,浸泡及烘烤时间均可为 4h。

(3)待完成第五次循环后,将试样置于(25~30)℃的清水中洗净硫酸钠,再在(105±5)℃的烘箱中烘至恒重。取出并冷却至室温后,用筛孔孔径为试样粒级下限的筛过筛,并称取各粒级试样试验后的筛余量(m'_i)。

注:检验试样中硫酸钠是否洗净,取冲洗过试样的水若干毫升,滴入少量氯化钡($BaCl_2$)溶液,如无白色沉淀,即说明硫酸钠已被洗净。

(4)对公称粒径大于 20.0mm 的试样部分,应在试验前后记录其颗粒数量,并作外观检查,描述颗粒的裂缝、开裂、剥落、掉边和掉角等情况所占颗粒数量,以作为分析其坚固性时的补充依据。

4. 结果计算

(1)试样中各粒级颗粒的分计质量损失百分率 δ_{ji} 应按下式计算。

$$\delta_{ji}=\frac{m_i-m_i'}{m_i}\times 100\% \tag{8-10}$$

式中：δ_{ji}——各粒级颗粒的分计质量损失百分率，%；

m_i——各粒级试样试验前的烘干质量，g；

m'_i——经硫酸钠溶液法试验后，各粒级筛余颗粒的烘干质量，g。

（2）试样的总质量损失百分率 δ_j 应按下式计算，精确至 1%。

$$\delta_j=\frac{\alpha_1\delta_{j1}+\alpha_2\delta_{j2}+\alpha_3\delta_{j3}+\alpha_4\delta_{j4}+\alpha_5\delta_{j5}}{\alpha_1+\alpha_2+\alpha_3+\alpha_4+\alpha_5}\times 100\% \tag{8-11}$$

式中：δ_j——试样总质量损失百分率（%）；

α_1、α_2、α_3、α_4、α_5——试样中粒级分别为 5.00～10.0mm、10.0～20.0mm、20.0～40.0mm、40.0～63.0mm、63.0～80.0mm 的分计质量，g；

δ_{j1}、δ_{j2}、δ_{j3}、δ_{j4}、δ_{j5}——各粒级的分计质量损失百分率（%）。

三、岩石的抗压强度试验

本方法适用于测定碎石的原始岩石在水饱和状态下的抗压强度。

1. 试验仪器

（1）压力试验机：荷载 1 000kN。

（2）石材切割机或钻石机。

（3）岩石磨光机。

（4）游标卡尺、角尺等。

2. 试样制备

试验时，取有代表性的岩石样品用石材切割机切割成边长为 50mm 的立方体，或用钻石机钻取直径与高度均为 50mm 的圆柱体。然后用磨光机把试件与压力机压板接触的两个面磨光并保持平行，试件形状须用角尺检查。

至少应制作 6 个试块。对有显著层理的岩石，应取两组试件（12 块）分别测定其垂直和平行于层理的强度值。

3. 试验步骤

（1）用游标卡尺量取试件的尺寸（精确至 0.1mm），对于立方体试件，在顶面和底面上各量取其边长，以各个面上相互平行的两个边长的算术平均值作为宽或高，由此计算面积。对于圆柱体试件，在顶面和底面上各量取相互垂直的两个直径，以其算术平均值计算面积。取顶面和底面面积的算术平均值作为计算抗压强度所用的截面积。

（2）将试件置于水中浸泡 48h，水面应至少高出试件顶面 20mm。

（3）取出试件，擦干表面，放在有防护网的压力机上进行强度试验，防止岩石碎片伤人。试验时，加压速度应为 0.5～1.0MPa/s。

4. 结果计算

岩石的抗压强度 f 应按下式计算，精确至 1MPa。

$$f=\frac{F}{A} \tag{8-12}$$

式中：f——岩石的抗压强度，MPa；

F——破坏荷载，N；

A——试件的截面积，mm^2。

5. 结果评定

以 6 个试件试验结果的算术平均值作为抗压强度测定值，当其中 2 个试件的抗压强度与其他 4 个试件抗压强度的算术平均值相差 3 倍以上时，应以试验结果相接近的 4 个试件的抗压强度算术平均值作为抗压强度测定值。

对具有显著层理的岩石，应以垂直于层理及平行于层理的抗压强度的平均值作为其抗压强度。

四、碎石或卵石中硫化物及硫酸盐含量试验

本方法适用于测定碎石或卵石中的硫化物及硫酸盐含量(按 SO_3 质量百分率计)。

1. 仪器设备及试剂

(1)天平：称量 1 000g，感量 1g。

(2)分析天平：称量 100g，感量 0.000 1g。

(3)高温炉：最高温度 1 000℃。

(4)试验筛：筛孔公称直径为 630μm 的方孔筛一只。

(5)烧瓶、烧杯等。

(6)10％氯化钡溶液：10g 氯化钡溶于 100 ml 蒸馏水中。

(7)盐酸(1＋1)：浓盐酸溶于同体积的蒸馏水中。

(8)1％硝酸银溶液：1g 硝酸银溶于 100ml 蒸馏水中，并加入 5～10ml 硝酸，存于棕色瓶中。

2. 试样制备

试验前，取公称粒径 40.0mm 以下的风干碎石或卵石约 1 000g，按四分法缩分至约 200g，磨细使全部通过公称直径为 630μm 的方孔筛，仔细拌匀，烘干备用。

3. 试验步骤

(1)精确称取石粉试样约 1g(m)放入 300ml 的烧杯中，加入 30～40ml 蒸馏水及 10ml 盐酸(1＋1)，加热至微沸，并保持微沸 5mim，待试样充分分解后取下，以中速滤纸过滤，用温水洗涤 10～12 次。

(2)调整滤液体积至 200ml，煮沸，边搅拌边滴加 10ml10％氯化钡溶液，并将溶液煮沸数分钟，然后移至温热处至少静置 4h(此时溶液体积应保持在 200ml)，用慢速滤纸过滤，用温水洗至无氯离子反应(用硝酸银溶液检验)。

(3)将沉淀及滤纸一并移入已灼烧至恒重(m_1)的瓷坩埚中，灰化后在 800℃的高温炉内灼烧 30min。取出坩埚，置于干燥器中冷却至室温，称重。如此反复灼烧，直至恒重(m_2)。

4. 结果计算

水溶性硫化物及硫酸盐含量(以 SO_3 计)(w_{SO_3})应按下式计算，精确至 0.01％。

$$w_{SO_3}=\frac{(m_2-m_1)\times 0.343}{m}\times 100\% \tag{8-13}$$

式中：w_{SO_3}——硫化物及硫酸盐含量(以 SO_3 计)，％；

m——试样质量,g;

m_2——沉淀物与坩埚共重,g;

m_1——坩埚质量,g;

0.343——$BaSO_4$ 换算成 SO_3 的系数。

以两次试验的算术平均值作为评定指标,当两次试验结果的差值大于 0.15%时,应重做试验。

五、碎石或卵石的碱活性试验

(一)方法一

本方法适用于检验硅质骨料与混凝土中的碱产生潜在反应的危害性,不适用于碳酸盐骨料检验。

1. 仪器设备

(1)烘箱:温度控制范围为(105±5)℃。

(2)台秤:称量 5 000g,感量 5g。

(3)试验筛:筛孔公称直径为 5.00mm、2.50mm、1.25mm、630μm、315μm、160μm 的方孔筛各一只。

(4)测长仪:测量范围 280～300mm,精度 0.01mm。

(5)水泥胶砂搅拌机:应符合现行国家标准《行星式水泥胶砂搅拌机》(JC/T 681—2005)要求。

(6)恒温养护箱或水浴箱:温度控制范围为(80±2)℃。

(7)养护筒:由耐碱、耐高温的材料制成,不漏水,密封,可防止容器内湿度下降,筒的容积可以保证试件全部浸没在水中。筒内设有试件架,试件垂直于试件架放置。

(8)试模:金属试模尺寸为 25mm ×25mm × 280mm,试模两端正中有小孔,可装入不锈钢测头。

(9)镘刀、捣棒、量筒、干燥器等。

(10)破碎机。

2. 试样制备

(1)将试样缩分至约 5kg,把试样破碎后筛分成按表 8-22 中所示级配及比例组合成试验用料,并将试样洗净烘干或晾干备用。

石料级配表　　表 8-22

筛孔尺寸	5.00～2.50mm	2.5～1.25mm	1.25mm～630μm	630～315μm	315～160μm
分级质量比(%)	10	25	25	25	15

(2)水泥采用符合现行国家标准《硅酸盐水泥、普通硅酸盐水泥》(GB 175—1999)要求的普通硅酸盐水泥,水泥与石料的质量比为 1∶2.25,水灰比为 0.47;每组试件称取水泥 440g,石料 990g。

(3)将称好的水泥与石料倒入搅拌锅,应按现行国家标准《水泥胶砂强度检验方法(ISO

法)》(GB/T 17671—1999)规定的方法进行。

(4)搅拌完成后,将砂浆分两层装入试模内,每层捣40次,测头周围应填实,浇捣完毕后用镘刀刮除多余砂浆,抹平表面,并标明测定方向。

3.试验步骤

(1)将试件成型完毕后,带模放入标准养护室,养护(24±4)h后脱模。

(2)脱模后,将试件浸泡在装有自来水的养护筒中,并将养护筒放入温度(80±2)℃的恒温养护箱或水浴箱中,养护24h。同种骨料制成的试件放在同一个养护筒中。

(3)将养护筒逐个取出,每次从养护筒中取出一个试件,用抹布擦干表面,立即用测长仪测试件的基长(L_0),测长应在(20±2)℃的恒温室中进行,每个试件至少重复测试两次,取差值在仪器精度范围内的两个读数的平均值作为长度测定值(精确至0.02mm),每次每个试件的测量方向应一致,待测的试件须用湿布覆盖,以防止水分蒸发。从取出试件擦干到读数完成应在(15±5)s内结束,读完数后的试件应用湿布覆盖。全部试件测完基长后,将试件放入装有浓度为1mol/L氢氧化钠溶液的养护筒中,且确保试件被完全浸泡。溶液温度应保持在(80±2)℃,将养护筒放回恒温养护箱或水浴箱中。

注:用测长仪测定任一组试件的长度时,均应先调整测长仪的零点。

(4)自测定基长之日起,第3d、7d、14d再分别测长(L_t),测长方法与测基长方法一致。测量完毕后,应将试件调头放入原养护筒中,盖好筒盖放回(80±2)℃的恒温养护箱或水浴箱中,继续养护至下一测试龄期。操作时应防止氢氧化钠溶液溢溅烧伤皮肤。

(5)在测量时应观察试件的变形、裂缝和渗出物等,特别应观察有无胶体物质,并作详细记录。

4.结果计算

试件的膨胀率按下式计算,精确至0.01%。

$$\varepsilon_t = \frac{L_t - L_0}{L_0 - 2\Delta} \times 100\% \tag{8-14}$$

式中:ε_t——试件在t天龄期的膨胀率,%;

L_t——试件在t天龄期的长度,mm;

L_0——试件的基长,mm;

Δ——测头长度,mm。

以3个试件膨胀率的平均值作为某一龄期膨胀率的测定值。任一试件的膨胀率与平均值应符合下列规定:

(1)当平均值小于或等于0.05%时,单个测值与平均值的差值均应小于0.01%;

(2)当平均值大于0.05%时,单个测值与平均值的差值均应小于平均值的20%;

(3)当3个试件的膨胀率均大于0.10%时,无精度要求;

(4)当不符合上述要求时,去掉膨胀率最小的,用其余两个试件膨胀率的平均值作为该龄期的膨胀率。

5.结果评定

(1)当14d的膨胀率小于0.10%时,可判定为无潜在危害;

(2)当14d的膨胀率在0.10%~0.20%之间时,混凝土的碱含量应符合表8-19的规定。

(3)当14d的膨胀率大于0.20%~0.30%时,可判定为有潜在危害;除了混凝土的碱含量应符合表8-19的规定外，还应在混凝土中掺加具有明显抑制效能的矿物掺和料和外加剂，并经试验证明抑制有效。

(二)方法二——砂浆长度法

本方法适用于鉴定硅质骨料与水泥(混凝土)中的碱产生潜在反应的危险性，不适用于碱碳酸盐反应活性骨料检验。

1. 仪器设备

(1)试验筛：筛孔公称直径为160μm、315μm、630μm、1.25mm、2.50mm、5.00mm的方孔筛各一只；

(2)水泥胶砂搅拌机：应符合现行行业标准《行星式水泥胶砂搅拌机》(JC/T 681—2005)的规定。

(3)镘刀及截面为14mm×13 mm、长130～150mm的钢制捣棒。

(4)量筒、秒表。

(5)试模和测头(埋钉)：金属试模，规格为25mm×25mm×280mm，试模两端正中有小孔，测头以耐锈蚀金属制成。

(6)养护筒：由耐碱、耐高温的材料制成，应不漏水，不透气，加盖后在养护室能确保筒内空气相对湿度在95%以上，筒内设有试件架，架下盛有水，试件垂直立于试件架上并不与水接触。

(7)测长仪：测量范围160～185mm，精度0.01mm。

(8)恒温箱(室)：温度为(40±2)℃。

(9)台秤：称量5kg，感量5g。

(10)跳桌：应符合现行行业标准《水泥胶砂流动度测定仪(跳桌)》(JC/T 958—2005)的要求。

2. 试样制备

(1)水泥：水泥含碱量应为1.2%，低于此值时，可掺浓度10%的氢氧化钠溶液，将碱含量调至水泥量的1.2%。当具体工程所用水泥含碱量高于此值时，则应采用工程所使用的水泥。

注：水泥含碱量以氧化钠(Na_2O)计，氧化钾(K_2O)换算为氧化钠时乘以换算系数0.658。

(2)石料：将试样缩分至约5 kg，破碎筛分后，各粒级都应在筛上用水冲净黏附在骨料上的淤泥和细粉，然后烘干备用。石料按表8-23的级配配成试验用料。

石料级配表

表8-23

公称粒级	5.00～2.50mm	2.50～1.25mm	1.25mm～630μm	630～315μm	315～160μm
分级质量(%)	10	25	25	25	15

(3)砂浆配合比：水泥与石料的质量比为1∶2.25。每组3个试件，共需水泥440g，石料990g。砂浆用水量按现行国家标准《水泥胶砂流动度测定方法》(GB/T 2419—2005)确定，跳桌跳动次数应为6s跳动10次，流动度应为105～120mm。

3. 试验所用试件制作方法

(1)成型前24h，将试验所用材料(水泥、骨料、拌和用水等)放入(20±2)℃的恒温室中。

(2)石料水泥浆制备：先将称好的水泥、石料倒入搅拌锅内，开动搅拌机。拌和5s后，徐徐加水，20～30s加完，自开动机器起搅拌120s。将粘在叶片上的料刮下，取下搅拌锅。

(3)砂浆分二层装入试模内,每层捣 40 次,测头周围应捣实,浇捣完毕后用镘刀刮除多余砂浆,抹平表面,并标明测定方向及编号。

4.试验步骤

(1)试件成型完毕后,带模放入标准养护室,养护 24h 后,脱模(当试件强度较低时,可延至 48h 脱模)。脱模后立即测量试件的基长(L_0),测长应在(20±2)℃的恒温室中进行,每个试件至少重复测试两次,取差值在仪器精度范围内的两个读数的平均值作为测定值。待测的试件须用湿布覆盖,防止水分蒸发。

(2)测量后将试件放入养护筒中,盖严筒盖后放入(40±2)℃的养护室中养护(同一筒内的试件品种应相同)。

(3)自测量基长之日起,第 14 d、1 个月、2 个月、3 个月、6 个月再分别测长(L_t),需要时可以适当延长。在测长前一天,应把养护筒从(40±2)℃的养护室取出,放入(20±2)℃的恒温室,试件的测长方法与测基长相同,测量完毕后,应将试件调头放入养护筒中,盖好筒盖,放回(40±2)℃的养护室继续养护至下一测试龄期。

(4)在测量时应观察试件的变形、裂缝和渗出物等,特别应观察有无胶体物质,并作详细记录。

5.结果计算

试件的膨胀率应按下式计算,精确至 0.01%。

$$\varepsilon_t = \frac{L_t - L_0}{L_0 - 2\Delta} \times 100\% \tag{8-15}$$

式中:ε_t——试件在 t 天龄期的膨胀率,%;

L_t—— 试件在 t 天龄期的长度,mm;

L_0——试件的基长,mm;

Δ——测头长度,mm。

以 3 个试件膨胀率的平均值作为某一龄期膨胀率的测定值。任一试件的膨胀率与平均值应符合下列规定:

(1)当平均值小于或等于 0.05%时,单个测值与平均值的差值均应小于 0.01%;

(2)当平均值大于 0.05%时,单个测值与平均值的差值均应小于平均值的 20%;

(3)当 3 个试件的膨胀率均超过 0.10%时,无精度要求;

(4)当不符合上述要求时,去掉膨胀率最小的,用其余两个试件膨胀率的平均值作为该龄期的膨胀率。

6.结果评定

(1)当 14d 的膨胀率小于 0.10%时,可判定为无潜在危害。

(2)当 14d 的膨胀率在 0.10%~0.20%之间时,混凝土的碱含量应符合表 8-19 的规定。

(3)当 14d 的膨胀率大于 0.20%~0.30%时,可判定为有潜在危害。除了混凝土的碱含量应符合表 8-19 的规定外,还应在混凝土中掺加具有明显抑制效能的矿物掺和料和外加剂,并经试验证明抑制有效。

第七节 外加剂试验方法(GB 8076—1997)

一、材料

1. 水泥

外加剂试验必须采用《混凝土外加剂》(GB 8076—1997)标准规定的基准水泥。在因故得不到基准水泥时，允许采用铝酸三钙含量在 6%～8%、总碱量($Na_2O+0.658K_2O$)不大于 1% 的熟料和二水石膏、矿渣共同磨制的强度等级不低于 42.5MPa 的普通硅酸盐水泥。但仲裁仍需要基准水泥。

混凝土外加剂试验用基准水泥必须由经中国水泥质量监督中心确认具备生产条件的工厂供给，基准水泥的品质指标应满足以下要求。

熟料应满足的要求如下：

(1)铝酸三钙含量 6%～8%；

(2)硅酸三钙含量 50%～55%；

(3)游离氧化钙含量不得超过 1.2%；

(4)总碱量 $Na_2O+0.658K_2O$ 不超过 1.0%；

(5)水泥比表面积为(320±20)m^2/kg。

用满足上述要求的熟料与二水石膏、矿渣共同磨制生成的强度等级不低于 42.5MPa 的水泥可作为基准水泥。

2. 砂

所用砂子应满足《建筑用砂》(GB/T 14684—2001)的要求，且其细度模数为 2.6～2.9。

3. 石

所用石子应满足《建筑用卵石、碎石》(GB/T 14685—2001)的要求，且粒级为 5～20 mm(圆孔筛)。石子要求采用混合级配，其中 5～10 mm的粒级占 40%，10～20 mm占 60%。如有争议，以卵石试验结果为准。

4. 水

试验用水应满足《混凝土拌和物用水标准》(JGJ 63—2006)的要求。

二、配合比

基准混凝土配合比按《普通混凝土配合比设计规程》(JGJ 55)进行设计。掺非引气型外加剂的混凝土和基准混凝土的水泥、砂、石的比例不变，配合比设计还应满足以下要求。

(1)水泥用量：当采用卵石时，为(310±5)kg/m^3；当采用碎石时，为(330±5)kg/m^3。

(2)砂率：基准混凝土和掺外加剂的混凝土的砂率均为 36%～40%，但掺引气减水剂和引气剂的混凝土砂率应比基准混凝土低 1%～3%。

外加剂掺量：按生产厂推荐的掺量。

用水量：应使混凝土坍落度达到(80±10)mm。

混凝土搅拌：采用 60L 自落式混凝土搅拌机，全部材料及外加剂一次投入，拌和量应不少于 15L，不大于 45L，搅拌 3min，出料后在铁板上用人工翻拌 2～3 次再进行试验。

各种混凝土材料及试验环境温度均应保持在(20±2)℃。

三、试件制作及试验所需试件数量

试件制作：混凝土试件制作及养护应按《普通混凝土力学性能试验方法》(GB/T 50081—2002)进行，但预养护温度为(20±2)℃。

试验项目及所需要数量详见表 8-24。

试验项目及所需试件数量　　表 8-24

<table>
<tr><th rowspan="2">试验项目</th><th rowspan="2">外加剂种类</th><th rowspan="2">试验类别</th><th colspan="4">试验所需数量</th></tr>
<tr><th>混凝土拌和批数量</th><th>每批取样数量</th><th>掺外加剂混凝土总取样数量</th><th>基准混凝土总取样数量</th></tr>
<tr><td>减水率</td><td>除早强剂、缓凝剂、速凝剂外各种外加剂</td><td rowspan="4">混凝土拌和物</td><td>3</td><td>1 次</td><td>3 次</td><td>3 次</td></tr>
<tr><td>泌水率比</td><td rowspan="5">各种外加剂</td><td>3</td><td>1 个</td><td>3 个</td><td>3 个</td></tr>
<tr><td>含气量</td><td>3</td><td>1 个</td><td>3 个</td><td>3 个</td></tr>
<tr><td>凝结时间差</td><td>3</td><td>1 个</td><td>3 个</td><td>3 个</td></tr>
<tr><td>抗压强度比</td><td rowspan="2">硬化混凝土</td><td>3</td><td>9 或 12 块</td><td>27 或 36 块</td><td>27 或 36 块</td></tr>
<tr><td>收缩率比</td><td>3</td><td>1 块</td><td>3 块</td><td>1 块</td></tr>
<tr><td>相对耐久性指标</td><td>引气剂、引气减水剂</td><td>硬化混凝土</td><td>3</td><td>1 块</td><td>3 块</td><td>3 块</td></tr>
<tr><td>钢筋锈蚀</td><td>各种外加剂</td><td>新拌或硬化砂浆</td><td>3</td><td>1 块</td><td>3 块</td><td>3 块</td></tr>
</table>

注：试验时，检验一种外加剂的 3 批混凝土要在同一天内完成。

四、试验方法

掺外加剂混凝土性能比较是将掺有外加剂的混凝土的性能与基准混凝土的性能进行比较，这又可以分为两类，即拌和物的性能比较和硬化混凝土性能的比较。拌和物性能主要有减水率、泌水率比、含气量等，而硬化混凝土性能主要有抗压强度比、收缩率比、相对耐久性指标等，下面分别加以介绍。

(一)减水率试验

减水率指在掺外加剂的混凝土与基准混凝土的坍落度一致时，混凝土单位用水量与基准混凝土单位用水量之比。所谓坍落度一致时指两种混凝土的坍落度均在(80±10)mm 范围内。

坍落度的测定按《普通混凝土拌和物性能试验方法》(GB/T 50080—2002)的要求进行。减水率按公式(8-16)计算。

$$\omega_R = \frac{W_0 - W_1}{W_0} \times 100\% \tag{8-16}$$

式中：ω_R ——减水率，%；

W_0 ——基准混凝土单位用水量,kg/m³;

W_1 ——掺外加剂混凝土单位用水量,kg/m³。

减水率试验要进行3次,以3次的算术平均值为减水率的测定值。计算时,精确到小数点后一位。若3次试验的最大值或最小值中有一个与中间值之差超过中间值的15%,则将最大值与最小值一并舍去,取中间值作为该组试验的减水率。若有最大值和最小值与中间值之差超过15%,则该项试验结果无效,应该重做试验。

(二)泌水率比试验

泌水率比按公式(8-17)计算。

$$B_R = \frac{B_t}{B_c} \times 100\% \tag{8-17}$$

式中:B_R ——泌水率比,%;

B_t ——基准混凝土泌水率,kg/m³;

B_c ——掺外加剂混凝土泌水率,kg/m³。

泌水率的测定和计算方法如下。

先用湿布润湿容积为5L的带盖筒(内径为185mm,高200mm),将混凝土拌和物一次装入,在振动台上振动20s,然后用抹刀轻轻抹平,加盖以防水分蒸发。试件表面应比筒口边低约20mm,自抹面开始计算时间,在前60min,每隔10min,用吸液管吸水一次,以后每隔20min吸水一次,直至连续3次无泌水为止。每次吸水前5min,应将筒底一侧垫高约20mm,使筒体倾斜,以便于吸水。吸水后,将筒轻轻放平盖好。将每次吸出的水注入带塞的量筒,最后得出总的泌水量,准确至1g,并按式(8-18)、式(8-19)计算泌水率。

$$B = \frac{V_W}{(W/G) \times G_W} \times 100\% \tag{8-18}$$

$$G_W = G_1 - G_0 \tag{8-19}$$

式中:B——泌水率,%;

V_W ——泌水总量,g;

W ——混凝土拌和物总用水量,g;

G ——混凝土拌和物总质量,g;

G_W ——试样质量,g;

G_1 ——筒及试样质量,g;

G_0 ——筒质量,g。

泌水率试验要进行3次,以3次的算术平均值为泌水率的测定值。计算时,精确到小数点后一位。若3次试验的最大值或最小值中有一个与中间值之差超过中间值的15%,则将最大值与最小值一并舍去,取中间值作为该组试验的泌水率。若有最大值和最小值与中间值之差超过15%,则该项试验结果无效,应该重做试验。

(三)含气量

含气量按《普通混凝土拌和物性能试验方法》(GB/T 50080—2002)规定的方法进行试验,操作时还应按仪器说明书规定的要求进行操作。

含气量试验要进行3次,以3次的算术平均值为含气量的测定值。若3次试验的最大值或最小值中有一个与中间值之差超过中间值的0.5%，则将最大值与最小值一并舍去，取中间值作为该组试验的含气量。若有最大值和最小值与中间值之差超过0.5%，则该项试验结果无效，应该重做试验。

(四)抗压强度比

抗压强度比以掺和外加剂混凝土与基准混凝土同龄期抗压强度之比表示，按公式(8-20)计算。

$$R_s = \frac{S_t}{S_c} \times 100\% \tag{8-20}$$

式中：R_s ——抗压强度比，%；

S_t ——掺外加剂混凝土抗压强度，MPa；

S_c ——基准混凝土抗压强度，MPa。

掺外加剂与基准混凝土的抗压强度按《普通混凝土力学性能试验方法》(GB/T 50081—2002)进行试验和计算，试件用振动台振动15～20s，试件的预养护温度为(20±2)℃。

第八节　粉煤灰试验方法(GB/T 1596—2005)

一、细度测定方法

1.仪器设备

气流筛析仪(又称负压筛析仪)，主要由筛座、0.045mm方孔筛、真空源及收尘器等组成。它利用气流作为筛分的动力和介质，通过旋转的喷嘴喷出的气流作用使筛网里的待测粉状物料呈流态化，并在整个系统负压的作用下将细颗粒通过筛网抽走，从而达到筛分的目的。示意图见图8-1。

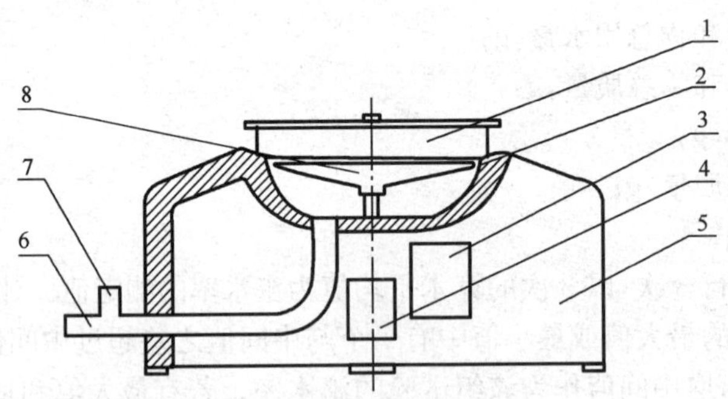

图8-1　气流筛析仪示意图

1-0.045mm方孔筛；2-橡胶垫圈；3-控制板；4-微电机；5-壳体；6-抽气口(接收尘器)；7-风门(调节负压)；8-喷气嘴

2.试验步骤

(1)称取试样10g，精确至0.1g。倒入0.045mm方孔筛筛网上，将筛子置于筛座上，盖上筛盖。

(2)接通电源,将定时开关开到 3min,开始筛析。

(3)开始工作后,观察负压表,使负压稳定在 4 000～6 000MPa 时,表示工作正常,若负压小于 2 000Pa,则应停机,清理收尘器中的积灰后再进行筛析。

(4)在筛析过程中,可用轻质木棒或硬橡胶棒轻轻敲打筛盖,以防吸附。

(5)3min 后筛析自动停止,停机后将筛网内的筛余物收集并称量,准确至 0.01g。

3. 结果计算

筛余 F(%)按式(8-21)计算,精确到 0.1%。

$$F=(G_1/G)100\% \quad (8\text{-}21)$$

式中:G——称取试样的质量,g;

G_1——筛余物质量,g。

二、需水量比测定方法

1. 原理

按 GB/T 2419 测定试验胶砂和对比胶砂的流动度,以二者流动度达到 130～140mm 时的加水量之比确定粉煤灰的需水量比。

2. 材料

(1)水泥:GSB 14—1510 强度检验用水泥标准样品。

(2)标准砂:符合 GB/T 17671—1999 规定的 0.5～1.0mm 的中级砂。

(3)水:洁净的饮用水。

3. 仪器设备

(1)天平:量程不小于 1000g,最小分度值不大于 1g。

(2)搅拌机:符合 GB/T 17671—1999 规定的行星式水泥胶砂搅拌机。

(3)流动度跳桌:符合 GB/T 2419 规定。

4. 试验步骤

(1)胶砂配比按表 8-25。

水平面代替水准面的水平角误差　表 8-25

胶砂种类	水泥(g)	粉煤灰(g)	标准砂(g)	加水量(ml)
对比胶砂	250	—	750	125
试验胶砂	175	75	750	按流动度达到 130～140mm 调整

(2)试验胶砂按 GB/T 17671 规定进行搅拌。

(3)搅拌后的试验胶砂按 GB/T 2419 测定流动度,当流动度在 130～140mm 范围内,记录此时加水量;当流动度小于 130mm 或大于 140mm 时,重新调整加水量,直至流动度达到 130～140mm为止。

(4)结果计算

需水量比按式(8-24)计算,精确至 1%。

$$X=(L_1/125)\times 100\% \quad \cdots\cdots\cdots\cdots(8\text{-}22)$$

式中:X——需水量比,%;

L_1——试验胶砂流动度达到 130～140mm 时加水量，ml；

125——对比胶砂的加水量，ml。

三、烧失量的测定(基准法)

1. 方法提要

试样在 950～1 000℃的马弗炉中灼烧，驱除水分和二氧化碳，同时将存在的易氧化元素氧化。由硫化物的氧化引起的烧失量误差必须进行校正，而由其他元素存在引起的误差一般可忽略不计。

2. 分析步骤

称取约 1g 试样(m)，精确至 0. 000 1g，置于已灼烧至恒重的瓷坩埚中，将盖斜置于坩埚上，放在马弗炉内从低温开始逐渐升高温度，在(950～1 000)℃下灼烧 15～20min，取出坩埚置于干燥器中冷却至室温，称量。反复灼烧，直至恒重。

3. 结果表示

(1)烧失量的质量百分率 X_{LOI}按式(8-23)计算。

$$X_{LOI} = \frac{m - m_1}{m} \tag{8-23}$$

式中：X_{LOI}——烧失量的质量百分率，%；

m——试料的质量，g；

m_1——灼烧后试料的质量，g。

(2)允许差：同一试验室的允许差为 0. 15%。

第九节　高性能混凝土试验方法

高性能混凝土(HPC)以耐久性与长使用寿命为目标，对原材料进行选择及配合比设计，并从拌和物的流动性、施工工艺等方面考虑，以获得高耐久性和高强度的混凝土。近年来，在配制混凝土时，经常直接用磨细的无机矿物质材料取代部分水泥，已经成为混凝土中除水泥、砂、石子、水和外加剂以外的第六组分，这种无机矿物质材料称为矿物外加剂。矿物外加剂成为高性能混凝土的必要组分，也是提高普通混凝土性能、延长混凝土使用寿命的重要矿物外加剂。矿物外加剂对混凝土有填充增密、流化、增强与提高耐久性的作用。

一、试件的制作及养护

制作每组长期性能及耐久性试验的试件及其相应的作对比用的拌和物，根据不同要求从同一盘搅拌或同一车运送的混凝土中取出，或在试验室用机械或人工单独拌制。用以检验现浇混凝土工程或预制构件质量的试件分组及取样原则，应按现行《钢筋混凝土工程施工及验收规范》及其他有关规定执行。

(1)试验室拌制混凝土制作试件时，其材料用量应以质量计，称量的精度应为：水泥、水和外加剂均为±0.5%，骨料为±1%。

(2)所有试件均应在拌制或取样后立即制作。

确定混凝土设计特征值、强度等级或进行材料性能研究时，试件的成型方法应按混凝土的稠度而定。坍落度不大于70mm的混凝土，宜用振动台振实，大于70mm的宜用捣棒人工捣实。检验现浇混凝土工程和预制构件质量的混凝土，试件的成型方法应与实际施工采用的方法相同。

(3)用振动台成型时，应将混凝土拌和物一次装入试模，装料时应用抹刀沿试模的内壁略加插捣并应使混凝土拌和物高出试模上口。振动时应防止试模在振动台上自由跳动，振动应持续到混凝土表面出浆为止，刮除多余的混凝土并用抹刀抹平。

试验室用振动台的振动频率应为(50±3)Hz，空载时的振幅为0.5mm。

(4)人工插捣时，混凝土拌和物应分两层装入试模，每层的装料厚度应大致相等。插捣用钢制捣棒应为：长600mm，直径16mm，端部磨圆，插捣按螺旋方向从边缘向中心均匀进行。插捣底层时，捣棒应达到试模底面；插捣上层时，捣棒应穿入下层深度约20～30mm。插捣时捣棒应保持垂直，不得倾斜，并用抹刀沿试模内壁插入数次。每层的插捣次数应根据试件的截面而定，一般为每100cm^{2}截面积不应少于12次。插捣完后，刮除多余的混凝土，并用抹刀抹平。

采用标准养护的试件成型后应覆盖表面，以防止水分蒸发，并应在(20±5)℃的室温下静置1～2昼夜，然后编号拆模。

拆模后的试件应立即在温度为(20±3)℃、湿度为90%以上的标准养护室中养护。在标准养护室内试件应放在架上，彼此间隔应为10～20mm，并应避免用水直接淋刷试件。

当无标准养护室时，混凝土试件可在(20±3)℃的不流动水中养护，水的pH值不应小于7。

采用与构筑物或构件同条件养护的试件成型后即应覆盖，试件的拆模时间可与实际构件的拆模时间相同，折模后，试件仍需保持同条件养护。

二、抗冻性能试验(GBJ 82—85)

(一)慢冻法

本方法适用于检验以混凝土试件所能经受的冻融循环次数为指标的抗冻等级。

慢冻法混凝土抗冻性能试验应采用立方体试件。试件的尺寸应根据混凝土中骨料的最大粒径按表8-25选定。

慢冻法所用试件尺寸选用(单位：mm)　　表8-25

试件尺寸	骨料最大粒径
100×100×100	30
150×150×150	40
200×200×200	60

每次试验所需的试件组数应符合表8-26的规定，每组试件应为3块。

慢冻法试验所需的试件组数　表 8-26

设计抗冻等级	D25	D50	D100	D150	D200	D250	D300
检查强度时的冻融循环次数	25	50	50 及 100	100 及 150	150 及 200	200 及 250	250 及 300
鉴定 28d 强度所需试件组数	1	1	1	1	1	1	1
冻融试件组数	1	1	1	2	2	2	2
对比试件组数	1	1	1	2	2	2	2
总计试件组数	3	3	5	5	5	5	5

1. 试验设备

(1)冷冻箱(室):装有试件后能使箱(室)内温度保持在(—15～—20)℃的范围内。

(2)融解水槽:装有试件后能使水温保持在(15～20)℃的范围内。

(3)筐篮:用钢筋焊成,其尺寸应与所装的试件相适应。

(4)案秤:称量 10kg,感量 5g。

(5)压力试验机:精度至少为±2%,其量程应能使试件的预期破坏荷载值不小于全量程的20%,也不大于全量程的 80%。试验机上、下压板及试件之间可各垫以钢垫板,钢垫板两承压面均应机械加工。与试件接触的压板或垫板的尺寸应大于试件承压面,其不平度应为每100mm 不超过 0.02mm。

2. 试验步骤及相关列规定

(1)如无特殊要求,试件应在 28d 龄期时进行冻融试验。试验前 4d 应把冻融试件从养护地点取出,进行外观检查,随后放在(15～20)℃的水中浸泡,浸泡时水面至少应高出试件顶面20mm。冻融试件浸泡 4d 后进行冻融试验,对比试件则应保留在标准养护室内,直到完成冻融循环后,与抗冻试件同时试压。

(2)浸泡完毕后,取出试件,用湿布擦除表面水分,称重,按编号置入筐篮后即可放入冷冻箱(室)开始冻融试验。在箱(室)内,筐篮应架空,试件与筐篮接触处应垫以垫条,并保证至少留有 20mm 的空隙,筐篮中各试件之间至少保持 50mm 的空隙。

(3)抗冻试验冻结时温度应保持在(—15～—20)℃。试件在箱内温度到达—20℃时放入,装完试件如温度有较大升高,则以温度重新降至—15℃时起算冻结时间。每次从装完试件到重新降至—15℃所需的时间不应超过 2h。冷冻箱(室)内温度均以其中心处温度为准。

(4)每次循环中试件的冻结时间应按其尺寸而定,对 100mm×100mm×100mm 及150mm×150mm×150mm 试件的冻结时间不应小于 4h,对 200mm×200mm×200mm 试件的冻结时间不应小于 6h。

如果在冷冻箱(室)内同时进行不同规格尺寸试件的冻结试验,其冻结时间应按最大尺寸试件计。

(5)冻结试验结束后,试件即可取出并应立即放入能使水温保持在(15～20)℃的水槽中进行融化。

此时，槽中水面应至少高出试件表面20mm，试件在水中融化的时间不应小于4h，融化完毕为该次冻融循环结束，取出试件送入冷冻箱(室)进行下一次循环试验。

(6)应经常对冻融试件进行外观检查。发现有严重破坏时应进行称重，如试件的平均失重率超过5%，即可停止其冻融循环试验。

(7)混凝土试件达到规定的冻融循环次数后，即应进行抗压强度试验。

抗压试验前应称重并进行外观检查，详细记录试件表面破损、裂缝及边角缺损情况。如果试件表面破损严重，则应用石膏找平后再进行试压。

(8)在冻融过程中，如因故需中断试验，为避免失水和影响强度，应将冻融试件移入标准养护室保存，直至恢复冻融试验为止。此时应将故障原因及暂停时间在试验结果中注明。

3. 结果计算

混凝土冻融试验后应按下式计算其强度损失率：

$$\Delta f_c = (f_{c0} - f_{cn})/f_{c0} \times 100\% \quad (8\text{-}24)$$

式中：Δf_c——n次冻融循环后的混凝土强度损失率，以3个试件的平均值计算，%；

f_{c0}——对比试件的抗压强度平均值，MPa；

f_{cn}——经n次冻融循环后的3个试件抗压强度平均值，MPa。

混凝土试件冻融后的质量损失率可按下式计算：

$$\Delta W_n = (G_0 - G_n)/G_0 \times 100\% \quad (8\text{-}25)$$

式中：ΔW_n——n次冻融循环后的质量损失率，以3个试件的平均值计算，%；

G_0——冻融循环试验前的试件质量，kg；

G_n——n次冻融循环后的试件质量，kg。

混凝土的抗冻等级，以同时满足强度损失率不超过25%，质量损失率不超过5%时的最大循环次数表示。

(二)快冻法

本方法适用于在水中经快速冻融来测定混凝土的抗冻性能。快冻法抗冻性能的指标可用能经受快速冻融循环的次数或耐久性系数来表示，本方法特别适用于抗冻性高的混凝土性能测试。

本试验采用100mm×100mm×400mm的棱柱体试件。混凝土试件每组3块，在试验过程中可连续使用，除制作冻融试件外，尚应制备同样形状尺寸，中心埋有热电偶的测温试件，制作测温试件所用混凝土的抗冻性能应高于冻融试件。

1. 试验设备

(1)快速冻融装置：能使试件静置在水中不动，依靠热交换液体的温度变化而连续、自动地进行冻融的装置。满载运转时冻融箱内各点温度的极差不得超过2℃。

(2)试件盒：由1～2mm厚的钢板制成。其净截面尺寸应为110×110mm，高度应比试件高出50～100mm。试件底部垫起后盒内水面应至少高出试件顶面5mm。

(3)案秤：称量10kg、感量5g，或称量20kg、感量10g。

(4)动弹性模量测定仪：共振法或敲击法动弹性模量测定仪。

(5)热电偶、电位差计：能在(－20～20)℃范围内测定试件中心温度，测量精度不低于±0.5℃。

2.试验步骤及相关规定

(1)如无特殊规定,试件应在28d龄期时开始冻融试验。冻融试验前4天应把试件从养护地点取出,进行外观检查,然后在温度为(15～20)℃的水中浸泡(包括测温试件)。浸泡时水面至少应高出试件顶面20mm,试件浸泡4d后进行冻融试验。

(2)浸泡完毕后,取出试件,用湿布擦除表面水分,称重,并按标准规定测定其横向基频的初始值。

(3)将试件放入试件盒内,为了使试件受温均衡,并消除试件周围因水分结冰而引起的附加压力,试件的侧面与底部应垫放适当宽度与厚度的橡胶板。在整个试验过程中,盒内水位高度应始终保持高出试件顶面5mm左右。

(4)把试件盒放入冻融箱内,其中装有测温试件的试件盒应放在冻融箱的中心位置,此时即可开始冻融循环。

(5)冻融循环过程应符合下列要求:

①每次冻融循环应在2～4h内完成,其中用于融化的时间不得小于整个冻融时间的1/4。

②在冻结和融化终了时,试件中心温度应分别控制在(−17±2)℃和(8±2)℃。

③每块试件从6℃降至−15℃所用的时间不得少于整个冻结时间的1/2,每块试件从−15℃升至6℃所用的时间也不得少于整个融化时间的1/2,试件内外的温差不宜超过28℃。

④冻和融之间的转换时间不宜超过10min。

(6)试件一般应每隔25次循环做一次横向基频测量,测量前应将试件表面浮渣清洗干净,擦去表面积水,并检查其外部损伤及质量损失。横向基频的测量方法及步骤应按标准规定执行。测完后,应立即把试件掉一个头重新装入试件盒内。试件的测量、称量及外观检查应尽量迅速,以免水分损失。

(7)为保证试件在冷冻液中冻结时温度稳定均衡,当有一部分试件停冻取出时,应另用试件填充空位。

如冻融循环因故中断,试件应保持在冻结状态下,并最好能将试件保存在原容器内用冰块围住。如无这一可能,则应将试件在潮湿状态下用防水材料包裹,加以密封,并存放在(−17±2)℃的冷冻室或冰箱中。

试件处在融解状态下的时间不宜超过两个循环。特殊情况下,超过两个循环周期的次数,在整个试验过程中只允许1～2次。

(8)冻融到达以下3种情况之一即可停止试验:

①已达到300次循环;

②相对动弹性模量下降到60%以下;

③质量损失率5%。

3.结果计算

混凝土试件的相对动弹性模量可按下式计算:

$$P = (f_n^2/f_0^2) \times 100\% \tag{8-26}$$

式中:P——经n次冻融循环后试件的相对动弹性模量,以3个试件的平均值计算,%;

f_n——n次冻融循环后试件的横向基频,Hz;

f_0——冻融循环试验前测得的试件横向基频初始值，Hz。

混凝土试件冻融后的质量损失率应按下式计算：

$$\Delta W_n = (G_0 - G_n)/G_0 \times 100\% \tag{8-27}$$

式中：ΔW_n——n 次冻融循环后试件的质量损失率，以 3 个试件的平均值计算，%；

G_0——冻融循环试验前的试件质量，kg；

G_n——n 次冻融循环后的试件质量，kg。

混凝土快速冻融循环次数应以同时满足相对动弹性模量值不小于 60%和质量损失率不超过 5%时的最大循环次数来表示。

混凝土耐久性系数应按下式计算：

$$K = P \times n/300 \tag{8-28}$$

式中：K——混凝土耐久性系数；

n——达到标准规定要求时的冻融循环次数；

P——经 n 次冻融循环后试件的相对动弹性模量。

三、抗渗性能试验(GBJ 82—85)

本方法适用于测定硬化后混凝土的抗渗等级。

抗渗性能试验应采用顶面直径为 175mm、底面直径为 185mm、高度为 150mm 的圆台体或直径与高度均为 150mm 的圆柱体试件(视抗渗设备要求而定)。

抗渗试件以 6 个为一组。

试件成型后 24h 拆模，用钢丝刷刷去两端面水泥浆膜，然后送入标准养护室养护。

试件一般养护至 28d 龄期进行试验，如有特殊要求，可在其他龄期进行。

1. 试验设备

(1)混凝土抗渗仪：能使水压按规定稳定地作用在试件上的装置。

(2)加压装置：螺旋或其他形式，其压力以能把试件压入试件套内为宜。

2. 试验步骤

(1)试件养护至试验前一天取出，将表面晾干，然后在其侧面涂一层熔化的密封材料；随即在螺旋或其他加压装置上，将试件压入经烘箱预热过的试件套中，稍冷却后，即可解除压力，连同试件套装在抗渗仪上进行试验。

(2)试验从水压为 0.1MPa 开始，以后每隔 8h 增加水压 0.1MPa，并且要随时注意观察试件端的渗水情况。

(3)当 6 个试件中有 3 个试件端面呈有渗水现象时，即可停止试验，记下当时的水压。

(4)在试验过程中，如发现水从试件周边渗出，则应停止试验，重新密封。

3. 结果计算

混凝土的抗渗等级以每组 6 个试件中 3 个试件未出现渗水时的最大水压力计算，其计算式为：

$$S = 10H - 1 \tag{8-29}$$

式中：S——抗渗等级；

H——6个试件中3个渗水时的水压力，MPa。

四、混凝土电通量快速测定方法(铁建设[2005]160号)

1.适用范围

本方法通过测定混凝土在直流恒电压作用下通过的电量值来评价不同原材料和配合比混凝土的氯离子渗透性能，也可用来间接评价混凝土的密实性。

本试验方法适用于直径为95～102mm、厚度为(51±3)mm的素混凝土芯样。

本试验方法不适用于掺亚硝酸钙的混凝土。掺其他外加剂或表面处理过的混凝土，当有疑问时，应进行氯化物溶液的长期浸渍试验。

2.试验设备及材料

1)仪器设备

(1)直流稳压电源：可输出60V直流电压，精度为±0.1V。

(2)带有注液孔的塑料或有机玻璃试验槽。

(3)20目铜网。

(4)数字式直流表：量程20A，精度为±1.0%。

(5)真空泵：真空度可达133Pa以下。

(6)真空干燥器：内径不小于250mm。

2)试验材料

(1)用分析纯试剂配制的3.0%氯化钠溶液；

(2)用分析纯试剂配制的0.3mol/L氢氧化钠溶液；

(3)硅橡胶或树脂密封材料。

3.试验步骤

(1)在规定的56d试验龄期前，对预留的试块进行钻芯制件，试件直径为95～102mm、厚度为(51±3)mm，试验时以3块试件为一组。

(2)将试件暴露于空气中至表面干燥，以硅橡胶或树脂密封材料涂于试件侧面，必要时填补涂层中的孔道以保证试件侧面完全密封。

(3)测试前应进行真空饱水。将试件放入1 000ml烧杯中，然后一起放入真空干燥器中，启动真空泵，数分钟内真空度达133Pa以下，保持真空3h后，维持这一真空度并注入足够的蒸馏水，直至淹没试件。试件浸泡1h后恢复常压，再继续浸泡(18±2)h。

(4)从水中取出试件，抹掉多余水分，将试件安装于试验槽内，用橡胶密封环或其他密封胶密封，并用螺杆将两试验槽和试件夹紧，以确保不会渗漏，然后将试验装置放在(20～23)℃的流动冷水槽中，其水面宜低于装置顶面5mm，试验应在(20～25)℃的恒温室内进行。

(5)将质量浓度为3.0%的氯化钠和0.3mol/L的氢氧化钠溶液分别注入试件两侧的试验槽中，注入氯化钠溶液的试验槽内的铜网连接电源负极，注入氢氧化钠溶液的试验槽中的铜网连接电源正极。

(6)接通电源，对上述两铜网施加60V直流恒电压，并记录电流初始读数，通电并保持试验槽中充满溶液。开始时每隔5min记录一次电流值，当电流值变化不大时，每隔10min记录一次电流值，当电流变化很小时，每隔 30min 记录一次电流值，直至通电 6h。

4. 结果计算

(1)绘制电流与时间关系图。将各点数据以光滑曲线连接起来，对曲线作面积积分，或按梯形法进行面积积分，即可得到试验 6h 通过的电量。

(2)取同组 3 个试件通过的电量的平均值，作为该组试件的电通量。当 3 个试件中有 1 个超过平均值的 15%时，取另 2 个试件的平均值作为该组试件的电通量。当 3 个试件中有 2 个超过平均值的 15%时，则该次试验无效。

五、混凝土抗裂性试验方法(铁建设[2005]160 号)

圆环约束试件法：本方法通过考察受约束的混凝土圆环试件在规定的养护条件下的开裂趋势来评价混凝土的抗裂性。本方法也可用于评价影响混凝土开裂趋势的各种变量，如不同的水泥品种、掺和料、外加剂及其掺量、水灰比(水胶比)等。本方法经过改进，也可用以评价其他影响混凝土开裂的因素，如养护时间、养护方法、蒸发速率和温度等。

此外，试件的尺寸及养护条件也可以根据具体情况改变。

(1)试件制备

试件标准模具见图 8-2，包括内环、外环和底座，浇筑成的试件尺寸为：内径 305mm，外径 425mm(即壁厚 60mm)，高度 100mm。每组圆环试件至少浇筑 3 个。经振动成型后养护一定时期，拆去外模，将试件连同模具内环一起移入养护室或置于规定温度、湿度的环境中。

图 8-2 混凝土圆环装置的模具示意图

(2)试验

试验前可在试件外侧面粘贴应变片，用来记录试件收缩时受到模具内环约束而产生的拉应变，并监测试件出现开裂的时间。定时观测试件顶面和外侧面的开裂情况和裂缝宽度。

(3)试件抗裂性能的评价准则

混凝土抗裂性能以试件侧面的开裂程度进行判定，试件侧面裂缝宽度越小，开裂出现的时间越晚，混凝土的抗裂性能越好。

六、矿物掺和料及外加剂抑制碱-骨料反应有效性试验方法

(一)方法一

1. 原理

将具有碱-硅酸反应活性的骨料与硅酸盐水泥、工程实际使用的矿物掺和料及外加剂制成砂浆试件,在80℃、1mol/L的NaOH溶液中养护。若砂浆试件28d龄期时的长度膨胀率不大于0.10%,则将矿物掺和料及外加剂抑制混凝土的碱-硅酸反应评定为有效。

2. 主要试验设备及材料

(1)测长仪:量程为275～300mm,精度为0.01mm。

(2)恒温水浴或烘箱:控制温度范围为(80±2)℃。

(3)硅酸盐水泥:42.5级P·I型硅酸盐水泥,碱含量为0.80%;当水泥的碱含量小于0.80%时,应通过外加NaOH(分析纯)的方式使水泥的碱含量达到0.80%。

(4)试模和测头:试件尺寸为25mm×25mm×280mm的三联试模,试模两端正中留有小孔,用于安装不锈钢测头。

3. 试验室温度和湿度

试验室温度为(20±2)℃(特别说明的除外),相对湿度大于50%。

4. 试验步骤

(1)骨料的制备。粗骨料应全部破碎至5mm以下,细骨料应将大于5mm的部分破碎至5mm以下,将骨料筛分后分级洗净烘干后备用。

(2)称料。将置于(20±2)℃环境中存放24h后的原材料按骨灰比为2.25∶1的比例进行称料(一组3个试件应称取骨料900g,水泥、矿物掺和料和外加剂共计400g)。其中矿物掺和料与外加剂的用量应参照工程配合比进行计算,骨料的各级配用量应按照表8-27进行称取,用水量应以10次/6s时砂浆流动度为105～120mm进行控制。

骨料级配表 表8-27

筛孔尺寸(mm)	5.0～2.5	2.5～1.25	1.25～0.63	0.63～0.315	0.315～0.16
分级质量(%)	10	25	25	25	15
分级质量(g)	90	225	225	225	135

(3)搅拌。按GB/T 17671规定的程序搅拌砂浆。

(4)成型。将砂浆分两层装入试模内。试模装入砂浆后先用小刀来回划匀胶砂(装入第二层砂浆时,划入深度应透过第一层砂浆的表面),然后用捣棒在试模内顺序往返各捣压20次。捣压完毕,将试件表面抹平、编号并标明测定方向。

每组试件按上述方法制作3条试件。

注:当工程中仅是粗骨料具有碱-硅酸反应活性时,只取粗骨料按上述要求成型一组试件;当工程中仅是细骨料具有碱-硅酸反应活性时,只取细骨料按上述要求成型一组试件;当工程用粗、细骨料均具有碱-硅酸反应活性时,应分别取粗、细骨料按上述要求成型两组试件。

(5)拆模。试模成型后应放入标准养护室内养护(24±2)h,然后取出试模并小心将试件脱模。

(6)预养护。拆模后的试件应迅速放入80℃的水溶液中预养(24±2)h。

(7)养护与测长。将经过预养护的试件进行初长测试后迅速放入80℃、1mol/L的NaOH养护液中进行养护(养护容器中试件养护液的体积与试件的体积比应为4∶1),分别在3d、7d、14d、21d、28d龄期时测量试件的长度。试件长度的测量时间(从养护液中取出起计)应控制在15s以内。每次测量时,应仔细观察试件表面的变化情况,包括变形、裂缝、表面沉积物或渗出物等。

5. 结果计算与处理

(1)试件长度膨胀率$\sum t$按下式计算:

$$\sum t = (L_t - L_0)/(L_0 - 2\Delta) \times 100\% \tag{8-30}$$

式中:$\sum t$——试件在第t天龄期时的长度膨胀率,%,精确至0.01%;

L_t——试件在第t天龄期时的长度,mm;

L_0——试件的初长,mm;

Δ——测头的长度,mm。

(2)当单个试件的长度膨胀率与同组3个试件长度膨胀率的算术平均值之差符合下述两种情况之一时,取3个试件长度膨胀率的算术平均值作为试件长度膨胀率。

①当平均值小于或等于0.05%时,单个试件长度膨胀率与平均值之差的绝对值均小于0.01%;

②当平均值大于0.05%时,单个试件长度膨胀率与平均值之差均小于平均值的20%。

③当单个试件的长度膨胀率与3个试件长度膨胀率的算术平均值之差不符合上述要求时,去掉3个试件长度膨胀率的最小值,取剩余2个试件长度膨胀率的算术平均值作为该组试件的长度膨胀率。

6. 结果评定

当工程中仅是粗骨料具有碱-硅酸反应活性时,若取粗骨料按本方法试验的28d龄期试件长度膨胀率小于0.10%,则将矿物掺和料或外加剂抑制混凝土碱-硅酸反应评定为有效。

当工程中仅是细骨料具有碱-硅酸反应活性时,若取细骨料按本方法试验的28d龄期试件长度膨胀率小于0.10%,则将矿物掺和料和外加剂抑制混凝土碱-硅酸反应评定为有效。

当工程中粗、细骨料均具有碱-硅酸反应活性时,若分别取粗、细骨料按本方法试验的28d龄期试件长度膨胀率均小于0.10%,则将矿物掺和料和外加剂抑制混凝土碱-硅酸反应评定为有效。

(二)方法二

1. 仪器设备

(1)骨料破碎机:颚式破碎机,圆盘粉碎机。

(2)试验筛:0.16mm、2.5mm、5mm、10mm试验筛。

(3)天平:称量为1 000g,感量为1g。

(4)试模和测头:40mm×40mm×160mm三联模,试模两端正中留有小孔,用于安装不锈钢测头,测头尺寸应与小孔尺寸吻合。

(5)胶砂搅拌饥:符合GB 3350.1—1982规定。

(6)胶砂振动台:符合 GB 3350.2—1982 规定。

(7)水泥胶砂流动度测定仪:符合 GB/T 2419 规定。

(8)量筒、刮刀和捣棒等通用工具。

(9)养护容器:不锈钢、聚丙烯或聚氯乙烯容器,能密封、耐碱和耐高温。

(10)养护箱:混凝土加速养护箱,控温范围(10～100)℃,可在(80±2)℃保持恒温。

(11)测长仪:精度达到 0.01mm 的测量工具,测量范围为 175～200mm。

2.试验用材料

(1)水泥:比较掺和料抑制碱-硅酸反应(ASR)膨胀的能力时,采用硅酸盐水泥,水泥碱含量按 $Na_2O+0.658K_2O$ 计算值表示,应小于 0.6%,按照 GB/T 750 测定的水泥压蒸膨胀值应小于 0.02%;用于判断实际混凝土配比的 ASR 安全性时,使用工程用水泥进行试验。

(2)骨料:使用工程骨料。

(3)掺和料:工程混凝土中使用的各种掺和料。

(4)试剂:分析纯 KOH 和 NaOH 试剂,也可用分析纯 KOH 和化学纯 NaOH。

(5)水:满足 JGJ 63 要求。

3.试验参数

(1)试件尺寸:40mm×40mm×160mm。

(2)骨料粒径及级配:

①当相对比较掺和料抑制细骨料 ASR 膨胀的能力时,采用工程原级配砂。

②当相对比较掺和料抑制粗骨料 ASR 膨胀的能力时,将粗骨料破碎成表 8-28 的级配。

粗骨料粒径及级配　　表 8-28

粗骨料粒径(mm)	0.16～2.5	2.5～5.0	5.0～10
各级配所占比例(%)	30	40	30

③当评价实际工程混凝土配合比安全性时,将细骨料中大于 2.5mm 的部分先破碎成 0.16～2.5mm,并与小于 2.5mm 的部分混合均匀后用于试验。粗骨料全部破碎成 2.5～10mm 的颗粒。粗、细骨料均按实际配合比称取。

(3)胶骨比:(水泥+掺和料):骨料=1:4;当使用工程混凝土配合比时,按实际配合比称取。

(4)用水量:按照 GB/T 2419 测定胶砂流动度达到 105～120mm 时的用水量称取;当使用工程混凝土配合比时,按实际配合比称取。

(5)碱含量:比较掺和料抑制 ASR 膨胀的能力时,外加分析纯 KOH 调整硅酸盐水泥中的总碱含量(当量 Na_2O 含量)为 1.5%;当使用工程混凝土配合比时,采用工程用水泥,不外加碱。

水泥碱含量调整方法:将分析纯 KOH 先溶于水,以成型溶液的形式加入水泥中。外掺 KOH 的量应根据水泥的碱含量、掺和料取代水泥量和试验使用的水胶比计算。每 100ml 成型溶液应加入 KOH 的量为:

$$m_{KOH}=(1.5\%-R)\times(1-X)/0.658\times\frac{94}{112}\times N\times\frac{W}{B}\tag{8-31}$$

式中:m_{KOH}——每 100ml 成型溶液中加入的 KOH 的质量,g;

R——水泥碱含量;

N——KOH纯度；

X——掺和料取代水泥百分率；

W/B——水胶比。

(6)养护溶液：养护溶液为1mol/LNaOH溶液，养护溶液体积应为试件体积的(4±0.5)倍。

(7)养护温度：80℃，最大波动范围为±2℃。

(8)试验周期：28d。

4. 试验方法与步骤

(1)试件配比和制备

进行相对比较掺和料抑制细骨料ASR膨胀能力的试验时，每盘混合料中水泥与掺和料总量为375g，其中掺和料含量按不同水泥取代量计算。称取细骨料1 500g。拌和水量按照混合料的胶砂流动度达到105～120mm来计算。

进行相对比较掺和料抑制粗骨料ASR膨胀能力的试验时，每盘混合料中水泥与掺和料总量为375g，其中掺和料含量按不同水泥取代量计算。称取破碎过的粗骨料共1 500g，其中0.16～2.5mm的骨料450g，2.5～5.0mm的骨料600g，5.0～10mm的骨料450g。拌和水量按照混合料的胶砂流动度达到105～120mm来计算。

当评价工程实际混凝土配合比的安全性时，按实际配合比进行配制。如按实际配合比中的用水量无法成型时，可调整加水量，参照GB/T 2419控制混合料的流动度为105～120mm。

(2)试件成型和成型养护

成型试验室的温度为(20±2)℃，相对湿度不低于50%。试验时，将(水泥+掺和料)放入砂浆搅拌机内先干拌0.5min，再一次性加入拌和水，搅拌1min；将按比例称好的骨料加入搅拌锅中，一同搅拌3min至均匀；将搅拌好的混合料倒入三联试模，捣实。然后在振动台上振动2min，将试件刮平、编号。

试件成型后在养护室养护(24±2)h，然后脱模并擦净试件测头，用湿布盖好试件。

(3)试件预养护

将试件放入80℃水中预养护(24±2)h。

(4)测基准长度(L_0)

用测长仪测每条试件的长度，作为试件的基准长度，精确至0.01mm。测量时，将养护容器一次一个地从养护箱中取出，打开养护容器，从养护容器中一次一个地取出试件，迅速用抹布擦干试件表面和测头表面，并用测长仪测定试件的长度，此长度即为试件的基准长度。每次从80℃水中取出试件至测量完成必须控制在15s之内。

(5)试件养护和长度测定(L_t)

试件测完基准长度后，立即放入80℃、1mol/L的NaOH溶液中养护。自试件放入NaOH溶液中养护算起，至7d、14d、21d、28d时取出，按照上述方法测试件的长度。当养护溶液减少时需补充1mol/L NaOH溶液。28d后如需要继续测定，可安排每14d测定一次。每次测试件长度时，应仔细观察每一试件表面的变化情况，包括变形、裂缝和渗出物等，并做好记录。

注：1mol/L NaOH溶液需提前12h以上放入养护箱中，以确保试件测定基准长度时NaOH溶液的温度已达到(80±2)℃，测定完基准长度的试件可以马上放入NaOH溶液中养护。

5. 结果计算与处理

试件长度膨胀率$\sum t$按下式计算：

$$\sum t=(L_t-L_0)/(L_0-2\Delta)\times100\% \tag{8-32}$$

式中：$\sum t$——试件在第 t 天龄期时的长度膨胀率(%)；

L_t——试件在养护第 t 天龄期时长度(mm)；

L_0——试件的基准长度(mm)；

Δ——测头的长度(mm)。

某配比试件膨胀率为该组 3 条试件膨胀率的算术平均值。

3 条试件的测定值离散性应符合下列要求：当平均膨胀率小于 0.040%时，每一试件的膨胀率与平均值之差应不超过 0.008%；当平均膨胀率大于 0.040%时，每一试件的膨胀率应不超过平均值的 20%。否则，应视为结果无效。

当 3 条试件的膨胀率均大于 0.040%时，取 3 个试件膨胀率的算术平均值为试件的膨胀率，不考虑测定值的离散性。

6. 结果评定

(1)判定掺和料抑制 ASR 膨胀能力的效果时，膨胀率小于 0.040%的，为抑制 ASR 膨胀有效；膨胀率越小，抑制 ASR 膨胀的能力越强。

(2)判定混凝土配合比的 ASR 安全性时，若试件 28d 膨胀率不大于 0.040%，则该混凝土配合比的 ASR 安全；反之，该配合比有发生 ASR 膨胀的可能，应结合以往工程经验与其他试验进一步确定。

7. 报告

(1)当评定掺和料抑制 ASR 膨胀的能力时，试验报告应至少包括如下内容：

①试验水泥的品种、碱含量；

②掺和料的品种及掺量；

③骨料来源及碱活性检验结果；

④试件的水胶比及流动度；

⑤试件 28d 龄期的膨胀率；

⑥试件外观变化情况，包括有无裂缝、有无变形、有无渗出物等；

⑦判定结论。

(2)当判定混凝土配合比的 ASR 安全性时，试验报告应至少包括如下内容：

①混凝土所用各种原材料的品种及来源，包括水泥、掺和料、外加剂、粗骨料等；

②粗、细骨料碱活性检验结果；

③工程混凝土配合比；

④试件 28d 龄期的膨胀率；

⑤试件外观变化情况，包括有无裂缝、有无变形、有无渗出物等；

⑥判定结论。

七、胶凝材料抗硫酸盐侵蚀性能力快速试验方法

1. 适用范围

本试验根据胶凝材料胶砂试体浸泡在硫酸钠溶液中的抗折强度与饮用水中的同龄期抗折强度之比计算抗蚀系数，以比较胶凝材料的抗硫酸盐侵蚀性能。

2. 试验设备及材料

(1)加压成型机:试体成型采用小型千斤顶压力机,最大荷重必须在 15kN 以上。

(2)抗折机:试体破型采用小型电动抗折机,加荷速度为 0.8N/s。

(3)试模:试体尺寸为 10mm×10mm×60mm 的三联试模,试模应由不锈钢材制造。

(4)球形拌和锅:直径 200mm,高 70mm,厚度 1~2mm。

(5)标准砂:质量应符合《水泥强度试验用标准砂》(GB 178—1997)的要求。

(6)拌和水:蒸馏水。

3. 温、湿度

(1)试验室温度为(17~25)℃,相对湿度大于 50%,所用试验原材料温度应与室温相同。

(2)养护箱温度为(20±3)℃,相对湿度大于 90%。

(3)浸泡前养护水的温度为(50±1)℃。

(4)侵蚀液温度为(20±3)℃。

4. 试验步骤

(1)试体成型:称取水泥和矿物掺和料共 100g(工程水泥和矿物掺和料用量按照配合比计算),标准砂 250g,拌和均匀后加入 50g 蒸馏水,湿拌 3min,将胶砂分别装入 6 个三联试模内。把带有模芯、模套的试模放到小型千斤顶压力机上加压到 8MPa 压力下保持 5s,然后取出试模,刮平,编号,放入养护箱养护(24±2)h,脱模。

(2)试体的养护:脱模后的试体放入 50℃饮用水中养护 7d。

(3)试体的浸泡:将试体分成两组,一组 9 块放入 20℃饮用水中养护,一组 9 块放入 3%的 Na_2SO_4 侵蚀溶液中浸泡。试体在浸泡过程中,每天用 Na_2SO_4 溶液滴定一次,以中和试体在溶液中释放出的 $Ca(OH)_2$,边滴定边搅拌使溶液的 pH 值保持在 7.0 左右。

试体在 Na_2SO_4 溶液中浸泡时,每条试体需有 200ml 的侵蚀溶液,液面至少高出试体顶面 10mm。为避免蒸发,容器必须加盖。

(4)试体破型:两组试体各自在 20℃饮用水及侵蚀性溶液中养护 28d 后,取出并用小型抗折机进行抗折试验。其中,试体支点跨距 50mm,支承圆柱直径 5mm,加荷速度控制在 0.8N。

破型前,须擦去试体表面的水分和砂粒,清除支点圆柱表面黏着的杂物。试体放入抗折支点上,应使侧面与圆柱接触。

5. 试验结果计算

(1)试体的极限抗折强度(MPa)系由破坏荷载乘以 0.75 得到,计算精确到 0.01MPa。

(2)剔去 9 块试体破坏荷载的最大值和最小值,以其余 7 块试体抗折强度的平均值作为该组试体的抗折强度。

(3)水泥胶砂的抗蚀系数指同龄期的水泥胶砂试体分别在侵蚀溶液中浸泡和在 20℃饮用水中养护的抗折强度之比,以 k 表示,计算精确到 0.01。

(4)结果判定:抗蚀系数大于 0.8 时,判定水泥胶砂抗硫酸盐侵蚀性能合格。

八、混凝土的耐久性指标(铁建设[2005]160 号)

(1)混凝土的电通量应符合表 8-29 的规定。

混凝土的电通量　　表 8-29

设计使用年限级别		一(100 年)	二(60 年)、三(30 年)
56d 电通量(C)	<C30	<2 000	<2 500
	C30～C45	<1 500	<2 000
	≥C50	<1 000	<1 500

注:本表是对所有有耐久性要求的混凝土的基本要求。当混凝土处于氯盐环境、化学侵蚀环境或冻融破坏环境时,混凝土的耐久性指标还应分别满足表 8-31、表 8-32 及 8-33 的规定。

(2)氯盐环境下的钢筋混凝土结构,混凝土的电通量应符合表 8-30 的规定。

氯盐环境下混凝土的电通量　　表 8-30

设计使用年限级别	一(100 年)		二(60 年)、三(30 年)	
环境作用等级	L1	L2、L3	L1	L2、L3
56d 电通量(C)	<1 000	<800	<1 500	<1 000

(3)化学侵蚀环境下的混凝土结构,混凝土的电通量应符合表 8-31 的规定。

化学侵蚀环境下混凝土的电通量　　表 8-31

设计使用年限级别	一(100 年)		二(60 年)、三(30 年)	
环境作用等级	H1、H2	H3、H4	H1、H2	H3、H4
56d 电通量(C)	<1 200	<1 000	<1 500	<1 000

(4)冻融破坏环境下的混凝土结构,混凝土的抗冻性应符合表 8-32 的规定。

冻融破坏环境下混凝土的抗冻性　　表 8-32

设计使用年限级别	一(100 年)	二(60 年)	三(30 年)
环境作用等级	D1、D2、D3、D4	D1、D2、D3、D4	D1、D2、D3、D4
56d 电通量(C)	≥F300	≥F250	≥F200

九、混凝土强度检验评定(TB 10425—94)

1.适用范围

本方法适用于普通混凝土和轻骨料混凝土抗压强度的检验评定。有特殊要求的混凝土,其强度的检验评定应符合现行国家标准的有关规定。

2.一般规定

(1)混凝土的强度等级应按立方体抗压强度标准值划分。混凝土强度等级采用符号 C 与立方体抗压强度标准值(以 MPa 计)表示。

(2)在 28d 龄期,对于用标准试验方法测得的抗压强度总体分布中的一个值,强度低于该值的百分率应不超过 5%(即混凝土强度的标准值为强度总体分布的平均值减去 1.645 倍标准差)。

(3)混凝土强度应分批进行检验评定。一个验收批的混凝土应由强度等级相同、龄期相同、生产工艺和配合比基本相同的混凝土组成。对施工现场的现浇混凝土,还应按有关铁路工程质量评定验收标准的要求划分验收批。

(4)预制混凝土构件厂和现场集中搅拌混凝土的施工单位,应按标准规定的标准差已知或标准差未知方法检验评定混凝土强度。对于除桥跨结构以外的零小工程混凝土,可按标准规定的小样本方法检验评定其强度。

(5)预制混凝土构件厂和现场集中搅拌混凝土的施工单位,应定期对混凝土强度进行统计分析,控制混凝土质量。可按规定确定混凝土的生产质量水平。

(6)混凝土施工前,应根据原材料、生产工艺、生产质量水平、施工现场等具体情况,参照规定,选取适当的混凝土施工配制强度。

3. 混凝土取样、试件制作、养护和试验

(1)混凝土试样应在混凝土浇筑地点随机抽取,取样频率应符合下列规定:

①每拌制同配合比的混凝土 100 盘,且不超过 $100m^3$ 时,取样次数不得少于一次;

②每一工作班拌制的同配合比的混凝土不足 100 盘时,其取样次数不得少于一次;

③商品混凝土除在出厂前应按上述规定取样检验,并向使用单位提供产品质量合格证书外,运到浇筑地点后,使用单位仍应按上述规定抽样检验评定。

(2)每组 3 个试件应在同一盘混凝土中取样制作,其强度代表值的确定,应符合下列规定:

①取 3 个试件强度的算术平均值作为每组试件的强度代表值;

②当一组试件中强度的最大值或最小值与中间值之差超过中间值的 15%时,取中间值作为该组试件的强度代表值;

③当一组试件中强度的最大值和最小值与中间值之差均超过中间值的 15%时,该组试件的强度不应作为评定的依据。

(3)当采用非标准尺寸试件时,应将其抗压强度折算为标准试件抗压强度,折算系数按下列规定采用:

①对边长为 100mm 的立方体试件取 0.95;

②对边长为 200mm 的立方体试件取 1.05。

(4)每批混凝土试样应制作的试件总组数,除应考虑方法(1)规定的混凝土强度评定所必需的组数外,还应考虑检验结构或构件施工阶段混凝土强度所必需的试件组数。

(5)检验评定混凝土强度用的混凝土试件,其标准成型方法、标准养护条件及强度试验方法均应符合现行国家标准《普通混凝土力学性能试验方法》(GB/T 50081—2002)的规定。

(6)当检验结构或构件拆模、出池、出厂、吊装、预应力筋张拉或放张,以及施工期间需短暂负荷的混凝土强度时,其试件的成型方法和养护条件应与施工中采用的成型方法和养护条件相同。

4. 混凝土强度检测评定

1)标准差已知方法检验

(1)当混凝土的原材料、生产工艺及施工管理水平在较长时间内能保持一致,且同一品种混凝土的强度变异性又能保持稳定时,宜采用标准差已知方法检验混凝土强度。此时应取连续 4 组试件组成一个验收批,其强度应同时满足下列要求($f_{1cu,min}$应取两式中的较大值):

$$m_1 f_{cu} \geqslant f_{cu,k} + 0.8\sigma_0 \tag{8-33}$$

$$f_{1cu,min} \geqslant f_{cu,k} - 0.85\sigma_0 \tag{8-34}$$

$$f_{1cu,min} \geqslant 0.85 f_{cu,k} \tag{8-35}$$

式中：$m_1 f_u$ ——同一验收批 4 组混凝土试件的抗压强度平均值，MPa；

$f_{cu,k}$ ——混凝土立方体试件抗压强度标准值，MPa；

σ_0 ——前一个检验期内同一品种混凝土试件的抗压强度标准差，MPa，可按公式(8-36)式计算；

$f_{1cu,min}$ ——同一验收批 4 组混凝土试件抗压强度中的最小值，MPa。

(2)前一个检验期(检验期限不应超过 3 个月，且在该期间内的验收批总数不应少于 12 批，或试件总组数不应少于 48 组)内的同一品种混凝土试件的抗压强度标准差，可按下式计算：

$$\sigma_0 = \sqrt{\frac{\sum_{i=1}^{n} f_{0cu,i}^2 - n m_0^2 f_{cu}}{n-1}} \tag{8-36}$$

式中：$f_{0cu,i}$——前一个检验期第 i 组混凝土试件的抗压强度，MPa；

n——前一个检验期混凝土试件的组数；

$m_0 f_{cu}$——前一个检验期 n 组混凝土试件抗压强度的平均值，MPa。

2)标准差未知方法检验

(1)当混凝土的原材料、生产工艺及施工管理水平在较长时间内不能保持一致，且同一品种混凝土的强度变异性也不能保持稳定时，或在前一个检验期内的同类混凝土没有足够数据能确定验收批混凝土试件的抗压强度标准差时，应采用标准差未知方法检验混凝土强度。此时应由 5 组或 5 组以上的试件组成一个验收批，其强度应同时满足下列要求：

$$m_2 f_{cu} \geqslant f_{cu,k} + 0.95\sigma f_{cu} \tag{8-37}$$

$$f_{2cu,min} \geqslant f_{cu,k} - A \cdot B \tag{8-38}$$

式中：$m_2 f_{cu}$——同一验收批 5 组或 5 组以上混凝土试件的抗压强度平均值，MPa；

σf_{cu}——同一验收批 5 组或 5 组以上混凝土试件的抗压强度标准差，MPa，可按公式(8-41)计算；

$f_{2cu,min}$——同一验收批 5 组或 5 组以上混凝土试件抗压强度中的最小值，MPa；

A、B——混凝土强度检验系数，可分别按表 8-33 及表 8-34 取用。

混凝土强度检验系数 *A* 值 表 8-33

试件组数 n	5～9	10～19	≥20
A	0.85	1.10	1.20

混凝土强度检验系数 *B* 值 表 8-34

混凝土强度等级	＜C20	C20～C40	＞C40
B(MPa)	3.5	4.5	5.5

凡按混凝土标号进行设计，按标准换算为强度等级后，其强度检验评定尚应满足下列公式要求。

对于 C8 及 C13：

$$f_{2cu,min} \geqslant 0.9 f_{cu,k} \tag{8-39}$$

对于 C18 及 C23：

$$f_{2cu,min} \geqslant 0.85 f_{cu,k} \tag{8-40}$$

(2)混凝土试件抗压强度的标准差 σf_{cu} 可按下列公式计算：

$$\sigma f_{cu} = \sqrt{\frac{\sum_{i=1}^{n} f_{cu,i}^2 - nm_2^2 f_{cu}}{n-1}} \tag{8-41}$$

式中：$f_{cu,i}$——同一验收批第 i 组混凝土试件的抗压强度，MPa；

$m_2 f_{cu}$——同一验收批 5 组或 5 组以上混凝土试件的抗压强度平均值，MPa；

n——同一验收批混凝土试件的组数，$n \geqslant 5$ 组。

3)小样本方法检验

采用小样本方法检验混凝土强度时，应由 2～4 组试件组成一个验收批，其强度应同时满足下列要求：

$$m_{3fcu} \geqslant f_{cu,k} + C \tag{8-42}$$

$$f_{3cu,min} \geqslant f_{cu,k} - D \tag{8-43}$$

式中：$m_3 f_{cu}$——同一验收批 2～4 组混凝土试件的抗压强度平均值，MPa；

$f_{3cu,min}$——同一验收批 2～4 组混凝土试件抗压强度中的最小值，MPa；

C、D——混凝土强度检验系数，可按表 8-35 取用。

混凝土强度检验系数 *C*、*D* 值 表 8-35

混凝土强度等级	<C20	C20～C40	>C40
C(MPa)	3.6	4.7	5.8
D(MPa)	2.4	3.1	3.9

凡按混凝土标号进行设计，换算为强度等级后，其强度检验评定尚应满足下列公式要求。

对于 C8 及 C13：

$$f_{3cu,min} \geqslant 0.9 f_{cu,k} \tag{8-44}$$

4)混凝土强度的合格性评定

(1)当混凝土强度经检验能分别满足标准有关条款要求时，则该批混凝土强度评定为合格；当不能符合上述要求时，则该批混凝土强度评定为不合格。

(2)当对验收批混凝土试件的强度代表性有怀疑时，可从结构或构件中钻取试件或采用非破损检测，按有关标准的规定对混凝土强度进行评定。

(3)不合格批混凝土制成的结构或构件应进行鉴定，并及时处理。

(4)结构或构件在拆模、出池、预应力筋张拉或放张、出厂、吊装及施工期间需短暂负荷时的混凝土，应满足设计要求或铁道部现行标准的有关规定。

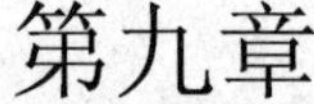

第九章 客运专线混凝土配合比设计

(1)混凝土应根据强度等级、耐久性等要求和原材料品质及施工工艺等进行配合比设计。混凝土配合比应通过计算、试配、试件检测后经调整确定。配制成的混凝土应能满足设计强度等级、耐久性指标及施工工艺等要求。混凝土配合比选定试验的检验项目应符合表 9-1 的规定。当设计对混凝土的耐久性指标无具体要求时,应按表 8-29 中的规定确定

混凝土配合比选定试验的检验项目 表 9-1

序 号	检 验 项 目	试 验 方 法	备 注
1	坍落度	《普通混凝土拌和物性能试验方法标准》(GB/T 50080)	
2	泌水率		
3	含气量		
4	抗裂性	《铁路混凝土工程施工质量验收补充标准》铁建设[2005]160 号	
5	抗压强度	《普通混凝土力学试验方法标准》(GB/T 50081)	
6	电通量	《铁路混凝土工程施工质量验收补充标准》铁建设[2005]160 号	
7	弹性模量	《普通混凝土力学试验方法标准》(GB/T 50081)	根据结构所处环境类别、设计要求等进行试验
8	抗冻性	《普通混凝土长期性能和耐久性能试验方法》(GBJ82)	
9	耐磨性	《水泥胶砂耐磨性试验方法》(JC/T 421)	
10	抗渗性	《普通混凝土长期性能和耐久性能试验方法》(GBJ 82)	

检验数量:施工单位对同强度等级、同性能的混凝土进行一次混凝土配合比选定试验,当使用的原材料、施工工艺发生变化时,均应重新进行配合比选定试验;监理单位全部检查。

检验方法:施工单位进行配合比选定试验,监理单位见证配合比选定试验或平行检验,并检查确认配合比选定单。

(2)混凝土中的碱含量应符合设计要求。设计无具体要求的,当骨料的碱-硅酸反应砂浆棒膨胀率在 0.10%~0.20%时,混凝土的碱含量应符合表 9-2 的规定;当骨料的碱-硅酸反应砂浆棒膨胀率在 0.20%~0.30%时,除了混凝土的碱含量应符合表 9-2 的规定外,还应在混凝土中掺加具有明显抑制效能的矿物掺和料和外加剂,并经试验证明抑制有效,试验方法可采用铁建设[2005]160 号附录 J 规定的方法一或方法二。

混凝土最大碱含量(单位:kg/m³)　　表 9-2

设计使用年限级别		一(100 年)	二(60 年)	三(30 年)
环境条件	干燥环境	3.5	3.5	3.5
	潮湿环境	3.0	3.0	3.5
	含碱环境	*	3.0	3.0

注:1. 带 * 号项目混凝土必须换用非碱活性骨料。

2. 混凝土的总碱含量包括水泥、矿物掺和料、外加剂及水的碱含量之和。其中,矿物掺和料的碱含量以其所含可溶性碱计算。粉煤灰的可溶性碱量取粉煤灰总碱量的 1/6,矿渣粉的可溶性碱量取矿渣粉总碱量的 1/2,硅灰的可溶性碱量取硅灰总碱量的 1/2。

3. 干燥环境是指不直接与水接触、空气平均相对湿度长期不大于 75%的环境;潮湿环境是指直接与水接触、干湿交替变化的环境、水下或与潮湿土壤接触及空气平均相对湿度长期大于 75%的环境;含碱环境是指直接与海水、含碱工业废水、钾(钠)盐等接触的环境,干燥环境或潮湿环境与含碱环境交替变化时,均按含碱环境对待。

4. 处于含碱环境中的设计年限为 60 年、30 年的混凝土工程,在限制混凝土碱含量的同时,应对混凝土表面作防水、防碱涂层处理,否则应换用非碱活性骨料。

检验数量:施工单位对每一混凝土配合比进行一次总碱含量计算,监理单位全部检查。

检验方法:施工单位计算,监理单位检查计算单。

(3)钢筋混凝土中由水泥、矿物掺和料、骨料、外加剂及拌和用水等引入的氯离子总含量不应超过胶凝材料总量的 0.10%,预应力混凝土结构的氯离子总含量不应超过胶凝材料总量的 0.06%。

(4)混凝土的最大水胶比和单方混凝土胶凝材料的最低用量应满足设计要求。当设计无具体要求时,应符合表 9-3、表 9-4 的规定。当化学侵蚀介质为硫酸盐时,混凝土的胶凝材料还应符合表 9-5 的规定。胶凝材料的抗蚀系数应按规定的方法试验,不得小于 0.8。

钢筋混凝土及预应力钢筋混凝土的最大水胶比和最小胶凝材料用量(单位:kg/m³)　表 9-3

环境类别	环境作用等级	设计使用年限级别					
		一(100 年)		二(60 年)		三(30 年)	
		最大水胶比	最小胶凝材料用量	最大水胶比	最小胶凝材料用量	最大水胶比	最小胶凝材料用量
碳化环境	T1	0.55	280	0.60	260	0.65	260
	T2	0.50	300	0.55	280	0.60	260
	T3	0.45	320	0.50	300	0.50	300
氯盐环境	L1	0.45	320	0.50	300	0.50	300
	L2	0.40	340	0.45	320	0.45	320
	L3	0.36	360	0.40	340	0.40	340
化学侵蚀环境	H1	0.50	300	0.55	280	0.60	260
	H2	0.45	320	0.50	300	0.50	300
	H3	0.40	340	0.45	320	0.45	320
	H4	0.36	360	0.40	340	0.40	340

续上表

环境类别	环境作用等级	设计使用年限级别					
		一(100年)		二(60年)		三(30年)	
		最大水胶比	最小胶凝材料用量	最大水胶比	最小胶凝材料用量	最大水胶比	最小胶凝材料用量
冻融破坏环境	D1	0.50	300	0.55	280	0.60	260
	D2	0.45	320	0.50	300	0.50	300
	D3	0.40	340	0.45	320	0.45	320
	D4	0.36	360	0.40	340	0.40	340
磨蚀环境	M1	0.50	300	0.55	300	0.60	260
	M2	0.45	320	0.50	320	0.50	300
	M3	0.40	340	0.45	340	0.45	320

素混凝土的最大水胶比和最小胶凝材料用量(单位:kg/m³) 表 9-4

环境类别	环境作用等级	设计使用年限级别					
		一(100年)		二(60年)		三(30年)	
		最大水胶比	最小胶凝材料用量	最大水胶比	最小胶凝材料用量	最大水胶比	最小胶凝材料用量
碳化环境	T1,T2,T3	0.60	280	0.65	260	0.65	260
氯盐环境	L1,L2,L3	0.60	280	0.65	260	0.65	260
化学侵蚀环境	H1	0.50	300	0.55	280	0.60	260
	H2	*	*	0.50	300	0.50	300
	H3	*	*	*	*	*	*
	H4	*	*	*	*	*	*
冻融破坏环境	D1	0.50	300	0.55	280	0.60	260
	D2	*	*	0.50	300	0.50	300
	D3	*	*	*	*	*	*
	D4	*	*	*	*	*	*
磨蚀环境	M1	0.50	300	0.55	300	0.60	260
	M2	0.45	320	0.50	320	0.50	300
	M3	*	*	0.45	340	0.45	320

注:"*"表示不宜采用素混凝土结构。

硫酸盐侵蚀环境下混凝土胶凝材料的要求 表 9-5

环境作用等级	水泥品种	水泥熟料中的 C_3A 含量(%)	粉煤灰或磨细矿渣粉的掺量(%)	最小胶凝材料用量(kg/m^3)
H1	普通硅酸盐水泥	≤8	≥20	300
	中抗硫酸盐普通硅酸盐水泥	≤5	—	300
H2	普通硅酸盐水泥	≤8	≥25	330
	中抗硫酸盐普通硅酸盐水泥	≤5	≥20	300
	高抗硫酸盐普通硅酸盐水泥	≤3	—	300
H3,H4	普通硅酸盐水泥	≤6	≥30	360
	中抗硫酸盐普通硅酸盐水泥	≤5	≥25	360
	高抗硫酸盐普通硅酸盐水泥	≤3	≥20	360

检验数量:施工单位对每一混凝土配合比进行一次计算,监理单位全部检查。

检验方法:施工单位计算,监理单位检查计算单。

(5)工程案例(见附表)

哈大铁路客运专线 TJ-3 标

C30 混凝土配合比设计申报资料

申报编号:3-HP002

中国交通建设

China Communication Construction Company

中交三航局哈大铁路客运专线工程经理部中心试验室

2008 年 02 月 19 日

哈大铁路客运专线
混凝土配合比申报表

合同段：TJ-3 标　　　　施工单位：中交三航局哈大铁路客运专线工程经理部

致：哈大铁路客运专线天津新亚太北京诚业联合体监理站：

我部现呈报TJ-3合同段伊通河特大桥——桩基（部位）C30混凝土配合比，请审批。

附件：1. 设计说明　　2. 配合比选定报告（56d）
3. 碱含量、氯离子含量计算表　　4. 原材料试验报告（详见附表）
5. 混凝土抗裂性试验报告　　6. 混凝土电通量试验报告（56d）
7. 胶凝材料抗蚀系数计算表

中交三航局哈大铁路客运专线工程经理部

中心试验室主任（签名）：　　日期：　年　月　日

哈大铁路客运专线天津新亚太北京诚业联合体监理站
米沙子镇分站监理工程师审核意见：

试验监理工程师（签名）：　　日期：　年　月　日

哈大铁路客运专线天津新亚太北京诚业联合体监理站
范家屯中心试验室审核意见：

中心试验室主任（签名）：　　日期：　年　月　日

哈大铁路客运专线天津新亚太北京诚业联合体监理站
总监审核意见：

总监（签名）：　　日期：　年　月　日

备注：

混凝土配合比申请表

合同号：TJ-3　　　　报验编号：3-HP002　　　　施工单位：中交三航局

致：米沙子分站试验室，范家屯中心试验室：

我部现已完成 TJ-3 合同段 桩基（部位） C30（强度等级）混凝土配合比，编号为HDTJ30307HP-0001，特呈报贵试验室审批。其每方材料组成如下表：

材料名称	水泥	粉煤灰	矿粉	细骨料	粗骨料	水	外加剂
产地	吉林亚泰	长春二电	—	松花江	二道区泉眼	米沙子	南京瑞迪
规格	PO42.5	Ⅰ级	—	中砂	5～31.5mm	饮用水	HLC-IX
用量	280	120	—	728	1 070	148	4.0

附件：

1. 配合比设计说明
2. 配合比选定报告
3. 总碱含量计算书
4. 水泥检测报告（HDTJ 30307C—0001）
5. 粉煤灰检测报告（HDTJ 30307F—0001）
6. 粗骨料检测报告（HDTJ 30307G—0001）
7. 细骨料检测报告（HDTJ 30307S—0001）
8. 外加剂检测报告（HDTJ 30307WJ—0003）
9. 拌和水检测报告（BHS-0002）
10. 混凝土抗压强度试验报告（KY0711001）
11. 混凝土电通量试验报告（HDTJ30307DT-0001）
12. 混凝土抗硫酸盐侵蚀试验报告（HDTJ 30307KS—0001）
13. 混凝土抗裂性能试验报告（HDTJ 30307KL—0001）

中交三航局哈大铁路客运专线工程经理部中心试验室

盖章

试验室主任（签名）：　　　　日期：年　月　日

天津新亚太北京诚业联合体监理站米沙子监理分站试验室审核意见：

盖章

试验室主任（签名）：　　　　日期：年　月　日

天津新亚太北京诚业联合体监理站范家屯监理站中心试验室审批意见：

盖章

试验室主任（签名）：　　　　日期：年　月　日

备注：

C30 水下钻孔桩配合比设计书

一、设计要素

1. 设计依据

(1)《铁路混凝土工程施工质量验收补充标准》铁建设[2005]160 号；

(2)《客运专线高性能混凝土暂行技术条件》；

(3)《铁路耐久性混凝土设计暂行规定》铁建设[2005]157 号；

(4)《普通混凝土配合比设计规程》(JGJ 55—2000)；

(5)铁建设[2007]140 号文，铁建设[2007]159 号文。

2. 设计技术指标及要求

(1)设计强度等级 C30；

(2)56d 电通量小于 1 500C(环境作用等级为 T1)；

(3)设计坍落度 180～220mm；

(4)混凝土含气量不应小于 2.0%；

(5)水下灌注桩要求比设计强度提高 10%。

3. 配合比使用的材料

(1)水泥：吉林长春亚泰水泥厂；

(2)砂：松花江砂场；

(3)碎石：长春二道区泉眼石场；

(4)粉煤灰：长春二电粉煤灰综合利用有限公司；

(5)外加剂：南京瑞迪高新技术公司；

(6)水：米沙子镇。

4. 拟用工程部位

桥梁工程钻孔灌注桩。

二、配合比设计过程

1. 确定基准配合比

(1)计算试配强度

$$f_{cu,0}=1.10\times(f_{cu,k}+1.645\sigma)=1.10\times(30+1.645\times5)=42.0\text{MPa}$$

(2)计算水灰比(水胶比)

$$\begin{aligned}W/C&=A\times f_{ce}/(f_{cu,0}+A\times B\times f_{ce})\\&=(0.46\times1.10\times42.5)/(42.0+0.46\times0.07\times1.10\times42.5)=0.49\end{aligned}$$

(3)确定水灰比(水胶比)

依据现行《铁路耐久性混凝土设计暂行规定》、《铁路混凝土工程施工质量验收补充标准》、

《客运专线高性能混凝土暂行技术条件》等技术标准及设计文件的要求，C30 及 C30 以下混凝土的胶凝材料总量不宜高于 400kg/m^3，水胶比不得大于 0.45。经试验，水胶比选取 0.37 满足耐久性要求。

(4)确定单位用水量

根据外加剂的性能，并考虑混凝土耐久性要求，选取混凝土单位用水量 $M_{wo}=148$kg，同时减水剂掺量取 1.0%，即 $M_{外}=4$kg。

(5)计算单位胶凝材料用量

胶凝材料总量 $M_c=148\div0.37=400$kg，取 400kg/m^3。

粉煤灰掺量取 30.0%，故粉煤灰用量 $M_{FO}=120$kg，水泥用量 $M_{CO}=280$kg。

(6)采用质量法计算各种材料用量

选取砂率 $\beta_s=40.5\%$，假定质量 $M_{cp}=2\,350$kg/m^3。

计算砂、石用量：

$$M_{so}+M_{go}=M_{cp}-M_C-M_{wo}-M_{外}=2\,350-400-148-4=1\,798\text{kg}$$

则 $M_{so}=728$kg，$M_{go}=1\,070$kg。

(7)试拌调整

试拌混合料测定混凝土的工作性能，各种材料（砂石均为干燥状态）用量见表 1，混凝土拌和物性能试验实测结果见表 2。

试拌材料用量表 表 1

水泥(kg)	砂(kg)	碎石(kg)			水(kg)	粉煤灰(kg)	减水剂(kg)
		5～10mm	10～20mm	20～31.5mm			
14.0	36.4	10.70	26.74	16.04	7.42	6.0	0.20

拌和物性能实测结果汇总表 表 2

试验项目	坍落度(mm)		含气量(%)		泌水率(%)	凝结时间	
实测结果	0min	30min	0min	30min	0	初凝	终凝
	220	210	4.6	3.9		525min	611min
备注	混凝土拌和物和易性良好						

通过试拌可确定基准配合比如下：

水泥∶砂∶碎石∶粉煤灰∶水∶减水剂＝280∶728∶1 070∶120∶148∶4.0

拌和物耐久性指标实测结果见表 3。

拌和物耐久性指标汇总表 表 3

试验项目	抗裂性	电通量(C)	耐蚀系数	抗冻性
实测结果	未开裂	714	0.96	—

哈大铁路客运专线 TJ-3 标段

混凝土/砂浆 配合比选定报告

表号：铁建试报 9

批准文号：铁建函(97)203 号

委托单位 中交三航局哈大铁路客运专线工程经理部　　报告编号 HDTJ30307HP-0001

工程名称 哈大铁路客运专线伊通河特大桥　　委托编号 HDTJ30307HP-0001

使用部位 桩基　　试验编号 HDTJ30307HP-0001

生产厂家 配合比选定　　报告日期 2007-12-28

工程部位	强度等级	要求坍落度	要求维勃稠度	拌和及捣实方法
桩基	C30	180～220mm	—(s)	机械

使用部位

水泥		细骨料		粗骨料		外加剂(掺合料)	
报告编号	HDTJ30307C-0001	报告编号	HDTJ30307S-0001	报告编号	HDTJ30307G-0001	名称	掺量(%)
产地品种	吉林亚泰鼎鹿牌	产地品种	松花江中砂	产地品种	二道区泉眼石场	瑞迪高效减水剂	1.0
标号	P.O42.5	细度模数	2.9	最大粒径	31.5mm	长春二电粉煤灰	30
实测强度	46.8MPa	表观密度	2 630kg/m³	表观密度	2 750kg/m³		

配合比选定结果

试配强度	42.0MPa	实测坍落度	210mm	理论配合比	1∶0.43∶2.60∶3.82∶0.53∶0.014	水胶比=0.37

每立方米混凝土(砂浆)用料量(kg)

水泥	细骨料	粗骨料	水	掺和料		外加剂	
				名称	质量	名称	质量
280	728	1 070	148	粉煤灰	120	减水剂	4.00

试件强度

试件编号	试件尺寸(mm)	制作日期	试验日期	龄期(d)	抗压强度 f_{cu}(MPa)	养护温度(℃)	抗压强度比(%)
HP001-1	150×150×150	2007-11-2	2007-11-5	3	21.2	20.3	50.5
HP001-2	150×150×150	2007-11-2	2007-11-9	7	30.5	20.3	72.6
HP001-3	150×150×150	2007-11-2	2007-11-30	28	38.9	20.5	92.6
HP001-4	150×150×150	2007-11-2	2007-12-28	56	44.5	20.4	106.0

检测评定依据： 《普通混凝土配合比设计规程》(JGJ 55—2000) 《铁路混凝土工程施工质量验收补充标准》铁建设[2005]160 号 《客运专线高性能混凝土暂行技术条件》铁科基[2005]101 号	试验意见： 选定配合比的抗压强度等指标均符合设计要求	监理意见：

试验：　　复核：　　技术负责人：　　单位(章)

混凝土配合比选定试验报告(续表)

工程名称:哈大铁路客运专线伊通河特大桥　　　　报告编号:HDTJ30307HP-0001

委托单位:中交三航局哈大铁路客运专线工程经理部　　　　报告日期:2007-10-27

<table>
<tr><td colspan="2">工程部位</td><td>强度等级</td><td colspan="2">环境作用等级</td><td>拌和、捣实方法</td></tr>
<tr><td colspan="2">桩基</td><td>C30</td><td colspan="2">T3/H2/L1</td><td>机械</td></tr>
<tr><td colspan="6">每立方米混凝土各材料用量(kg)</td></tr>
<tr><td rowspan="2">水</td><td rowspan="2">水泥</td><td rowspan="2">细集料</td><td rowspan="2">粗集料</td><td>掺和料</td><td>外加剂</td></tr>
<tr><td>(粉煤灰)</td><td>HT-HPC 高效减水剂</td></tr>
<tr><td>148</td><td>280</td><td>753</td><td>1041</td><td>120</td><td>4.0</td></tr>
<tr><td colspan="2">检测项目</td><td colspan="2">(设计)标准要求</td><td>实测结果</td><td>备注</td></tr>
<tr><td colspan="2">胶凝材料总量限值(kg/m³)</td><td colspan="2">不宜高于 400</td><td>400</td><td>—</td></tr>
<tr><td colspan="2">混凝土水胶比</td><td colspan="2">不宜大于 0.45</td><td>0.37</td><td>—</td></tr>
<tr><td colspan="2">28d 抗压强度值(MPa)</td><td colspan="2">≥强度等级</td><td>42.5</td><td>—</td></tr>
<tr><td colspan="2">坍落度(mm)</td><td colspan="2">180～220</td><td>220</td><td>—</td></tr>
<tr><td colspan="2">泌水率(%)</td><td colspan="2">0</td><td>0</td><td>—</td></tr>
<tr><td colspan="2">含气量(%)</td><td colspan="2">≥2.0</td><td>5.87</td><td>—</td></tr>
<tr><td colspan="2">抗裂性</td><td colspan="2">抗裂性良好</td><td>抗裂性良好</td><td>见混凝土抗裂性试验报告</td></tr>
<tr><td colspan="2">抗渗性</td><td colspan="2">—</td><td>—</td><td></td></tr>
<tr><td colspan="2">抗蚀系数</td><td colspan="2">>0.8</td><td>0.97</td><td>见抗蚀系数计算表</td></tr>
<tr><td colspan="2">凝结时间</td><td colspan="2">—</td><td>初凝:9 小时 15 分
终凝:10 小时 51 分</td><td>—</td></tr>
<tr><td colspan="2">28d 电通量(C)</td><td colspan="2"><1 500</td><td>1 149</td><td>见混凝土氯离子电通量试验记录</td></tr>
<tr><td colspan="2">混凝土中总碱含量(kg/m³)</td><td colspan="2"><3.0</td><td>2.644</td><td rowspan="2">见混凝土配合比含碱量、氯离子含量计算表</td></tr>
<tr><td colspan="2">混凝土中氯离子含量(%)</td><td colspan="2"><0.40</td><td>0.013</td></tr>
<tr><td colspan="6">检测依据:
《普通混凝土拌和物性能试验方法标准》(GB/T 50080—2002)
《铁路混凝土工程施工质量验收补充标准》铁建设[2005]160 号
《铁路混凝土结构耐久性设计暂行规定》铁建设[2005]157 号</td></tr>
<tr><td colspan="6">结论:
该配合比经检验各项耐久性能指标符合《铁路混凝土工程施工质量验收补充标准》铁建设[2005]160 号标准要求,且坍落度及和易性满足混凝土施工要求,可用于铁路耐久性混凝土施工</td></tr>
</table>

混凝土配合比含碱量、氯离子含量计算表

混凝土强度等级	C30 水下混凝土			申报编号	3-HP002		申报日期		2007-12-28
使用部位	伊通河特大桥桩基			适用环境	T1				
使用原材料名称	水泥	粉煤灰	碎石	砂	水	外加剂	合计	规范要求	规范要求
原来材料产地	吉林亚泰	长春热电二厂	长春二道区泉眼石场	松花江砂	米沙子	南京瑞迪			
品种及规格	P. O42. 5	C50 以上	碎石 5～10mm，10～20mm，20～31. 5mm	河砂中砂	饮用水	HLC-IX			
材料用量(kg/m³)	280	120	1070	728	148	3. 80		潮湿环境计算碱含量上限值	干燥环境计算碱含量上限值
材料碱含量	0. 53%	1. 36%	0%	0%	0. 032 3%	1. 70%			
碱含量计算系数	1. 0	1/6	1. 0	1. 0	1. 0	1. 0			
每立方米混凝土含碱量(kg)	1. 484	0. 272	0. 000	0. 000	0. 048	0. 065	1. 869	3. 00	3. 50
材料氯离子含量	0. 007%	0. 009%	0. 001%	0. 001%	0. 000 4%	0. 16%	合计	预应力混凝土规定氯离子与胶凝材料的比值上限	普通混凝土规定氯离子与胶凝材料的比值上限
氯离子计算系数	1. 0	1. 0	1. 0	1. 0	1. 0	1. 0			
每立方米混凝土氯离子含量与胶凝材料比值	0. 005%	0. 003%	0. 003%	0. 002%	0. 000%	0. 002%	0. 014%	0. 06%	0. 1%

计算：　　　　复核：　　　　试验室主任：　　　　单位(章)

第十章 客运专线预应力混凝土预制梁试验检测

第一节　技术要求

(1)原材料应有供应商提供的出厂检验合格证书,并应按有关检验项目、批次规定,严格实施进场检验。

(2)水泥应采用品质稳定、强度等级不低于 42.5 级的低碱硅酸盐或低碱普通硅酸盐水泥;水泥熟料中 C_3A 含量不应大于 8%,在强腐蚀环境下不应大于 5%;矿物掺和料仅限于磨细矿渣粉或粉煤灰;其余技术要求应符合《客运专线高性能混凝土暂行技术条件》的规定。

(3)细骨料应采用硬质洁净的天然河砂,细度模数为 2.6～3.0,含泥量不应大于 2.0%,其余技术要求应符合《客运专线高性能混凝土暂行技术条件》的规定。

(4)粗骨料应为坚硬耐久的碎石,压碎指标不应大于 10%,母岩抗压强度与梁体混凝土设计强度之比应大于 2,含泥量不应大于 0.5%,针片状颗粒含量不应大于 5%,其余技术要求应符合《客运专线高性能混凝土暂行技术条件》的规定。

(5)不得采用具有碱-碳酸盐反应的骨料,并应优先采用非活性骨料。选用的骨料在试生产前应进行碱活性试验,当所采用骨料的碱-硅酸反应膨胀率在 0.10%～0.2%时,混凝土中的总碱含量不应超过 3.0kg/m^3,应按《客运专线高性能混凝土暂行技术条件》的要求进行掺和料和复合外加剂抑制混凝土碱-骨料反应有效性评价。

(6)采用的复合外加剂应经铁道部鉴定或评审,并经铁道部质量监督检验中心检验合格后方可使用。复合外加剂的品质、指标应符合《客运专线高性能混凝土暂行技术条件》的要求。

(7)混凝土矿物掺和料应采用粉煤灰或磨细矿渣粉。粉煤灰的需水量比不应大于 100%,磨细矿渣粉比表面积宜为 350～500m^2/kg,粉煤灰和磨细矿渣粉的其他品质指标应符合《客运专线高性能混凝土暂行技术条件》要求。

(8)拌制和养护混凝土用水应符合《客运专线高性能混凝土暂行技术条件》的要求,凡符合饮用标准的水,即可使用。

(9)混凝土拌和物中各种原材料引入的氯离子含量不得超过胶凝材料总量的 0.06%。

(10)预应力钢绞线性能应符合 GB/T 5224—2003 的要求,供应商应提供每批钢绞线的实际弹性模量值。

(11)非预应力钢筋(带肋、光圆钢筋及盘条)性能应分别符合 GB 1499—2007、GB 13013—1991、GB/T 701—1997 的规定,对 HRB335 钢筋尚应符合碳当量不大于 0.5%的规定。

(12)锚具、夹具和连接器应符合 GB/T 14370 的要求,锚具产品应通过省部级鉴定。

第二节　混凝土灌注工艺

1. 混凝土灌注工艺

(1)混凝土胶凝材料总量不应超过500kg/m³,水胶比不应大于0.35。混凝土原材料配合比、拌和浇筑应满足《客运专线高性能混凝土暂行技术条件》的有关规定和要求。

(2)在配制混凝土拌和物时,水、水泥、掺和料、外加剂的称量应准确到±1%,粗、细骨料的称量应准确到±2%(均以质量计)。

(3)混凝土拌和物配料应采用自动计量装置,粗、细骨料中的含水率应及时测定,并按实际测定值调整用水量、粗骨料、细骨料用量,禁止拌和物出机后加水。

(4)梁体应采用泵送混凝土连续灌注、一次成型,灌筑时间不宜超过6h或不得超过混凝土的初凝时间。

(5)预制梁混凝土拌和物入模前含气量应控制在2%~4%。

(6)预制梁混凝土灌注时,模板温度宜在(55~35)℃。

(7)预制梁混凝土拌和物入模温度宜在(5~30)℃。

(8)试生产前,应进行混凝土配合比选定试验,制做抗冻性、抗渗性、抗氯子渗透性、抗碱骨料一反应性等混凝土耐久性试件各一组,进行耐久性试验。

(9)批量生产中,预制梁每20 000m³ 混凝土抽取抗冻融循环、抗渗性、抗氯子渗透性、碱骨料一反应的耐久性试件各一组,进行耐久性试验。

2. 预制梁混凝土养护

预制梁混凝土可采用蒸汽养护和自然养护。

3. 预制梁拆模

预制梁拆模时的混凝土强度应符合设计要求。

4. 后张法预制梁的预施应力

预施应力宜按预张拉、初张拉、终张拉三个阶段进行。

5. 先张法预制梁预应力筋张拉和放张

(1)预应力筋安装宜自下而上进行,先穿直线预应力筋,在穿折线预应力筋,折线预应力筋应通过转折器相应的槽口。

(2)预制梁试生产期间,应至少对两件梁体进行各种预应力瞬时损失测试,确定预应力的实际损失,必要时应由设计方对张拉控制应力进行调整.正常生产后每100件进行一次损失测试。

(3)用于同一孔中各榀梁的混凝土灌注时间差、终拉/放张时的混凝土龄期差均不应超过6d。

(4)预施应力值以油压表读数为主,以预应力筋伸长值作校核,按预应力筋实际弹性模量计算的伸长值与实测伸长值相差不应大于±6%;实测伸长值宜以20%张拉力作为测量的初始点。

(5)后张预制梁终拉完成后,宜在48h内进行管道真空辅助压浆。压浆时及压浆后3d内,梁体及环境温度不得低于5℃。

6. 管道压浆

(1)压浆用水泥应为强度等级不低于42.5级低碱硅酸盐水泥或低碱普通硅酸盐水泥,掺入的粉煤灰应符合标准要求。浆体水胶比不应超过 0.33，水泥浆不得泌水，0.22MPa（当孔道垂直高度）≤1.8m 时，0.36MPa（当孔道垂直高度）>1.8m 时，压力下泌水率不得大于 3.5%；浆体流动度不大于 18±4s，30min 后不大于 30s；压入管道的浆体不得含未搅匀的水泥团块，终凝时间不宜大于 12h. 水泥浆 7d 抗压强度不小于 35MPa，抗折强度不小于 6.5MPa；28d 抗压强度不小于 50MPa，抗折强度不小于 10MPa；24h 内最大自由收缩率不大于 0～3%。

（2）严禁掺入含氯盐类、亚硝酸盐类或其它对预应力筋有腐蚀作用的外加剂。

7. 预制梁预应力筋封端和转折器处凹穴封堵

封端混凝土应采用无收缩混凝土，抗压强度不应低于设计要求。

第三节　质量要求

（1）混凝土、水泥浆强度等级不得低于设计强度，弹性模量不得低于设计值。

（2）混凝土抗冻性试件在冻融循环 200 次后，质量损失不应超过 5%，相对动弹性模量不应低于 60%。

（3）混凝土抗渗性试件的抗渗等级不应小于 P20。

（4）混凝土抗氯离子渗透性试件的氯离子渗透电量不应大于 1 200C，当处于含氯盐环境时，氯离子渗透电量不应大于 1 000C。

（5）混凝土护筋性试件中钢筋不应出现锈蚀。

第四节　预制梁质量要求和检验频次

预制梁原材料和配件检验项目、质量要求及检验频次见表 10-1。

预制梁原材料和配件检验项目、质量要求及检验频次　　表 10-1

序号	项　目		抽验项目频次		全面检验项目		质 量 要 求
1	水泥	（1）烧失量		每批散装水泥不大于 500t 或袋装水泥不大于 200t 的同厂家、同品种、同批号、同出厂日期水泥	√	任何新选货源或同厂家、同批号、同品种、同出厂日期的水泥，出厂日期达 3 个月水泥	（1）碱含量≤0.6% （2）C_3A 含量≤8% （3）比表面积≤300m²/kg （4）氧化钙含量≤1.5% （5）其余符合《客运专线高性能混凝土暂行技术条件》
		（2）氧化镁			√		
		（3）三氧化镁			√		
		（4）比表面积	√		√		
		（5）凝结时间	√		√		
		（6）安定性	√		√		
		（7）强度	√		√		
		（8）碱含量			√		
		（9）比表面积			√		
		（10）氧化钙含量			√		
		（11）助磨剂名称及掺量			√		
		（12）石膏名称及掺量			√		
		（13）混合材名称及掺量			√		
		（14）氯离子含量			√		
		（15）熟料 C_3A 含量			√		

续上表

序号	项目		抽验项目频次		全面检验项目		质量要求
2	细骨料	(1)筛分	√	每批不大于600t或400m³同厂家、同品种细骨料	√	任何新选货源或使用同厂家、同品种、同规格产品达1年者	(1)细度模数2.6～3.0 (2)含泥量≤2.0% (3)泥块含量≤0.1% (4)其余符合《客运专线高性能混凝土暂行技术条件》
		(2)吸水率			√		
		(3)细度模数	√		√		
		(4)含泥量	√		√		
		(5)泥块含量	√		√		
		(6)坚固性			√		
		(7)云母含量	√		√		
		(8)轻物质含量	√		√		
		(9)石粉含量(机制砂)	√		√		
		(10)有机物含量	√		√		
		(11)压碎指标(机制砂)	√		√		
		(12)硫化物及硫酸盐含量			√		
		(13)氯离子含量			√		
		(14)碱活性			√		
3	粗骨料	(1)颗粒级配	√	每批不大于600t或400m³同厂家、同品种粗骨料	√	任何新选货源或使用同厂家、同品种、同规格产品达一年者	(1)压碎指标≤10% (2)母岩与混凝土设计抗压强度之比≥2 (3)含泥量≤0.5% (4)泥块含量≤0.25% (5)其余符合《客运专线高性能混凝土暂行技术条件》
		(2)岩石抗压强度			√		
		(3)吸水率			√		
		(4)紧密空隙率			√		
		(5)压碎指标	√		√		
		(6)坚固性			√		
		(7)针片状颗粒含量	√		√		
		(8)含泥量	√		√		
		(9)泥块含量	√		√		
		(10)硫化物及硫酸盐含量			√		
		(11)有机物含量(卵石)	√		√		
		(12)碱活性			√		

预制梁生产过程控制检验和成品出场检验项目、质量要求及检验频次见表10-2。

预制梁生产过程控制检验和成品出场检验项目、质量要求及检验频次 表10-2

序号	检验项目		指标要求	检验频次
1	撤除保温设施时	混凝土芯部与表层温差	≤15℃	每件预制梁
2		混凝土表层与环境温差		
3	拆模时温差	混凝土芯部与表层温差		
4		混凝土表层与环境温差		
5		箱内与箱外温差		
6	混凝土力学性能	脱模时随梁养护混凝土抗压强度	符合设计要求	每件预制梁1组
7		初拉时随梁养护混凝土抗压强度		
8		终拉/放张时随梁养护混凝土抗压强度		
9		终拉/放张时随梁养护混凝土弹性模量		
10		标准养护28d混凝土立方体强度		
11		标准养护28d混凝土棱柱体弹性模量		

续上表

序号	检验项目		指标要求	检验频次
12	预应力管道摩阻		必要时调整张拉力	每批不大于100件预制梁
13	预应力筋实际伸长值		0.94～1.06倍计算伸长值	每束/根预应力筋
14	终拉/放张后实测梁体弹性上拱		≤1.05倍设计计算值	每件预制梁
15	压浆前管道真空度		−0.06～−0.10MPa	每个管道
16	管道中浆体注满后压力		0.50～0.60MPa	
17	桥面防水层保护层细石混凝土纤维(网)掺量		符合《客运专线桥梁混凝土桥面防水层暂行技术条件》	每次不大于20m³细石混凝土
18	梁体混凝土/桥面防水层保护层细石混凝土耐久性	抗冻融循环	质量损失≤5% 动弹性模量比≥60%	每批不大于20 000m³梁体混凝土/1 500m³细石混凝土
19		抗渗性	≥P20	
20		抗氯离子渗透性	≤1 200C(氯盐环境≤1 000C)	
21		抗碱-骨料反应	合格	
22	预制梁成品混凝土保护层厚度		符合本技术条件表3要求	每件预制梁
23	预制梁产品外观、尺寸偏差及其他质量要求		符合本技术条件表3要求